1913년 세기의 여름

1913. DER SOMMER DES JAHRHUNDERTS
by Florian Illies

Copyright ⓒ S. Fischer Verlag GmbH, Frankfurt am Main, 2012
Korean Translation Copyright ⓒ MUNHAKDONGNE Publishing Corp., 2013
All rights reserved.

This Korean edition was published by arrangement with
S. Fischer Verlag GmbH through MOMO Agency, Seoul.

이 책의 한국어판 저작권은 모모 에이전시를 통해
S. Fischer Verlag GmbH와 독점 계약한 (주)문학동네에 있습니다.
저작권법에 의해 한국 내에서 보호를 받는 저작물이므로
무단 전재 및 무단 복제를 금합니다.

이 도서의 국립중앙도서관 출판시도서목록(CIP)은
서지정보유통지원시스템 홈페이지(http://seoji.nl.go.kr)와
국가자료공동목록시스템(http://www.nl.go.kr/kolisnet)에서 이용하실 수 있습니다.
(CIP제어번호: CIP2013019350)

1913년 세기의 여름

플로리안 일리스 지음 | **한경희** 옮김

문학동네

차례

DER SOMMER DES JAHRHUNDERTS

1월 007

2월 043

3월 085

4월 119

5월 145

6월 181

7월 203

8월 223

9월 253

10월 277

11월 303

12월 333

참고문헌 361

감사의 말 368

옮긴이의 말 369

인물 목록 373

도판 목록 394

일러두기

1 이 책은 아래의 원서를 한국어로 완역한 것이다.
  Florian Illies, 1913. Der Sommer des Jahrhunderts(Frankfurt am Main: S. Fischer Verlag GmbH, 2012)
2 주석은 모두 옮긴이주이다.
3 단행본·잡지는 『 』로, 시·단편·논문은 「 」로, 미술작품·음악작품·영화는 〈 〉로 구분했다.
4 외래어 표기는 국립국어원 표기 원칙을 따랐으나 관례로 굳어진 경우는 예외를 두었다.

I월

1913 DER SOMMER DES JAHRHUNDERTS

〜 히틀러와 스탈린이 쇤브룬 궁전 공원에서 산책하다가 우연히 마주친 달이요, 토마스 만이 커밍아웃할 뻔하고, 프란츠 카프카가 사랑 때문에 미칠 뻔한 달이다. 지그문트 프로이트의 소파에 고양이 한 마리가 기어든다. 날은 춥고, 발밑에는 눈이 사각거린다. 빈털터리가 된 엘제 라스커쉴러는 고트프리트 벤과 사랑에 빠지고, 프란츠 마르크한테서 말 그림엽서를 받고, 가브리엘레 뮌터를 아무것도 아닌 것이라고 부른다. 에른스트 루트비히 키르히너는 포츠담 광장의 고급 창녀들 그림을 그린다. 러시아 조종사 표트르 니콜라예비치 네스테로프가 인류 역사상 최초로 공중제비 비행에 성공한다. 그러나 모두 다 부질없다. 오스발트 슈펭글러는 이미 『서구의 몰락』을 집필중이다.

1913년 0시 1초. 총성이 캄캄한 밤을 깨운다. 짧게 딸각하는 소리에 이어, 방아쇠를 당기는 소리가 들리더니 둔중한 두번째 총성이 울린다. 깜짝 놀란 경찰이 급히 달려와 총을 쏜 사람을 당장 체포한다. 그의 이름은 바로 루이 암스트롱이다.

뉴올리언스의 열두 살 소년은 훔친 리볼버로 새해 환영인사를 하려 했던 것이다. 경찰은 소년을 유치장에 처넣고, 새해 1월 1일 이른 아침에 감화원, 즉 흑인 부랑자 소년원으로 보낸다. 소년이 너무 날뛰어서 소년원 보호관찰관 피터 데이비스는 즉흥적으로 소년의 손에 트럼펫을 쥐여주었다. 다른 수가 떠오르지 않았다(사실은 소년의 따귀를 때리고 싶었다). 그런데 루이 암스트롱이 갑자기 잠잠해지더니, 악기를 애지중지하듯 받아든다. 전날 밤 권총 방아쇠를 불안하게 만지작거리던 손가락들은 또다시 금속의 차가움을 느끼게 되지만, 소년은 이제 총성 대신 처음으로 따뜻하고, 거침없는 음색을 빚어낸다.

◆

"지금 막 자정을 알리는 축포 소리, 거리와 다리 위의 외침 소리, 종소리와 시계 소리가 났습니다." 프라하에서, 보헤미아 왕국* 노동자재해보험공

---

* 중유럽 보헤미아 지역에 있던 나라로 현재는 체코공화국의 일부. 신성로마제국의 일부

사 직원 프란츠 카프카가 전하는 소식이다. 독자는 저 멀리 베를린에, 이마누엘키르히슈트라세 29번지 아파트에 앉아 있다. 고작 한 명일 뿐이지만, 그에게는 세상 전부인 사람이다. 그 독자는 바로 스물다섯 살의, 밋밋한 금발에, 뼈가 불거지고, 키가 크며, 카를 린트슈트룀 사에서 타자수로 일하는 펠리체 바우어다. 두 사람은 비가 억수로 퍼붓던 지난해 8월의 짧은 만남으로 알게 되었다. 그녀의 두 발은 젖었고, 그도 금세 발이 차가워졌다. 그 이후로 두 사람은 가족이 잠든 밤마다 서로에게 아주 격정적이고, 신비롭고, 기이하고, 혼란스러운 편지들을 썼다. 그리고 이튿날 오후에 뒤이어 편지를 쓰는 날들이 많았다. 언젠가 펠리체 바우어가 며칠 동안 편지를 보내지 않았을 때, 뒤숭숭한 꿈에서 깨어난 카프카는 절망에 빠져 『변신』을 쓰기 시작했다. 이 이야기는 크리스마스 전에 완성되었다(이 이야기는 지금 그의 접이식 책상 안에서, 펠리체가 보내준 두 장의 사진을 따뜻하게 덮고 있다). 카프카는 펠리체 바우어에게 이 이야기를 들려주었다. 그러나 펠리체 바우어는 이 섣달그믐의 편지를 통해 비로소, 저 먼 곳에 있는, 자신이 사랑하는 프란츠가 얼마나 빨리 끔찍한 수수께끼로 변신할 수 있는지 알게 된다. 카프카는 불쑥, 둘이서 전시회를 관람하고 극장에 가기 위해 프랑크푸르트에서 만나기로 약속해놓고 자기가 계속 침대에 누워 있다면 자기를 우산으로 두들겨 패겠냐고 묻는다. 카프카는 편지 서두에 그렇게 삼중의 가정법을 써서 묻는다. 그러고 나서 천진난만하게 서로의 사랑을 맹세하고, 펠리체와 자신의 손이 서로 뗄 수 없이 묶여 있기를 꿈꾼다. 그러고는 이렇게 말

였다가 제국이 해체된 후 오스트리아 제국의 일부가 되었으며, 1867년 오스트리아 제국이 이중제국으로 전환하면서 오스트리아-헝가리 제국의 일부가 되었다.

을 잇는다. "언젠가 한 쌍의 연인이 그렇게 함께 묶인 채로 단두대로 끌려갔을지도 모릅니다." 사랑하는 여인에게 보내는 편지에 이 무슨 터무니없는 생각인가. 아직 키스 한번 해본 적도 없는데 벌써부터 함께 단두대에 올라가는 상상을 하고 있다. 카프카 자신도 자기가 내뱉은 말에 깜짝 놀란 듯 "도대체 제 머릿속을 휘젓고 다니는 게 뭘까요?"라고 쓰고 있다. 그 설명은 간단하다. "새해 연도에 숫자 13이 들어가서 그렇습니다." 이렇게 1913년의 세계문학은 폭력적인 상상으로 시작하고 있다.

◆

실종신고. 레오나르도 다빈치의 〈모나리자〉가 없어졌다. 1911년 루브르 박물관에서 도난당한 이 그림은 여전히 흔적조차 보이지 않는다. 파블로 피카소가 파리 경찰의 심문을 받지만, 알리바이가 있어 집으로 돌아온다. 슬픔에 젖은 프랑스인들은 루브르 박물관의 텅 빈 벽에 꽃다발을 걸어놓는다.

◆

1월 초에, 정확한 날짜는 알 수 없으나, 크라쿠프*발 기차를 타고 온 허름한 차림의 러시아인이 빈 북부역에 도착한다. 그의 나이 서른넷. 밖에는 눈보라가 휘날리고 있다. 그는 다리를 절뚝거린다. 그는 새해 들어 머리도 감지 못했다. 덤불처럼 무성하게 자란 덥수룩한 콧수염도 얼굴의 마마 자국

---

* 폴란드의 주도이며, 한때 폴란드 왕국의 수도였다.

을 가려주지는 못한다. 러시아 농부들이 신는 장화를 신은 그는 터질 듯한 가방을 들고 있다. 그는 도착하자마자 히칭행 전차에 올라탄다. 그의 여권에는 그리스 이름과 그루지야* 이름이 섞인 듯한 '스타브로스 파파도풀로스'라는 이름이 적혀 있다. 국경을 넘을 때마다 세관원들은 그 러시아인의 겉모습처럼 추레하게, 밖의 날씨처럼 차갑게 그를 맞이했다. 그는 바로 전에 있었던 망명지 크라쿠프에서 전날 저녁 레닌과 체스를 두어 연달아 일곱 판을 이겼다. 확실히 그는 자전거 실력보다는 체스 실력이 훨씬 더 뛰어났다. 레닌은 그에게 자전거도 가르쳐보려고 애썼지만 헛수고였다. 혁명가는 빨라야 한다고 레닌은 거듭 강조했다. 그러나 본명은 이오시프 비사리오노비치 주가슈빌리이고 지금은 자칭 스타브로스 파파도풀로스라는 이 남자는 자전거 타는 법을 결국 제대로 익히지 못했다. 크리스마스 전에 크라쿠프의 얼어붙은 돌길에서 넘어지는 바람에 다리는 아직도 상처투성이였고, 무릎은 탈골되었으며, 그가 다시 밖에 돌아다닐 수 있게 된 것도 겨우 2, 3일밖에 되지 않았다. 빈 여행에 필요한 위조 여권을 받으러 다리를 절뚝거리며 나타났을 때, 레닌은 웃으면서 그를 "우리의 영광스러운 그루지야인"이라고 불렀다. "그럼 여행 잘하게, 동지."

그는 아무 문제 없이 국경들을 넘으면서, 기차에 앉아 원고와 책들을 열심히 살펴보다가 기차를 갈아탈 때면 허겁지겁 가방에 챙겨넣었다.

빈에 도착한 그는 그루지야식 가명을 버렸다. 1913년 1월부터 그는 이렇게 말했다. "내 이름은 스탈린이다, 이오시프 스탈린이다." 전차에서 내리자

---

* 한때 소련의 일부였던 공화국으로 2008년 8월 러시아와 외교관계 단절을 선언한 이후 대외 명칭이 영어식 표기인 '조지아(Georgia)'로 바뀌었다.

오른편에 생기 없는 겨울의 잿빛 속에 밝게 빛나는 쉰브룬 궁전*과 공원이 보였다. 그는 레닌이 준 쪽지에 적힌 대로, 쉰브루너 슐로스슈트라세 30번지를 향해 간다. 쪽지에는 또 이렇게 적혀 있었다. "트로야노프스키 집 초인종을 누를 것." 그래서 그는 신발에 묻은 눈을 털어내고, 손수건에 코를 풀고는 살짝 불안해하며 초인종을 누른다. 하녀가 나오자 그는 약속된 암호를 말한다.

◆

빈의 베르크가세 19번지에 있는 지그문트 프로이트의 서재로 고양이 한 마리가 기어든다. 마침 수요심리학회** 모임중이었다. 한 여자 손님이 두번째 깜짝 방문을 했다. 바로 루 안드레아스살로메다. 그녀는 지난 늦가을에 이 신사들만의 모임에 뛰어들었는데, 처음에는 사람들에게 의심쩍은 눈초리를 받았지만, 지금은 동경에 찬 숭배를 받고 있다. 루 안드레아스살로메는 가터에 자기가 쓰러뜨린 일련의 정신적 천재들의 머릿가죽을 달고 있었다. 그녀는 니체와 베드로 성당의 고해석告解席에 함께 있었고, 릴케와 침대 속에 있었고, 러시아에서는 톨스토이와 함께 있었다. 프랑크 베데킨트의 '룰루'***와 리하르트 슈트라우스의 '살로메'****는 그녀의 이름을 딴 것이라고

---

* 합스부르크 왕가의 여름 궁전으로 '쉰브룬'은 '아름다운 우물'이라는 뜻.
** 1902년에 프로이트를 중심으로 시작된 정신분석학자들의 모임. 주요 참석자로 빌헬름 슈테켈, 알프레트 아들러, 카를 융, 오토 랑크, 샨도르 페렌치 등이 있었다.
*** 독일의 극작가 프랑크 베데킨트의 희곡 『대지의 정신』과 『판도라의 상자』의 주인공으로 주체적인 여성상을 보여줌.
**** 독일의 작곡가 리하르트 슈트라우스가 오스카 와일드의 동명 희곡을 바탕으로 쓴 단막

1월

한다. 이제는 프로이트가 적어도 그녀의 지성에 굴복했다. 그녀는 심지어 이 겨울에 프로이트의 서재가 있는 층에서 지내도 좋다는 허락을 받았고, 그가 지금 한창 집필중인 『토템과 터부』에 대해 함께 토론했으며, 프로이트가 융과 스위스의 변절한 심리학자들 때문에 괴로워하며 하소연하는 소리를 들어주었다. 정신과 성애性愛에 관한 책을 여러 권 쓴 저자이자 이제 쉰두 살이 된 루 안드레아스살로메는 무엇보다 지금 정신분석의 대가한테서 직접 가르침을 받고 있었다. 그녀는 3월이면 괴팅겐에 자신의 병원을 개업하게 될 터였다. 그래서 그녀는 지금 엄숙한 수요심리학회 모임에 앉아 있다. 그녀 옆에는 동료 학자들이 있고, 오른쪽으로는 당시 이미 전설적이었던 소파가 있고, 사방에는 작은 조각상들이 있다. 고대에 푹 빠져 있던 프로이트가 현재를 잊기 위해 모아들인 것들이다. 그리고 모두 한참 열중해 있는 이때, 루가 문을 열고 들어오는 순간 고양이 한 마리가 잽싸게 따라 들어왔다. 프로이트는 처음에 화가 났지만, 그 고양이가 그리스 꽃병과 로마의 작은 조각상들을 아주 호기심 가득한 눈으로 살펴보는 것에 감동해서 그 고양이에게 우유를 가져다주게 했다. 루 안드레아스살로메는 이렇게 전한다. "그렇지만 그때 그 고양이는 프로이트의 사랑과 감탄이 더해감에도 그에게 관심조차 보이지 않았고, 그 초록색 눈으로 무슨 하찮은 물건 보듯 냉담하게 그를 힐끗 볼 뿐이었다. 그래서 한순간이나마 그 이기적이고 자아도취적인 그르렁 소리 이상을 원한 프로이트는 고양이의 주목을 끌기 위해 편안한 침대의자에서 발을 내려 장화 끝을 아주 특이하면서 신기한 모습으로 움직여야 했다." 그 고양이는 몇 주 동안이나 모임에 들어올 수

오페라 〈살로메〉의 주인공.

있었고, 병이 났을 때에는 붕대를 둘둘 말고 프로이트의 소파에 누워 있을 수 있었다. 그 고양이는 자기도 치료받을 수 있는 존재라는 것을 증명했다.

◆

병이 났다고 해서 하는 말인데 도대체 릴케는 어디 처박혀 있는 걸까?

◆

1913년, 사람들은 올해가 액년厄年이 될지 모른다는 불안에 짓눌려 있다. 가브리엘레 단눈치오는 한 친구에게 『성 세바스티아누스의 순교』를 선물하면서 헌정사에 붙이는 날짜에 예방 차원에서 '1912＋1'이라고 쓴다. 그리고 아르놀트 쇤베르크도 이 불길한 숫자에 마음을 졸이고 있다. 쇤베르크가 '12음 음악'을 고안한 것도 괜히 한 일이 아니다. 현대음악의 토대가 된 이 12음 음악은, 12 다음 숫자에 대한 공포에서 탄생했다. 미신에서 합리가 탄생한 것이다. 쇤베르크의 작품들에는 '13'이라는 숫자가 등장하지 않는다. 마디로도, 심지어 쪽 번호로도 존재하지 않는다. 모세와 아론 이야기를 다룬 자신의 오페라가 13개의 철자로 이루어진다는 것을 알고 깜짝 놀란 쇤베르크가 아론의 철자에서 두번째 a를 지워버려 그 오페라의 제목은 〈모세와 아론Moses und Aron〉(Moses und Aaron이 아니라)이 되어버렸다. 그런데 이제 한 해 자체가 불길한 숫자로 이루어진 것이다. 9월 13일에 태어난 쇤베르크는 자기가 13일의 어느 금요일에 죽을지 모른다는, 공포에 가까운 불안에 시달렸다. 그래봤자 소용없는 일이었다. 아르놀트 쇤베르크는 13일의 어느 금요일에 죽었다(그렇지만 1913+38, 그러니까 1951년에 죽었다). 1913년에도 그에게 아주 놀라운 사건이 준비되어 있다. 그는 공개적으로 따귀를 맞게 되는 것이다. 그렇지만 그 얘기는 나중에 때가 되면 하자.

◆

　이제 드디어 처음으로 토마스 만이 등장한다. 1월 3일 이른 아침에 토마스 만은 뮌헨에서 기차에 올라탄다. 그는 우선 신문을 조금 훑어보고 편지들을 읽다가, 창밖으로 튀링거발트 숲의 눈 덮인 언덕에 눈길을 주다가, 다시 또 요양하러 산으로 떠난 아내 카티아를 걱정하다가, 난방을 심하게 해서 더운 객실에서 꾸벅꾸벅 존다. 여름에 다보스에 있는 아내를 만나러 갔을 때 병원 대기실에서 문득 굉장한 소설 아이디어가 떠올랐다. 그런데 지금은 그 아이디어가 무의미하게 느껴진다. 그 요양원 이야기가 세상과 너무 동떨어진 이야기 같다. 뭐, 이제 곧 2, 3주 후면 『베네치아에서의 죽음』이 출간될 것이다.
　토마스 만은 기차에 앉아 옷걸이 때문에 걱정한다. 이 옷걸이 때문에 오랜 기차여행을 하고 나면 늘 옷에 자국이 남아 성가시다. 나중에 호텔에서 외투를 다시 다림질 맡겨야 할 것이다. 토마스 만은 자리에서 일어나 미닫이 객실 문을 열고는 잠시 복도를 걷는다. 그의 행동거지가 너무 뻣뻣해서 다른 승객들은 차장이 온 줄 안다. 창밖으로 도른부르거 성들이 스쳐지나가고, 바트 쾨젠이 보이고, 자알레 강 언덕의 포도밭이 눈에 파묻혀 포도덩굴들이 얼룩말 무늬처럼 층층이 위로 뻗어 있다. 창밖 풍경은 매우 아름답지만 토마스 만은 베를린에 가까워질수록 마음속에서 서서히 불안이 솟

구치는 것을 느낀다.

　토마스 만은 기차에서 내리자 곧장 차를 타고 운터덴린덴 호텔로 가서는 리셉션에 서서 뒤에 있는 승강기 쪽으로 몰려가는 손님들 중에 혹시 자기를 알아보는 사람이 있을까 주위를 둘러본다. 그러고는 멋지게 옷을 갈아입고 콧수염을 빗질하기 위해 자기 방으로 간다. 이 호텔에 올 때마다 늘 쓰는 방이다.

　같은 시간, 베를린 서쪽 깊숙이 있는 그루네발트 회만슈트라세 6번지 빌라에서는 알프레트 케어가 옷 갈아입는 방에서 나비넥타이를 매고는 콧수염 끝을 싸울 듯이 치켜 말아올린다.

　오후 8시에 두 사람의 결투가 시작한다. 7시 15분에 두 사람은 합승마차에 올라타 도이체스 테아터 소극장으로 향한다. 거의 동시에 도착한 두 사람은 서로 본체만체한다. 날이 추워서 두 사람은 서둘러 안으로 들어간다. 이건 우리끼리만 하는 얘기인데, 한때 오스트제 바닷가에 있는 반진에서, 독일의 가장 위대한 비평가이자 가장 거만한 알프레트 케어는 고양이 눈을 한 부유한 유대인 집안의 카티아 프링스하임에게 구혼한 적이 있었다. 그런데 그녀는 브레슬라우* 출신의 생각이 거칠고 거만한 알프레트 케어를 거부하고 한자Hansa 도시 출신의 뻣뻣한 토마스 만의 가슴에 안겼다. 사실 납득이 가지 않는 일이었다. 그러나 어쩌면 오늘 저녁 알프레트 케어는 그 앙갚음을 할 수 있을지 모른다.

　토마스 만은 첫 줄에 앉아 위엄 있게 침착함을 보이려고 애쓴다. 오늘 저녁, 그의 희곡『피오렌차』의 베를린 초연이 있다. 이 희곡은 토마스 만이 카

---

* 지금의 폴란드 브로츠와프.

티아와 사랑에 빠졌을 때 쓴 작품이었다. 그러나 토마스 만은 오늘 이 초연이 실패로 끝날 것 같은 예감이 든다. 이 작품은 오래전부터 애물단지였다. 게다가 문제를 해결하려다 일을 더 크게 만든 것 같다. 토마스 만은 뮌헨의 마우어키르허슈트라세 13번지에서 출발하기 전에 막시밀리안 하르덴에게 이런 편지를 썼다. "제가 몇 가지 구제하려고 애썼습니다만 사람들이 제 말을 들을 것 같지 않습니다."

토마스 만은 버젓이 눈을 뜬 채 재앙 속으로 들어가기가 싫었다. 그것은 그에게 어울리지 않았다. 그런데 12월에 리허설에서 본 것은 조짐이 좋지 않았다. 그는 괴로운 마음으로 공연을 지켜본다. 피렌체 르네상스 전성기를 되살려야 할 공연이었지만 뜻대로 되지 않고 있다. 걸작은 못 만들고 힘들게 공만 들인 셈이다.

어느 순간, 토마스 만은 용기를 내어 왼쪽 어깨 너머로 슬쩍 눈길을 던진다. 셋째 줄에 알프레트 케어가 보인다. 연필이 노트 위에서 미친 듯이 움직이고 있다. 관객석은 어둠 속에 깊이 파묻혀 있지만, 토마스 만은 알프레트 케어의 얼굴에서 회심의 미소를 본 것 같다. 누군가를 괴롭힐 가장 좋은 빌미를 잡아 기뻐하는 사디스트의 미소다. 그리고 토마스 만의 불안한 눈길을 알아차린 알프레트 케어는 유쾌한 전율이 흐르는 것을 느꼈다. 그는 토마스 만과 그의 실패한 『피오렌차』가 지금 자기 손바닥 안에 있는 것을 즐긴다. 왜냐하면 자기가 이 둘을 꽉 쥐었다가 손을 놓으면 맥없이 바닥으로 비틀거리며 떨어질 것을 알기 때문이다.

그때 막이 내려오고 호의적인 박수갈채가 터진다. 너무 호의적이어서 연출가가 처음으로 거둔 진정한 성공에 기뻐하며 토마스 만을 두 번이나 무대 위로 부를 정도다. 그는 앞으로 몇 주 동안 수많은 편지에서 이 이야기를 잊지 않고 꼭 할 것이다. 두 번이라니! 토마스 만은 위엄 있게 몸을 숙여 인사한다. 두 번이나! 그러나 너무 뻣뻣해서 몸을 숙인 것처럼 보이지 않는다. 셋째 줄에 앉아 있는 알프레트 케어는 박수 치지 않는다. 케어는 그닐 밤 집에 돌아오자마자 차를 한 잔 가져오게 하고는 연극에 대한 비평을 쓰기 시작한다. 그는 타자기 앞에 엄숙하게 앉아 우선 종이에 로마자 I을 적어넣는다. 그리고 전집의 권수를 매기듯 단락마다 번호를 매긴다. 그는 먼저 칼을 간다. "원작자는 끈기는 있으나, 여리고 다소 빈약한 영혼의 소유자다." 그런 다음 그는 본격적으로 퍼붓는다. 피렌체를 상징하고자 한 듯한 여인 피오렌차는 생기라고는 전혀 없고, 작품 전체가 도서관에서 쓰인 듯, 딱딱하고, 밋밋하고, 생동감 없고, 유치하고, 군더더기가 많다는 식이다.

알프레트 케어는 열번째 단락 번호와 함께 글을 마치고는 흡족한 마음으로 타자기에서 마지막 종이를 꺼낸다. 끝장이다.

이튿날 아침, 토마스 만이 뮌헨행 기차에 올라탈 때, 알프레트 케어는 신문 타크 편집부로 그 글을 보낸다. 1월 5일 자에 그 글이 실린다. 기사를 읽은 토마스 만은 절망한다. "남자답지 못하다"는 말이 가장 충격적이다. 알프레트 케어가 토마스 만의 비밀스러운 동성애 성향을 암시하려던 것이든 토마스 만이 괜히 제 발 저려하는 것이든 그것은 중요하지 않았다. 알프레트 케어 말고 토마스 만을 이렇게 정확하게 꿰뚫어 보고, 깊이 상처 주는 말을 할 수 있었던 이는 카를 크라우스뿐이다. 어쨌든 토마스 만은 아주 제대로 한 방 맞았다고 느낀다. 그의 표현처럼 "뼈에 사무칠" 만큼. 1913년 봄 내내 토마스 만은 알프레트 케어의 혹평에서 헤어나지 못한다. 그가 쓴 편지에도 이 얘기가 빠지는 법이 없고, 단 하루도 이 작자에 대한 분노에 치를 떨지 않고 지나가는 날이 없다. 토마스 만은 후고 폰 호프만슈탈에게 이렇게 쓴다. "저는 대충 뭐라고 할지 짐작은 했지만 이것은 완전히 상상 초월입니다. 아무것도 모르는 사람도 살기를 느끼게 할 만큼 악의적인 독설가입니다!"

그 사람이 나를 얻지 못했기 때문에 그러는 것뿐이야, 사랑하는 토미, 하고 요양에서 돌아온 카티아가 위로의 말을 하고는 엄마처럼 토마스 만의 머리를 쓰다듬는다.

◆

두 가지 민족 신화가 만들어진다. 뉴욕에서는 『배너티 페어』* 창간호가 나오고, 에센에서는 카를 알브레히트와 테오 알브레히트의 어머니가 알디 Aldi 슈퍼마켓**의 원조라고 할 수 있는 가게를 연다.

◆

에른스트 윙거는 어떻게 지내고 있을까? "아직은 좋다." 어쨌거나 열일곱 살의 윙거가 하멜른의 혁신학교에서 괴테의 『헤르만과 도로테아』에 관해 쓴 작문 성적은 그렇다. 윙거는 이렇게 썼다. "이 서사시는 우리를 프랑스 혁명 시대로 데려다준다. 혁명의 이글거리는 열기는, 고요한 라인 강 계곡에서 일상의 자족에 빠져 있는 평화로운 주민들을 미몽에서 깨운다." 그러

---

* 미국의 콘드 나스트 퍼블리케이션스에서 발간하는 잡지. 문화, 패션, 정치 문제 등을 다루는 종합지로서, 1936년에 잡지 『보그』로 합병되었다가 1983년에 재창간되었다.
** 독일의 대표적인 대형 저가 식품 마트.

나 선생님에게는 충분히 만족스럽지 못했나보다. 선생님은 빨간 잉크로 여백에 이렇게 썼다. "이번에는 표현이 너무 냉철하다." 우리는 에른스트 융거가 사람들이 모두 그를 중요한 존재로 보기 전에도 이미 냉철했다는 것을 알 수 있다.

◆

매일 오후, 에른스트 루트비히 키르히너는 새로 개통된 지하철을 타고 포츠담 광장 역으로 간다. 키르히너와 함께 다른 '다리파' 화가들도 다리파의 결성지이자, 잊힌 여름 같은 바로크 도시 드레스덴에서 베를린으로 활동무대를 옮겼다. 에리히 헤켈, 오토 뮐러, 카를 슈미트로틀루프가 그들이었다. 그들은 물감도, 여자도 함께 나누고 그림들도 서로 비슷해서 그린 사람이 누구인지 헷갈릴 정도로 극단적인 공동체였다. 그러나 이른바 수도라고 불리는 베를린 생활의 과도한 부담은, 그들을 각각의 개체로 되돌려놓고, 그들을 서로 이어주는 다리에 톱질을 해댄다. 키르히너를 뺀 다른 다리파 화가들은, 순수한 색채와 자연과 인간의 나체를 찬미할 수 있었던 드레스덴에서는 자신의 정체성을 살릴 수 있었지만 베를린에서는 몰락의 위기를 맞는다.

그러나 키르히너는 베를린에서 30대의 시작과 함께 비로소 자기 자신을 찾는다. 그의 예술은 도시적이고, 더 거칠고, 인물들의 모습은 너무 길고, 소묘 스타일은 이 도시 자체만큼이나 아주 팍팍하고 공격적이며, 그의 유화는 이마에 니스 칠을 한 듯 대도시의 검댕을 뒤집어쓰고 있다. 지하철 안에서도 그의 눈은 인간들을 탐욕스럽게 빨아들이고, 그의 손은 무릎 위에서 열심히 스케치한다. 연필로 두세 번 선을 그어 남자를, 모자를, 우산을 만들어낸다. 그러고 나서 그는 지하철에서 내려 손에 스케치북과 물감들을 들고서 군중 속을 헤치며 걸어간다. 그는 아싱거 카페로 간다. 그곳에서는 수프 한 그릇만 주문하면 하루종일 앉아 있을 수 있다. 키르히너는 그곳에 죽치고 앉아 관찰하고, 소묘하고, 또 관찰한다. 겨울의 하루는 벌써 어둠이 깔리고, 광장에서 들려오는 소음은 귀를 먹먹하게 한다. 이곳은 유럽에서 가장 교통량이 많은 곳이고, 중심적인 교통 요로뿐만 아니라 전통과 현대의 노선들도 교차하는 곳이다. 지하철에서 지상으로 올라와 눈으로 질척질척한 길에 발을 내딛으면, 술통을 운반하는 짐마차도 보이고, 그 바로 옆으로 최초의 화려한 자동차도 보이고, 말똥을 피하려고 애쓰는 합승마차도 보이는 것이다. 여러 전차가 동시에 커다란 광장을 지나가고, 전차들이 모퉁이를 돌 때마다 금속성의 마찰 소리가 넓은 공간을 가득 채운다. 그리고 그 사이에 인간들, 인간들, 인간들이 있다. 모두 자기로부터 달아나는 시간을 붙잡으려는 듯 내달리고 있다. 그리고 그들 위로는 소시지, 쾰른 향수, 맥주를 선전하는 광고판들이 있다. 아케이드 밑에는 멋지게 차려입은 고급 창녀들과, 매춘부들이 있다. 그녀들은 거미줄 끝에 있는 거미처럼 이 광장을 벗어나지 못하는 유일한 사람들이다. 그들은 경찰의 감시를 피하기 위해 미망인들이 쓰는 베일을 쓰고 있다. 그러나 일찍 찾아오는 겨울저녁의 어스름에 벌써 불이 켜진 초록빛 가스등 아래로 그들의 거대한 모자들, 깃털을 기이한 탑처럼 쌓은 모자들이 눈에 띈다.

포츠담 광장에 있는 고급 창녀들 얼굴에 빛나는 창백한 초록빛과 그 뒤로 이를 가는 듯한 대도시의 소음, 이것이 키르히너가 예술로, 회화로 만들고 싶어하는 것이다. 그러나 그는 아직 방법을 못 찾고 있다. 그래서 그는 계속 소묘만 하고 있다. "나는 내가 그린 소묘에는 반말로 얘기한다" "내 그림들에는 존댓말로 얘기한다"고 키르히너는 말한다. 키르히너는 반말친구들, 다시 말해 지난 몇 시간 동안 이 탁자에 앉아 그린 스케치 더미를 파일에 넣고 서둘러 집으로, 아틀리에로 돌아간다. 빌머스도르프 두어라허슈트라세 14번지, 3층에, 키르히너는 자기만의 동굴을 만들었다. 사방의 벽에 동양의 양탄자가 매달려 있고, 아프리카와 오세아니아 대륙의 조각들 및 가면들과 일본 우산들이 방 안 가득하고, 그 옆에는 자기가 만든 조각상들과, 가구들과, 그림들이 있다. 이 시절에 찍은 키르히너의 사진들을 보면 그는 발가벗은 모습이거나, 검은 양복에 넥타이를 매고 목까지 올라오는 새하얀 셔츠를 입고서 마치 오스카 와일드처럼 한 손에 담배를 살짝 들고 있는 모습이다. 그 옆에는 늘 그의 애인 에르나 실링이 있다. 망아적忘我的이고 약간 통통한 드레스덴 도도*의 계승자이자, 단발머리 아래 자유로운 정신을 지닌 현대 여성이요, 골상학적으로는 깜짝 놀랄 정도로 카프카의 펠리체 바우어를 닮은 에르나 실링이. 그녀는 키르히너가 디자인하거나 자기가 직접 디자인한 자수로 집을 장식했다.

 키르히너는 1년 전 베를린의 댄스홀에서 에르나와 그녀의 여동생 게르다 실링을 알게 되었다. 헤켈의 여자친구 시디도 무대 위에 있었다. 키르히너는 바로 그날 저녁 애수 어린 눈으로 그 예쁜 무용수들을 자기 아틀리에로 유혹했다. 키르히너는 건축학적으로 구축된 그녀들의 몸이 자신의 "미적 감각을 우리 시대 여성의 육체적 아름다움을 형상화할 수 있도록 이끌

---

* 도리스 그로세의 애칭. 패션 디자이너였으며 1909~1911년 키르히너의 모델이자 연인이었다.

어준다"는 것을 한눈에 알았기 때문이다. 키르히너는 먼저 열아홉 살의 게르다와 사랑을 나누고, 그다음에는 스물여덟 살의 에르나와 사랑을 나누고, 그 사이에 두 사람 모두와 함께 사랑을 나눈다. 고급 창녀, 무사Mousa, 모델, 누이, 성녀, 매춘부, 애인······ 키르히너의 여인들은 뭐라고 정확히 이름 붙일 수 없다. 수백 장의 스케치들을 통해서 우리는 두 여인에 대해 세세한 것들까지 빠짐없이 알 수 있다. 게르다는 관능적이고 도발적이며, 에르나는 작고 뾰족한 가슴에 엉덩이가 큰 모습으로, 한마디로 멜랑콜리한 차분함을 풍긴다. 이 시기에 그려진 훌륭한 그림이 하나 있다. 왼쪽의 벌거벗은 세 여인은 마치 유혹하는 듯하고, 오른쪽의 입에 담배를 문 화가는 그 여인들을 전문가답게 검사하는 듯한 모습이다. 키르히너는 우쭐대면서 캔버스 뒤에 검은색으로 〈파리스의 심판〉이라고 쓴다. 1913, 에른스트 루트비히 키르히너라는 서명과 함께.

그러나 이날 밤 자칭 파리스 키르히너가 포츠담 광장에서 집으로 돌아왔을 때는, 불은 이미 꺼져 있었다. 파리스는 심판에 너무 늦은 것이다. 에르나와 게르다는 거실에 있는 거대한 베개에 파묻힌 채 잠들어 있었다. 이 거실은 이 지옥의 삼인조를 통해 세계에서 가장 유명한 방이 된다.

◆

프로이센의 빅토리아 루이제 공주와 하노버 왕가의 에른스트 아우구스트 공이 1월에 처음으로 키스한다.

◆

카를 크라우스가 빈에서 발행하는 전설적인 1인 잡지 『파켈』 신년호에 구원 요청이 실린다. "엘제 라스커슐러가 아들 교육비로 1000마르크를 구한다"는 것이다. 셀마 라거뢰프, 카를 크라우스, 아르놀트 쇤베르크 등이 서명한다. 이 여류 작가는 헤르바르트 발덴과 이혼하고 나서, 아들 파울이 다니는 오덴발트슐레* 학비를 감당할 수 없었다. 크라우스가 이 성명서를 잡지에 실을 것이냐 말 것이냐를 두고 반년 동안 자기 자신과 싸움을 벌이는 사이 파울은 이미 오래전에 드레스덴에 있는 기숙학교로 갔다. 그러나 크리스마스가 되자 사형집행인이자 감정과 이성을 엄격하게 분리하는 크라우스 자신도 연민에 압도되었다. 그래서 크라우스는 『파켈』의 마지막 빈자리에 작은 광고문을 싣는다. 그 앞에 크라우스는 이렇게 쓴다. "나는 세계 불황을 준비하는 계시록의 전령을, 현세의 연옥을 뜨겁게 달구는 몰락의 사자使者를 본다."

◆

베를린 그루네발트 훔볼트슈트라세 13번지에 있는 작은 다락방은 얼어붙을 듯이 춥다. 초인종의 째지는 소리가 백일몽에 빠져 있는 엘제 라스커슐러를 깨웠을 때, 그녀는 이불 여러 개를 둘둘 감고 있었다. 매서운 검은 눈에, 사자 갈기처럼 더부룩한 갈색 머리, 사랑 없이 못 살고, 생활력 없는 엘제 라스커슐러가 동양풍의 실내가운을 걸치고서 문을 열어주자 우편배달부가 우편물을 건네준다. 그녀의 엄격한 친구 카를 크라우스가 멀리 빈

---

* 1910년 파울 게헤브와 에디트 게헤브가 세운 개혁학교로 기숙학교다.

에서 보내온 빨갛게 빛나는 『파켈』과 그 밑에는 파란색의 자그마한 놀라운 물건이 있다. 바로 '청기사파' 화가인 프란츠 마르크가 보낸 엽서다. 알록달록한 가운을 입고 딸랑거리는 반지와 팔찌를 끼고 다니고, 거칠고 동화 같은 환상을 지닌 엘제 라스커슐러는 그 시대에, 현대를 향해 달려가는 사회에서 동양적 내면성의 화신이자, 모든 이가 꿈에 그리는 환상이자, 카를 크라우스, 바실리 칸딘스키, 오스카 코코슈카, 루돌프 슈타이너, 알프레트 케어 같은 뭇 남성의 동경의 대상이었다. 그러나 신격화만으로 먹고살 수는 없다. 엘제 라스커슐러는 지금 상황이 아주 나쁘다. 중요한 화랑주이자 잡지 『슈투름』의 발행인인 헤르바르트 발덴과의 결혼생활이 끝장났고, 이제 발덴이 끔찍한 넬과 재혼하여 이런저런 카페에 함께 앉아 있기 때문에 엘제 라스커슐러는 더이상 카페에도 갈 수 없다. 그렇지만 그녀는 바로 그런 예술가 카페에서 12월에 프란츠 마르크와 마리아 마르크를 알게 되었고, 두 사람은 그녀의 근위병이자 수호천사가 된다.

　엘제 라스커슐러는 카를 크라우스의 감동적인 광고는 꿈에도 생각하지 못한 채 『파켈』을 한 손에 쥐고 프란츠 마르크가 보낸 엽서를 돌려본다. 그녀는 소리 없는 환호성을 지르며 그 자리에 얼어붙는다. 저 멀리 떨어져 있는 친구는 그 자그마한 공간에 〈푸른 말들의 탑〉을 그려넣었다. 시대를 완전히 초월하면서 동시에 그 한가운데 서 있는, 힘이 넘치는 말들이 하늘로 솟아오를 듯 탑처럼 쌓여 있는 그림을. 그녀는 이 세상에 단 하나뿐인 선물을 받았다는 것을 느낀다. 바로 청기사의 첫번째 푸른 말들이다. 모든 것을 느끼는 이 특별한 여인은 심지어 그 이상을 느꼈을지도 모른다. 이 엽서에 그려진 아이디어로부터 몇 주 뒤에는 저 멀리 진델스도르프에서 그보다 훨씬 더 큰 〈푸른 말들의 탑〉이, 강령으로서의 회화가, 세기의 그림이 탄생하리라는 것을. 그러나 그 그림은 나중에 불타고, 결국 이 작은 엽서만 남게 된다. 이 엽서에는 오늘날까지도 프란츠 마르크와 엘제 라스커슐러의 지문이 남아 있다. 이 엽서는 청기사가 질주하기 시작한 순간의 이야기를 영원히 들려주게 될 것이다.

시인 엘제 라스커슐러는 저 위대한 화가가 그 작은 말 그림에 그녀의 표지인 반달과 금빛 별들을 담은 것을 바라보며 감동한다. 이렇게 하여 대화가 시작되고, 연상들과, 말들과, 엽서들이 오간다. 그녀는 프란츠 마르크를 상상 속의 "가나Cana 제후"로 임명하고, 자기 자신은 "테베의 왕자 유수프"라고 부른다. 엘제 라스커슐러는 1월 3일에 푸른 기적에 감사하는 답장을 보낸다. "엽서가 어쩌면 이리 예쁠까요. 저는 제 백마들이 제가 가장 좋아하는 바로 그 색이기를 늘 바랐어요. 뭐라고 감사를 드려야 할지!"

나중에 심지어 마르크가 엽서를 통해 함께 진델스도르프로 가자고 초대하자, 이혼과 베를린이라는 도시에 지칠 대로 지친 엘제 라스커슐러는 당장 수락하고는 프란츠 마르크, 마리아 마르크와 함께 기차에 올라탄다. 그녀가 옷을 너무 얇게 입어서, 마리아 마르크는 가지고 온 담요로 그녀를 감싼다. 『피오렌차』 초연에 기분이 상한 채 고향에 있는 가족의 성으로 급히 돌아가던 토마스 만도 같은 기차에 타고 있었을 것이다. 1913년 독일 문화의 북극과 남극이 같은 기차에 타고 있는 모습을 그려보는 것은 멋진 일이다.

쇠약해진 엘제 라스커슐러는 알프스산맥 중턱의 진델스도르프에 도착하자 우선 정말로 프란츠 마르크의 집에서 머문다. 프란츠 마르크의 아내 마리아 마르크는 체격이 좋은 중년 부인으로, 바람이 거세게 불 때면 프란츠 마르크는 그녀의 날개 밑으로 파고든다. 엘제가 이름 붙인 것처럼 "화가 마르크와 그의 암사자"였다.

엘제 라스커쉴러는 애가 없는 부부의 손님방에서 며칠 못 버티고 진델스도르프의 여관으로 거처를 옮긴다. 늪지대 너머 멀리 알프스 산이 내다보이는 곳이다. 그러나 이곳에서도 그녀는 안식을 얻지 못한다. 여관 주인이 걱정하면서 그녀에게 크나이프식 수욕요법*을 권하고는 그에 관한 책들을 빌려준다. 그래도 모두 소용이 없다. 엘제 라스커쉴러는 부랴부랴 진델스도르프에서 빠져나와 뮌헨으로 가서, 테레지엔슈트라세에 하숙집을 하나 잡는다.

뒤쫓아 간 마르크 부부는 그곳 식당에서 그녀를 발견한다. 식탁 위에는 그녀가 아들 파울을 위해 샀을 법한 주석 병정 군단이 있다. 파란색과 하얀색의 체크무늬 식탁보 위에서 그녀는 "삶이 끊임없이 안겨주는 싸움들 대신, 그 병정들을 가지고 격렬한 전투를 벌이고 있다". 그녀는 이즈음 늘 격앙되어 있고, 분노로 치를 떨고, 제정신이 아니어서 틈만 나면 싸울 태세였다. 1월 말 탄하우저 화랑에서 크게 열린 프란츠 마르크 전시회 개막식에서 그녀는 칸딘스키를 알게 되고, 여성화가 가브리엘레 뮌터**와 싸움에 휘말린다. 뮌터는 라스커쉴러가 모욕으로 느낄 말을 했고, 이에 라스커쉴러는 화랑 전체가 떠나가도록 소리를 질러댔다. "난 예술가고, 저런 아무것도 아닌 것에게 이런 대우를 받을 수 없어!"

마리아 마르크는 서로 욕을 퍼붓는 두 여인 사이에 서서 어쩔 줄 몰라하며 이렇게 외칠 뿐이었다. "애들같이, 애들같이." 나중에 마리아 마르크는 엘제 라스커쉴러가 "염세적인 여류 문필가의 태도"를 너무 많이 갖고 있다

---

* 독일인 신부 제바스티안 크나이프가 창안한 치료법으로 온랭수욕, 운동요법, 식이요법 등으로 이루어짐.
** 바실리 칸딘스키의 연인이었다.

고 한탄한다. 그러나 "그녀는 베를린에 있는 젊은 염세주의자들과는 달리 삶을 제대로 겪어본 사람"이라고. 진델스도르프에서 바라본 1913년의 세계는 이런 모습이었다.

◆

1월 20일 이집트 중부의 텔엘아마르나에서, 베를린 출신의 기업가 제임스 시몬이 재정을 지원한 독일 동양 회사Deutsche Orient-Gesellschaft의 발굴 작업에서 최근에 출토된 유물을 분할하게 된다. 발굴품의 절반은 카이로 박물관에, 나머지 절반은 독일 박물관에 귀속될 예정이었는데 그 가운데 '왕녀의 채색 석고 흉상'이 있었다. 카이로 주재 프랑스 고대유물 관리처 소장은 발굴 작업을 지휘한 독일인 고고학자 루트비히 보르하르트가 제안한 분할 목록을 수락한다. 보르하르트는 흥분한 이집트의 발굴 보조 일꾼이 그 흉상을 손에 쥐여주었을 때, 1000년에 한 번 나올까 말까 한 유물을 손에 넣었다는 것을 직감했다. 며칠 뒤 그 석고 흉상은 베를린으로 떠난다. 아직은 네페르티티라는 이름을 얻지 못한 상태이고, 아직은 세계에서 가장 유명한 여인 흉상이 되기 전이다.

◆

신경이 완전히 곤두서 있는 해다. 그러니 러시아 조종사 표트르 니콜라예비치 네스테로프가 1913년에 전투기로 인류 역사상 최초의 공중제비 비행을 한 것도 놀라운 일은 아니다. 그리고 오스트리아의 피겨스케이팅 선수 알로이스 루츠가 혹한의 1월에 얼어붙은 호수 위에서 오늘날까지도 루츠 점프라는 이름으로 남을 멋진 회전 점프를 할 수 있었던 것도. 루츠 점프는 뒤로 도움닫기를 하다가 왼 다리 바깥 날로 뛰어올라야 한다. 두 팔을 얼른 가슴에 갖다붙여야 점프가 완성된다. 물론 더블 루츠 점프는 이 점프를 두 번 하는 것이다.

◆

스탈린은 4주 동안 빈에 머물게 된다. 스탈린이 이렇게 오랫동안 러시아를 떠나 있는 일은 두 번 다시 없다. 그다음으로 그나마 오랫동안 외국여행을 하는 것은 30년 뒤 테헤란을 방문할 때다. 그때 스탈린은 처칠, 루스벨트와 대담하게 된다(1913년에 처칠은 영국의 해군장관이었고, 루스벨트는 워싱턴에서 상원의원으로 지내면서 숲 벌목 반대 운동을 벌이고 있었다). 스탈린은 쇤브루너 슐로스슈트라세 30번지의 비밀 은신처인 트로야노프스키 집 밖으로 거의 나가지 않는다. 그는 레닌의 지시로 『마르크스주의와 민족 문제』를 쓰는 데 온통 몰두해 있다. 아주 가끔 이른 오후에 집 근처 쇤브룬 궁전 공원을 산책하는 게 전부다. 쇤브룬 공원은 질서 정연한 모습으로 1월의 눈 속에 파묻혀 있었고 날은 추웠다. 하루에 한 번 프란츠 요제프 황제가 정사를 돌보기 위해 호프부르크 궁전*으로 가느라 마차를 타고 궁을 떠날 때만 잠깐 소란스러울 뿐이었다. 프란츠 요제프는 1848년부터 65년이라는 엄청난 기간 동안 황제로 군림하고 있다. 황제는 사랑하는 아내 시시의 죽

---

* 1918년까지 오스트리아 황제가 기거했던 곳.

음을 결코 극복하지 못했고, 지금까지도 그의 책상 위에는 그녀의 실제 모습과 같은 크기의 초상화가 걸려 있다.

백발의 군주는 구부정한 모습으로 진녹색의 마차를 향해 몇 걸음 내딛는다. 공기가 차가워 그의 숨결에 작은 구름이 생긴다. 제복을 입은 하인이 문을 닫자, 말들은 눈길을 헤치며 서둘러 달려간다. 그러고 나면 공원은 다시 정적에 파묻힌다.

스탈린은 공원을 거닐면서 생각에 잠긴다. 날이 벌써 어두워지고 있다. 그때 스탈린 쪽으로 또다른 산보객이 다가온다. 그는 스물세 살의 실패한 화가로, 아카데미 입학을 거절당하고 지금은 멜데만슈트라세 27번지에 있는 남성쉼터에서 시간을 죽이고 있다. 그는 스탈린과 마찬가지로 큰 기회를 붙잡을 날을 기다리고 있다. 그의 이름은 아돌프 히틀러. 당시 두 사람의 지인들이 들려준 얘기에 따르면, 두 사람은 쇤브룬 궁전 공원에 자주 산책하러 갔다고 하니 어쩌면 두 사람이 끝없는 공원을 산책하다가 마주쳐 한 번쯤 모자를 들어올리며 서로 정중하게 인사를 나누었을지도 모를 일이다.

20세기의 짧지만 끔찍한 극단의 시기는 이렇게 1913년 1월 어느 오후 빈에서 시작한다. 나머지는 침묵이다. 1939년에 히틀러와 스탈린이 운명적인 '조약'을 체결했을 때조차 두 사람은 직접 대면하지 않았다. 그러므로 혹한의 1월 어느 오후 쇤브룬 궁전 공원에서 우연히 만났을 때보다 두 사람이 더 가까이 있었던 적은 없었다.

◆

엑스터시 약이 처음 합성되고 1913년 내내 그 약의 특허 출원이 진행된다. 그러나 그후 그 약은 몇십 년 동안 사람들에게 잊히고 만다.

◆

이제 드디어 라이너 마리아 릴케가 등장한다! 릴케는 겨울을 피해, 그리고 창작의 슬럼프에서 벗어나기 위해 스페인 남부의 론다에 와 있다. 이 스페인 여행은 어느 날 밤 강령회에서 만난 미지의 여인이 릴케에게 명한 일이었다. 릴케는 평생 동안 성숙한 부인의 지시에 따라 행동해왔기 때문에, 현실 속의 후원자이자 애인이 자신에게 어떤 지시를 내려야 할지 모르는 지금, 초자연적인 중간세계 영매에게라도 매달려야 했다. 그래서 릴케는 지금 론다에 있는 멋진 라이나 빅토리아 호텔에 머물고 있다. 이 호텔은 최신 영국식 호텔이었지만, 휴양철이 아닌 지금은 거의 텅 비어 있었다. 이 높은 곳에서 릴케는 예의바르게 매주 "사랑하는 엄마"에게 편지를 쓴다. 그리고 멀리 떨어져 있는 다른 여인들, 바로 마리 폰 투른 운트 탁시스, 에바 카시러, 시도니 나드헤르니, 루 안드레아스살로메에게도 편지를 쓴다. 릴케는 그 여인들과 함께한다면 그 어떤 고통도 달게 받을 수 있다. 앞으로 이 부인들 얘기가 또 나올 테니 걱정 마시라.

릴케의 총각 딱지를 떼어주고, 본명 르네를 라이너로 바꾸라고 설득한 여인인 루는 요즘 들어 갑자기 다시 시세가 높아져 있었다. "사랑하는 루('사랑하는'이라는 말에 밑줄을 세 개나 그었다), 우리가 얼굴만이라도 볼 수 있다면 얼마나 좋을까요. 그것이 지금 저의 큰 소망입니다." 릴케는 가장자리에 "나의 영원한 지주, 나의 전부"라고 휘갈겨 쓴다. 그 편지는 우편열차를 타고 세 시간 걸려 지브롤터로 간다. 그리고 그곳에서 베르크가세 19번지로, 박사이자 교수인 지그문트 프로이트 전교轉交로 루 안드레아스살로메에게 전해진다. 그리고 루는 "사랑하고 사랑하는 그대"에게 답장을 쓴다. 그녀는 이제 그 시절보다 릴케에게 더 냉정하게 대해도 될 거라고 생각한다. 그래서 그녀는 이렇게 쓴다. "나는 그대가 고통을 겪어야 한다고, 앞으로도 영원히 그러리라고 생각해요." 이게 사도-마조 관계일까 아니면 사랑일까?

고통과 편지 쓰기로 하루하루가 흘러간다. 릴케는 가끔 『두이노의 비가』를 계속 짓는데, 여섯번째 비가의 31행까지 쓰고는 더이상 이어가지 못하고 있다. 그는 차라리 하얀 양복에 밝은색 모자를 쓰고 산책을 나가거나 코란을 읽는다(그러고는 곧 천사와 마리아의 승천에 관한 무아지경의 시들을 쓴다). 음침한 겨울과 멀리 떨어진 이곳에서는 누구라도 기분이 좋아질 것 같다. 릴케도 처음에는 1월인데 해가 5시 반에야 산 너머로 지는 것을, 해가 지기 전 태양이, 암석들로 이루어진 고원에 아주 거만하게 올라앉아 있는 도시 론다를 다시 한번 따뜻하게 비추는 것을, 그가 엄마에게 쓴 것처럼 "그 어떤 것에도 비할 수 없는 장관"을 즐긴다. 벌써 아몬드나무가 꽃을 피웠고, 제비꽃도 피었고, 심지어 호텔 정원에는 연푸른 아이리스까지 피어 있다. 릴케는 작은 검은색 수첩을 꺼내고는, 테라스에 앉아 커피를 한 잔 주문하고, 무릎담요를 엉덩이까지 덮은 뒤에, 눈을 깜빡이며 다시 한번 태양을 올려다본 다음 이렇게 적는다. "아, 꽃을 피울 줄 아는 이라면, 그의 심장은 모든 나약한 위험을 넘어서서 커다란 위험 안에서 위안을 얻으리."

◆

그렇다, 누가 꽃피우는 법을 알까. 뮌헨에서, 서른세 살의 인간 혐오자이자, 반사회적 인격장애자이자, 퇴직한 수학교사인 오스발트 슈펭글러가 기념비적 작품인 『서구의 몰락』 1권을 쓰고 있다. 바로 그 자신이 이 몰락의 좋은 본보기를 보여준다. 1913년에 자서전을 위해 써둔 메모에서 그는 이렇게 말한다. "나는 내가 속한 종種의 최후다." 모든 것이 종말을 향해 가고 있고, 그에게서, 그리고 그의 육체에서 서구의 고통이 가시적이 되리라는 거다. 부정적인 과대망상이다. 시들어가는 꽃이다. 슈펭글러의 근원적인 감정은 두려움이다. 가게에 들어가는 것에 대한 두려움. 친척들에 대한 두려움. 다른 사람이 사투리를 쓸 때 느끼는 두려움. 그리고 물론 "여자에 대한 두려움. 특히 여자가 옷을 벗자마자". 두려움을 느끼지 않을 때는 오직 머릿속으로 생각할 때뿐이다. 1912년 타이태닉호가 침몰했을 때, 슈펭글러는 거기서 심원한 상징적 의미를 보았다. 그 무렵에 쓴 메모에서 그는 괴로워하고, 한탄하고, 힘들었던 유년기와 그보다 더 힘든 현재에 대해 불만을 늘어놓는다. 날마다 그는 이렇게 적는다. "거대한 시대가 종말을 향해 나아가고 있는데 아무도 알아보지 못한단 말인가?" "문화-소멸 전의 마지막 한숨." 『서구의 몰락』에서 슈펭글러는 이렇게 표현한다. "각 문화는, 나타나서 성숙하고 시들고 다시는 돌아오지 않는, 새로운 표현 가능성들을 가지고 있다." 그러나 하나의 문화는 원양여객선보다는 천천히 몰락하니 걱정하지 마시라.

◆

연초부터 뒤셀도르프의 카를 시몬 출판사는 72개의 천연색 유리판과, 7개의 종잇갑이 들어 있는 나무상자와, 35쪽짜리 부록으로 이루어진 새로운 원판 슬라이드쇼를 판매한다. 주제는 '타이태닉호의 침몰'이다. 나라 곳곳에서 슬라이드 강연이 열린다. 먼저 선장, 배, 선실이 보이고, 그다음에는 다가오는 빙산이 보인다. 대참사가 보이고, 구명보트가 보인다. 침몰하는 배. 그렇다, 맞는 말이다. 원양여객선은 서구보다 빨리 몰락한다. 레오나르도 디카프리오는 아직 태어나지 않았다.

◆

그건 그렇고, 옷 벗는 여자를 보면 커다란 두려움을 느끼는 또 한 사람 프란츠 카프카는 지금 아주 다른 걱정거리가 있다. 카프카에게 아주 뜨거운 문제 하나가 떠오른다. 1월 22일에서 23일로 넘어가는 밤에 카프카는 펠리체 바우어에게 보내는 200번째쯤 되는 편지를 쓰다가 이렇게 묻는다. "그런데 제 글씨를 읽을 수 있습니까?"

◆

당신은 세계를 읽을 수 있습니까? 파블로 피카소와 조르주 브라크는 이렇게 자문하고는 끊임없이 새로운 암호를 고안해내 관찰자가 해독하게 만든다. 두 사람은 최근에 시점 변화를 그림으로 나타낼 수 있다는 것을 세상에 보여주었다. 이른바 입체주의라고 불리는 것이다. 그리고 1913년 1월에 두 사람은 벌써 또 한 걸음 앞서나간다. 나중에 사람들은 그것을 종합적 입체주의라고 부르게 된다. 그림에 목질섬유판을 비롯해 온갖 것들을 갖다

붙여서, 캔버스가 어드벤처 놀이공원이 되었기 때문이다. 브라크는 최근에 파리 콜랭쿠르 가에 있는 호텔 로마의 높은 층에 새 아틀리에를 꾸렸다. 거기서 그는 갑자기 빗을 집어들고는 자신의 그림 〈에이스 카드가 있는 구성〉을 그렸다. 그 선들은 마치 나뭇결처럼 보였다. 피카소는 바로 그날 그 그림을 받아보았다. 그리고 늘 그렇듯이 피카소는 곧 창안자보다 더 나은 그림을 만들어냈다. 그렇게 예술의 혁신가들은 끊임없이 서둘러 앞서나갔고, 시민 계급에게 완전하게 이해되어야 한다는 공포와 같은 불안에 쫓겼다. 아르투어 슈니츨러가 2월 8일 일기에 "피카소: 초기 그림들은 탁월하다. 그의 현재 입체주의에 대해서는 격렬한 저항감을 느낀다"라고 쓸 것을 알았더라면 피카소의 마음이 편안해졌을 텐데.

◆

　로비스 코린트는 간신히 살아났다. 이제 그는 자신의 전작全作에 대해 돈을 지불해야 한다. 1월 19일에 쿠어퓌르스텐담 208번지에 있는 '분리파'* 화랑에서 굉장한 전시회가 열리기로 되어 있다. 회화 228점으로, 전시회 제목은 '전작'이다. 새해 첫날인 오늘, 녹초가 된데다, 술이 덜 깬 로비스 코린트는 클롭슈톡슈트라세 48번지 집의 소파에 누워 전시회 걱정을 하고 있다. 아직 4시도 채 되지 않았는데 밖은 벌써 어두워졌고, 하늘에서는 진눈깨비가 내린다.

---

* 19세기 말 독일, 오스트리아의 주요 도시에서 일어난 예술 운동으로 과거의 예술 양식, 특히 제도적인 예술 양식에서 분리한다는 뜻에서 만들어진 이름이다.

우선 데르플링거슈트라세 28번지에 있는 베버 액자가게에서 '전작'을 끼울 액자 값을 달라고 한다. 1632마르크 50페니히나 되는 엄청난 금액이다. 그리고 전시회 개막식에 필요한 음식을 조달해줄, 쿠어퓌르스텐담 116번지의 아돌프 크라프트의 후계자는 선금으로 200마르크를 요구한다. 그 대가로 배달된 음식은 이렇다. "소 혓바닥 한 접시. 컴벌랜드 소스를 곁들인 코부르거 싱켄* 한 접시. 컴벌랜드 소스를 곁들인 노루 등심 한 접시. 레물라드 소스를 곁들인 로스트비프 한 접시." 로비스 코린트는 이 목록을 읽자마자 속이 메스꺼워진다. 컴벌랜드 소스와 전작이라니. 그의 뱃속에는 전날 저녁에 먹은, 형편없이 요리된 폴란드식 잉어 요리가 남아 있다. 사랑하는 아내 샬로테가 곁에 없을 때면 그는 늘 너무 많이 먹어댄다. 아내가 없으면 허전하기 때문이다. 그 자신도 이미 잘 알고 있다. 그래서 그는 저 멀리 산속에서 눈을 헤치며 가고 있을 아내 샬로테에게 새해 편지를 쓴다. "새해가 어떻게 펼쳐질지 누가 알겠소. 작년은 좋지 못했지. 이제 모두 지난 일이오." 정말 그렇다. 바로크 전성기에서 20세기 초 베를린으로 휩쓸려 온, 항상 힘이 넘치던 화가 코린트는 작년에 심각한 뇌졸중 발작으로 쓰러졌다. 그의 아내는 그를 헌신적으로 돌보았다. '전작' 전시회가 기획되었을 때, 모두 코린트의 작품 활동이 이것으로 끝장날까봐 걱정했다. 그러나 코린트는 간신히 원기를 되찾았다. 그리고 이젤 앞에 앉았다. 도시 여기저기에 이 굉장한 전시회를 알리는 현수막이 걸렸다. 매일 오전 9시~오후 4시, 입장료 1마르크. 그리고 스스로도 깜짝 놀란 표정의 코린트의 모습을 볼 수 있다. 코린트를 간호하느라 쌓인 피로를 회복하기 위해 아내 샬로테가 저

---

* 바이에른 주 코부르크 지역의 특산품으로 훈제 햄의 일종.

멀리 티롤에 가 있는 지금 이런 일들이 진행되고 있는 것이다. 아내는 개막식에 딱 맞춰 돌아왔다. "좋아 보이십니다, 부인." 1월 19일, '분리파' 전시회 개막식에서 막스 리버만은 오른손에 컴벌랜드 소스를 곁들인 노루 등심을 들고서 이렇게 인사한다. '좋아 보이는군, 내 전작이.' 로비스 코린트는 전시회장을 성큼성큼 걸어 다니면서 마음속으로 생각한다. 그러나 작품은 계속된다. 그렇지만 나중에도 부디 입체주의가 아닌 그림이기를.

◆

다시 잠깐 프로이트가 있는 베르크가세 19번지로 가보자. 그는 서재에서 『토템과 터부』 마무리 작업중이다. 금기 깨기와 물신화의 문화인류학적 원리를 다룬 이 책은 당연히 무의식의 결과물이다. 그러나 그 자신은 그것을 전혀 의식하지 못하는 것처럼 보인다. 어쨌든 그의 제자들, 특히 1875년생인 융이 프로이트에게 도전하고 도가 지나친 비난을 퍼부은 순간에, 1856년생 프로이트는 '친부살해' 이론을 발전시키게 된다. 융은 1912년 12월에 프로이트에게 이런 편지를 썼다. "제자들을 환자 다루듯 하는 교수님의 태도는 잘못이라는 점을 알려드리고 싶습니다." 프로이트가 그런 잘못된 방법으로 "버릇없는 불한당들"과 "노예근성의 자식들"을 만들어내고 있다는 것이다. 그리고 융은 이런 말도 썼다. "그동안 교수님은 늘 저 높은 곳에서 아버지처럼 품위 있게 앉아 계십니다. 오로지 복종만 하느라 그 누구도 감히 예언자의 수염을 잡아당길 엄두도 내지 못하죠."

프로이트는 평생 이런 친부살해나 다름없는 도전에 부딪힌 적이 거의 없었다. 그 12월에 프로이트의 수염이 하얗게 새어버린다. 프로이트는 바로 답장을 썼지만 보내지는 않는다. 그 편지는 프로이트가 죽고 나서 그의 책상 서랍에서 발견된다. 그렇지만 프로이트는 1913년 1월 3일에 모든 힘을 그러모아 퀴스나흐트에 있는 융에게 다시 편지를 쓴다. "내가 제자들을 환자 다루듯 한다는 자네의 주장은 맞지 않다는 것을 증명할 수 있네." 그리고 프로이트는 이렇게 잇는다. "그건 그렇고 자네의 편지는 답장이 불가능하네. 자네 편지는 말로 하기에는 어렵고, 글로는 해결이 불가능한 상황을 만드네. 우리 정신분석가 사이에서는 그 누구도 자신의 노이로제를 부끄러워하지 않기로 합의되어 있네. 그렇지만 비정상적인 행동을 하면서도 자기는 정상이라고 끊임없이 소리 지르는 사람은 자신의 병에 대한 통찰이 부족하다는 의심을 불러일으키네. 그러니 우리의 사적인 인간관계를 완전히 끝내자고 제안하고 싶네. 그런다고 내가 잃을 것은 없네. 이미 오래전부터 자네와 나를 이어주고 있는 것은 과거에 겪은 실망감의 여운이 만들어내는 가느다란 실뿐이기 때문일세." 무슨 편지가 이럴까. 아들에게 도전받은 아버지가 분노하여 되받아 찌르는 꼴이라니. 프로이트가 이 1913년 1월처럼 그렇게 격심한 분노에 휩싸인 적은 없었다. 프로이트가 아끼던 딸 아나는, 아버지가 1913년처럼 그렇게 우울해하는 모습은 본 적이 없다고 전한다.

융은 1월 6일에 이런 답장을 보낸다. "저는 사적인 인간관계를 끊자는 교수님의 말을 따르겠습니다. 그런데 이 순간이 교수님께 어떤 의미인지는 당신 스스로 가장 잘 아시게 될 겁니다." 융은 이 말을 잉크로 쓴 다음 타자로 다음과 같이 덧붙인다. "나머지는 침묵입니다." 이 말은 20세기의 위대한 지적 남성관계의 비석처럼 느껴진다. 가장 많이 해석되고, 가장 많이 서술되고, 가장 많이 논의된 1913년의 이 절교가 침묵 서약으로 시작한다는 것은 재미있는 아이러니이다. 이 순간부터 융은 프로이트의 방법론을 버리게 되고, 프로이트도 융의 방법론을 버리게 된다. 그리고 그 전에 프로이트는 원시부족 사회의 친부살해를 다시 한번 아주 정확하게 정의 내린다. 그들은 살해한 아버지의 얼굴과 똑같은 가면을 쓰고, 희생양을 숭배한다는 것이다. 이것이야말로 계몽의 변증법*이라 할 수 있겠다.

◆

그러나 우리는 아직 계몽의 변증법에 머물러 있다. 애칭이 '테디'인 열 살의 테오도어 아도르노는 프랑크푸르트 슈네아우스지히트 12번지에 살고 있다. 그곳에서 그는 계몽이 되고 헤센** 말을 배운다. 엄마를 제외하고 테디가 핵심적인 애착관계를 맺고 있는 존재는 프랑크푸르트 동물원에 있는 암컷 침팬지 바소다. 『깨어나는 봄』과 『룰루』의 작가 프랑크 베데킨트는 이 무렵 베를린 동물원에 있는 암컷 침팬지 미시와 친구가 된다.

◆

마르셀 프루스트는 파리의 오스만 가 102번지에 있는 서재에 앉아서 자기만의 새장을 만들고 있다. 햇빛도 먼지도 소음도 일을 방해해서는 안 된

---

* 테오도어 아도르노와 막스 호르크하이머는 동명의 문명비판서에서 인류가 계몽을 통해 진정한 인간성이 아닌 새로운 야만성의 상태에 빠지게 된 역사 과정을, 이성에 의한 계몽을 통해 자연 지배에 도달한 인간이 다시 자연에, 사회라는 제2의 자연에 예속되어 몰락하는 과정을 보여준다. 그들은 계몽에는 이미 자기파괴의 계기가 포함되어 있다고 보았다.
** 독일 중서부에 있는 주 이름.

다. 아주 특별한, 일과 생활의 균형이다. 그는 서재에 삼중의 커튼을 쳤고 벽은 코르크 판자로 도배했다. 이 방음의 방에서 프루스트는 전깃불을 켜놓고 앉아 해마다 그러듯이, 괜히 자기에게 선물 같은 것을 보내지 말아달라는 간곡한 부탁을 담은, 지나칠 정도로 정중한 연하장을 쓴다. 프루스트는 끊임없이 초대를 받지만, 그를 초대하는 사람은 그게 얼마나 힘든 일인지를 알고 있다. 프루스트가 이번에는 온다든지, 아니면 오지 않는다든지 아니면 왜 오지 않을 가능성이 많은지 등등을 알리는 전언과 쪽지들을 여러 번 보내기 때문이다. 프루스트는 남성들 앞에서 주저하는 사람이었다. 이 분야에서 그에 필적할 만한 사람은 카프카뿐이다.

그러니까 여기 이 정신의 방음의 방에서 프루스트는 기억과 잃어버린 시간 찾기에 대한 소설을 쓰고 있다. 1부 제목은 "스완네 집 쪽으로"가 될 것이다. 프루스트는 고급 잉크로 종이에 마지막 문장을 쓴다. "한때 내가 알았던 현실은 더이상 존재하지 않았다. 어떤 형상에 대한 기억은 어떤 한순간에 대한 애수 어린 생각에 지나지 않는다. 집들도, 도로들도, 가로수길들도, 덧없는 것, 아! 세월이란."

◆

기억이 단지 애수 어린 생각일까? 파리의 위대한 살롱 부인이자 아방가르드 예술가들의 친구인 거트루드 스타인은 프루스트의 집으로부터 몇 블록 떨어진 곳에서 추위에 떨고 있다. 그녀는 오빠 레오 스타인과 크게 싸우는 중이다. 10년 동안의 동거가 깨질 위기에 처해 있다. 이 모든 게 덧없는 걸까? 그녀는 봄을 꿈꾼다. 그녀는 어떤 생각에 몸이 따뜻해진다. 그녀는 벽에 걸려 있는 피카소, 마티스, 세잔의 그림들을 바라본다. 그렇지만 생각만으로 봄이 올까? 그녀는 짤막한 시를 하나 짓는다. 그 안에 이런 문장이 있다. "장미는 장미인 것이 장미다." 바로 프루스트처럼 그녀도 뭔가 붙잡으려고 한다. 지나가버리는 무언가를. 시의 세계는 여기까지 왔다. 1913년 1월의 상상력은 여기까지다.

◆

막스 베크만은 그림 〈타이태닉 호의 침몰〉을 완성한다.

2월

1913 DER SOMMER DES JAHRHUNDERTS

〜 자, 이제 본격적인 시작이다. 뉴욕에서는 '아머리 쇼'가 현대미술의 빅뱅을 일으키고, 마르셀 뒤샹은 〈계단을 내려오는 누드〉를 선보인다. 그후 뒤샹은 급부상한다. 그것 말고도 도처에 누드가 판을 친다. 특히 빈에는, 오스카 코코슈카가 그린 알마 말러의 누드와 구스타프 클림트와 에곤 실레가 그린 빈 여인들의 누드가 있다. 또다른 여인들은 프로이트에게 100크로네를 주고 한 시간 동안 자신의 영혼을 발가벗는다. 그사이에 아돌프 히틀러는 남성쉼터 방에서 감동적인 슈테판 대성당 수채화들을 그린다. 뮌헨에서『종복』을 집필중인 하인리히 만은 동생 토마스 만의 집에서 마흔두번째 생일 파티를 한다. 여전히 눈이 수북이 쌓여 있다. 이튿날 토마스 만은 토지를 사서 집을 짓게 한다. 릴케는 계속 괴로워하고, 카프카는 계속 주저하고 있다. 그러나 코코 샤넬의 작은 모자가게는 번창하며 날로 커지고 있다. 오스트리아의 왕위 계승자인 프란츠 페르디난트 대공은 금빛 바퀴살이 달린 자동차를 타고 빈을 질주하고, 철도 모형을 가지고 놀며, 세르비아에서 일어난 암살 사건으로 걱정한다. 스탈린은 처음으로 트로츠키와 마주친다. 그리고 같은 달에 바르셀로나에서는 먼 훗날 스탈린의 지시로 트로츠키를 살해하게 될 사내아이가 태어난다. 정말 1913년이 액년인 걸까?

도대체 언제가 될까? 오스트리아의 왕위 계승자 프란츠 페르디난트는 기다리다 지쳐 미쳐버릴 지경이다. 상상하기도 힘든 65년이라는 세월 동안 왕좌에 앉아 있는 여든셋의 프란츠 요제프 황제는, 그가 사랑한 아내 시시와 아들 루돌프가 죽고 나서 왕위 계승 서열에 오른 조카 프란츠 페르디난트에게 자리를 내줄 생각을 않는다. 그래도 황태자의 자동차 또한 황제의 마차와 마찬가지로 바퀴살이 금으로 되어 있다. 그러나 1848년부터 갖고 있는 황제라는 칭호는 오직 프란츠 요제프 황제만의 것이다. 아니, 정확하게 표현하자면 "황국과 왕국의 사도로서의 제왕, 신의 은총을 받은 오스트리아 황제, 헝가리와 보헤미아 왕, 달마티아, 크로아티아, 슬라보니아, 갈리시아, 로도메리아, 일리리아의 왕, 예루살렘의 왕, 오스트리아 대공, 토스카나와 크라쿠프의 대공, 로트링겐 공작, 잘츠부르크, 슈타이어, 카린시아, 카르니올라, 부코비나의 공작, 지벤뷔르겐 대공, 모라비아 총독, 오버슐레지엔과 니더슐레지엔, 모데나, 파르마, 피아첸차, 구아스탈라, 아우슈비츠와 차토르, 테셴, 프리울리, 라구사, 자라의 공작, 합스부르크와 티롤, 키부르크, 고리치아와 그라디스카의 대공 백작, 트리엔트와 브리크센의 군주, 오버라우지츠와 니더라우지츠 총독, 이스트리아 총독, 호헤넴스, 펠트키르히, 브레겐츠, 조넨베르크의 백작, 트리에스테, 카타로와 빈디셰 마르크의 영주, 세르비아 보이보디나 대공 등등, 등등".

이것을 모두 외워야 하는 학생들은 이 "등등, 등등"에 항상 웃는다. 마치 사실은 이 세상 전부가 황제 것인데 그 가운데 극히 일부만 나열한 것처럼 들리는 것이다. 그러나 왕위 계승자 프란츠 페르디난트는 이 "등등, 등등" 바로 앞에 있는 두 단어 "세르비아 보이보디나"에 흥분한다. 저 아래 발칸에서 떠들썩한 전쟁* 때문에 마음이 불편하다. 황태자는, 그 칭호들만큼이나 기다란 흰 구레나룻을 달고 있는 쇤브룬 궁전의 "세르비아 보이보디나 대공", 바로 프란츠 요제프 황제에게 알현을 청한다.

장군 제복 차림의 프란츠 페르디난트는 쇤브룬 궁전 앞에 도착하자 거대한 그래프-슈티프트 자동차에서 훌쩍 뛰어내리다시피 한다. 그리고 프란츠 요제프 황제의 집무실로 뛰어올라가 열변을 쏟아낸다. 세르비아인들을 제지하기 위해 빨리 무슨 조치를 취해야 한다, 제국의 남동쪽 옆구리에 처박힌 이 왕국은 너무 반항적이다, 불장난이나 해대고 정국을 불안정하게 만든다, 그렇지만 안목 있게 행동해야 한다, 무슨 일이 있어도 참모총장이 1월 20일 건의서에서 촉구한 것처럼 선제공격을 해서는 안 된다, 그렇게 되면 반드시 러시아가 개입할 것이다. 황제는 시끄럽게 떠들어대고, 호통치고, 열에 들떠 목소리까지 떨리는 조카의 말을 무심히 듣기만 한다. "숙고해보겠네." 그런 다음 냉담한 작별인사. 나머지는 침묵이다. 프란츠 페르디난트는 흥분한 채 얼른 자동차에 올라탄다. 제복을 입은 기사는 차에 시동을 걸고, 황태자의 성화에 맹렬한 속도로 쇤브루너 슐로스슈트라세를 내달린다. 평생을 기다려야 한다면, 적어도 도로에서는 아니다.

---

* 1912년 10월 8일 불가리아·세르비아·그리스·몬테네그로로 이루어진 발칸동맹국과 오스만 제국 사이에 일어난 전쟁. 오스만 제국 영내 마케도니아·알바니아의 독립 운동을 지원한다는 명목으로 발칸동맹국이 선전포고하여 시작된 전쟁으로 오스만 제국의 패배로 끝났으며 1913년 5월 30일 강화조약으로 오스만 제국은 유럽 내 영토를 거의 모두 잃었고 알바니아는 독립을 인정받았다.

◆

저 위 트로야노프스키 집 창가에서 잠깐 휴식을 취하던 스탈린이 커튼을 열어젖히고 호기심 어린 눈으로 창밖을 내다보다가, 저 아래에서 엄청난 속도로 지나가는 황태자의 자동차에 깜짝 놀란다. 빈에 오면 늘 트로야노프스키 집에 숨어 지내던 레닌도 이미 겪었던 일이다. 1913년 2월에 빈 어디에선가 크로아티아 출신의 한 젊은이도 이 금빛 바퀴살을 달고서 쌩 지나가는 자동차를 전문가의 눈길로 바라보고 있다. 그 젊은이는 이 자동차의 성능을 아주 잘 알고 있다. 그는 자동차 정비공인데다가 최근에 비너노이슈타트에서 메르세데스의 시운전을 맡게 되었기 때문이다. 그의 이름은 요시프 브로즈다. 그는 스무 살의 저돌적인 젊은이요, 여자들의 우상이며, 현재 중상류층 여자인 리자 슈푸너의 애인으로 먹고살면서 펜싱 수업료를 내고 있다. 리자 슈푸너가 주는 돈으로, 고향에 있는, 자기가 버린 여자와의 사이에 낳은 아들 레오파르트의 양육비를 보내고 있다. 리자는 새 옷을 사기 위해서 그에게 시운전용 자동차를 몰고 오스트리아 전국을 돌아다니게 한다. 요시프 브로즈는 리자가 임신하자 그녀도 버린다. 그는 계속 이런 식으로 살아간다. 그러다가 언젠가 귀향하여, 지금 유고슬라비아라고 불리는 자신의 고국을 정복하게 된다. 그때가 되면 요시프 브로즈는 티토라고 불리게 된다.

그러니까 1913년 초에 스탈린, 히틀러, 티토가, 다시 말해서 20세기의 가장 지독한 폭군 두 사람과 가장 역겨운 독재자 한 사람이 잠시 동안 빈에 같이 있었던 셈이다. 한 사람은 손님방에서 민족 문제를 연구하고, 또 한 사람은 남성쉼터에서 수채화를 그리고, 또 한 사람은 자동차의 커브길 승

차감을 검사하기 위해 링슈트라세를 무의미하게 돌고 있었다. 거대한 연극 '1913년의 빈'에서 이 세 사람은 대사도 없는 세 명의 엑스트라라고 할 수 있을 것이다.

◆

1913년 2월은 꽁꽁 얼어버릴 만큼 추웠지만 빈의 겨울에서는 보기 드물게 햇살이 비쳤다. 그러나 새로운 링슈트라세*는 눈에 반사되어 더 화려하게 빛났다. 빈은 활기가 넘쳤고, 이미 세계적인 도시가 되어 있었다. 전 세계가 그것을 보고 느꼈지만 빈 시민들만 모르고 있었다. 그들은 오로지 자기파괴의 쾌락에 빠져서, 빈이 모더니즘이라고 불리는 운동의 정점에 이른 것을 알아보지 못했다. 자기회의와 자기파괴가 새로운 사고의 핵심적인 구성요소가 되어버렸기 때문이며, 카프카의 표현대로 "신경과민의 시대"가 시작되었기 때문이다. 빈에서는 실제적으로나, 은유적으로나, 예술적으로나, 심리학적으로나, 그 어디에도 비할 바 없이 신경들이 적나라하게 드러나 있었다.

베를린, 파리, 뮌헨, 빈. 이들이 1913년 모더니즘의 전방 도시 사인방이었다. 시카고가 근육을 바짝 조이고 있었고, 무엇보다 뉴욕이 서서히 허물을 벗고 있었으나 1948년에야 비로소 최종적으로 파리로부터 바통을 넘겨

---

* 본래 구시가지를 둘러싼 고리 모양의 도로를 일컫는 말로 빈의 링슈트라세에는 웅장하고 화려한 건축물들이 많이 모여 있다.

받게 된다. 그러나 1913년에 이미 그곳에 세계 최초로 에펠탑을 능가하는 울워스 빌딩*이 완공되었고, 세계 최대 규모의 기차역인 그랜드 센트럴 역이 문을 열었으며 아머리 쇼**는 아방가르드의 불씨를 아메리카 대륙에 퍼뜨렸다. 그러나 1913년에는 여전히 파리가 단연 최고였다. 울워스 빌딩도, 아머리 쇼도, 그랜드 센트럴 역도 프랑스 신문에서는 흥분을 불러일으키지 못했다. 왜 그럴까? 프랑스에는 로댕도 있고, 마티스, 피카소, 스트라빈스키, 프루스트, 샤갈 "등등, 등등"이 있었던 것이다. 그리고 모두 차기 대작을 작업하는 중이었다. 그리고 '발레 뤼스'***와 세르게이 댜길레프 중심의 춤 실험을 통해 구현된 기교주의와 퇴폐주의의 절정에 이른 이 도시는 마법처럼 교양 있는 유럽인들을 끌어들인다. 특히 지나치게 교양 넘치는, 하얀 양복을 즐겨 입는 사인방 후고 폰 호프만슈탈, 율리우스 마이어그레페, 라이너 마리아 릴케, 하리 케슬러 백작. 1913년 파리에서는 오직 프루스트만이 과거를 돌아볼 뿐, 나머지 사람들은 모두 앞으로 나아가려고만 했다. 다만 베를린과 달리 한 손에 샴페인이 가득 든 잔을 들고서.

베를린은 독일어권에서 두드러지게 인구수가 폭발했지만, 문화적으로는 아직 전성기에 이르기 전이었고, 여전히 사납게 앞으로 돌진하고 있었다. 그러나 "베를린의 밤생활이 명물"이라는 소문이 파리까지, 마르셀 뒤샹을 둘러싼 예술계에까지 퍼져 있었다. 반면에 우아한 도시 뮌헨은 안정기에

---

* 카스 길버트가 설계하여 1913년에 완공된 네오 고딕 양식의 건물로 1930년에 월 스트리트 빌딩이 건설되기 전까지 세계에서 가장 높은 건물이었다.
** 미국 최초의 국제 현대 미술전. 아머리는 본래 '무기고'를 뜻하는데 뉴욕의 제67기병대의 무기고를 전시회장으로 삼은 것에서 비롯된 이름이다.
*** 1909년 세르게이 댜길레프가 프랑스 파리에서 조직한 발레단.

접어들어 있었다. 그것을 가장 분명하게 보여주는 건, 뮌헨에서는 이미 자기찬미가 시작되었다는 점이다(베를린에서는 그 누구도 그럴 여유가 없었다). 예를 들어 저 놀랍도록 기이한 프란치스카 레벤틀로프 백작부인은 아스코나에서 『다메 씨의 수기 또는 도시의 이상한 구역에서 일어난 사건들』을 쓰면서, 한때 자신이 보헤미안으로서 슈바빙에서 살던 시절을 작품 속에 담아낸다. 그리고 완벽하게 시민사회에 동화된 보헤미안 예술가 토마스 만이, 아이들 때문에 뮌헨 교외에 조용하고 커다란 정원이 있는 집을 하나 구한다는 것, 그래서 1913년 2월 25일에 포싱어슈트라세 1번지에 토지를 사고 호화로운 빌라를 짓게 한다는 것에서도 그 사실을 엿볼 수 있다. 그의 형 하인리히 만도 뮌헨에 터전을 잡았는데, 그 이유는 뮌헨에서도 자신의 대작『종복』의 무대이자, 캐터펄트catapult*처럼 앞으로 돌진하는 도시 베를린에 관해 아주 잘 쓸 수 있기 때문이다. 뮌헨에서 발행되는 잡지 『짐플리치시무스』를 읽으면, 뮌헨의 경찰들은 오후 8시가 넘으면 지루함에 지쳐 잠이 들까봐 걱정한다는 조롱이 넘쳐난다. 세기 전환기의 중요한 잡지였던 『짐플리치시무스』는 더이상 자기네 도시의 문제를 놓고 마찰을 일으키지 못했고, 긴 소파에 팔다리를 쭉 뻗고 누워 왼손에 담배를 들고 있는 것처럼 아주 느긋하게 나른해하는 인상을 준다. 그 숨 가쁜 이름들이 드러내듯이, 현재의 투쟁들을 전해주는 것은 빈의 잡지『파켈』, 베를린의『슈투름』『타트』『악치온』**이다.

엘제 라스커쉴러가 1913년 2월에 묵었던 하숙집 이름이 '팡지온 모데른'

---

* 큰 돌을 성(城)이나 적진에 쏘아 던지기 위한 투석기.
** 파켈은 횃불, 슈투름은 폭풍, 타트는 행위, 악치온은 행동이라는 뜻.

이었다는 점에서도(반면에 예술선전원이자 작가인 독일인 율리우스 마이어그레페가 파리에 열었던 전설적인 가구점 '라 메종 모데르네'*는 1904년에 문을 닫았다), 청년양식과 세기말의 수도였던 뮌헨의 조용하고 평화로운 종말을 읽어낼 수 있다. 하숙집들이 모더니즘을 자랑스럽게 간판에 내건다면, 모더니즘은 이미 저 멀리 앞서나간 뒤였다. 베를린의 카페 '그뢰센반'으로, 빈의 헤렌가세 14번지에 있는 카페 '첸트랄'**로. 이름은 이렇게 의미심장할 수 있다.

그러니 1913년 모더니즘의 중심지인 빈으로 가보자. 그곳의 주연배우들 이름을 일부만 나열해보자면 이렇다. 지그문트 프로이트, 아르투어 슈니츨러, 에곤 실레, 구스타프 클림트, 아돌프 로스, 카를 크라우스, 오토 바그너, 후고 폰 호프만슈탈, 루트비히 비트겐슈타인, 게오르크 트라클, 아르놀트 쇤베르크, 오스카 코코슈카. 이곳에서는 무의식, 꿈, 새로운 음악, 새로운 시각, 새로운 건축, 새로운 논리, 새로운 도덕을 둘러싼 투쟁들이 광란했다.

◆

2월 25일에 게르트 프뢰베***가 태어난다.

◆

---

* 팡지온 모데른은 모던한 하숙집, 라 메종 모데르네는 모던한 집이라는 뜻.
** 그뢰센반은 과대망상, 첸트랄은 '중심의'라는 뜻.
*** 독일의 배우로 20세기의 가장 중요한 성격배우로 꼽힌다.

"여자들이 옷을 벗자마자 여자들에게 느끼는 두려움." 1913년 유럽에, 슈펭글러가 느끼는 이 두려움이 퍼지지 않은 곳이 두 곳 있다. 하나는 마지오레 호수 근처 아스코나에 있는 몬테 베리타*. 이곳은 자유사상가, 자유로운 육체 숭배자들로 이루어진, 멋지게 미친 사람들 무리가 율동체조와 요가와 물리치료의 중간쯤 되는 것을 연습하는 곳이다. 또다른 곳은 빈에 있는 구스타프 클림트와 에곤 실레의 아틀리에들이다. 포르노그래피와 신즉물주의 사이의 노선을 걸으며 쾌락이 넘치는 이 두 화가의 그림들은, 루 안드레아스살로메가 당시 빈에서 느꼈던 것처럼, "세계에서 가장 에로틱한 도시"의 체온곡선이었다. 클림트의 그림에 나오는 여성들이 늘 황금빛 장식물로 감싸여 있다면, 클림트 자신은 그 누구도 모방할 수 없는 붓 터치로, 어깨 위로 흘러내리는 곱슬머리처럼 항상 종이 위에서 가볍게 물결치며 흐르는 붓터치로 그 몸들을 휘감았다. 에곤 실레의 육체 탐색은 그보다 훨씬 더 나아갔다. 실레가 포착하려 애쓰는 육체들은, 부자연스럽고, 신경이 과도하게 긴장되어 있고, 뒤틀려 있고, 고통받는 육체들, 관능적이라기보다는 덜 에로틱한 육체들이다. 클림트의 그림에는 부드러운 살결이 있다면, 실레의 그림에는 신경들과 힘줄들이 있고, 클림트 그림의 육체는 물 흐르는 듯하다면, 실레 그림의 육체는 뻗는 듯하고, 교차되고, 뒤틀려 있다. 클림트 그림의 여인들은 유혹적이라면, 실레 그림의 여인들은 충격적이다(물론 실레가 더 위대한 예술가다).

"나는 나 자신에게는 관심이 없다. 오히려 타인들, 특히 여자들에게 관심이 있다"고 클림트는 말한다.

---

* 진리의 산이라는 뜻.

관찰자들을 관음증 환자로 만드는 그 그림들이 일단 세상에 나오면, 곧 검열을 당하게 되는 동시에 그 창조자의 명성을 드높여주었다. 실레는 그의 그림 〈우정〉을 뮌헨에서 전시하려 했을 때 흥미로운 거절 편지를 받았다. 전시회 관장은 실레에게, 너무 노골적인 묘사 때문에 그 작품을 절대로 사람들에게 보여줄 수 없다, 그 그림은 관습과 미풍양속을 해친다고 썼다. 그리고 마침표와 단락 바꾸기에 이어, 본인은 그 작품을 구매하고 싶다는 것이었다. 이는 바로 1913년의 공적인 도덕과 사적인 도덕 사이의 구분점을 보여준다.

◆

베를린이 너무 밝아진다. 가스등이며, 전광판이며, 도시의 불빛들이 하늘의 별들을 무색하게 만든다. 1913년에 할레셰스 토어 근처에 있는 '베를린 신 천문대'의 철거가 시작된다. 이 베를린 신 천문대는 1835년에 카를 프리드리히 싱켈이 린덴슈트라세와 프리드리히슈트라세 사이에 세운 것으로, 독일 역사상 가장 아름다운 시기인 1830년대에 만들어진 것들이 다 그렇듯 실용적인 면에서나 미적인 면에서나 그 무엇도 이 천문대를 능가할 수 없을 것이다. 이 천문대는 둥근 지붕이 교회 탑처럼 올라앉아 있는 충격적일 만큼 단순한 건축물로, 직접 하늘을 바라볼 수 있는 세계교회라고 할 수 있었다. 이곳에서 두서너 개의 혜성이 발견되었고, 소유성도 몇 개 발견되었다. 무엇보다도 해왕성이 이곳에서 발견되었다. 그러나 1913년에는 그 누구도 더이상 이런 것에 관심이 없었다. 한때 싱켈의 가장 대담한 건축물로 꼽히던 천문대가 있던 자리는 단 몇 주 만에 빈터만 남았다. 천문대는 바벨스베르크로 이전되었다. 그곳이 베를린보다 어두워 해왕성을 관측하기 더 좋았기 때문이었다. 그리고 프로이센에서 잘 계산해주었기 때문에, 린덴슈트라세와 프리드리히슈트라세 사이의 이 부지 매각 수입으로 새로운 천문대 건축 비용 110만 마르크와 새로운 기구 매입 비용 45만 마르크를 충당할 수 있었다. 건축 부지는 왕실에서 바벨스베르크 궁전* 공원 토지를 기부했다. 1년 전에 설립된 필름스튜디오와 더불어 베를린에서 별과 관련된 모든 것이 1913년에 바벨스베르크로 옮겨진 것이다.

◆

중국력에 따르면 1913년 2월 6일에 소의 해가 시작된다. 소에게는 황금 여물통보다는 신선한 풀이 더 좋다는 중국의 오래된 격언이 있다.

◆

프란츠 마르크는 진델스도르프에서 대표작을 작업중이고, 엘제 라스커 쉴러는 다시 베를린으로 돌아갔다. 프란츠 마르크는 저 위에, 오래된 농가의 난방도 되지 않는 헛간에 아틀리에를 꾸몄다. 저 아래에서 마리아 마르크가 피아노를 연주해도 잘 들리지 않는 곳이었다. 그곳은 너무 추워서, 그가 아끼는 암고양이 하니가 벽난로로 돌아갈 정도다. 뮌헨에서 마르크를 만나러 왔던 칸딘스키는 이런 이야기를 들려준다. "밖은 온통 하얗다. 눈이

---

* 독일 황제 빌헬름 1세의 여름 궁전이었다.

들과 산과 숲을 온통 뒤덮고 있다. 콧김이 얼어붙는다. 머리를 들보에 계속 부딪힐 만큼 천장이 낮은 헛간에 〈푸른 말들의 탑〉이 이젤 위에 놓여 있었다. 프란츠 마르크는 모피코트를 입고, 커다란 털가죽 모자를 쓰고, 직접 꼬아 만든 밀짚신발을 신고 있었다. 마르크가 물었다. '이제 이 그림을 어떻게 생각하시는지 솔직하게 말씀해보세요!'" 이 얼마나 황당한 질문이란 말인가.

◆

2월 13일에도 레오나르도 다빈치의 〈모나리자〉는 흔적조차 안 보인다. 그 그림이 빠진 새로운 루브르 카탈로그가 나온다. 2월 13일에 베를린에서 루돌프 슈타이너가 그의 위대한 강연 가운데 하나인 "새 시대로 가는 전환점에서 레오나르도의 정신적 위대함"이라는 주제의 강연을 한다. 슈타이너는 오랫동안, 거의 두 시간 동안이나 강연한다. 청중은 그의 언변에 넋을 잃는다. 슈타이너도 슈펭글러처럼 몰락 얘기를 많이 한다. 그러나 슈타이너는 새로운 것에 자리를 내주기 위해 낡은 것의 몰락이 불가피하다고 말한다. "왜냐하면 우리는 소멸해가는 힘에서 마지막으로 미래를 준비하는 힘을 예감하며, 저녁놀에서 아침놀을 예감하고 희망하기 때문입니다. 언제나 우리의 영혼은 인류의 발전에 대해서 모든 생성이 그렇게 이루어진다고 말할 수 있어야 하고, 피조물이 폐허가 되는 것을 볼 수 있어야 하고, 그 폐허에서 새로운 생명이 꽃을 피우리라는 것을 알 수 있어야 합니다."

◆

2월 17일에 한때 무기고였던 뉴욕의 '아머리'에서 세기 최고의 전시회가 개막한다. 그런데 어떤 세기를 말하는 것인가? 사람들은 최초의 아머리 쇼와 함께 비로소 19세기 예술이 끝났다고 말할지 모른다. 그리고 그와 함께 모더니즘이 유럽뿐만 아니라 전 세계에서 패권을 장악했다고.

이 전시회 기획을 위해 1912년 말에, 굉장한 호기심과 전문 지식을 지닌 미국인 세 사람, 다시 말해 화가 월터 패치, 아서 데이비스, 월트 쿤이 유럽의 가장 흥미로운 예술가들을 만나고 그들의 주요 작품들을 미국에 소개하기 위해 유럽을 다녀갔었다. 심사위원으로는 클로드 모네, 오딜롱 르동, 앨프리드 스티글리츠와 더불어 위대한 화가들과 사진작가들이 있었다. 미국인들은, 이 전시회가 구 유럽의 입체주의, 미래주의, 인상주의를 소개하여 미국의 안이한 세기말 화풍에 반기를 들려는 기획이란 걸 곧 깨달았다. 그것은 하나의 싸움이었다. 유럽에서 전투를 벌이고 난 뒤 처음으로 미국으로 싸움판이 옮겨진 것이다. 모두 합해서 1300점의 그림이 전시되었고, 그 가운데 3분의 1만 유럽 작품이었다. 그러나 바로 이 3분의 1이 미국의 그림들을 원시적인 그림처럼 보이게 만들었다. 특히 피카소의 그림 8점과 마티스의 그림 12점이 그랬다. 가장 논란을 불러일으킨 것은 무엇보다 브랑쿠시의 조각들과 프랑시스 피카비아와 마르셀 뒤샹의 회화들이었다. 스티글리츠가 발행한 전설적인 잡지 『카메라 워크』에 이런 글이 실렸다. "유럽에서 건너온 새로운 미술로 이루어진 이 전시회는 마치 하늘에서 폭탄이 떨어진 것과 같았다." 그 폭발의 충격도 그만큼 강력했다. 그리고 그에 대한 반응은 바로 분노, 몰이해, 조소였다. 그러나 그 그림들을 직접 보겠다고 전시장을 찾은 관람객들은 순례 행렬처럼 끝이 없었다. 신문에는 거의 매일같이 캐리커처가 실렸고, 두번째 전시장이었던 시카고에서는 시카고 아트

인스티튜트의 학생들이 데모를 일으켰다. 학생들은 마티스 그림의 복제품 세 점을 불태웠다. 미국인들에게 마티스는 가장 저속한 인간으로 비쳤다. 이것은 늘 그렇듯이 장기적으로는 가장 중요한 품질표시다.

그러나 이 전시회에서 가장 주목을 끈 것은 레이몽 뒤샹비용, 자크 비용, 마르셀 뒤샹 형제였다. 그들의 작품 17점이 전시되었는데, 하나도 남김없이 모두 팔렸다. 마르셀 뒤샹의 〈계단을 내려오는 누드〉는 아머리 쇼의 간판 그림이 되었고, 가장 많은 논란을 일으키고 가장 많이 희화된 예술작품이었다. 어떤 비평가는 이 작품을 "판자 공장의 폭발"이라고 일컬었는데, 조롱처럼 들리지만 사실은 이 작품이 불러일으킨 충격이 얼마나 강력했는지를 실증하는 것이었다. 시공간을 넘나드는 한 여인. 입체주의와 미래주의와 상대성이론이라는 위대한 시대현상의 천재적인 결합이다. 날마다 그 그림이 걸려 있는 홀을 사람들이 휩쓸고 지나갔고, 이 전대미문의 그림을 잠시나마 보기 위해 사람들이 뱀처럼 줄을 서서 40분을 기다렸다. 전통을 중요시하는 미국인들에게 이 그림은 기이하고 비합리적인 유럽의 전형이었다. 이 그림은 샌프란시스코에서 온 한 골동품상에게 팔렸는데, 그는 뉴욕에서 기차를 타고 집으로 돌아가는 끝없는 여행길에, 뉴멕시코의 어느 시골 기차역에 내려 뉴욕으로 전보를 쳤다. "뒤샹의 계단을 내려오는 누드 여인 그림을 샀음. 예약 바람."

뒤샹 형제는 미국에서 얻은 명성에 대해서는 아무 소식도 못 들은 채, 뇌이에 있는 아틀리에에서 계속 작업중이었다. 그런데 갑자기 우편으로 수표가 도착했다. 마르셀 뒤샹은 그림 4점을 판 대가로 972달러를 벌었다. 1913년의 그림 시세와 비교했을 때 결코 높은 금액이 아니었다. 그 전시회에서 세잔의 〈가난한 자들의 언덕〉은 메트로폴리탄 박물관에 6700달러에 팔렸다. 그래도 뒤샹은 무척 기뻐했다.

그러나 미국과 파리가 화가 뒤샹을 발견한 그 순간에 뒤샹 자신은 입체주의와 움직임이라는 주제를 끝냈다. 아니, 그의 멋진 표현처럼 "움직임을 유화물감과 섞었다". 당대의 위대한 화가가 되어야 할 그 순간에 뒤샹은 이제 그림이 싫증났다고 선언했다. 그는 뭔가 다른 것, 새로운 것을 찾았다.

◆

프라하에서는 카프카가 고통에 시달리고 있다. 아무리 애타게 기다려도 카프카가 12월에 보낸 책 『관찰』에 대해 펠리체가 아무 말도 하지 않아서. 여동생 발리가 결혼하는 것 때문에. 집 안이 너무 시끄러워서(문 여닫는 소리와 부모님과 여동생들이 얘기 나누는 소리 때문에). 낮에는 보험공사에서 일하고 밤에 작품을 쓰는 것 때문에. 출장, 일의 중단, 감기 걱정 때문에. 그러나 카프카는 무엇보다 자신의 창작력이 바닥날까봐 불안에 시달린다. 그리고 독신으로 산다는 것은 상상만 해도 너무 끔찍했다. 그러나 작가로 살 수 있는 유일한 길은 독신으로 사는 것일지 모른다. '내가 결혼하면 어떻게 될까?' 이런 의문이 카프카를 공포스러운 불안에 빠뜨린다. 그가 말하는 "아내의 권리"를 어떻게 처리할 것인가? 그리고 그에게 공포 시나리오나 다름없는 두 가지 문제, 다시 말해서 아내의 육체적인 요구와, 특히 시간적인 요구는 어떻게 할 것인가? 그래서 카프카는 펠리체에게 자기가 작품을 쓸 때는 자기 곁에 오지 않겠다고 다시 한번 약속해달라고 부탁한다. 자기 글쓰기의 비밀이 방해받기 때문이란다. 그러고 나서 카프카는 이런 문장을 덧붙인다. "저는 결코 아버지가 되는 무모한 짓은 할 수 없을 것 같습니다." 자기 자신에 대해 경고하는 이보다 더한 말이 있을까? 그러나 펠리체는, 사무실과 집, 편지 쓰기와 가족에 대한 걱정 사이에서 힘은 들지만 카프카와 세계문학의 수신인으로서 존재하는 것이 신이 주신 소명인 것 같다고 대답한다. 그녀는 침착하게 그리고 아주 성실하게 이 과제를 떠안는다.

◆

1913년은 어디서나 예술이 추상을 향해 치닫는다. 뮌헨의 칸딘스키, 파리의 로베르 들로네와 프란티셰크 쿠프카, 러시아의 카지미르 말레비치, 네덜란드의 피터르 몬드리안은 모두 자기만의 방식으로 현실의 모든 관계에서 더욱더 벗어나려고 시도한다. 그리고 또 한 사람, 젊고, 잘 교육받았으며, 겸손한 파리의 젊은이가 있다. 바로 갑자기 그림을 그리지 않겠다고 선언한 마르셀 뒤샹이다.

◆

뮌헨에서는 엘제 라스커슐러를 위한 자선 경매가 완전히 실패로 돌아간다. 프란츠 마르크는 카를 크라우스가 『파켈』에서 시작한 구원 활동을 지원할 돈을 더 모으기 위해 예술가 친구들에게 그림을 보내달라는 감동적인 부탁을 했다. 그리고 2월 17일에 정말로 에른스트 루트비히 키르히너, 에밀 놀데, 에리히 헤켈, 카를 슈미트로틀루프, 오스카 코코슈카, 파울 클레, 아우구스트 마케, 알렉세이 폰 야블렌스키, 바실리 칸딘스키의 유화들이 도착했다. 물론 프란츠 마르크 자신의 유화들도. 베를린의 루트비히 마이트너만 거절했는데 그 자신도 돈이 한 푼도 없어 굶고 있었다. '신 화랑'에서 경매가 열렸지만 아무도 관심을 보이지 않았다. 조금이나마 치욕을 면하기 위해 예술가들이 서로 그림을 사주어서 1600마르크를 모았다.

1913년 2월 17일 경매에서 팔리지 않은 작품들의 총액은 지금 시가로 계산하면 대략 1억 유로에 달할 것이다. 아니다, 2억 유로에 달할 것이다.

◆

프로이트는 여전히 친부살해 이론에 매달려 있다. 그 무렵, 새로 건립된 포츠담-바벨스베르크의 필름스튜디오는 2월 28일에 아스타 닐센이 출연한 영화 〈아버지들의 죄〉를 개봉한다. 영화 제목에 어울리게 아스타 닐센은 훗날 "초기 영화시대의 키치"에 공범 의식을 느꼈다. 영화 포스터에서 아스타 닐센은 타이트한 치마에 앞섶을 풀어 헤친 블라우스를 입고 있다. 아스타 닐센은 마른 체격이었는데, 당시만 해도 흔한 일이 아니어서 풍자화가들이 말라깽이를 보는 것을 재미있어했다. 그러나 대부분의 남자들의 눈에는 그게 별로 거슬리지 않았다. 어쨌거나 1913년에 아스타 닐센은 섹스 심벌이었다. 아스타 닐센은 1912년부터 1914년까지 여덟 편의 영화를 계약했고, 이 영화들은 연달아 촬영, 상영되었다. 새로운 잡지 『빌트 운트 필름』에는 이런 기사가 났다. "사람들은 굶주림에 빵집 문에 매달리듯 입장권을 사겠다고 죽기 살기로 달려들었다. 수많은 사람들이 이 영화를 두세 번 거의 연달아 보고는 그때마다 황홀함에 넋을 잃는다." 당시 가장 유명한 출판업자였던 사무엘 피셔도 아스타 닐센이 대중을 휘어잡는 것을 지켜보면서 점점 더 놀라워한다. 그는 영화가 미래시대의 매체임을 알아보고는 자기 출판사에서 책을 내고 있는 유명 작가들에게 나중에 시나리오도 쓰라고 설득하려 한다.

◆

1913년이지만 아르놀트 쇤베르크에게 닥칠 재앙은 아직 더 기다려야 한다. 일요일 저녁, 2월 23일 정각 7시 30분에 쇤베르크의 〈구레의 노래〉가 빈의 무지크페어아인 황금홀에서 초연된다. 청중은 새로운 스캔들을 기대하며 앉아 있다. 그의 마지막 작곡과 공연이 빈을 혼란에 빠뜨리고 소요를 일으킨 바 있다. 한때 낭만주의자였던 쇤베르크는 시종일관 '새로운 음의 창안자'로 발전했다. 그리하여 지난해에는 작품 번호 21번 〈달빛 속의 피에로〉로 사람들을 경악시켰다. 그런데 사람들은 이제 갑자기 쇤베르크에게서 현대적인 급진성이 아니라 순수한 후기낭만주의 음악을 듣게 된다. 다섯 명의 보컬리스트, 세 명의 4성부 남성합창, 온갖 종류의 플루트와 북과 현악기가 동원된 거대한 오케스트라였다. 초연 때 현악기 연주자만 80명이 참여했다. 그것은 새로운 길을 여는, 세기 전환기의 거대증이었다. 150명의 오케스트라 연주자 없이는 오라토리오 연주가 불가능하다고 쇤베르크는 선언했다. 이 작품은 그 자체로 거대하고, 과장되고, 그러면서 속삭이고, 진동하는 자연극이다. 뇌우와 여름바람이다. 셀 수 없이 많은 인원의 합창단이 태양의 아름다움을 노래한다. 쇤베르크가 언젠가 밤새 진탕 마시고 나서 빈의 랜드마크 가운데 하나인 아닝거 산에 올랐을 때 그에게 압도적으로 느껴졌던 자연의 모습 그대로다.

리하르트 슈페히트는 베를린에서 발행되는 잡지 『메르츠』에 이런 비평을 쓴다. "수백 개의 눈에는 고소해하는 마음이 숨어 있다. 사람들은 오늘 그에게, 남이 모범을 보여준 대로가 아니라 정말 자기 마음대로 작곡해도 되는지를 다시 한번 보여주려는 것이다. 그런데 완전히 다른 일이 벌어진다. 1부가 끝나고 터진 환호 소리는 3부가 끝나고 나서는 소요로 발전했고, (…) 힘차게 표출되는 합창단의 일출인사가 끝나자 (…) 환호성은 끝날 줄을 몰랐으며, 사람들은 눈물로 젖은 얼굴로 작곡가에게 감사 인사를 했다. 그 감사 인사는 보통의 '성공'에서보다 더 따뜻하고 더 절박하게 들렸다. 그 감사 인사는 마치 사죄처럼 들렸다. 두세 명의 젊은이들이 부끄러움에 발개진 볼을 하고서 내게 고백하기를, 쇤베르크의 음악에 어울릴 듯한 소리를 덧붙이기 위해서 집 열쇠를 가져오려 했다고, 그리고 지금은 더이상 그를 말릴 수 없을 만큼 그에게 압도당했다고 말했다."

찬가 같은, 웅장한 멜로디를 지닌 〈구레의 노래〉는 이제까지 쇤베르크가 이룬 것 가운데 가장 대중적인 성공이었다. 쇤베르크도 이 작품만큼 청중에게 다가간 적이 없었다. 분명 이 역시도 1913년이 가져올 재앙에 대한 공포에 가까운 두려움 때문이었을 것이다. 〈구레의 노래〉는 향락적이고 호화로운 후기낭만주의 작품으로 선율적이다. 사실 그 창작자는 이미 오래전에 조성의 한계를 뛰어넘었는데 말이다. 바로 키치의 경계에 있는 기만적인 아름다움이다. 쇤베르크가 제대로 된 관현악곡을 쓰는 데 10년이 걸렸다. 그러나 그 작곡 자체는 세기 전환기에서 유래한 것이었다. 그리고 이제 13년 뒤 정확히 빈 청중 취향의 절정에 달한 것이었다. 대기만성의 사람에게 인생은 보상을 준다. 청중은 쇤베르크에게 흔들려고 했던 집 열쇠들을 이번에는 주머니 속에 가만히 두었다. 그러나 그 열쇠들은 계속 그 속에 머물지 않을 것이다.

◆

1913년 빈에서는 연이어 사건들이 터진다.

바로 같은 날 저녁 슈니츨러의 신작 『베른하르디 교수』의 상연 금지를 위반하는 사건이 일어난다. 바로 8번 전차 정류장과 가까운 코플러파르크 근처에 있는 '민중의 집'에서 '매일 저녁 정각 7시'에 '낭독회'가 열린 것이다. 빈의 오스트리아-헝가리 경찰국에서 이렇게 선언했는데 말이다. "국민의 종교 감정 수호 관점에서 이 작품의 상연에 반대하는 생각들이 일부 텍스트의 삭제나 수정을 통해 극복될 수 있다 해도, 이 희곡은 그 전체 구성면에서 우리의 공공생활을 조명하기 위해 만든 에피소드들의 협력 작용을 통해 여러 면으로 국내 사정을 왜곡하여 오스트리아 국가 제도를 크게 폄하하는 방식으로 묘사하고 있으므로 공익 수호를 위해 이 작품을 국내 무대에서 상연하는 것을 허가할 수 없다."

◆

〈구레의 노래〉 초연이 있고 나서 월요일 정각 오후 5시 45분 슈니츨러의 살롱에 저명인사 무리가 모인다. 후고 폰 호프만슈탈은 2월 21일에 모임에 오겠다며 이렇게 답했다. "당신의 새로운 작품을 당신의 육성으로 듣는 것이 제게는 가장 크고 순수한 기쁨 가운데 하나이기 때문이고, 당신을 뵐 기회가 적어서 늘 슬프기 때문입니다. 진심을 담아, 당신의 후고." 슈니츨러

본인은 낭독하는 내내 괴로워한다. 그는 기침이 나고, 식은땀이 나고, 열이 심하다. 전날 저녁 〈구레의 노래〉 초연에도 못 갔다. 그러나 의사가 환자 행세를 하는 것은 결코 어울리지 않기 때문에, 그는 월요일 저녁에 씩씩하게 자신의 최신작이자, 프로이트가 좋아하는 오이디푸스 이야기가 주제인 노벨레 『베아테 부인과 그녀의 아들』을 낭독한다. 긴 텍스트지만 슈니츨러는 버텨낸다. 한 여인이 청소년인 자기 아들의 친구와 잔다. 그 친구는 그것을 여기저기 자랑하고 다니고, 그 아들은 창피해서 죽을 맛이고, 그 여인도 수치심에 죽고 싶은 심정이다. 어머니와 아들은 호수에서 배를 타고 나가, 서로 사랑을 나누고는 정말 창피해서 죽을 지경이 된다. 관능 문제에 있어서 슈니츨러는 모든 이에게, 심지어 자신을 비판하는 비평가들에게도 위대한 전문성을 인정받았다. 그의 일기들이 세상에 알려진 지금은 더하다.

    1913년에 슈니츨러와 서로의 관계를 갉아먹는 진지전을 벌이는 중이었던 아내 올가가 손님들과 먹고 마시는 동안 슈니츨러는 자기 방으로 돌아가 이렇게 적는다. "심한 독감에도 불구하고 오후에 거의 6~9시까지 『베아테』를 낭독. 참석자는 리하르트, 후고, 아르투어 카우프만, 레오, 잘텐, 바서만, 구스타프, 올가." 여기서 말하는 잘텐은 바로, 20세기 초 놀라울 정도로 다채로운 이중적인 재능의 소유자 펠릭스 잘텐이다. 그는 『밤비』이야기를 지은 사람이자, 가명으로 『요제피네 무첸바허의 회상』을 펴낸 사람이기도 하다. 빈 방언으로 쓰인 『요제피네 무첸바허의 회상』은 에로틱한 도시로 부상하는 빈을 도발하는 한 편의 포르노그래피다. 포르노와 밤비, 이것이야말로 그 시절 빈의 특별한 마력과 특별한 전복적 힘을 이루는 야누스의 머리였다. 아돌프 로스는 지그문트 프로이트의 정신분석, 아르투어 슈니츨러의 이야기들, 구스타프 클림트의 그림들에 나오는 모든 형상을 위해 유일무이한 공식을 발견했다. 바로 『장식과 범죄』였다.

◆

슈니츨러 집에서 낭독이 있던 다음 날, 그러니까 2월 25일 화요일에 토마스 만은 뮌헨 포싱어슈트라세 1번지 땅을 산다. 그리고 바로 같은 날에 건축가 루트비히에게 자기에게 어울리는 빌라를 지어달라고 의뢰한다. 다시 말해서 조용하고, 오만하고, 약간 뻣뻣한 빌라. 건축가와 함께 건축부지 바로 옆에 있는 정류소에서 시내로 가는 30번 전차를 기다리던 토마스 만은 팔토Paletot*에 묻은 먼지를 발견하자 손으로 그 티끌을 쳐낸다. 그는 언제나처럼 왼팔에 손잡이가 둥근 지팡이를 걸고 있다. 곧 보겐하우제너 회에 쪽에서 전차가 내려오는 소리가 들린다.

◆

피카소는 샴고양이 세 마리가 있다. 마르셀 뒤샹은 두 마리밖에 없다. 그리고 오늘날까지도 이 두 위대한 혁명가의 사이는 그렇다. 3 대 2.

◆

---

* 프랑스어로 헐렁한 외투를 뜻함.

1913년에 프란츠 카프카가 쓰게 될 가장 중요한 작품은 펠리체에게 보내는 편지들이다. 그 편지는 진지함과 절망과 우스꽝스러움으로 가득 차 있다. 카프카는 2월 1일에도 이렇게 쓰고 있다. "위장이, 저라는 인간 자체가 그렇듯이, 며칠 전부터 정상이 아니어서, 단식으로 문제를 해결하려 애쓰고 있습니다." 그런 다음 카프카는 멋진 말로 전날에 있었던 프란츠 베르펠의 낭독회에 대해 전한다. "시작 부분에 이미 자신만의 고유한 결말을 담고 있는 그의 시는 끊임없이 내적으로 흐르는 발전을 통해 고양됩니다. 소파에 웅크리고 앉아 있던 저는 눈을 크게 뜨지 않을 수 없었습니다!" 베르펠은 심지어 새 시집에 "미지의 여인" 펠리체에게 바치는 헌사를 적어넣었다. 그러나 "오, 맙소사", 카프카는 "포장 방식, 업무 등등의 일이 걱정을 끼치지만 않는다면 다음번에 그 책을 그대에게 보내겠습니다"라고 편지에 쓰고 있다. 그러니까 프란츠 카프카는 프라하에 있는 자기 방에 앉아서 책 한 권을 어떻게 싸야 하나 하는 문제로 절망하고 있는 것이다. 바로 이 순간 『심판』의 교정쇄가 도착했으니 얼마나 다행인가.

 그런데 이 자유롭고, 현대적이고, 탱고를 추는 젊은 회사원이자 한창 꽃다운 나이의 여인 펠리체는 프란츠로부터 받은 편지에서 이런 구절을 읽고 무슨 생각을 할까. "그대여, 왜 하필 그대는 결국 자신의 불행을 전염시키고 말 이런 불행한 젊은이를 사랑하는 겁니까? 저는 불행의 기운을 몰고 다니는 게 분명합니다. 그렇지만 그대여, 겁먹지 마십시오. 그리고 제 곁에 머물러주세요! 아주 가까이!"

 그런 다음 카프카는 다시 어깨 통증, 감기, 장 문제를 하소연한다. 그리고 2월 17일에는 저 멀리 베를린에 있는 사랑스러운 마법사에게, 이제까지 쓴 편지 가운데 어쩌면 가장 솔직하고 확실히 가장 아름다운 얘기를 한다. "펠리체, 저는 가끔 그대가 저도 당연한 일을 할 수 있는 사람으로 변신시키는 힘을 가지고 있다는 생각이 듭니다." 당연히 그녀는 그러지 못한다.

◆

1913년 2월 16일에 스탈린이 빈 북부역에서 다시 기차를 타고 러시아로 돌아간다.

◆

그의 1일 할당량은 한 구의 시체다. 맥주 운반인, 매춘부, 신원 미상의 익사체. 결국 의학박사 고트프리트 벤이 1912년 10월 25일부터 1913년 11월 9일까지 부검한 시체는 정확하게 297구다. 이 망할 추운 2월에 그는 날마다 하얀 가운을 입고 베를린-샬로텐부르크에 있는 베스트엔트 병원 지하실로 내려가 메스를 꺼낸다. 시체를 파헤치고, 사인을 찾는다. 영혼을 찾지는 않는다. 노이마르크 출신의 목사 아들인, 스물여섯의 다감한 청년에게 이것은 지옥이다. 쉼 없는 절개, 다시 채워넣기, 봉합, 또 절개. 이 고독한 달들에, 낮 동안 죽음을 마주하면서 벤의 눈꺼풀이 닫힌다. 사진기사의 표현대로, 위와 아래에서 조금씩. 그는 다시는 이 눈꺼풀을 활짝 열지 않을 것이다. "그는 눈을 가늘게 뜨고 보았다." 벤은 "뢰네"라는 인물이 되어 영혼의 고통을 긁어주려고 했을 때, 해부실에서 나오자마자 이렇게 말하고 있다. 눈을 가늘게 뜨고 보던 벤은 음침한 시체 해부실에서 20세기 모델을 예감하고는 믿기지 않는 듯 눈을 깜빡인다. 그것은 바로, 아이즈 와이드 셧

Eyes wide shut이다. 그래서 그는 저녁에 맥주를 두세 잔 마시고 나서 아무 종이에다 시를 끄적인다. "만물의 영장, 돼지, 인간." 그는 안다. 이튿날 아침이 밝으면, 지하실에서 다음 시체를 기다리게 되리라는 것을. 어쩌면 지금 이 순간에는 아직 살아서 여기저기 배회하고 있을지도 모를 시체를. 지칠 대로 지친 그는 다음 봄에 제대를 신청한다. 쾰러 교수는 벤의 졸업증명서에 이렇게 거짓말을 한다. "직무 기간 동안 벤 박사는 모든 면에서 과제 수행 능력의 성장을 보여주었다." 1912년 3월에 시체 공시소에서 일하면서 쓴 시들을 펴낸 벤의 첫 시집 『시체 공시소』는 그의 말을 반증해준다. 육체, 암, 피에 관해 이야기하는 이 가차없고 냉정하면서도 대담한 후기낭만주의적인 시들은, 엄청난 실존적 충격을 드러내고 있다. 오늘날에도 읽고 나면 속이 멀쩡할 수 없는 시들이다.

그러나 그 분노와 충격이 밤새 그 시의 창작자를, 눈에 띄지 않는, 고작 167센티미터밖에 되지 않는, 대머리에 배가 나오기 시작한 병리학자를 비밀에 둘러싸인 베를린 아방가르드 예술가로 만들었다. 스리피스 양복을 입은 도발자, 벤은 이렇게 회상한다. "첫 시집이 나오자마자 나는 타락한 방탕아라느니, 지독한 속물이자 전형적인 카페 문인이라는 평판을 얻었다. 우커마르크의 감자밭에서 연대훈련으로 행군하고, 되버리츠의 사단장 사령부에서 영국식 구보로 소나무 언덕을 오르던 내가 말이다." 어느 날 저녁, 쿠어퓌르스텐담의 에케 요아힘스탈러슈트라세에 있는 '카페 데스 베스텐스'*에서 군의관이었던 벤이 엘제 라스커쉴러가 앉아 있는 탁자로 다가

---

* '서쪽에 있는 카페'라는 뜻. 카페 그뢰센반이라고도 불린다.

간 것인지 아니면, 그 반대인지 우리는 알 수 없다. 그러나 시적 충격에 전율하는 이 두 아웃사이더가 만날 장소로서 이보다 더 나은 곳은 없었다. 이 예술가 카페는 귀족과 함께 영락한 곳으로, 오늘날도 그렇듯이 전통을 지키는 베를린의 모든 예술가 카페에서는 중간급의 빈 요리들이 제공되었다. 담배 연기가 자욱하고, 밖에서는 귀를 먹먹하게 하는 거리의 소음이 밀려오고, 신문들에는 "카페 데스 베스텐스에서 훔침"이라는 도장이 과시하듯 찍혀 있고, 안에서는 보헤미안 예술가들이 앉아 외상으로 술을 마셨다. 커피 한 잔이나 맥주 한 잔 가격은 25페니히였고, 그거 한 잔 시켜놓고 새벽 5시까지 앉아 있을 수 있었다.

벤과 라스커슐러는 이 카페의 단골손님이었다. 두 사람은 처음에는 두 마리 맹수처럼 서로 지켜보다가 주위를 맴돌았고, 나중에는 몇 주 동안이나 밤마다 새로 지은 베를린 서부 지역의 거리를 지나 집으로 돌아가면서 상대방의 시들을 암송하며 배고픔을 채웠다. 이즈음 라스커슐러는 벤에 대해 이렇게 표현한다. "그의 시구들은 표범이 물어뜯는 것 같고, 야생동물이 달려드는 것 같다." 벤보다 열일곱 살이 많고, 두번째 남편과 이혼하고, 베를린의 모든 핵심적인 보헤미안 예술가와 인맥이 닿아 있고, 장신구, 종이 달린 발찌, 동양풍의 가운으로 요란스럽게 치장한 시인 엘제 라스커슐러는, 시에서 죽음, 시체, 여성의 육체와 같은 무시무시한 얘기를 하면서도 마치 커피 한 잔을 주문하듯 무심하면서도 소심한 말투로 얘기하는 나른한 눈빛의 뻣뻣한 의사에게 첫눈에 빠져든다. 그리고 다소 건방지고 불안정한 고트프리트 벤은, 검은 다이아몬드처럼 빛나는 눈을 지닌 관능적이고 성숙한 여인에게 빠져들고 만다.

베를린의 추운 겨울에 만나 서로 가까워지는 이 두 사람은 패배자들이다. 한 사람은 마흔넷, 한 사람은 스물여섯. 엘베펠트 출신으로, 한때 은행가의 딸로서 곱게 자란 엘제 라스커슐러는 지금은 너무 가난해서 몇 주 동안이나 호두와 과일로 연명하고 있고, 열에 시달리며, 아들과 함께 밤거리를 헤매고, 다리 밑이나 여관에서 잠을 자고, 커피 한 잔도 구걸하는 판이다. 다 해진 동양풍의 옷을 입은 그녀의 모습은 마치 천일야화의 부랑자처럼 느껴진다. 그녀는 우체국에서 훔쳐온 전보용지에 시를 쓴다. 한편 시골 목사의 아들로 귀하게 자란 벤은, 길을 잃은 채 직업을 찾아 헤매고 있다. 그는 이제 막 두번째 실패를 겪었다. 처음에는 자선 정신병원 의사로서, 그 다음에는 군의관으로서. 그곳에서 벤은 강제휴가 조치를 당했다. 소견서에는 대인관계에 문제가 있다고 쓰여 있다. 그러면서 시체와 교제해볼 것을 권한다. 게다가 병리학과에 취직하고 얼마 안 있어 벤이 무척 사랑했던 어머니가 죽는다. 그사이 시체를 봉합하는 데 익숙해진 벤은 이런 시를 짓는다. "나는 내 이마 위의 아물지 않은 상처처럼 너를 달고 다닌다." 이것이 바로 벤과 라스커슐러가 서로를 알아보고, 물에 빠진 사람처럼 서로 이어지는 전기적傳記的 순간이다. 1912년 10월에 라스커슐러가 쓴 시 「오, 그대의 손」에서 우리는 처음으로 그녀의 심장에 박힌 고트프리트 벤의 필체를 보게 된다. 그녀는 심지어 히브리어도 할 줄 아니 얼마나 행운인가. 목사의 아들 벤은 구약성서를 이론으로만 알고 있었는데 이제 드디어 실제다.

그런데 잘될까?

◆

그 시절 빈에서 가장 유명한 주소였던 베르크가세 19번지에 프로이트가 앉아 있다. 그는 정신분석으로 부자가 되었다. 하루에 11명이나 진료하고, 1인당 진료비로 100크로네를 받는다. 그의 하인들이 받는 한 달 급료에 맞먹는다. 구스타프 말러가 죽고 나서 프로이트가 그의 유산관리인에게 작곡가 말러와 함께 산책한 비용을 청구한 일 때문에 알마 말러는 평생 프로이트를 미워했다. 1913년에 프로이트는 하나의 전설이고, 꿈과 성에 관한 그의 이론들은 일반상식이다. 슈니츨러나 카프카는 자기가 꾼 꿈을 기록하고는, 프로이트가 뭐라고 말할지 자문하기를 즐긴다. 프로이트는 사람들이 억압하는 성을 연구했지만, 오늘날의 연구 기준에 따르면 그 무렵 그 자신도 성을 억압했다고 말할 수 있다. 아내가 자녀 여섯 명을 낳자 그는 금욕을 택했다. 프로이트와 관련된 스캔들도 알려진 바가 없다. 함께 살았던 처제 미나 베르나이스와의 애매한 관계에 대한 추측만 있을 뿐 정확한 것은 아무도 알 수 없다.

프로이트는 교수로 임명되자 빈 시민들이 억압과 무의식에 관한 자신의 연구들을 진지하게 받아들인 것을 기뻐했다. "벌써부터 축하 인사와 헌화들이 빗발친다. 마치 성의 역할이 갑자기 황제의 공식적인 승인을 받은 것처럼, 꿈의 의미가 내각의 비준을 받은 것처럼."

◆

당시 동시대인들에게 이미 프로이트와 슈니츨러는 쌍둥이처럼 보였다. 여기서는 『꿈의 해석』, 저기서는 『꿈의 노벨레』*, 여기서는 오이디푸스 콤플렉스, 저기서는 『베아테 부인과 그녀의 아들』. 그러나 두 사람이 너무 비슷했기에, 두 사람은 서로 정중하게 피했다. 언젠가 프로이트가 발분하여 슈니츨러에게 편지를 썼는데, 그를 만나는 것이 두렵다고, "일종의 도플갱어 공포"일 거라고 했다. 슈니츨러의 단편소설들과 희곡들을 읽은 프로이트는 자신이 타인에 대해 힘들게 연구해서 발견한 것들을 슈니츨러가 "직관적으로, 사실은 섬세한 자아의식의 결과로" 이미 모두 알고 있다는 인상을 받았기 때문이다. 이런 고백으로도 달라진 것은 아무것도 없었다. 비슷한 장력을 지닌 두 개의 자석처럼 그들은 서로 가까워질 수 없었다. 그러나 두 사람 모두 그것을 기분좋게 받아들였다. 1913년에 슈니츨러의 병원으로 한 실업가의 아들이 조랑말에게 성기를 물려 피투성이로 실려 왔을 때, 슈니츨러는 이렇게 지시했다. "그 환자는 당장 구급 병원으로 보내고, 그 조랑말은 프로이트 교수에게 보내는 것이 가장 좋겠습니다."

◆

베를린의 큰 담배회사 '프로블렘'이 베를린 곳곳에서 '모슬렘'이라는 이름의 담배 광고를 하고 있다. 버스와 합승마차에도 그 광고가 붙어 있다. 그래서 포츠담 광장이나 쿠어퓌르스텐담을 거니노라면 커다란 글씨로 된 "모슬렘. 프로블렘 치가레텐"을 읽게 된다.**

◆

---

* 영화 〈아이즈 와이드 셧〉의 바탕이 된 슈니츨러의 작품.
** 독일어로 프로블렘은 문제를, 모슬렘은 이슬람교도를, 치가레텐은 담배를 뜻한다. 저자는 마치 이슬람교도가 문제였다는 식으로 읽힌다고 암시하는 듯하다.

하인리히 만은 뮌헨에서 마리아 카노바와 함께 살고 있다. 1912년에 자신의 희곡 『위대한 사랑』을 베를린에서 리허설 할 때 알게 된 여자다. 제목과 딱 들어맞는 우연이다. 그녀는 조금 뚱뚱하다. 그래서 하인리히 만은 그녀를 "푸미"*라고 부른다. 그녀는 다른 연극에서 또 역할을 얻어주면 "아기처럼 돌봐주겠다"고 하인리히 만에게 편지를 썼다. 하인리히 만은 정말 매력적인 제안이라고 생각했다. 사람들은 모두 평범한 여인 카노바를 무시하고 수준 이하의 둘의 관계를 경멸한다(하인리히가 다시 부자연스럽게 이성애자처럼 행동할 때마다 입을 삐죽 내미는 동생 토마스 만도 마찬가지였다). 뾰족한 수염에 눈꺼풀이 약간 처진, 스페인 귀족처럼 생긴 하인리히 만은 그의 미미와 함께 뮌헨 레오폴트슈트라세 49번지에서 만족스러운 생활을 하며 작품을 쓰고 있다.

하인리히 만의 마흔두번째 생일**에 동생 토마스가 형과 형의 아내를 간소한 저녁식사에 초대한다. 그 일 빼고는 하인리히 만은 계속 걸작 『종복』을 집필한다. 그는 자기관리가 아주 철저한 사람으로, 작은 격자무늬 노트에 한 쪽 한 쪽 또박또박한 필체로 글을 쓴다. 이제 황제 빌헬름 2세 시대의 독일 사회에 대한 가차없는 분석을 거의 끝냈다. 하인리히 만은 아주 가끔 누드를 그린다. 대부분 대담한 포즈를 취한 살집이 있는 여자들이다. 그 그림들은 게오르게 그로스의 유화들을 많이 연상시킨다. 나중에, 하인리히 만이 죽고 나서, 그의 책상 아래쪽 서랍에서 그 그림들이 발견된다.

『종복』연재 문제로 여러 잡지와 협상하던 하인리히 만은 뮌헨에서 발행

---

* 뚱뚱보를 뜻하는 독일어 단어 Pummel에서 딴 별명인 듯하다.
** 하인리히 만의 생일은 3월 27일로 저자의 실수이다.

되는 잡지 『차이트 임 빌트』와 계약을 체결하게 된다.* 1913년 11월 1일부터 연재를 시작하기로 한다. 그는 원고료로 1만 마르크를 받는 것에 동의한다. 필요한 경우 "너무 선정적인 문장들의 삭제"에도 동의한다. 뭐, 좋아, 이번에 내가 중요하게 생각하는 건 지나치게 사회비판적인 성격의 문장들이니까, 하고 하인리히 만은 생각했을 것이다. 몇 년 전 베를린의 운터덴린덴에 있는 한 카페에서 밖에 황제가 지나가자 그걸 보겠다고 탐욕스럽게 유리창에 얼굴을 들이미는 시민 군중을 보고 이 소설의 아이디어가 떠올랐다. "세계적인 도시의 기계적인 군중성이, 인간을 업신여기는 낡아빠진 프로이센식 하급장교 정신에 이르렀고, 그 결과 인간의 존엄성이 가장 낮은 수준으로 떨어졌다"고 하인리히 만은 쓰고 있다. 처음에 그는 황제의 초상화 복사본이 그려진, 황제를 찬미하는 엽서를 찍어내는 한 제지 공장주를 염두에 두고 광범위한 조사를 시작한다. 제지 공장과 재생 공장에 찾아가고, 철저하게 기록하고, 노동자들과 얘기를 나누고, 취재기자처럼 일한다. 특히 하인리히 만에게는 사람의 저항정신을 교란하여 마비시키는 리하르트 바그너의 영향력이 너무 큰 수수께끼였기 때문에 연구 목적으로 생전 처음 〈로엔그린〉을 보러 갈 정도다. 동생 토마스 만이 『대공 전하』를 쓰고 고등 사기꾼 펠릭스 크룰에 대한 이야기를 쓸 때, 하인리히 만은 독일 민족의 노예근성을 찾아 나선 것이다. 그리고 그것이 어디서나 발견된다는 사실을 확인하고는 깜짝 놀란다. 하인리히 만은 한 법학도를 통해 황제 모욕의 정황을 머리카락 하나도 놓치지 않을 만큼 정확하게 들려준다. 그의 책

---

* 하인리히 만이 『종복』 연재 계약을 한 것은 1913년 3월 25일로, 역시 저자의 실수로 보인다.

『종복』이 바로 황제 모욕이자, 독일의 소시민 정신에 대한 모욕이기 때문이다.

◆

 헤르만 헤세는 아내 마리아와 함께 베른에서 아주 불행하게 지내고 있다. 그는 테오도어 호이스*(그렇다, 바로 그 테오도어 호이스다)와 함께『메르츠』라는 잡지에 참여하고 있다. 그러나 집에서의 상황이 그를, 글 쓰는 것을 힘들게 한다. 채식주의적인 개혁생활을 시도했던 보덴제 호수에서 아내의 고향인 스위스의 조용한 중심지로 이사했지만 아내와의 관계는 나아지지 않았다. 자녀가 셋이고, 막내 마르틴은 이제 겨우 두 살이지만 부부 인연의 끈은 약해져버렸다. 헤세는 작가만 처방할 수 있는 강심제와 혈액순환제, 바로 허구화에 매달린다. 그는 아내와 싸우고 나면 서재로 가서 사랑하는 타자기에 새 종이를 끼워넣고 부부싸움을 소설 속의 대화로 옮긴다. 그렇게 해서 1913년에『로스할데』가 탄생한다. 그 소설은 같은 해에『벨하겐스&클라징스 모나츠헤프텐』에 실린다. 주인공 요하네스 베라구트는 헤세의 고뇌를, 자연히 각성으로 끝나게 되는 열광을 다시 겪는다. 소설 속의 아내 이름은 아델레다. 그녀는 헤세의 아내 마리아만큼이나 체념적이고 쓰라린 감정에 빠져 있다. 헤세는 자신의 실패한 결혼생활에 대해 아주 솔직하게 들려줄 뿐만 아니라, 근본적으로는 예술가로서 결혼생활과 사회생활에서 자신의 정체성을 지키는 것이 불가능함을 주제로 삼고 있다. 스물세

---

* 서독의 초대 대통령.

살의 젊은 법학도이자, 1913년 1월부터 연극잡지 『샤우뷔네』(나중에 『벨트뷔네』가 된다)*에 기고하고 있는 쿠르트 투홀스키는 『로스할데』에 대해서 굉장한 형안을 보여주는 비평을 쓴다. "겉표지에 헤세라는 이름이 쓰여 있지 않았다면 우리는 그가 이 작품을 썼다고 생각하지 못했을 것이다. 이 작품을 쓴 작가는 우리가 사랑하는, 예전의 선량한 헤세가 아니다. 딴사람이다." 무엇보다 투홀스키는 첫눈에 허구와 현실의 미미한 경계를 간파했다. "이 베라구트는 곧 헤세다. 그는 고향을 떠나 앞으로 나아간다. 그런데 어디로 가는 걸까?" 좋은 질문이다.

◆

물론 1913년에도 모든 것이 잘 맞아떨어지지는 않는다. 프랑크푸르트를 시작으로, 베를린 표현주의 및 분리파 화가와 청기사파 화가를 연합하는 순회전시회가 기획된다. 그런데 청기사 화가들은 베를린에서 자신들의 그림을 돌려보내 깜짝 놀라게 된다. 화가 난 프란츠 마르크는 2월 28일에 청기사의 직인이 찍힌 편지를 베를린의 신 분리파 의장 게오르크 타페르트에게 보낸다. "제 그림들이 든 상자를 열었을 때 정말 불쾌하게도, 제가 분명하게 순회전시회(우선 프랑크푸르트에서 4월에 있을 전시회)에 출품 의사를 밝혔던 〈숲 속의 사슴들〉도 들어 있더군요. 그리고 오늘 칸딘스키한테서, 그가 베를린에 보낸 그림 4점이 뮌헨으로 돌아와 너무 깜짝 놀랐다는 편지를 받았습니다. 우리가 이것을 어떻게 받아들여야 합니까? 논리적으로 볼

---

* 샤우뷔네는 무대, 벨트뷔네는 세계무대라는 뜻.

때 순회전시회에 채택이 안 된 것 같군요. 그렇지만 어떻게 우리에게 물어보지도 않고 그 그림들을 그냥 돌려보낼 수가 있습니까?" 그렇지만 이대로 끝은 아니다. 가을에 독일 표현주의의 양극이 만나는 전례 없는 정상회담이 이루어진다.

◆

2월 초인데 릴케는 벌써부터 너무 덥다. 햇볕을 쬐러 남부로 도망쳐 온 릴케는 하얀 여름양복을 입고 론다의 라이나 빅토리아 호텔 정원 의자에 누워 서늘한 북부를 그리워한다. 안 그러면 릴케가 아니다. 여자를 아주 잘 이해하고, 자연과도 교감하는 릴케는 늦여름이면 "마지막 기승을 부리는 더위에 시달리는" 도시들에 연민을 느낄 정도다. 바로 그렇기에 릴케 같은 사람만이 한 해의 첫번째 따뜻한 햇살에서 벌써 미래의 작열하는 파괴력을 느낄 수 있는 것이다. 그래서 2월 초에 릴케는 엄마와, 멀리 떨어져 있는 영혼의 여자친구들에게 편지를 쓰면서 자기에게는 봄이 맞지 않다고 투덜거린다. "태양이 너무 강렬합니다. 아침 7시에는 분명히 2월이었는데, 네 시간 뒤 11시경이 되면 8월이라 해도 믿을 정도입니다." 릴케는 시도니 나드헤르니에게, 당신은 분명 이해할 거라면서 태양이 이렇게 찌르는 듯 내리쬘 때는 "참을 수 없을" 정도라고 쓴다. 2월 19일에 도망치듯 이곳을 떠난 릴케는 2월 말에 파리 샹파뉴 프리미에르 가에 있는 새집으로 이사한다. 자기 자신으로부터 도망친 지 1년 반 뒤에 유럽의 반을 돌아 아지랑이 피는 초봄의 대도시에 이른 것이다. 릴케는 두렵다. 그러나 그는 여기서, 이 파리에서, 이 집에서 다시 한번 시도해보려 한다. 그러나 어떻게 하는 건지 이제 전혀 모르겠다. 앉아 있는 것, 일하는 것, 평온을 유지하는 것. 바로 살아가는 것.

◆

1913년 봄 샤를 파브리는 오존층 발견에 결정적 역할을 하는 실험에 성공한다. 오존층은 아직 온전하다.

◆

빈에서 기차로 하루면 오스트리아령 갈리시아에 도착한다. 그래서 이 무렵 빈은 도주중인 러시아 혁명가들이 가장 좋아하는 망명지가 된다. 되블링거 로들러가세의 가난하고 소시민적인 환경에서 아내 나탈리아, 아이들과 함께 작가이자 저널리스트인, 사람들에게 레온 트로츠키로 더 잘 알려진 레프 브론시테인이 일하는 중이다. 트로츠키 가족은 크리스마스에 자기들이 이곳에 속하고 다시는 떠나지 않을 것처럼 행동하기 위해서 크리스마스트리를 샀다. 트로츠키는 다양한 자유주의 성향의 신문들과 사회민주주의 성향의 신문들에 기고하여 얼마 되지 않는 돈을 벌고 있고, 대부분은 하루 종일 첸트랄 카페에 앉아 체스를 둘 때가 많다. 1913년에 '브론시테인 씨'는 빈의 커피하우스계에서 최고의 체스꾼으로 통하며, 그것은 썩 의미 있는 일이다. 그는 돈이 필요할 때마다 책들을 전당포에 가져간다. 그에게는 다른 선택의 여지가 없다.

2월 초에 스탈린은 자신의 가장 유명한 저작이 될 『마르크스주의와 민족 문제』를 계속 집필하고 있다. 오스트리아-헝가리 제국의 다민족 문제는 확실히 그에게 귀감이 된다. 빈에서 스탈린은 겉으로 민족적 자율성을 표방하는 중앙집권국가 이념을 발전시킨다. 결국에는 소비에트연방을 목표로 하는 것이다. 친구들에게 "소소Sosso"라고 불리는 스탈린은, 트로야노프스키네 아이들에게도 그 얘기만 한다. 스탈린은 잠깐 보모를 희롱해보지만 아무 성과도 얻지 못한다. 그래서 그는 다시 일을 시작한다. 뭐 좋다, 자본주의의 해악을 실제로 적용해보는 데 쓸 시간은 많지 않다. 트로야노프스키 가족과 또 쇤브룬 공원에 갔을 때, 스탈린은 트로야노프스키 부인과 내기를 한다. 트로야노프스키 부부의 활달한 딸 갈리나를 둘이 함께 부르면 또 사탕을 사주리라는 기대에 갈리나가 자기한테 올 것이라는 내기였다. 역시 그가 이긴다.

이 무렵 트로야노프스키 집에 두 남자가 찾아온다. 한 사람은 니콜라이 부하린으로 그는 스탈린이 독일어 번역하는 것을 돕는다. 그런데 부하린은 스탈린과 달리 보모를 희롱하는 데 성공하고, 스탈린은 평생 동안 이 일을 용서하지 않는다(그 대가로 나중에 부하린은 머리에 총을 맞고 죽는다). 그리고 이 무렵 트로츠키도 우연히 이 집에 들르게 된다. "나는 스코벨로프 집의 거실 탁자 근처에 있는 사모바르* 옆에 앉아 있었다 (…) 옛 합스부르크 왕가의 수도에. 그때 갑자기 누가 문을 두드리더니 모르는 남자가 들어왔다. 그는 키가 작고 (…) 마르고 (…) 암갈색 피부에 얼굴에는 온통 마마 자국투성이었다 (…) 나는 그의 눈에서 그 어떤 상냥함의 기미도 볼 수 없었다"라고 트로츠키는 쓰고 있다. 바로 스탈린이었다. 그는 사모바르에서 차를 한

---

* 러시아의 물 끓이는 기구.

잔 따라 마시고는 왔던 대로 조용히 밖으로 나갔다. 그는 트로츠키를 알아보지 못했다. 다행스러운 일이었다. 스탈린은 여러 기사에서 트로츠키를 "가짜 근육을 지닌 떠버리 운동선수"라고 불렀기 때문이다.

◆

바로 이 1913년 2월에, 스탈린과 트로츠키가 처음 만난 이때, 저 멀리 바르셀로나에서 나중에 스탈린의 명령에 따라 트로츠키를 살해하게 되는 한 사내아이가 태어난다. 그의 이름은 바로 라몬 메르카데르다.

◆

2월 23일에 스탈린이 상트페테르부르크 길 한복판에서 체포된다. 그는 여자 옷을 입고 가발을 쓴 채 필사적으로 도망치는 중이다. 카니발 때문도, 기이한 성벽性癖 때문도 아니다. 그것은 불법으로 러시아에 머물고 있던 혁명가 스탈린이 기관지 『프라우다』를 위한 기금 모금 자선 음악회의 옷 보관소에서 훔친 옷들이다. 경찰의 급습으로 음악회에 모인 이들은 뿔뿔이 흩어졌다. 경찰이 다리를 절뚝거리는 망명자를 붙잡아 세워 알록달록한 여름치마와 가발을 벗기니 스탈린의 모습이 드러났다. 정체가 탄로난 스탈린은 시베리아 투루칸스크로 추방된다.

◆

80　　　　　　　　　　　　　　　　　　　　　　　　　　　1913년

빈 시민들조차 숨이 멎을 만큼 빈을 발칵 뒤집어놓는 스캔들이 터졌다. 전설적인 잘록한 허리와 불룩한 가슴을 지닌 여인이자, 빈에서 가장 아름다운 여인이요, 위대한 작곡가의 죽음으로 얼마 전 미망인이 된 알마 말러가 아직 상복도 벗지 않은 채로, 빈에서 가장 추잡한 화가이자 거친 선동가인 오스카 코코슈카의 여자가 된 것이다. 그는 항상 바지를 흘러내릴 듯하게 입거나 셔츠를 열어젖힌 채 돌아다니고, 자신의 가장 유명한 작품의 제목이 〈살인자, 여자들의 희망〉이며, 정말로 그렇게 생각하는 사람이다. 코코슈카는 젊고 아름다운 미망인의 마음을 단번에 사로잡자마자 두려워졌다. 그가 두려운 것은 그녀가 아니라 잠재적인 경쟁자였다. "알미, 나는 그 어떤 눈도 당신의 드러난 가슴을 보는 게 싫어. 나이트가운을 입은 채든, 옷을 입은 채든. 당신의 사랑스러운 육체의 비밀을 지켜줘." 1913년 빈에서는 이 편지처럼, 그리고 코코슈카와 알마 말러의 관계처럼 그렇게 노골적으로 성적인 것이 별로 대수롭지 않은 일이었다. 알마는 낮에는 이 도시의 제1미망인으로서 집에서 파티를 열고 살롱을 주재하며 사교생활에 몰두할 수 있었다. 그러나 밤에는 코코슈카가 자기만의 권리를 누렸다. 코코슈카는 매일 밤 그녀와 자야만 일을 할 수 있다고 했고, 알마는 그의 집착에 중독되어 있었다. 코코슈카가 알마 말러를 그리러 그녀의 양부 집에 갔을 때, 알마는 그를 옆방으로 끌고 가 가슴이 찢어질 듯 애절하게 이졸데의 〈사랑의 죽음〉*을 부른다. 그리고 두 사람은 오페라처럼 완벽한 연인관계로 빠져든다. 코코슈카는 알마 말고 다른 그림은 그릴 수 없다. 대부분 누드로, 머

---

* 바그너의 오페라 〈트리스탄과 이졸데〉에서 이졸데가 사랑하는 트리스탄의 품에서 죽어가며 부르는 아리아.

리는 풀어 헤치고 가슴은 열어젖힌 모습으로, 그녀를 사랑할 때처럼 그렇게 거칠고 격렬한 그림을 그린다. 그는 붓으로 그리려니 너무 느려 속이 터져서 붓을 내던지고 손가락으로 그린다. 왼 손바닥을 팔레트 삼아 그리면서 손톱으로 긁어 물감이 뭉친 부분에 선을 긋는다. 삶, 사랑, 예술. 이 모든 것이 하나의 위대한 투쟁이다.

코코슈카는 알마의 초상화를 그리지 않을 때는 알마와 자기 자신을 함께 그린다. 이른바 〈오스카 코코슈카와 알마 말러의 이중 초상화〉다. 그는 이 그림을 "약혼 그림"이라고 부른다. 그녀와 결혼하고 싶고, 그녀를 영원히 그렇게 자기 것으로 삼고 싶기 때문이다. 그러나 알마는 한 마리 뱀이다. 그녀는 코코슈카가 완벽한 걸작을 완성한 뒤에야 그와 결혼하겠다고 말한다. 코코슈카는 이 약혼 그림이 자신의 걸작이 되기를 바란다. 2월 말쯤 코코슈카가 이 그림을 거의 완성해가자 알마는 안절부절못한다. 코코슈카는 알마에게 애원한다. "제발 나를 사랑한다고 많이 편지해줘. 내 병이 다시 도져 그림 앞에서 시간을 낭비하지 않게." 그러나 알마는 둘 사이의 아이를 낙태했고, 코코슈카가 임신한 자신의 모습을 그린 것에 화를 낸다. 그림 속의 두 사람은 기이한 모습으로 껴안고 서 있다. 코코슈카는 고통스러운 듯한 표정이고, 알마는 침착해 보인다. 알마는 어머니와 함께 제머링으로 가서 예전에 구스타프 말러가 둘을 위해 사두었던 땅들 가운데 집터를 골라 또다른 사랑의 보금자리를 짓는다. "약혼 그림"이 완성되자 코코슈카는 그 그림을 베를린 분리파 전시회에 출품한다. 물론 그가 원했던 것은 공개적인 약혼 광고다. 지금 파구스 공장을 건축중이요, 알마와 결혼할 희망을 품고 있던 위대한 건축가 발터 그로피우스는, 코코슈카가 바라던 대로 베를린에서 그 그림을 보고 절망에 빠진다. (그러나 우리끼리 얘기지만, 결국 알마가 결혼하는 사람은 코코슈카가 아니라 그로피우스다.)

◆

알베르트 슈바이처는 슈트라스부르크에서 세번째 박사 논문을 쓰고 있다. 그는 이미 철학 논문 「칸트의 종교 철학. 순수이성비판부터 이성의 경계 안의 종교에 이르기까지」로 오래전에 철학박사가 되었다. 그리고 그는 신학박사이기도 하다. 신학박사 학위 논문은 「최후의 만찬에 대한 상이한 새로운 역사적 이해들에 관한 비판적 기술」이다. 슈바이처가 의학박사가 되기로 결심했을 때 그는 이미 슈트라스부르크 대학의 신학 강사였고 성 니콜라이 교회의 부목사였다. 그는 1912년에 의사 면허를 취득했다. 의사이자 부목사이며 대학 강사이고 철학박사이자 신학박사였던 그는 긴장을 늦추지 않는다. 그는 박사 논문 「예수에 대한 정신의학적 평가」를 완성해야 한다. 참고문헌에 깔려 죽을 지경이고, 세 개의 전공이 주는 부담으로 몸은 납덩이처럼 무겁다. 그는 책을 읽다가 잠들지 않기 위해서 책상 밑에 차가운 물이 담긴 물통을 놓는다. 책을 읽다가 더이상 내용이 머릿속에 들어오지 않으면 양말을 벗고 발을 차가운 물에 담그고서 다시 책을 읽는다. 이제 거의 완성 단계다. 그리고 그는 이미 또다른 원대한 목표를 눈앞에 두고 있다. 바로 아프리카다.

1913 Der Sommer des Jahrhunderts

3월

〜 3월에 카프카는 정말로 펠리체 바우어를 만나러 베를린으로 가고, 두 사람은 함께 산책을 하지만 잘 풀리지 않는다. 로베르트 무질은 신경과 의사에게 진료를 받고 무사히 나오지만, 카미유 클로델은 신경과 병원에 갔다가 30년을 갇히게 된다. 그리고 빈에서는 3월 31일에 굉장한 '뺨따귀 음악회'가 열린다. 아르놀트 쇤베르크가 너무 날카로운 음색의 음악을 작곡했다는 이유로 공개적으로 따귀를 맞은 것이다. 알베르트 슈바이처와 에른스트 융거는 아프리카를 꿈꾼다. 케임브리지에서는 루트비히 비트겐슈타인이 아우팅Outing과 더불어 새로운 논리학 강의를 시작하고, 버지니아 울프는 첫 책을 완성하고, 릴케는 코감기에 걸린다. 전반적으로 중요한 문제는 '우리는 어디로 가는가?'이다.

베를린-니콜라스제 호수 근처 성문 앞, 마법에 걸린 듯한 레비제 가까이에 있는 키르히벡 27번지와 28번지에 두 채의 특별한 빌라가 거의 동시에 완공된다. 한 채는 건축가 헤르만 무테지우스가 은행장 율리우스 슈테른을 위해 지은 '슈테른 저택'이고, 바로 그 옆의 또 한 채는, 건축가 발터 엡슈타인이 독일에서 가장 중요한 미술 저술가라 할 수 있는 율리우스 마이어그레페를 위해 지은 빌라다. 마이어그레페는 유산 상속, 책의 성공, 그림 거래를 통해 큰 재산을 모았다. 그 빌라를 지을 때, 로비스 코린트에게 초상화를 의뢰했던 마이어그레페는 거의 항상 건축 현장에 있다가 시내로 가서 몇 시간 동안 모델을 섰다. 그 그림은, 세기말 독일 예술계의 가장 중요한 두 인물을 영원히 하나로 묶어놓을 특별한 그림이 될 것이다.

    니콜라스제 호숫가에 있는 마이어그레페의 저택은 프랑스풍의 세련미를 풍겼고, 우아함과 일종의 안락함을 지녔으며, 마흔다섯의 마이어그레페와 그의 아내의 취향에 완벽하게 맞아떨어졌다(그런데 몇 년 뒤 마이어그레페는 그때는 고인이 된 건축가 엡슈타인의 딸 안네마리와 세번째 결혼을 하게 된다. 그러나 지금은 혼란만 줄 테니 넘어가자). 이곳 키르히벡 28번지에서, 마이어그레페가 에드바르 뭉크에게 보낸 편지에 쓴 표현대로 "교외 시골에서" 1913년에 미술사에서 핵심적인 저작이 탄생했다. 바로 『현대 미술의 발전사』다. 이 책은 1914년에 출간된다.*

---

* 이 책의 초판은 1904년에 출간되었다. 여기서 저자가 말하는 것은 1914년에 나온 개정

마이어그레페의 책상 위에는 들라크루아의 거대한 그림 〈말을 뜯어먹는 암사자〉가 걸려 있고, 현관홀에는 렘브루크의 토르소 〈뒤돌아보는 여인〉이 서 있으며, 가구들과 실내장식은 마이어그레페와 절친한 루돌프 알렉산더 슈뢰더가 미적으로 감독한 것이었다. 빌라는 프랑스 애호 분위기를 강하게 풍겼고, 모든 것이 서로 잘 어울리는 하나의 종합예술이자 꿈의 성이었다. 그러나 어쨌든 더이상 '메종 모데르네'는 아니었다.

아무튼 1913년에 '모더니즘'은 끝이 난다. '모더니즘'은 너무나 유연한 개념이어서, 동시대인과 후세대에 의해 항상 다르게 해석되고 각 세대마다 시간적으로 늘 새롭게 규정되기 때문에, 특히 1913년이라는 해의 특징인 엄청난 비동시적 동시성을 제대로 묘사하기에 매우 부적절하다.

그리고 베를린의 율리우스 마이어그레페 저택은 그런 혼란스러운 동시성의 전당이었다. 식당에 있는 그림들은 화가이자 미술사가요 마이어그레페의 몽마르트르 시절 친구였던 에리히 클로소프스키의 것들로 아주 얌전하고 온화한 후기낭만주의 그림들이었다(그러나 클로소프스키가 마이어그레페를 위해 그림을 그릴 때 늘 넋을 놓고 아버지를 바라보던 클로소프스키의 네 살짜리 아들 발타자르는, 나중에 발튀스라는 이름의 아주 대담한 프랑스 화가가 되었다. 아버지와 아들의 관계라는 게 그렇다). 마이어그레페는 독일의 숙적인 프랑스의 예술을 무비판적으로 받아들인 일로 당시 이미 전설이자 논란의 인물이었다. 마이어그레페는 『현대 미술의 발전사』초판에서 드가, 세잔, 마네, 르누아르를 모더니즘의 네 기둥이라고 일컬었다. 그래서 "마이어그레페주의"라는 표어는 프랑스 인상주의에 대한 지나친 편애와 독일 미술

───────────

판을 뜻한다.

에 대한 비판적 태도를 뜻했다. 그리고 초판을 집필한 지 15년이 지난 지금 완전히 새로운 개정판이 나온 것이다. 그가 썼듯이 예술가들도 성숙했고, 특히 저자 자신도 성숙했기 때문이다.

그러나 조심하시라. '성숙'이라는 단어는 취향 문제에서 몹시 까다로운 범주에 속할 때가 많다. 의아하게도 가장 열렬한 아방가르드 선전원들이 오직 예술적 혁명에 대한 식견만 갖고 있다는 것을 늘 새삼 깨닫게 된다. 그러고 나면 다음 세대가 나와 최신 아방가르드를 낡은 것으로 보이게 만들려고 하고, 그다음에는 판단력, 다시 말해서 매수되지 않는 '눈'을 잃어버릴 때가 많은 전문가들이 나온다. 여기서도 마찬가지다. 독주하면서 독일인들에게 들라크루아, 코로, 세잔, 마네, 드가의 그림에 대한 눈을 뜨게 해준 마이어그레페는 1913년에 베를린 니콜라스제 호숫가에 있는 별장에서 냉담하게 이렇게 쓴다. "피카소라는 이름에서 미래의 역사가는 멈춰 서 이렇게 단언할 것이다. 여기서 끝이라고." 끝. 입체주의의 형식 파괴를 넘어서는 것이 또 나온다는 것은 상상할 수 없는 일이다. 어쩌면 가장 열렬한 세기의 예술비평가이자, 미술 '발전사'의 대가였던 이 위대한 저자는 아주 냉정하게 이제 그 발전이 끝에 이르렀다고 본다. 바로 오늘날 우리가 그 발전의 시작이라고 보는 지점에서 말이다.

이것은 그가 『노이에 룬트샤우』지에 논문 「우리는 어디로 가는가?」를 발표한 것과 맞아떨어진다. 이 논문은 굉장한 주목을 받은 동시에 혼란을 불러일으켰다. 독일과 프랑스 간의 위대한 중개자였으며, 거의 30년 동안 프랑스의 미술과 공예를 독일인의 미의식 속에 심어준 마이어그레페는 독일과 프랑스의 동시대 미술에 대한 분노로 폭발한다. 마이어그레페는 특히 젊은 표현주의 예술가들, 다시 말해 드레스덴에서 이제 막 베를린으로 활동무대를 옮긴 '다리파' 화가와 뮌헨의 '청기사' 그룹을 "벽지壁紙 화가"라고 폄하한다. 그는 "이 시대 많은 예술가들이 오로지 구축적인 것과 장식적인 것을 추구하는 경향"에 충격을 받는다. 마이어그레페는 이것이 명백한 몰락의 징후라고 쓴다(그때 뮌헨에서는 슈펭글러도 예술과 문화의 불건전한 발전에 직면하여 "서구의 몰락"이 도래했다고 예감한다). 젊은 표현주의 예술가들이 전통을 무시하며 교양이 없다고 마이어그레페는 한탄한다. "그들은 어느 모로 보나 평면미술가들이다, 인간으로서 평면적이다."

마이어그레페는 베를린 표현주의 예술가들과 카를 셰플러* 같은 그 선전원들에게 충격을 받는다. 당연한 일이다! 또한 이 경악스러운 현재에 직면하여 이 언어의 대가가 정신줄을 놓았다는 것도 충격적이다. 그러나 이것은 1913년 프랑스-독일의 관계가 얼마나 가열된 분위기 속에 있었는지를 보여주는 징후이기도 한데, 프랑스에서도 「우리는 어디로 가는가?」에 대한 환호는 전혀 보이지 않는다. 이 책에서 다시 나타나는 프랑스 인상주의에 대한 마이어그레페의 환호의 노래가 센 강까지 울려퍼질 정도인데도 불구하고, 잡지 『프랑스 신비평』은 아주 뒤틀린 방식으로 위험을 느낀다. 마이어그레페도 서서히 민족주의자가 되어가고 있다고 생각하는 것이다. 바로 마이어그레페가 독일 표현주의자들을 그렇게 격렬하게 비판한 것 때문에 말이다. 마이어그레페가 "독일제국의 문화를 그렇게 엄격하게 평가하는 것은, 제국의 문화를 우리 문화유산을 계승하여 나머지 유럽을 지배할 자로 정해놓았기" 때문이라는 것이다. 이것이 바로 1913년 파리를 감돌던 불안들이다.

---

* 독일의 예술비평가이자 저널리스트.

◆

　독일제국 연방의회는 1913년에 1200만 마르크에 해당하는 프로이센 기념주화 발행을 인가한다. 이 기념주화는 1813년 프랑스 외세에 저항한 프로이센의 봉기를 기념하는 것은 물론 다가오는 6월 15일에 맞이하게 될 독일 황제 빌헬름 2세의 재위 25주년을 기념하기 위한 것이다.

◆

　1913년 레닌은 막심 고리키에게 보내는 편지에 이렇게 썼다. "오스트리아와 러시아 간의 전쟁은 서유럽에서 혁명을 일으키는 데 아주 유용하게 작용할 것입니다. 그러나 프란츠 요제프와 니콜라이가 우리에게 이런 호의를 베풀어주리라고 상상하기는 힘듭니다."

◆

　위대한 상대성이론을 세운 알베르트 아인슈타인이 생활인으로서의 모습을 보여준다. 아인슈타인은 프라하에서 지내던 1913년에 아내 밀레바와 눈에 띄게 소원해진다. 아인슈타인은 더이상 아내에게 자신의 연구, 자신의 발견, 자신의 걱정에 대해 얘기하지 않는다. 아내도 침묵하고 그냥 내버려둔다. 적어도 둘의 사이는, 위안 삼아 두 부부만 언급하자면, 베른의 헤세 부부와 빈의 슈니츨러 부부 사이만큼 나쁘다. 저녁이면 아인슈타인은 홀로 커피하우스에 가거나 술집에 가서 맥주를 한잔 마신다. 어쩌면 그 옆에 막스 브로트, 프란츠 베르펠, 카프카가 앉아 있을지도 모르지만 그들은 서로 알지 못한다. 그러다가 알베르트 아인슈타인은 카프카와 똑같이 1913년 3월에 베를린으로 긴 편지를 쓴다. 그는 베를린 출장중에 만난, 최근에 이혼한 이종사촌 엘자와 사랑에 빠졌다. 그는 사촌 엘자에게 자신의 끔찍한 결혼생활을 들려준다. 자기는 더이상 아내와 같은 침실에서 자지 않으며, 무슨 일이 있어도 아내 밀레바와 단둘이 있는 상황을 피한다는 것이다. 그 이유는 아내가 "무뚝뚝하고 유머도 모르는 사람"이기 때문이란다. 자신에게 아내는 해고할 수 없는 직원 같은 사람이라고 했다. 아인슈타인은 편지를 봉투에 넣어 우체국으로 보낸다. 어쩌면 아인슈타인의 편지는 카프카의 한탄이 담긴 편지와 같은 우편행낭에 담겨 프라하에서 베를린으로, 멀리 있는 동경의 여인 펠리체와 엘자에게 가고 있을지 모른다.

◆

『가르텐라우베』의 별책부록 『여성세계』 5호에 이런 기사가 실린다. "이번 시즌의 이브닝드레스는 가장 숙련된 재단사도 만들기 어려운 화려한 디자인과 환상적인 주름이 두드러진다." 가장 멋지게 옷을 입기 위해 맞춤옷을 주문할 수 있는데 흥미로운 것은 주문 가능한 엉덩이 사이즈다. 116, 112, 108, 104, 100, 96. 그 아래 치수는 생각할 수 없다. 9호에서야 비로소 연민을 느낀 편집부는 거창하게 이렇게 광고했다. "날씬한 여성들을 위한 옷!" 이어서 엄청난 동정심이 묻어나는 멋진 문장이 뒤따른다. "가냘프고, 깡마른 여자들이 옷을 맵시 있고 유행에 맞게 입기가 늘 쉽지는 않죠. 이럴 때는 타협할 필요가 있습니다. 자연의 실패를 멋진 주름으로 숨기는 것입니다." 자연의 실패라, 1913년에는 날씬함이 일종의 불행으로 여겨지고 있다.

◆

　1913년에 FED, 다시 말해 연방준비제도Federal Reserve*가 설립된다. 가장 중요한 주주들은 로스차일드, 라자드, 바부르크, 리먼, 록펠러 체이스 맨해튼, 골드만삭스다. 연방준비제도 도입으로 미국의 주정부들은 자체적으로 새로운 돈을 찍어낼 수 없게 되었다. 이로 인해 1913년에 소득세가 도입된다.

◆

　발터 라테나우는 통찰력 있게도 미국에 의한 경제적 위협을 간파한다. 그래서 그는 각국이 군비를 확장하던 해인 1913년에, 평화적이고 경제적으로 긴밀하게 연결되어 있는 유럽연합의 모습을 구상한다. "남은 가능성은 하나다. 바로 중유럽의 관세동맹이다. 유럽 지역 나라들에 경제적 활동의 자유를 주는 과제는 어렵기는 하지만, 불가능한 일은 아니다."

◆

　『케임브리지 리뷰』 34권 853호 1913년 3월 6일 자 351쪽에 당시 학생이었던 루트비히 비트겐슈타인의 글이 처음 발표된다. 피터 코피의 『논리학』에 대한 비판적 서평인데, 사실은 자신의 새로운 논리학을 알리는 첫 선언

* 미국의 중앙은행.

이라고 할 수 있었다. 비트겐슈타인은 코피의 주장이 비논리적이라고 말한다. 빈 실업가의 아들인 스물세 살의 비트겐슈타인은 케임브리지 트리니티 칼리지에서 자신의 스승, 전설적인 버트런드 러셀에게도 곧 반항하게 된다. 여름방학에 비트겐슈타인은 애인인 수학과 학생 데이비드 핀센트와 함께 노르웨이 숄덴으로 가서(그곳에 비트겐슈타인은 작은 목조가옥을 사두었다), 나중에 『논리-철학 논고』라는 제목으로 20세기의 가장 중요한 저작으로 꼽히게 되는 이론의 토대를 닦는 작업을 한다(이 이론은 너무 복잡해서 비트겐슈타인이 교정을 봐달라고 편지로 부탁했을 때 러셀조차도 비트겐슈타인의 답答들을 이해하기 위해서 다시 질문을 보내야 했을 정도였다). 오직 비트겐슈타인의 친구 핀센트만이 그를 완전하게 이해했다. 핀센트보다 두 살 많은 비트겐슈타인이 대학에서 언어와 음악의 리듬에 관한 심리학 실험에 참여할 피실험자를 구한다는 벽보를 게시했을 때 핀센트가 지원했다. 곧 핀센트는 아주 빠른 속도로 비트겐슈타인의 동성애와 논리학의 피실험자까지 되었다. 비트겐슈타인은, 논리적으로 당연한 일이겠지만, 훗날 『논리-철학 논고』를 핀센트에게 헌정한다.

◆

깨어나는 봄. 3월 8일에 빈의 임페리얼 카페에서 프랑크 베데킨트, 아돌프 로스, 프란츠 베르펠, 카를 크라우스가 모닝커피를 하자고 회동하여 큰 잔으로 모카커피를 마신다.

◆

카프카는 한 마리 개처럼 아버지 밑에서 고통받고 있다. 아버지가 옆방에서 기침하거나 문을 너무 세게 닫을 때마다 참을 수가 없다. 그래도 아직 『아버지에게 드리는 편지』를 쓰지는 않는다. 그러나 스물두 살의 화가 에곤 실레는 1913년에 「어머니에게 드리는 편지」를 쓴다. 3월 31일에는 이런 편지를 쓴다. "저는 썩어서 영원한 생명을 남기는 열매가 될 거예요. 그러니 저를 낳은 것이 얼마나 큰 기쁨이겠습니까?" 그러나 어머니 생각은 좀 다르다. 실레의 어머니는 남편, 그러니까 실레의 아버지의 무덤이 툴른의 묘지에서 잡초로 뒤덮여 있는 것에 화가 나 실레에게 이런 편지를 쓴다. "너를 위해 피땀 흘리신 네 아버지의 유골이 가장 황폐하고 초라한 묘지 안에 모셔져 있다. 너는 네 자신에게 쓸데없이 돈을 얼마나 허비하는 거냐. 너는 다른 사람과 다른 일을 위해서는 시간을 내면서, 네 불쌍한 어미에게 낼 시간은 없구나! 신이 너를 용서하시기를, 나는 너를 용서 못하겠다."

실레의 아버지 아돌프 실레는 일찍이 미쳐버려서 어린 에곤은 항상 자기도 몰라보는 아버지를 위해 식탁을 차려야 했고, 죽기 직전에 아버지가 돈과 주식을 모조리 불태워버려서 집이 아주 가난해졌다. 에곤과 그의 누이 멜라니, 게르트루데의 관계는 기이할 정도로 아주 가까웠다. 실레는 두 누이를 항상 누드로 그렸는데, 무슨 산부인과 의사라도 되듯 사춘기에 접어든 두 누이의 육체를 정밀하게 관찰했다. 실레는 청소년 시절에 누이 게르트루데와 단둘이 여행하고는 했다. 실레의 그림들은 같은 무렵 게오르크 트라클과 그 누이의 치명적인 사랑을 그림으로 보여주는 듯하다.

나중에 누이 게르트루데는 에곤의 친구 안톤 페쉬카와 사귀게 되는데, 이 일로 에곤은 오랫동안 두 사람을 미친 듯이 질투한다. 그러나 실레는 발리라는 여인을 알게 된 후로 두 사람을 축복하게 된다. 이 발리라는 여인은 실레의 그림들을 통해서 20세기의 가장 유명한 육체가 되었다. 에곤은 여자들과 자기 자신을 실오라기 하나 걸치지 않은 전라로 그렸는데 마치 붓이 아니라 메스를 가지고 작업하는 듯했다. 구스타프 클림트와 달리 실레는 꼭 모델들과 침대로 가지는 않았다. 실레는 그냥 가만히 관찰함으로써 육체성의 천박함에 대한 통찰을 얻었다. 당시에는 거의 아무도 그것을 이해하지 못했다. 뮌헨 출신의 편견 없는 화랑주 한스 골츠마저도 전시회에서 또 그림을 단 한 점도 팔지 못하자 1913년 3월에 이런 편지를 쓴다. "그렇지만 실레 씨, 저야 늘 당신의 그림을 좋아하고 당신의 괴팍스러움에도 기꺼이 함께하겠지만, 누가 그 그림들을 사겠습니까? 저는 별로 희망이 없다고 봅니다." 이 편지는 실레가 새집에서, 이제부터 모든 것이 나아지리라고 생각한 새집에서 처음 받은 편지였다. 더이상 9지구도 아니고, 슐라거가세 5번지의 지층 4호도 아닌 13지구 히칭거 하우프트슈트라세 101번지 4층에서 말이다.

    실레의 어머니는 그 화랑주와 아주 똑같은 생각을 가지고 있었다. "괴팍스러움", 이 말은 아마도 그의 어머니한테서 나왔을 것이다. 실레의 어머니는 아들이 관습을 등한시할 뿐만 아니라 아버지의 유산을 무시하고, 아버지의 무덤을 돌보지 않고, 어머니의 존재를 잊었다고 비난한다. 그녀는 아들에게 또 편지를 쓴다. 그에 따라 실레는 두번째 「어머니에게 드리는 편지」를 쓰는데, 이 편지는 모든 정신분석 교과서에 실릴 만한 것이었다. "사랑하는 어머니, 뭐하러 오븐에 던져질 편지를 자꾸 보내세요. 다음에 뭔가 필요하신 게 있으면 저에게 오세요, 저는 다시는 그 집으로 돌아가지 않습니다. 에곤."

    친부살해의 해였던 1913년은 어머니들에게도 도전받는 해였다. 아니면,

게오르크 트라클이 친구 에어하르트 부쉬베크에게 보내는 편지 같거나. "친구여, 어머니가 나 때문에 아주 많이 걱정하고 계시지 않은지 말해주게." (에곤 실레 못지않았던 트라클은 유곽에 갈 돈을 마련하기 위해서 아버지의 팔찌를 저당잡혔다.)

◆

반면에 구스타프 클림트는 1913년에도, 그러니까 쉰 살이 되어서도 여전히 어머니와 함께 살고 있다. 클림트는 아침을 먹고 나서 13지구 펠트뮐가세 11번지로 간다(실레의 아틀리에는 그로부터 4블록밖에 떨어져 있지 않았다). 그곳은 클림트의 아틀리에이자 삶의 터전이다. 현관문에는 분필로 "G. K. 세게 두드릴 것"이라고 써놓았다. 바닥에는 온통 스케치들이 널려 있고, 이젤들에는 캔버스가 여러 개 걸려 있다. 아침에 클림트가 이곳에 오면 문 앞에는 그를 위해 옷을 벗고 싶어 안달이 난 여자들이 벌써부터 기다리고 있다. 클림트가 말없이 캔버스 앞에 서 있는 동안, 여섯 명이나 되는 벌거벗은 여인들 혹은 소녀들이 여기저기 뛰어다닌다. 그녀들은 팔다리를 활짝 벌리고, 빈둥거리면서 클림트가 짧은 윙크로 부를 때까지 기다린다. 그는 헐렁한 가운 속에 아무것도 입지 않았다. 불쑥 욕정에 휩싸일 때, 모델의 자세가 화가 안의 남성성을 지나치게 자극할 때 빨리 알몸이 되기 위해서다. 그러나 클림트는 저녁이면 식사시간에 딱 맞춰서 어머니가 있는 집으로 돌아간다. 아니면 에밀리에 플뢰게와 극장에 간다. 클림트가 죽자, 그의 모델이었던 여인 열네 명이 친부확인 신청을 한다.

1913년 봄의 게오르크 트라클은 그 자체로 아주 독특한 양식의 드라마다. 그는 마치 최면 상태에 빠진 사람처럼 세계를 헤매고 돌아다닌다. 트라클은 한 친구에게 자기는 반쯤만 태어났다고 고백한다. 트라클은 술 마시는 데 돈을 낭비하고, 베로날*을 비롯한 약물들을 복용하고, 또 술을 퍼마시고, 여기저기 미친 듯이 돌아다니고, 아이처럼 소리를 지르고, 자기 누이를 사랑하고, 그 때문에 자기 자신을 혐오하고 세상도 혐오한다. 그는 약사가 되어보려 한다. 소용없는 일이다. 그는 정상적으로 살아보려 애쓴다. 역시 소용없는 일이다. 그러나 그사이에 그는 가장 아름다운 시들과, 가장 끔찍한 시들을 짓는다. 그리고 이런 편지들도 쓴다. "저는 영혼이 이 가련하고 우울로 더럽혀진 육체 속에서 더이상 살지 않으려 하고, 또 그렇게 될 날을, 영혼이 똥과 부패물로 된 조롱거리인 육체를, 신을 부정하는 저주받은 세기와 똑 닮은 판박이를 떠나게 될 날을 간절히 바랍니다." 이것은 트라클이 자신의 후원자이자, 대부이자, 만약 트라클에게 그런 단어를 입에 담을 수 있다면, 그의 친구라고 할 수 있었던 루트비히 폰 피커에게 쓴 편지다. 루트비히 폰 피커는 트라클의 작품을 세상에 내놓은 사람이기도 하다. 그가 펴내는 잡지 『브레너』가 트라클의 절망이 담긴 장광설이 처음 발표된 자리이기 때문이다. 1913년에 트라클은 하릴없이, 구제할 길 없이 세 도시를 헤맨다. "썩은 도시" 잘츠부르크와, "가장 잔인하고 비열한 도시" 인스부르크와, 마지막으로 "쓰레기 도시" 빈을. 오스트리아는 역겨움이 쌓이는 버

---

* 환각제 상표.

뮤다 삼각지대. 트라클은 기차에서도 자리에 앉아 있지 못한다. 그러면 인간 바로 옆에 있어야 하는데, 그것을 참을 수 없기 때문이다. 그래서 그는 항상 복도에 서 있다. 사람들의 시선을 피하면서 쫓기는 사람처럼. 누군가 자기를 쳐다보면, 셔츠를 갈아입어야 할 정도로 땀을 엄청 흘린다.

그런데 트라클은 1913년 3월에 갑자기 라이프치히로부터 우편물을 받는다. 쿠르트 볼프 출판사에서 보낸 우편물이다. 새로 펴내는 '데어 융스테 타크'* 시리즈에 트라클의 시집을 넣고 싶다는 것이다. 아직은 그래도 모두 잘될까?

◆

릴케가 코감기에 걸린다.

◆

3월 9일에 아주 우울한 나날을 보내고 있는 서른한 살의 버지니아 울프가 첫 소설 『출항』 원고를 출판사에 보낸다. 그 소설을 쓰는 데 6년이 걸렸다. 1913년 3월 9일은 우연하게도 훗날 버지니아 울프의 애인이 되는 비타 새크빌웨스트가 성년이 되는, 다시 말해 스물한 살이 되는 날이기도 하다. 그러나 버지니아 울프는 지금 아주 다른, 아주 오래된 거미줄에 걸려 있다. 버지니아 울프가 원고를 보낸 출판업자가 바로 그녀의 의붓오빠인 제럴드

---

* '새날'이라는 뜻.

덕워스이기 때문이다. 이제는 버지니아 울프의 비밀 일기를 통해 사람들도 아는 얘기지만, 그는 동생 조지와 함께 어린 버지니아를 성추행했다.

미혼에, 자녀도 없는 레이철 빈레이스의 이야기인 소설 『출항』에는 버지니아 울프의 후기 주요작들에 보이는 핵심요소들이 이미 많이 나타난다. 나중에 본인이 바로 소설의 주인공이 되는 "댈러웨이 부인"이 등장하고, 훗날 출간될 울프의 중요한 에세이 제목처럼 레이철도 "자기만의 방"을 갖고 있다. 『출항』에서 울프는 남자 주인공의 입을 통해 1913년에 대해 다음과 같이 놀라운 평가를 내린다. "지금은 20세기 초이고, 몇 년 전까지만 해도 혼자 밖에 돌아다니는 여자를 보기란 불가능했죠. 그리고 수천 년 동안 항상 뒷전에 밀려 있었기 때문에 이 기이한 벙어리 인생은 결코 자기를 표현할 수 없었죠. 물론 우리는 여자들을 헐뜯거나, 조롱하거나, 찬미하면서 끊임없이 여자들에 관해 글을 쓰지요. 그렇지만 여자들이 직접 자신의 이야기를 쓴 적은 단 한 번도 없었어요."

그러나 '이 표현되지 않은 벙어리 인생'은 계속된다. 『출항』은 1929년까지 고작 479부가 팔렸다. 『출항』은 버지니아 울프에게 아주 힘든 여행이었다.

◆

프란츠 마르크는 예술가 친구들과 함께 성서의 삽화를 그리려고 한다. 마르크는 1913년 3월에 바실리 칸딘스키, 파울 클레, 에리히 헤켈, 오스카 코코슈카에게 편지를 쓴다. 별로 놀라운 일도 아니지만, 마르크 자신이 창조 이야기를 선별하고 매일 새로운 동물들을, 푸른 기사가 필요 없는 푸른 말들을 창조한다.

◆

　프라하에서 굉장한 사건이 일어난다. 프란츠 카프카가 3월 16일에 정말로 펠리체에 이런 편지를 쓴다. "솔직하게 묻겠습니다, 펠리체. 부활절에, 그러니까 일요일이나 월요일 아무 때나 제게 시간을 내주실 수 있겠습니까? 그리고 만약 시간을 내실 수 있다면 제가 그쪽으로 가도 좋겠습니까? 다시 한번 말씀드리지만, 시간은 아무 때나 좋습니다. 저는 베를린에서 당신을 기다리는 것 말고는 아무 일도 하지 않을 것입니다." 펠리체는 당장 좋다고 답장한다. 그리고 1913년에는 2013년보다 우편이 더 빨랐기 때문에, 카프카는 벌써 3월 17일에 답장을 쓴다. 예상대로 이런 내용이 담겨 있다. "제가 갈 수 있을지 모르겠습니다." 3월 18일에는 "여행의 방해요인 자체는 여전합니다. 아무래도 앞으로도 그럴 것 같습니다. 그렇지만 그것은 방해로서의 의미를 상실했습니다. 이 점을 생각한다면 저는 갈 수 있을 것입니다"라고 쓴다. 그런 다음 3월 19일에는 "출발에 문제가 생기면 늦어도 토요일에 전보를 치겠습니다"라고 쓴다. 3월 21일에는 불확실이 공고화된다. "펠리체, 제가 갈 수 있을지 아직 전혀 확실하지 않습니다. 내일 오전이나 되어야 결정이 납니다. 여전히 제분업자들의 모임이 문제입니다." 보험공사에서 부활절에 체코 제분업자조합의 모임에 참석하라고 했다니, 아주 놀라운 핑계다. 그 다음에는 새로운 걱정거리가 생긴다. 그리고 무질과 마찬가지로 신경쇠약의 징후가 보인다. "그대 앞에 나타나기 전에 잠을 충분히 자둬야 할 텐데요. 이번 주에도 잠을 별로 자지 못했습니다. 원인은 주로 신경쇠약 탓이며, 흰 머리카락이 많아진 것도 잠이 부족한 탓입니다. 잠을 충분히 잔 상태에서 그대를 만날 수 있다면 얼마나 좋을까요!" 그리고 3

월 22일, 그러니까 출발해야 할(그리고 출발하게 될) 날에 카프카는 펠리체에게 보내는 편지 봉투에 엄청난 말을 쓴다. "아직 여전히 미정. 프란츠." 이 네 마디는, 하나의 자서전감이다.

믿기 힘들겠지만, 그러고 나서 프란츠 카프카가 펠리체 바우어에게 쓴 편지 앞머리에는 정말로 "베를린, 아스카니셔 호프" 호텔이라는 소인이 찍혀 있다. 그곳에서 카프카는 이른 아침에 공포에 질려 이런 편지를 쓴다. "도대체 어떻게 된 일인가요, 펠리체? 그대는 제가 토요일 밤에 도착한다고 금요일에 속달로 보낸 편지를 분명 받아 보았을 것입니다. 이 편지가 중간에서 없어졌을 리 없습니다. 전 지금 베를린에 있습니다. 오후 4시나 5시에는 떠나야 합니다. 시간은 자꾸 가는데 그대에게서는 아무 소식도 없군요. 심부름꾼 편에 답장을 보내주세요. 눈에 띄지 않는다면, 확실히 하기 위해 제게 전화를 걸어도 좋습니다. 아스카니셔 호프에 앉아서 기다리고 있겠습니다. 프란츠." 카프카는 부활절 밤에 안할터 기차역에 도착했고, 승강장에서 그녀를 보게 되기를, 함께 부활절을 축하하기를 기대했었다. 그러나 그녀는 오지 않았다. 그는 불안에 휩싸인 채 승강장을 떠났다. 그리고 그녀를 못 보고 지나쳐버리지 않도록 대합실에 앉아 기다렸다. 그렇게 한없이 기다리다가 그는 호텔로 간다. 잠이 오지 않는다. 카프카는 동이 트자마자, 벌떡 일어나 면도를 한다. 여전히 펠리체는 그림자도 보이지 않는다.

베를린에서 맞는 부활절 일요일이다. 프란츠 카프카는 호텔방에 앉아 있다. 밖의 날씨는 음침하다. 카프카는 손을 만지작거리면서, 혹시 사환이 오지 않나 하며 문 쪽을 지켜보고, 혹시 천사가 오지 않나 하며 창밖을 바라본다.

그러다가 어느 순간 펠리체가 소식을 전해왔음에 틀림없다. 그녀는 튼튼

한 신경을 갖고 있다. 두 사람은 그루네발트로 간다. 그리고 나무 그루터기에 나란히 앉는다. 우리가 아는 것은 이게 전부다. 이 이중생활에서 이상한 공백이다. 수개월 동안 숨 쉬는 순간마다 매일 두 통에서 네 통의 편지를 거울에 비추듯 보다시피 했는데 갑자기 아무것도 없다.

3월 26일에 카프카는 프라하에서 이런 편지를 쓴다. "여행에서 돌아온 지금 그대가 제게는 그 어느 때보다도 불가사의한 기적이라는 걸 아세요?" 우리가 저 베를린에서 일요일의 만남에 대해 아는 것은 이게 전부다. 아무튼 부활절의 기적이다.

◆

이것이 1913년 3월의 카프카의 삶이다. 그러나 아직 '작품'이 남아 있다. 그해 봄에 전 독일어권 문학계의 중심에 있던 쿠르트 볼프는 라이프치히에서 이런 편지를 쓴다. "프란츠 베르펠 씨가 저에게 당신의 새로운 노벨레—『빈대』라고 했던가요?—에 대해 하도 많이 얘기해서 그 노벨레를 몹시 보고 싶습니다. 저에게 그 원고를 보내주시겠습니까?" 20세기 가장 유명한 독일어 단편소설의 제목이 『빈대』란 말인가? 그레고르 잠자가 어느 날 아침 불안한 꿈에서 깨었을 때, 빈대로 변한 자신을 발견했던가? 물론 아니다. 카프카는 볼프에게 이렇게 답한다. "베르펠의 말을 믿지 마십시오! 그는 그 이야기에 대해 한 글자도 모릅니다. 제가 원고를 정서하게 되면, 물론 기꺼이 보내겠습니다." 그리고 다음 편지에서 카프카는 또 이렇게 쓰고 있다. "『변신』은 아직 전혀 정서하지 못했습니다." 이렇게 해서 『변신』이 세상에 나오게 되었다.

◆

로베르트 무질은 아내와 함께 빈 3지구 운터레 바이스게르버슈트라세 61번지에 살고 있다. 무질은 아주 많은 특성을 지닌 남자다. 그는 깔끔하고, 자기관리가 철저한 남자다. 그의 신발은 빈의 커피하우스를 통틀어 가장 반짝반짝 광이 난다. 그는 매일 한 시간 동안 아령 들기와 무릎 굽히기를 한다. 그는 엄청나게 허영심이 강하다. 그러나 그에게는 극기에서 나오는 차분한 에너지가 발산되기도 한다. 그는 담배를 피울 때마다 자기가 만든 수첩에 일일이 기록한다. 아내와 잠자리를 하고 나면 일기장에 성교Coitus 의 약자 'C'를 적어넣는다. 질서가 있어야 하는 것이다.

그러나 1913년 3월에 무질은 한계에 이르게 된다. 그는 빈 공과대학 도서관 사서 업무의 지루함을 더이상 견딜 수 없다. 그는 자신이 아주 하찮고 나약하게 느껴지는 동시에 자기에게 세기의 소설을 써야 할 고귀한 사명이 있는 것처럼 느껴진다. 그런데 이게 자기가 서서히 미쳐가는 징후인지, 아니면 자기가 사직할 때가 온 것인지 확신이 서지 않는다.

무질은 3월 30일에 마침내 신경과 의사 오토 푀츨 박사에게 진료 예약을 잡는다. 그는 두 시간을 기다린다. 의사를 만나자 무질은 먼저 자신의 처녀작 『생도 퇴를레스의 혼란』을 선물한다. 그는 책에 이렇게 적어넣는다. "푀츨 박사님께, 당신의 호의를 기리며." 점점 더해가는 고통의 나날 속에서 단테 시대를 떠올리며 위로받는다. 무질은 일기에 이렇게 적는다. "1913년에 정신병으로 불리는 것이 1300년에는 그저 자기중심주의였을지 모른다." 그 의사는 뭐라고 했을까? 오늘날에는 '탈진 증후군'이라고 할 텐데, 당시에는 이렇게 말했다. "환자는 심각한 심장 노이로제를 앓고 있다. 증세는,

빠른 심장박동, 취침중 심계항진, 우울과 같은 심리적 현상과 과도한 신체적, 정신적 피로에 따른 소화장애다." 1913년에는 이 모든 것을 '신경쇠약'이라는 개념으로 파악했다. 이를 조롱하는 이들은 이렇게 노래 부르기도 했다. "쉬지도 말고, 서두르지도 말고, 안 그러면 빨리 신경쇠약 걸리지." 그러나 오스트리아-헝가리 제국의 관료사회에서 그 단어는 즉각적인 면직 사유였다. 도서관의 요청에 따라 블랑카 박사라는 사람이 다음과 같이 '건강진단서'를 써주었다. "바이스게르버슈트라세 61번지에 거주하는 3급 사서, 철학박사이자 공학박사인 로베르트 무질은 현저한 신경쇠약 증세를 보이므로, 직무 수행이 불가능합니다."

무질이 휴가 허가를 받음과 동시에 프란츠 블라이는 라이프치히에 있는 쿠르트 볼프 출판사에 편지를 써서, 로베르트 무질이 집필하고 있는 아주 "훌륭한" 소설 얘기를 했다. 무질이 "도서관을 벗어난 여름"을 얻게 된다면, 곧 소설을 끝낼 것 같다고.

◆

나는 누구인가 그리고 얼마나 많은 내가 있는가? 오토 딕스는 1913년에 〈작은 자화상〉〈자화상〉〈머리들(자화상들)〉을 그리고, 그다음에는 〈글라디올러스와 함께 있는 자화상〉을, 그리고 당연히 〈담배 피우는 자화상〉을 그린다. 위대한 자화상 화가 막스 베크만은 1913년 일기에 이렇게 쓴다. "언제나 자기 자신을 다루어야 하는 것은 얼마나 슬프고 불편한가. 가끔 자기 자신으로부터 벗어날 수 있다면 기쁠 것이다."

◆

피카소는 새로운 애인을 만날 때마다 늘 삶과 예술이 완전히 바뀌었다. 이번에는 특히 멋진 이야기다. 위대한 오달리스크odalisque*이자, 육감적인 미인이며, 본업이 음탕함이었던 페르낭드 올리비에**가 젊은 이탈리아 화가 우발도 오피에게 반해 피카소를 속이고 자기 친구이자, 화가 마르쿠시의 연약한 연인이요, 몽마르트르에서 가장 인기 없는 여자라 할 수 있는 마르셀 움베르***를 피카소에게 바쳤다. 마르셀은 페르낭드한테 자신이 밀회하는 동안 피카소의 주의를 끌어달라는 부탁을 받았다. 오래전부터 피카소에게 홀딱 반해 있었던 그녀로서는 아주 반가운 일이었다. 피카소는 마르셀을 자신의 새로운 애인으로 삼기 전에, 그녀에게 새로운 이름을 지어주었다. 바로 에바였다. 피카소는 자신의 친구이자 점점 더 위협적인 경쟁자가 되어가는 브라크의 여자친구와 자기 여자친구 이름이 똑같은 것이 싫었다. 에바는 피카소가 1단계 입체주의에서 종합적 입체주의로 전향하는 것을 보여주는 상징이 되었다. 30대 초반의 피카소에게 에바는 자신이 이제 부르주아화될 수 있는 기회, 작품 활동에 방해가 되는 보헤미안 예술계에서 조금 벗어날 수 있는 기회처럼 보였던 것 같다. 그래서 두 사람은 우선 몽마르트르에서 몽파르나스로, 새로 생긴 파리 지하철 12호선이 지나가는 곳으로 이사했다. 몽마르트르가 가난한 예술가, 아편쟁이, 매춘부, 어정쩡한

---

* 터키 궁정에서 왕의 관능적 욕구를 충족시켜주던 여자 노예로 앵그르, 마티스, 르누아르 등 프랑스 화가들의 그림에도 많이 등장함.
** 1905년에 만난 피카소의 첫 연인.
*** 피카소의 연인이었던 에바 구엘의 본명.

버라이어티쇼를 위한 곳으로 머물렀던 반면에, 몽파르나스는 파리의 창조적인 분야에서 더 성공한 이들이 모이는 새로운 장소가 되었다. 위대한 임프레사리오* 아폴리네르의 말을 빌리자면 "몽파르나스에서는 미국식으로 차려입은 진정한 예술가를 만난다. 그들 가운데 몇몇은 코카인에 코를 처박고 싶어하지만 그것은 중요하지 않다".

서른한 살의 피카소와 에바는 1912년에 라스파이유 가 242번지의 10년도 채 되지 않은 복합건물에 아틀리에가 딸린 집을 구했다. 그리고 나서 피카소는 심지어 1913년 1월에 바르셀로나에 있는 아버지에게 새 여자친구를 소개하기까지 했다. 한때 집안의 수호자로서 군림했던 아버지 돈 호세는 에바도, 파블로의 종합적 입체주의도 반대하지 않았는데, 이것은 그가 장님이나 다름없는 상태였기 때문이기도 하다. 피카소와 에바는 서로 사귀기 시작했을 때 피레네산맥에 있는 세레로 사랑의 도피를 떠났었다. 그리고 지금, 1913년 3월 10일에 두 사람은 또다시 세레로 도피했다. 피카소는 이제 제대로 작업을 좀 하기 위해서 대도시와 그곳의 예술계로부터 벗어나고자 했다. 두 사람은 산 위에 오르자 숨을 깊이 들이쉬었고, 태양이 봄처럼 따사롭게 비치기 시작하자 야외 카페에 앉아 커피 한잔을 즐겼다. 당장 두 사람은 메종 델크롸에 세를 얻고, 가을까지 머물 수 있도록 집을 꾸민다. 피카소는 이틀 뒤에 벌써 중요한 후원자 두 사람에게 활기 넘치는 엽서를 보낸다. 한 사람은 1912년에 유리한 독점계약을 맺은 화상 칸바일러. 이 계약을 통해 피카소는 처음 제대로 돈을 벌게 된다(그리고 에바에게 예쁜 블

---

* 오페라, 음악회 등의 기획자이자 흥행주.

라우스를 여러 벌 사줄 수 있게 된다). 또 한 사람은 살롱 부인이자 굉장한 미술수집가요, 2월의 아머리 쇼에 피카소의 그림들이 많이 전시되도록 뒤에서 애쓴 거트루드 스타인이다. 여자친구 앨리스 토클러스와 함께 살고 있는 거트루드 스타인은 마침 함께 살던 오빠 레오 스타인을 내쫓으려 하고 있다. 피카소가 거트루드 스타인에게 보내는 엽서에는 카탈루냐 농부 세 사람이 그려져 있었는데, 피카소는 수염이 있는 농부 그림에 자필로 "마티스의 초상"이라고 적어넣는다.

그러나 곧 피카소는 명랑한 기분을 잃게 된다. 아버지의 건강이 점점 나빠지고 있기 때문이다. 피카소는 서둘러 바르셀로나로 갔다가 다시 세레의 아틀리에에 처박힌다. 피카소는 방탕한 친구 막스 자코브가 파리에서 찾아와서 기뻐한다. 막스 자코브는 파리로 이런 편지를 써 보낸다. "나는 내 삶을 바꾸고 싶다. 나는 세레로 가서 몇 달 동안 피카소 집에서 지내겠다." 그러나 화가 피카소는 대부분 아틀리에에 처박혀 끈질기게 파피에 콜레 papier collé, 다시 말해 종합적 입체주의 콜라주 기법의 새로운 가능성을 연구하고 있기에 막스 자코브는 주로 에바와 시간을 보낸다. 마침 하루종일 비가 와서 두 사람은 집 안에 앉아 카카오를 홀짝이며 대가가 하루 일을 끝내기를 기다린다. 그리고 저녁마다 그들은 함께 와인을 마신다. 밤에는 축축한 공기가 개구리, 두꺼비, 나이팅게일 소리로 가득 차 있다.

그러나 피카소의 머릿속에는 오로지 병든 아버지 생각뿐이다. 피카소에게 그림을 가르쳐주었고, 피카소가 사랑하면서 미워하는 초월적인 아버지. 피카소는 열여섯 살에 이런 말을 했다. "예술을 하려면 자기 아버지를 살해해야 한다." 이제 그렇게 된다. 돈 호세는 죽고 피카소는 고통에 마비된다. 그런데 그게 다가 아니다. 이 봄에 세레에서 에바가 심각한 병에 걸린다.

암이다. 거기다가 피카소에게 가장 큰 위안을 주던 존재까지 병들자 피카소는 완전히 절망한다. 그가 몇 년 전부터 아내를 돌보듯 세심하게(심지어 가끔은 더 세심하게) 건강을 살펴온, 사랑하는 암캐 프리카가 죽어가고 있다. 독일 셰퍼드와 브르타뉴 스패니얼의 기묘한 혼종인 프리카는 피카소가 처음 파리에 온 날부터 그의 곁에 있었고, 많은 여인들과 함께 청색시대와 장미시대와 입체주의시대를 같이 겪었다. 5월 14일에 에바는 거트루드 스타인에게 이렇게 편지한다. "프리카는 이제 가망이 없어요." 수의사는 더 이상 해줄 수 있는 게 없기에 피카소는 세레에서 사냥터지기에게 프리카를 안락사시켜달라고 부탁한다. 피카소는 죽을 때까지 그 사수의 이름을 잊지 않는다. '엘 루케토'. 그리고 이 무렵 자기가 얼마나 많이 울었는지도. 아버지도 죽고, 개도 죽고, 연인은 죽을병에 걸렸고, 밖에는 끝없이 비가 내린다. 피카소는 1913년 봄 세레에서 가장 큰 영혼의 위기를 맞고 있다.

◆

3월 22일에 고트프리트 벤은 해방의 소식을 얻는다. "육군 원수 프로이센의 왕자 프리드리히 카를 64보병연대의 인턴 벤 박사를 본인의 제대 청원에 따라 제1예비군 군의관으로 전속시킨다." 나중에 그는 베스트엔트 병원 해부병리학 연구소에서 샬로텐부르크 시립병원으로 옮긴다.

◆

3월 29일에 카를 크라우스는 뮌헨 피어야레스차이텐자알에서 강연회를 한다. 손님들 중에 하인리히 만도 있다. 우호적인 박수갈채가 터진다.

◆

3월 4일에 런던 주재 독일 대사관에서 큰 연회가 열린다. 그곳에는 물론 하리 케슬러 백작도 있다. 주소록에 갖고 있는 명단이 만 명이나 되고, 앙리 반 데 벨데, 에드바르 뭉크, 마욜의 친구이고, 바이마르의 크라나흐 프레세 출판사를 창립했고, 바이마르에서 지나치게 노출이 심한 로댕의 수채화 때문에 박물관장 자리를 잃어야 했던, 하얀색 스리피스 양복을 입고 다니는 속물로, 현대미술과 청년 양식의 위대한 촉매자로서 베를린, 파리, 바이마르, 브뤼셀, 런던, 뮌헨을 왔다갔다하는 케슬러 백작. 그를 통해서 우리는 영국 여왕에 대해 좀더 알게 된다. 마침 그는 이 환영 파티에서 독일 대사 카를 막스 리히노프스키 후작에게 (예술을 이해하고 피카소 그림을 수집하는 그의 아내가 좋아하는) 버나드 쇼를 소개해주었다. 이제 그가 그 보답을 한다. 케슬러를 영국 여왕에게 소개한 것이다. "은실로 수놓은 드레스를 입고 다이아몬드와 커다란 터키석이 박힌 왕관을 쓴 그녀는 제법 멋져 보였다." 그것을 빼고는 여왕과 함께 있기가 아주 힘들었다. "그녀는 두고 보기에 참 딱했다. 그렇다고 그녀는 대화를 나누는 자리를 떠나지도 못했다. 30초마다 대화는 그녀와 함께 잠 속으로 빠져들고, 그 불쌍한 부인은 마치 수명이 다한 시계처럼 다시 태엽을 감아주어야 한다. 그래도 번번이 30초밖에 가지 못한다." 어쨌거나 자기가 들은 바로는 전쟁 위험은 없다고 그는 일기에 적는다. "유럽 상황은 1년 반 전부터 완전히 바뀌었다고 한다. 러시아인들과 프랑스인들은 평화를 유지할 수밖에 없다는 것이다. 왜냐하면 더이상 영국의 지원을 기대할 수 없기 때문이다."

자 그럼 두고 보자.

◆

토마스 만은 1913년 3월에 야콥 바서만에게 이렇게 편지를 쓴다. "전쟁에서 자기 의무를 잊은 자와 의무에 사로잡혀 있는 자가 마주치는 것은 대단히 문학적인 허구입니다. 그리고 도덕적 정화의 위기로서, 삶의 진정성이 모든 감상적인 혼란을 숭고하게 극복하는 것으로서 전쟁이 얼마나 가차없고 위대하게 느껴지겠습니까!" 여기서 토마스 만이 말하는 전쟁은 1870~1871년 전쟁*이다.

◆

이제 후기낭만주의와 12음 음악 사이를 넘나드는 작곡을 했던 엄청난 카리스마의 소유자, 아르놀트 쇤베르크에게 연결해보자.

쇤베르크는 빈에서는 자기 음악을 이해받지 못한다고 느끼고는 베를린으로 갔다. 전화번호부에는 이렇게 적혀 있었다. "아르놀트 쇤베르크, 작곡자이자 작곡교사, 면담시간 오후 1~2시". 그는 첼렌도르프 렙케 빌라에 살고 있었다. 쇤베르크는 빈에 있는 친구에게 이런 편지를 썼다. "당신은 이

---

* 프로이센-프랑스 전쟁. 스페인 왕위 계승 문제를 둘러싼 다툼에서 시작된 이 전쟁에서 프로이센이 승리하면서 독일제국이 선포되었고, 프로이센 국왕 빌헬름 1세가 독일제국의 황제가 되었다.

곳에서 제가 얼마나 유명한지 절대 믿지 못할 것입니다."

그러나 3월 말에 다시 빈을 방문한 쇤베르크는 베를린에서처럼 아주 유명해진다. 그러나 그가 상상했던 것과는 다른 식이었다. 쇤베르크는 3월 31일 저녁에 무지크페어아인 황금홀에서 자신이 작곡한 실내교향곡과, 말러 음악과, 자신의 제자 알반 베르크와 안톤 폰 베베른의 작품들을 지휘한다(이 두 제자는 쇤베르크가 그려준 초상화를 자랑스럽게 집에 걸어놓았다). 그런데 바로 이 알반 베르크의 음악이 큰 소동을 불러일으킨다. 〈페터 알텐베르크의 그림엽서 문구에 붙인 5개의 관현악풍 노래 작품 4〉라는 최고의 팝아트풍 제목으로, 거대한 오케스트라가 아주 진지한 연주를 펼쳤다. 그런데 이 작품은 청중을 격노하게 만든다. 청중은 야유하고, 비웃고, 열쇠를 흔들어댄다. 2월에 쇤베르크의 마지막 공연 때 가져왔다가 필요 없게 된 열쇠다. 그러자 안톤 폰 베베른이 벌떡 일어나 무뢰한들은 모두 집으로 가버리라고 소리치고, 이에 무뢰한들은 이 음악을 좋아하는 사람은 슈타인호프로 가야 한다고 소리친다. 슈타인호프는 페터 알텐베르크가 입원중인 정신병원이다. 청중의 진단은 이렇다. 미친 자의 텍스트에 곡을 붙인 미친 음악. (그런데 말해둘 것이 있다. 이즈음 페터 알텐베르크가 슈타인호프의 정신병원에서 간호인 슈파체크와 함께 찍은 사진이 한 장 있는데, 이 사진에서 알텐베르크는 아주 멋지고 침착하게 카메라를 바라보고 있다. 이 사진을 보면 미친 사람은 간호인 슈파체크인 것 같다는 인상을 강하게 받는다. 알텐베르크는 이 사진에 이렇게 적어놓았다. "광자狂者와 광자 간호인". 누가 누구인지는 애매하다.)

쇤베르크는 지휘를 멈추고 청중을 향해 소란을 일으키는 자는 누구든 무력으로 끌어내겠다고 소리친다. 이에 소요가 일어나고, 지휘자에게 결투 신청을 외쳐대는 소리가 들리더니, 저 뒤쪽에서 한 사람이 일어나 1층 특별석으로 나온다. 그 사람은 바로 오페레타 〈왈츠의 꿈〉의 작곡자 오스카 슈트라우스였다. 앞으로 나온 그는 문학예술협회 회장인 아르놀트 쇤베르크에게 따귀를 날린다.

이튿날 노이에 프라이에 프레세에 다음과 같은 기사가 실린다. "쇤베르크의 광신적인 추종자와 쇤베르크의 극도로 기괴한 음악 실험의 열렬한 반대자가 벌써 또다시 격렬하게 맞붙었다. 그러나 오늘 문학예술협회 연주회에서 일어난 장면은, 우리 기억에 빈 콘서트홀에서 전무후무한 일이다. 흥분하여 싸우는 무리를 떨어뜨려놓으려면 불을 끄는 것 말고는 다른 도리가 없었다." 네 명이 체포되었는데, 철학과 학생 한 명, 개업의 한 명, 엔지니어 한 명, 법률가 한 명이었다. 이날 저녁은 "뺨따귀 연주회"로 역사에 기록되었다.

아내 올가와 함께 연주회를 관람했던 슈니츨러는 이 사건을 이렇게 아주 간결하게 표현했다. "쇤베르크의 관현악 연주회. 엄청난 스캔들. 알반 베르크의 아둔한 노래들. 중단들. 폭소. 회장의 연설. '적어도 말러 음악은 조용히 경청하십시오!'라니. 마치 이 소동이 고인을 향한 것인 양! 파렴치. 1층 특별석의 '무뢰한'. 선생이 연단에서 특별석으로. 숨죽이는 정적. 그에게 따귀를 때리다. 사방에서 주먹다짐." 삶은 계속된다. 슈니츨러는 단락을 나눈 뒤 이렇게 덧붙인다. "비키, 프리츠 추커칸들, 그의 어머니와 함께 '임페리알'에서 만찬."

아르놀트 쇤베르크는 다음 날 베를린으로 돌아간다. 그는 1913년이 액년이고 빈 사람들이 불가해한 속물이라는 자신의 믿음을 굳힌다. 그리고 베를린에 돌아가자마자 『디 차이트』 기자를 만나 아주 편협하고 독선적으로 이렇게 얘기한다.

"연주회 입장표는 연주회를 경청할 권리만 줄 뿐, 방해할 권리는 주지 않습니다. 입장표 구매자는 경청할 권리를 획득한 초대받은 사람입니다. 그것뿐입니다. 살롱에 초대받는 것과 연주회에 초대받는 것에는 굉장한 차이가 있습니다. 행사 비용에 기여한다고 해서 결코 무례하게 행동할 권리를 부여받을 수는 없습니다." 쇤베르크 님은 다음과 같은 차후의 방침으로 인터뷰를 끝맺는다. "저는 그런 종류의 연주회는 입장권에 연주 방해는 허락되지 않는다고 명시되어 있는 경우에만 참여하기로 결심했습니다. 연주회 주최자가 각 개인에게 사유재산을 허가하는 국가 제도 안에서 도덕적으로뿐만 아니라 물질적으로도 보호받을 권리가 있는 법익 소유자라는 것은 아주 당연한 사실입니다." 이 인터뷰는 당황스러운 자료다. 새로운 음악의 옹호자가 아방가르드가 방해받지 않을 권리 주장을 하다니. 그러나 이 굉장한 1913년에도 이것은 너무 지나친 요구였다.

◆

카미유 클로델은 19세기 말에 위대한 오귀스트 로댕을 사로잡았고 유일무이한 아름다움을 지닌 조각들을 창조했다. 그녀는 로댕에게, 다른 모델들을 그녀 자신인 양 취하는 것을 금하고, 자기에게 작품 의뢰를 알선해주고, 이탈리아 여행 비용을 대줄 의무를 지우는 계약서를 받아쓰게 했다. 그러면 한 달에 네 번 자기 아틀리에를 방문해도 좋다는 것이었다. 로댕은 그녀에게 예속되어 있었다. 그러나 그녀는 1893년에 로댕을 버렸다.

그때부터 클로델은 급격하게 내리막길을 걷기 시작했다. 그로부터 20년이 지난 1913년에도 그녀는 여전히 오로지 로댕 생각뿐이다. 그녀는 그사이 뚱뚱해졌고, 잘 감지도 않아 머리는 엉망이고, 눈빛은 흐릿했다. 처음에는 로댕이, 나중에는 클로드 드뷔시가 사랑에 빠졌던 젊은 조각가를 떠올릴 수 있는 것은 이제 아무것도 없다. 그녀는 부르봉 강변도로 19번지, 사람들이 바글거리는 1층 집에 살고 있다. 그녀는 미쳐서 망치로 자기가 만든 작품들을 모조리 때려 부수고, 가족과 로댕과 나머지 사람들에게 쫓긴다고 느낀다. 그녀는 16년 전에 마지막으로 봤던 로댕이 파렴치하게 자기 작품들을 표절한다고 믿고 있다.

그녀는 모든 사람이 자기를 독살하려 한다고 믿기 때문에 감자만 먹고 끓인 물만 마신다. 아무도 자기를 염탐하지 못하도록 덧창은 늘 잠겨 있다. 동생 폴 클로델이 그녀를 방문하고 나서 일기장에 간단하게 적은 것을 보자. "파리에서. 카미유가 미치다. 벽지는 갈가리 뜯겨 있고, 하나밖에 없는 고장 난 안락의자에, 끔찍한 더러움. 그녀 자신도 너무 뚱뚱하고 더럽고, 단조로운 금속성의 목소리로 끊임없이 주절댄다."

3월 5일에 미쇼 박사가 폴 클로델이 자기 누나를 정신병원에 감금할 수 있는 권한을 주는 진단서를 작성해준다. 월요일, 그러니까 3월 10일에 두 명의 힘센 간호인이 여러 개의 자물쇠로 잠겨 있는 문을 강제로 열고 카미유 클로델의 아틀리에로 쳐들어가서는 소리를 질러대는 이 여인을 밖으로 데리고 나온다. 그녀 나이 마흔여덟. 같은 날 그녀는 빌레브라르 정신병원으로 옮겨지고, 그곳 의사인 트뤼엘 박사가 심각한 과대망상증이라는 진단을 확인해준다. 날마다 그녀는 로댕 얘기를 한다. 날마다 그녀는 로댕이 자기를 독살하려 하고, 간호사들이 로댕의 공범이라는 불안에 시달린다. 그렇게 30년이라는 세월이 흐르게 된다. 아직 '카미유 클로델에 대한 정신의

학적 평가'에 대한 박사 논문은 없다.

◆

알베르트 슈바이처가 1913년 3월에 의학박사 학위를 취득한다. 「예수에 대한 정신의학적 평가」는 당혹스럽기는 했으나 심사위원의 마음에 들었다. 다음 날 슈바이처는 전 재산을 팔아치운다. 그런 다음 1913년 3월 21일에 아내 헬레네와 함께 아프리카로 떠난다. 그는 프랑스령 적도아프리카 오고웨 강변에 원시림 병원 랑바레네를 세운다.

◆

에른스트 윙거도 아프리카를 꿈꾼다. 실업학교에 다니는 그는 책상 밑으로 계속 아프리카 여행기들을 읽는다. "지루함의 치명적인 독이 점점 더 강하게 내 안으로 스며든다." 그래서 윙거는 아프리카의 비밀들을, 나일 강이나 콩고 강 상류 어딘가에 있을 "잃어버린 정원"을 찾기로 결심한다. 그에게 아프리카는 야성과 근원성의 정수이다. 그는 그곳으로 가야 했다. 다만 어떻게? 기다려보자.

◆

3월 말이다. 마르셀 프루스트는 한밤중에 나이트가운 위에 모피코트를 걸치고 다시 거리로 나간다. 그러고는 꼬박 두 시간 동안 노트르담 대성당의 성녀 안나의 문 입구를 유심히 관찰한다. 이튿날 아침 프루스트는 마담 슈트라우스*에게 편지를 쓴다. 이 문에는 "8세기 전부터 우리가 교제하는 이들보다 훨씬 더 매력적인 인간들이 모인다"고. 그 이후로 사람들은 그것을 "잃어버린 시간을 찾아서"라고 부른다.

◆

카를 발렌틴이 첫 무성영화 세 편을 찍는다. 〈우스꽝스러운 방랑자들〉 〈새 책상〉 〈카를 발렌틴의 결혼식〉이다. 그는 1913년에 새 파트너 리즐 카를슈타트와 처음으로 무대에 서게 된다.

---

* 쥰비에브 알레비. 조르주 비제의 미망인.

4월

1913 DER SOMMER DES JAHRHUNDERTS

∽ 히틀러는 4월 20일에 빈 남성쉼터에서 스물네번째 생일을 맞이한다. 토마스 만은 『마의 산』에 대해 고민하고, 그의 아내는 벌써 또다시 요양하러 떠난다. 라이오넬 파이닝어는 겔메로다에서 아주 작은 마을 교회를 발견하여 이 교회를 표현주의의 대성당으로 만든다. 프란츠 카프카는 '탈진'을 치료하기 위해, 채소 농사를 짓는 농부에게 노동봉사를 자원해서 오후마다 잡초를 뽑는다. 베른하르트 켈러만은 올해의 베스트셀러 『터널』을 쓴다. 아메리카와 유럽을 땅 밑으로 연결하는 이야기를 다룬 공상과학소설이다. 프랑크 베데킨트의 『룰루』는 금서가 된다. 오스카 코코슈카는 연인 알마 말러의 침대와 똑같은 크기의 캔버스를 사서 그 위에 연인의 초상화를 그리기 시작한다. 알마는 그 작품이 걸작이 되면 결혼해주겠다고 한다. 꼭 그래야만 결혼하겠다고.

Gefahr im Anzug

(Zeichnung von M. Dudovich)

„Diese ewigen Grenzzwischenfälle sind ja schon ekelhaft genug. Aber unsere Männer werden erst staunen, wenn die Franzosen mit ihren Modeschikanen angerückt kommen!"

'다리파'가 얼마나 오래갈까? 에른스트 루트비히 키르히너, 카를 슈미트로틀루프, 에리히 헤켈, 오토 뮐러, 에밀 놀데는 드레스덴에서 베를린으로 활동무대를 옮긴 이후로 서로 점점 더 자주 불꽃이 튄다. 키르히너가 썼듯이 "여성 스캔들과 음모들"이 있고, 막스 페히슈타인은 1912년에 이미 그룹에서 탈퇴했다. 다리파 화가들은 모두 베를린의 다락방에 살면서, 예술적으로나 경제적으로나 각자 알아서 헤쳐나가려 애쓴다. 화법도 서로 다르게 발전하고 화가 자신도 마찬가지다. 그들의 아틀리에에는 팔리지 않은 작품들이 쌓여 있지만 그들은 씩씩하게 그림을 계속 그린다.

위기에 처한 연인처럼 다리파 화가들도 처음 시작했을 때의 낙원과 같은 순수함과 태곳적 힘을 기억하려 애쓴다. 그래서 그들은 '다리파' 연대기를 펴내려 한다. 그 연대기에 오리지널 목판화와 회화 사진들을 담고, 기민하고 자기중심적인 대변자 키르히너가 거기에 텍스트를 쓰기로 한다. 1913년 4월에 키르히너는 열에 들뜬 듯, 하나의 강령이 되어야 할 이 텍스트 작업에 몰두한다. 불안, 약물, 여자, 스케치북, 이 저주받은 베를린이 몇 분만이라도 그에게 시간을 허락할 때마다.

◆

"낡은 것은 무너지고 시대가 바뀐다."『빌헬름 텔』에 나오는 실러의 이 말이 "1913년 약장수 포켓다이어리"에 큰 글자로 빛난다. 혁명이 임박한 걸까? 독일 약장수들이 다가오는 재앙을 예감하기라도 한 것일까?

아니다. 새로 나온 연고와 기침 시럽의 예쁜 상표들이 있을 뿐이다. 광고를 보자. "저희 출판사에서 나오는 새로운 상표와 기타 등등은 모두 재능 있는 예술가들이 디자인했으며 취향 면에서 모범적이고 타의 추종을 불허합니다. 기존의 것을 모두 뛰어넘습니다."

거짓 겸손이라고는 찾아볼 수 없는 광고다. 유감스럽게도 회사 이름은 머리에 잘 들어오지도 않고 기존의 것을 뛰어넘지도 못한다. 바로 "화학약품, 약사, 약장수 및 관련 업계를 위한 상표 인쇄소 및 출판사, 소재지 바르멘"이다.

◆

영국 '왕립 항공회사' 사장 머빈 오고먼 대령도 1913년에 기존의 것을 모두 뛰어넘는 두 가지 기술 발전을 앞당긴다. 이 전설적인 항공기술자는 주중에는 전쟁에 투입할 막강한 전투력을 가진 전투기를 개발하고, 일요일에는 날씨가 맑으면 예쁘고 새침한 딸 크리스티나의 정확하고 선명한 컬러사진을 찍기 위해 카메라를 가지고 오토크롬autochrome 방식으로 작업한다. 그의 비행기들은 역사에 편입되고, 도싯 주 룰워스코브 근처 바닷가에서 찍은 그의 사진들은 예술사에 편입된다. 바닷가를 따라 걷거나, 노 젓는 배에 기대 있는 천연색의 순수하고 어린 소녀. 하늘에는 비행기가 한 대도 없다. 오직 붉은색, 푸른색, 갈색의 색조들뿐. 바닷가에는 잔잔한 파도가 일고 있다. 1913년에 찍은 것인데도 손에 잡힐 듯 가깝게 느껴지는, 마법에 걸린 듯한 사진들이다.

◆

    8시에 토마스 만이 잠에서 깬다. 누가 깨운 것도 아니고 자명종이 울려서도 아니다. 그는 그냥 항상 8시에 잠이 깬다. 한번은 7시 30분에 깼는데, 그는 어떻게 자기한테 이런 일이 일어났나 싶어 당황스러워하면서 30분 동안 누워 있었다. 또다시 이런 일이 일어나서는 안 된다. 육체는 그에게 복종한다. 우리는 토마스 만과 카티아 프링스하임의 냉랭한 결혼생활에 대해서 아주 조금밖에 알지 못한다. 그러나 1912년에 토마스 만의 『베네치아에서의 죽음』이 완성되고 나서 카티아가 폐병 치료를 위해 거의 1년 반 동안 스위스의 여러 요양원을 전전한 것은 눈에 띄는 일이다. 그녀를 기막히게 한 것은 남편의 비밀스러운 동성애 고백이었다. 물론 그녀는 저 구스타프 폰 아셴바흐*가 자기 남편의 자화상이라는 것을 그 누구보다 잘 알고 있었다. 그리고 1911년에 함께 베네치아 여행을 했을 때 '그랜드 호텔 데 뱅'에서, 남편이 책에서 "완벽한 아름다움"이라고, "창백하고 우아하고 비사교적"이라고 묘사한 그 잘생긴 젊은이 타치오에게서 눈을 떼지 못했던 것을 그녀는 알고 있었다. 그녀는 나중에 남편이 그 젊은이를 찾아간 걸 알고 너무 놀랐다. 그래도 그녀는 그 노벨레를, 거리낌 없이 젊은이에 대한 사랑을 좇는, 바닷가에 있는 젊은이를, "소년같이 귀엽고 새침하게" 음식을 먹는 젊은이를 지켜보는 늙어가는 예술가를 그린 그 노벨레를 읽었다. 그러나 토마스 만은 자기 자신을 대신해 구스타프 폰 아셴바흐가 자기 의지를 실현하고 죽음을 맞이하게 했다. 끝없는 요양원 생활이 이어지던 이해에 토

---

*『베네치아에서의 죽음』의 주인공.

마스 만과 카티아의 "엄격한 결혼의 행복"은 고통스럽게 끝났어야 한다. 그러나 두 사람은 계속 함께하면서, 자제력을 잃지 않는다. 그리고 집을 짓는다.

날마다 정각 8시 30분에 카티아와 토마스 만은 함께 아침을 먹는다. 뮌헨의 마우어키르허슈트라세에서든 바트 튈츠의 별장에서든, 나중에 포싱어슈트라세에서든. 정각 9시가 울리면 대작가는 일을 하기 시작한다. 토마스 만의 네 자녀는 아버지가 정각 9시에 문을 닫던 모습을 평생 기억했다. 뮌헨의 마우어키르허슈트라세 거실에서든, 바트 튈츠의 별장에서든, 나중에 포싱어슈트라세에서든.

그것은 아주 단호하고 확고한 차단이었다. 세계는 밖에 있어야 했다.

그런 다음 토마스 만은 원고 뭉치를 집어들고 일을 시작했다. 기계처럼. "매일 한 장의 종이가 오늘의 우리를 만듭니다"라고 그는 친구로 지내던 베르트람에게 말한 적이 있다. "저는 하얗고 아주 매끄러운 종이와, 부드러운 잉크와, 잘 써지는 새 펜이 필요합니다. 삐뚤어지지 않도록 저는 밑에 유선지를 받칩니다. 저는 어디서나 작업할 수는 있지만, 머리 위에 꼭 지붕이 있어야 합니다. 탁 트인 하늘은 구속이 없는 꿈과 구상에 좋기는 하지만 정확한 작업에는 천장의 보호가 필요합니다."

정확히 세 시간 뒤, 12시를 알리는 종이 울리면 그는 펜을 내려놓는다. 그리고 꼼꼼하게 면도를 한다. 시험을 해보았더니, 아침에 면도를 하면 저녁 먹을 때쯤에는 벌써 수염이 보이기 시작하는데 12시 넘어서 면도를 하니 저녁식사 때도 뺨이 여전히 매끄러웠다. 면도를 하고 면도용 화장수를 살짝 바르고 나서 토마스 만은 산책을 한다. 그런 다음 아이들과 점심을 먹고, 소파 귀퉁이에 앉아 시가를 즐기고, 뭔가 읽고, 뭔가 말한다. 심지어 가끔은 아이들과 놀아주기도 한다. 에리카는 일곱 살, 클라우스는 여섯 살, 골로는 네 살, 모니카는 세 살이다. 그러나 아이들은 곧 다시 보모에게 맡겨진다. 토마스 만이 좀 누워야 하기 때문이다. 그는 늘 오후 4시부터 5시까지 낮잠을 잔다. 물론 이때도 자명종은 필요 없다. 정각 5시에 일어나 차를 마시고 나면 "부수적인 과제"라고 이름 붙인 일에 전념한다. 이 시간에는 그에게 전화를 걸어도 되고 그를 찾아가도 된다("5시 반경에 오십시오"라고 그는 베르트람에게 보내는 편지에 쓴다). 이른바 자리를 지키고 있는 것이다. 정각 오후 7시에 저녁식사가 있다. 그러니 세계문학은 정확한 스케줄의 문제일 뿐이다. 이 봄에 토마스 만은 처음으로 아이들에게 자기가 구상중인 새 책, 『마의 산』이라고 불리게 될 새 책에 대해 들려준다. 그 책은 재밌어야 한다. 딸 에리카는 아빠에게 "마법사"라는 이름을 지어준다. 그는 이 이름을 평생 간직한다. 자녀들에게 편지를 보낼 때면 늘 그렇게 서명하고, 가끔은 비밀스럽게 "Z"*라고만 서명한다.

토마스 만은 이렇게 자신의 마술지팡이인 만년필을 가지고 모든 것을 통제했다. 아셴바흐의 A에서부터 마법사의 Z까지.

◆

계단을 올라가는 사서. 1913년 4월에 마르셀 뒤샹은 서지학을 성공적으로 마치고 나서 파리에 있는 생트쥬비에브 도서관에서 사서 보조 일을 시작한다. 뉴욕 아머리 쇼에서 이룬 엄청난 성공에도 불구하고 그는 미술과 결별했다. 그는 침묵하기 시작한다. 그러나 마르셀 뒤샹의 침묵은 아직은

---

* 독일어로 마법사를 뜻하는 Zauber의 첫 글자.

과대평가되지 않는다. 아예 아무도 알지 못한다. 그는 한없이 체스만 둔다. 그의 예술만 끝난 것일까, 아니면 예술 전체가 끝난 것일까? 아주 지적이고, 아주 섬세한, 공증인의 아들이자, 3월에 아폴리네르의 책 『입체주의 화가』에서 위대한 입체주의 화가라는 찬사를 받아 스스로도 깜짝 놀랐던 뒤샹은 자신이 막다른 골목에 부딪친 것을 알고 있다. 그는 1년 전 파리에서 멀리 떨어진 뮌헨에 갔었다. 그는 침묵하고 책을 읽고 생각에 잠겼다. 그리고 그는 알테 피나코테크*에서 크라나흐의 그림을 보았다. 그는 무뚝뚝한 발가벗은 성모상을 미래주의 여인 그림들과 결합하여 〈계단을 내려오는 누드〉를 만들어냈다. 그는 활기 없는 매체인 유화물감을 가지고 움직임이 있는 그림을 만들어냈다. 그러나 지금 그의 예술과 그의 생각은 침체에 빠져 있다. 차라리 계속 체스나 두어야 할까? 나중에 그는 프랑스 체스 국가대표 선수가 되어 네 번의 올림픽 경기에 참가한다.

◆

1913년에 오스트리아-헝가리 제국의 군비는 국민총생산의 2퍼센트에 달했고, 독일 제국은 3.9퍼센트, 프랑스는 4.8퍼센트에 달했다.

◆

베를린에서 게오르게 그로스가 이해할 수 없는 그림을 그리고 있다. 빈

---

* 뮌헨에 있는 고전미술관.

곤의 폭발과 부의 폭발. 소음. 교통. 공사장. 거리의 냉기와 유곽의 열기. 종복들. 모자를 쓴 비만의 남자들, 살을 주체할 수 없을 정도로 뚱뚱한 여자들. 드잡이하는 육체들, 추위에 떠는 육체들, 멍하니 바라보는 육체들. 이 모든 것은 날카롭고, 가늘고, 검은 선으로 시작된다. 그는 피부에 문신을 새기기라도 하는 것처럼 할퀴듯 그림을 그린다. "문어처럼 주변을 넓혀가는 도시가 우리를 강력하게 끌어당겼다. 우리는 아직 페인트도 다 마르지 않은 새집들과, 철도가 김을 내며 지하도 위를 지나가고, 쓰레기 하역장이 대도시의 녹지대와 경계를 이루고, 새로 깐 도로 옆에 벌써 아스팔트 차가 서 있는 기괴한 도시 풍경을 그렸다." 그로스는 그리고 또 그린다. 그리고 스케치북을 다 써버리면, 술집으로 가서 맥주를 마시고, 롤몹스*를 먹는다. 그러고 나면 "휘파람으로 콕스" 한 잔 더. 콕스는 감자술인데 럼에 담근 설탕 한 조각을 넣어 마신다. 공짜나 다름없이 값이 싸다. 돈이 다 떨어지면 그는 키르히너를 비롯한 다른 수천 명의 보헤미안 예술가들처럼 아싱거로 간다. 거기에 가면 30페니히짜리 거대한 완두콩 수프가 있기 때문이다. 게다가 빵을 엄청 많이 그것도 계속 준다. 빵 바구니가 비면 종업원이 또 새 바구니를 가져다준다. 그로스는 굶주릴 날을 위해 빵을 주머니에 넣어둔다. 그런 다음 거리로, 카페로, 유곽으로, 술집으로 나가 만물의 영장이자 돼지인 인간을 그린다.

◆

빈은 지그문트 프로이트의 그늘 속에 있다. 어디서나 사람들은 꿈에서조

---

* 둘둘 만 청어 요리.

차 베르크가세 19번지의 초자아를 생각한다. 4월 9일 슈니츨러는 일기에 이렇게 쓴다. "바보 같은 꿈들. 리허설이 끝나고 집으로 가는 길에 에플리에서 면도를 하려고 한다. 갑자기 욕실. 아스코나스 씨가 내 다리를(아마도 종기 수술에 대비하는 것이리라) 면도하려 한다……(프로이트 학파는 이것을 위장된 자살충동 꿈이라고 해석할지 모르겠다.)"

◆

위대한 화랑주 알프레트 플레히트하임이 자살 계획을 짠다. 지금의 그는 그저 예술을 치명적으로 사랑하는 하찮은 곡물상일 뿐이다. 그러나 그에게는 거창한 계획이 있었다. 그는 아내 베티 골트슈미트가 가져온 결혼 지참금 거의 전부를 파리 신혼여행중에 현대미술에 투자했다. 피카소, 브라크, 프리츠. 그는 일기에 이렇게 썼다. "예술에는 뭔가 광적인 것이 있다. 그것이, 예술이, 나를 사로잡았다." 플레히트하임은 곡물 투기와 스페인의 구리 광산 투기로 부자가 된 다음 화상으로서의 삶을 살아갈 계획이다. 그러나 그는 곡물사업에 대해서 아는 게 전혀 없다. 그것은 유감스럽게도 집안 내력인 것처럼 보인다. 그의 아버지와 삼촌도 플레히트하임 제분소라는 가업을 꾸려가다가, 무모한 경영으로 거의 파산 직전까지 갔었다. 스페인에서의 구리 채굴도 모두 실패로 돌아가고, 플레히트하임은 가진 돈이 바닥났다. 그에게 남은 것은 세잔의 작품 네 점, 고흐의 작품 한 점, 고갱의 작품 두 점, 피카소의 작품 열 점, 뭉크와 쇠라의 그림들과 3만 마르크의 빚이다. 그는 장인 골트슈미트를 찾아가서 "사랑하는 장인어른" 하며 말을 꺼내서는 자초지종을 얘기하고 장인에게 이 수집품을 "담보"로 돈을 빌려줄 용의

가 있는지 묻는다. 그러나 도르트문트에서 가장 큰 부동산 소유주인 골트슈미트의 대답은 "싫다"이다. 피카소, 세잔, 고갱이 100년 뒤에도 가치가 있을지 누가 알겠냐면서. 플레히트하임은 말없이 일어서 자리를 뜬다. 플레히트하임은, 눈부시게 아름답지만 그림은 아주 못 그리는 스웨덴 화가, 젊은 닐스 드 다르델한테 가서 펑펑 운다. 플레히트하임은 그와 사랑에 빠져 있다. 그래서 아내 베티는 떠나겠다고 위협하고 있다. 이혼 위기, 동성애 고백, 큰 빚 때문에 플레히트하임은 자살만이 자신의 명예를 지킬 유일한 해결책이라는 결정을 하기에 이른다. 그 누구에게도 결투를 신청할 수 없기 때문이다. "나는 늪 한가운데 빠져 있다." 그는 아내 베티에게 편지를 한 통 쓴다. "당신에게 어울리는 남자를 만나길 바라오." 그러나 그는 그 편지를 보내는 대신 부모님과 아내를 위해 보험금이 아주 높은 생명보험에 가입하고, 1914년에 "치명적인 사고"를 계획한다. 1913년은 그 준비 기간으로 보내려고 한다. 그의 일기에는 온통 다가오는 파산에 대한 생각들뿐이다. "파산하면, 내가 가져갈 수 있는 그림들을 가지고 파리로 도망가서, 파리에서 8개월 동안 살아보겠다." 그런데 모든 것이 아주 다르게 돌아간다. 갑자기 소장하고 있던 고흐의 그림을 4만 마르크를 받고 뒤셀도르프의 박물관에 팔게 되고, 친구들이 황당무계한 광산을 사주고, 가까스로 곡물회사의 파산을 막을 수 있게 된다. 그렇게 해서 알프레트 플레히트하임은 1913년 가을에 파울 카시러의 도움으로 뒤셀도르퍼 알레슈트라세 7번지에 화랑을 열 수 있게 된다. 아내도 그를 용서해준다. 그리고 그도 자기 자신을 용서한다. 그렇게 하여 치밀하게 짠 그의 자살계획은 불문에 부쳐지게 된다. 심지어 생명보험료도 문제없이 지불할 수 있게 된다. 비록 1913년에 세잔, 피카소의 그림과 나란히 전 애인 닐스 드 다르델의 흉측한 그림들도 전시하기는 했지만, 그는 가장 위대한 모더니즘 화랑주 가운데 한 사람이 되었다. 그리고 그는 나중에 독일 역사상 가장 자유주의적인 잡지라고 할 수 있는 『크베어슈니트』*를 창간했다. 이 잡지가 가장 자유주의적인 이유는 이 잡지가 시간의 횡단을 시도했기 때문이다. 그리고 바로 그를 통해서 이 잡지는 플레히트하임이 사랑했던 예술처럼 시간을 초월하게 되었다.

◆

4월 24일 정각 저녁 7시 30분, 미국의 우드로 윌슨 대통령이 백악관 책상 위의 단추를 눌러 뉴욕으로 전보를 친다. 그와 함께, 이제 막 완공된, 세계에서 가장 높은 울워스 빌딩의 8만 개 전구에 동시에 불이 들어온다. 수천 명의 구경꾼들이 뉴욕의 어둠 속에서 이 점등의 순간을 기다렸다. 세계에서 가장 높은 등대가 나라 깊숙이까지 환히 비추고, 수천 미터 떨어진 거대한 선박들에서도 그 불빛을 볼 수 있었다. 아메리카 대륙이 환하게 빛난다.

◆

4월 20일에 아돌프 히틀러가 스물네 살이 된다. 그는 빈의 노동자지역인 브리기테나우에 있는 멜데만슈트라세 27번지 남성쉼터 라운지에 앉아 수채화를 그리고 있다. 방은 아주 작다. 500명이 침대 하나, 옷걸이 하나, 거

---

* 횡단이라는 뜻.

울 하나가 있는 아주 작은 1인실에서 지내고 있다. 히틀러는 매일 아침마다 거울 앞에 서서 턱수염을 가다듬는다. 하루 숙박비는 50헬러다. 히틀러처럼 장기 투숙하는 사람은 토요일마다 새 세탁물을 받는다. 투숙객들은 대부분 낮에는 일자리나 기분전환거리를 찾아 시내를 돌아다니다가 저녁에 다시 흘러들어온다. 낮에도 숙소에 있는 사람들은 아주 적다. 아돌프 히틀러는 그중 한 사람이다. 날마다 그는 신문들이 놓여 있는, 이른바 서재의 창문 벽감에 틀어박혀 빈의 명소를 스케치하고 수채화로 그린다. 그는 왜소한 몸에 아주 오래되어 해어진 양복을 입고 있다. 쉼터에 있는 사람이라면 누구나 그가 미술아카데미에서 굴욕적으로 거부당한 이야기를 알고 있다. 자꾸만 검은 머리카락 한 가닥이 무겁게 얼굴을 가려서 그는 계속 재빠른 고갯짓으로 머리카락을 뒤로 넘긴다. 오전에는 연필로 스케치하고, 오후에는 채색한다. 저녁에는 완성된 그림을 다른 투숙객에게 맡겨 시내에서 팔게 한다. 대부분 1지구에 있는 호프차일레의 화상 퀼러나 쇤브루너슈트라세 86번지의 고물상 슐리퍼를 통해 판다. 히틀러는 주로 카를 교회를 그리는데, 가끔은 나쉬 시장을 모티브로 그린다. 하나의 모티브가 호응을 얻으면 그것을 열두 번이나 그린다. 그림 한 점당 3~5크로네를 받는다. 그러나 히틀러는 그 돈을 동숙자처럼 술 마시는 데 쓰지 않고 투자한다. 그는 검소하게 산다. 거의 금욕 수준이다. 서재 옆에 니더외스터라이히의 낙농업 체인점이 있는데, 히틀러는 그곳에서 병에 든 양질의 우유와 이흘라바산 시골빵을 사 먹는다. 쉬고 싶을 때면 쇤브룬 궁전 공원에 가거나 체스를 둔다. 대부분은 물감들과 함께 하루종일 자기 자리에 조용히 앉아 있다. 그러나 정치 토론이 벌어지면 그는 흥분한다. 어느 순간 붓을 내던지고는, 눈을 번득이면서, 세상의, 특히 빈의 타락한 상태에 대해 열화 같은 연설을 쏟아낸다. 빈에 프라하보다 더 많은 체코인이 살고, 예루살렘보다 더 많은 유대인이 살고, 자그레브보다 더 많은 크로아티아인이 살고 있는 것을 가만 두고 볼 수 없다고 그는 소리친다. 그는 검은 머리카락을 뒤로 넘긴다. 얼굴에 땀이 흐른다. 그러다가 그는 정말 난데없이 연설을 중단하고는 자리에 가서 앉더니 다시 수채화를 그린다.

◆

『내셔널 지오그래픽』 4월호에서 인류는 처음으로 세계적 기적을 본다. 잉카의 마법의 도시 마추픽추가 예일 대학과 내셔널 지오그래픽 협회의 공동 탐사로 재발견된 것이다. 탐험대장 하이럼 빙엄은 페루에서 가장 높은 곳에서 높은 초목들 사이로 불현듯 나타난 저 마법의 도시 폐허에서 최초로 사진을 찍었다. 『내셔널 지오그래픽』은 4월호 전체를 이 발굴 소식에 바쳤다. 이 잡지는 250장의 사진을 발표한다. 잡지 서문 제목대로 이 "기적"에 당황과, 열광과, 흥분을 감추지 못한 채. 그리고 이렇게 외친다. "산꼭대기에 오로지 맨손과 돌만으로 그런 도시를 건설한 저들은 비범한 사람들임에 틀림없다." 피렌체가 최고 전성기를 구가하고 레오나르도 다빈치가 〈모나리자〉를 그리던 15세기에 안데스 산맥 2360미터 높이에 마추픽추가 탄생했다. 계단식으로 만들어진 이 도시의 배수구조는 오늘날에도 완벽하게 기능하고 있다.

◆

베를린에서 발행되는 잡지 『악치온』 4월호에서 오토 그로스*가 "친부살해"를 외친다. 같은 시간 빈에서 프로이트가 그에 대한 이론을 세우고 있다는 사실을 모른 채. 그로스는 바로 자신의 충고들을 담아 「문화적 위기 극복을 위하여」라는 논문을 발표한 것이다. 가장 핵심적인 내용은 이렇다. "무의식의 심리학 덕분에 남녀관계가 미래에는 자유로워지고 행복해질 것이라 보는 오늘의 혁명가는 가장 근원적인 형식의 억압, 다시 말해 아버지와 부권에 대항하여 싸운다." (이해가 끝날 무렵 그로스는 아버지에 의해 정신병원에 수용된다. 농담이 아니다.) 이즈음 영화관에서는 아스타 닐센이 출연한 영화〈아버지들의 죄〉가 상영중이다. 그리고 프란츠 카프카는 새로 관계를 맺게 된 라이프치히의 출판업자 쿠르트 볼프에게 편지를 써서, 자신의 첫 단편집 제목으로 "아들들"을 생각하고 있다고 말한다. 고트프리트 벤의 두번째 시집 제목도 『아들들』이다. 그러니 4월 3일에 함부르크의 조선소 블롬&포스에서 만든 무게 5만 4282톤에 길이 276미터인, 세계에서 가장 큰 여객선의 진수식에서 배의 이름을 "파터란트"**라고 지은 것도 놀라운 일이 아니다.

◆

같은 날 4월 3일에 프란츠 카프카는 절망적인 고통을 호소한다. 카프카는 친구 막스 브로트에게 이런 편지를 쓴다. "상상들, 예를 들어 내가 바닥

---

* 오스트리아의 정신분석학자.
** 아버지의 나라라는 뜻.

에 쭉 뻗은 채로, 통구이처럼 잘게 썰리고, 누가 손으로 그 고깃덩어리를 천천히 구석에 있는 개에게 밀어주는 그런 상상들이 날마다 내 머리의 양식이네." 그리고 일기에는 이렇게 쓰고 있다. "끊임없이 계속되는 넓은 훈제용 칼의 상상. 그 칼이 아주 재빠르고 기계처럼 규칙적으로 비스듬히 내 안으로 들어와 나를 아주 얇은 조각으로 저미고, 그 빠른 동작에 그 얇은 조각이 돌돌 말리며 날아가버리다시피 하는 상상이다." 이런 식으로 더는 못 버틴다. 친구들도 놀라고, 카프카 자신도 심각한 불안에 어찌할 바를 모른다. 잠도 거의 못 자고, 두통과 심한 소화불량에 시달린다. 글을 쓴다는 것은 아예 생각할 수 없다. 기껏해야 베를린에 있는 펠리체 바우어에게 편지를 쓰는 정도다. 그마저도 편지로만 알고 지내던 이상형이 베를린에서의 만남을 통해 카프카가 실망으로 몸을 떨었던, 피와 살을 지닌 여자로 바뀐 이후로는 쓰기가 어려워졌다. 카프카는 완전히 지칠 대로 지쳐 있다. 그도 역시 탈진 상태, 달리 말하자면 '신경쇠약'이다. 그러나 무질과 달리 카프카는 의사에게 가지 않는다. 그는 자연치료법을 쓴다. 그래서 4월 3일에 노동자지역인 누슬레의 드보르스키 원예농원을 찾아가 잡초 뽑는 일을 돕겠다고 제안한다. 카프카가 이보다 더 현명한 결정을 내린 적은 드물다. 다시 말해서 자신이 딛고 있는 땅이 흔들릴 때 땅에 발붙이기다.

카프카는 꽃을 돌볼지 채소를 돌볼지 스스로 결정할 수 있었는데 당연히 채소밭을 선택한다. 카프카는 4월 7일부터 일을 시작한다. 보험공사 일이 끝나고 늦은 오후에. 살짝 비가 온다. 카프카는 고무장화를 신고 있다.

우리는 카프카가 이 원예농원에 얼마나 자주 갔는지는 알 수 없다. 다만 우리가 아는 것은 그가 4월 말에 황급하게 그곳에서 달아나게 된 이유다. 농원 주인의 딸이 그에게 비밀을 털어놓은 것이다. 카프카는 일기에 이렇게 쓴다. "노동을 통해 신경쇠약을 치료하려던 내가, 그 처녀의 오빠가, 이름이 얀이고 정원사였으며, 드보르스키 원예농원의 후계자로 정해져 있었고, 심지어 이미 화원 주인이었던 그가 두 달 전에 스물여덟의 나이로 우울증 때문에 독을 먹고 자살했다는 얘기를 들어야 하다니." 그러니까 카프카가 자신의 내면적인 고통을 치유하려던 그곳에도 치명적인 우울증의 위협이 도사리고 있었던 것이다. 카프카는 당황하여 누슬레 언덕에 있는 그 원예농원을 떠난다. 평온한 곳은 그 어디에도 없다.

◆

라이오넬 파이닝어도 4월 3일에 시골로 간다. 그러나 부모로부터의 유전과, 자연과 운명이 그에게 건강한 정신적 기질을 타고나게 해주었다. 파이닝어는 아내 율리아가 공부하고 있는 바이마르에서 출발해 자전거를 타고 언덕을 올라 초봄의 기운이 물씬 풍기는 튀링겐 지역을 지나간다. "오후에 나는 우산이랑 스케치북을 가지고 겔메로다*로 간다. 그곳에서 한 시간 반 정도 이것저것 소묘한다. 늘 그 불가사의한 교회 주변에서." 우리가 그로부터 얻을 수 있는 정보는 이뿐이다. 그의 언어는 곧 그의 그림들이었다. 그리고 이 4월 3일의 발견은 그의 필생의 작업에서 핵심적인 의미를 지니고 있다. 그는 겔메로다에 있는 이 작고, 별로 눈에 띌 것도 없는 마을교회를 수백 장이나 소묘하고 수십 년에 걸쳐 20점의 회화로 남기게 된다. 파이닝어는 독일과 바우하우스를 떠나고 한참 뒤에도 기억을 통해서 늘 새로운

---

* 바이마르 시의 한 행정구역.

겔메로다의 모습을 만들어냈다. 파이닝어는 교회 탑 앞에서 처음으로 스케치를 하고 나서 바로 아내 율리아에게 편지를 쓴다. "최근 며칠 동안 밖에서 작업할 때마다 나는 진정한 무아지경에 빠졌소. 그것은 관찰과 단언을 초월하고, 자석처럼 서로 붙는 합일이고, 모든 굴레로부터 자유로워지는 것이오." 약 40장의 습작으로부터 곧 최초의 회화가 탄생한다. 마치 처음부터 더 많은 버전들이 뒤따르리라는 것을 이미 알았던 듯 〈겔메로다 1〉이라는 제목으로. 1913년에만 회화 두 점이 더 탄생한다. 프란츠 마르크와 미래주의 화법의 거친 혼합이라 할 수 있는, 아주 표현주의적인 그림이다. 파이닝어 자신이 본 대로 표현하자면 이렇다. "10일 전부터, 내가 그린 스케치가, 캔버스 위의 목탄이 나를 보며 히죽 웃는다. 나는 자꾸 애타는 동경의 눈길로 그 그림을 돌아본다. 겔메로다 교회를." 그 작은 교회는 라이오넬 파이닝어의 전작全作에서 결정적인 예술적 전환점이 된다. 어쩌면 심지어 표현주의의 대성당이라고 할 수도 있다(그러나 100년 뒤 이 교회가 '고속도로 교회'*가 되는 것을 아무도 막을 수 없었다).

◆

4월 30일에 프랑크 베데킨트의 희곡 『룰루』가 금서로 지정된다. 이제 막 뮌헨 검열자문위원회 위원으로 선출된 토마스 만은 이 작품에 대해 긍정적인 소견서를 썼지만 다수결에서 졌다. 23명의 자문위원 가운데 15명이 윤

---

* 고속도로와 아주 가까운 곳에 있는 교회를 일컫는 말로 주로 떠돌이 여행자들이 많이 이용한다.

리적인 이유를 근거로 이 작품을 금서로 지정하는 데 찬성한다. 이에 항의하는 뜻으로 토마스 만은 자문위원회에서 탈퇴한다.

◆

4월 초, 프란츠 카프카가 채소 재배봉사를 시작할 때, 슈테판 게오르게가 토마스 만의 친구인 에른스트 베르트람 집의 초인종을 누른다. 게오르게는 이 무렵 이미 뮌헨과 독일의 나머지 지역에서 신화적인 인물이었다. 그는 놀라울 정도로 아름다운 시들의 창조자인 신비로운 시인이자, 미성년 문하생 무리의 기이한 중심점이었다. 일찍이 그는 아우라를 풍기는 자신의 이미지를 만들었다. 머리에 분을 뿌리고, 손에는 다이아몬드 반지를 끼고, 늘 옆모습으로. 공인된 사진들은 늘 그런 모습이었다. 게오르게는 자신의 정면 모습이 너무 농부 같다고 생각했다. 20세기 접어들어 게오르게는 자꾸 뮌헨을 방문했고 그때마다 카를 볼프스켈과 한나 볼프스켈 부부의 손님방에서 묵었다. 처음에는 레오폴트슈트라세 51번지, 다음에는 레오폴트슈트라세 87번지, 마지막에는 뢰머슈트라세 16번지였는데, 1913년에도 그랬다. 이곳에서 게오르게는 방 두 개를 자기 마음대로 쓸 수 있었다. 볼프스켈 부부는 게오르게를 달갑지 않은 숭배자들로부터 보호하고 그들의 접근을 통제했다. 볼프스켈 부부는 이 비밀스러운 세입자의 등장을 능숙하게 무대에 올릴 줄 알았다. 그런데 4월 3일에 게오르게가 뮌헨을 찾은 것은 자신을 숭배하는 청년 에른스트 베르트람을 만나기 위해서였다. 그러나 베르트람은 로마에 있었다. 베르트람 대신에 에른스트 글뢰크너가 문을 열었다. 그는 1885년생으로 스물여덟 살이었다. 글뢰크너는 혼란스럽고 충격에 빠진 상태에서 로마에 있는 친구 베르트람에게 편지를 쓴다. "지금 나는 이 인간을 아예 만나지 않았기를 바라네. 오늘 저녁 나의 행동은 자제력을 벗어난 것이었고, 나는 마치 잠을 자고 있는 사람처럼 그의 의지대로 움직였으며, 나는 그의 손에서 놀아나는 장난감이었네. 나는 그를 사랑하는 동시에 증오했네." 시인이자 자칭 예언자인 슈테판 게오르게의 악마 같은 유혹의 힘이 얼마나 강력한지를 글뢰크너의 이 자책보다 더 솔직하게 묘사해주는 것은 드물다. 이후 글뢰크너, 열렬한 게오르게 숭배자인 베르트람과 마흔네 살의 게오르게는 동성애적 삼각관계 속에 살게 된다. 이 무렵 게오르게는 시집 『동맹의 별』을 집필중이었다. 이것은 남색男色과, 젊은이들을 신성불가침한 숭배의 '비밀'에 끌어들이는 것을 미화하려는 시도이다. 『동맹의 별』은 게오르게 일파의 헌법이 된다.

◆

미래주의가 러시아 지방을 떠돈다. 마야콥스키*는 미래주의 화가 다비트 부를리우크, 바실리 칸딘스키와 함께 순회낭송회를 연다. 특히 미래주의자들의 옷 입는 스타일이 시골 사람들에게 강한 인상을 심어준다. 미래주의는 훌륭하고 아름답다는 것이 1913년 미래주의의 표어였던 것으로 보이지만, 적어도 이성적으로 옷을 입어주었으면 좋으련만. 마야콥스키가 심페로폴리에서 노란색-검은색 줄무늬 블라우스를 입고 무대에 올랐을 때, 격분한 청중들이 "내려가" "내려가"를 외쳐댔다. 그래서 마야콥스키는 이날 저

---

* 러시아의 시인으로 러시아 미래주의의 대변자였다.

녁, 하루키우에서 입었던 분홍색 턱시도는 입지 않는다. 심페로폴리에서도 승마용 채찍을 가지고 시를 낭독하는 것은 삼갔다. 지방지들은 경악한다. 그러나 이것은 미래주의자들의 의도된 계산이다. 언론의 저항이 없으면 그들은 뭔가 잘못되었다고 느꼈을 것이다. 카지미르 말레비치가 모스크바 시내에서 인기 있는 만남의 장소였던 쿠즈네츠키 모스트에서 시위적인 산책을 했을 때, 그는 사전에 그 도시의 모든 지방지를 놀라게 해서 자신의 도발적인 산책에 분노하는 기사를 싣게 했다. 도발성은 바로 그가 양복의 단춧구멍에 나무숟가락을 꽂고 있었던 데 있었다. 본래 미래주의자들의 목적은 오스카 와일드를 기리며 아직도 단춧구멍에 국화를 꽂고 다니는 나약한 유미주의자들의 유행, 그들이 보기에는 우스꽝스러운 이 유행에 반기를 들려는 것이었다. 그것은 잘못된 생각이었다. 왕도는, 현란하고 다채로운 미래주의자들처럼 거리낌 없이 미래를 축하하는 것이었다.

◆

아인밀러슈트라세에서 작은 정상회담이 열린다. 파울 클레가, 아인밀러슈트라세 36번지에서 함께 회화예술을 발전시키고자 애쓰고 있는 가브리엘레 뮌터와 바실리 칸딘스키를 찾아간다. 뮌터와 칸딘스키는 사랑의 절정에 이르렀던 1906년에 이탈리아와 프랑스를 두루 여행하면서 가물거리는 바다를 담은 유화 습작들을 그렸는데, 이 그림들은 서로 너무 비슷해서 지금까지도 두 사람 중에 누가 어떤 그림을 그렸는지 알 수 없다. 그러나 그로부터 7년이 흐른 지금, 두 사람은 이제 붙잡은 손을 놓았고, 화법도 서로 갈라졌으며, 침대도 거의 따로 쓰고 있다. 칸딘스키는 색채들이 빛나는 추상화를 향해 떠나고, 가브리엘레 뮌터는 여전히 옛 교회 창문의 납처럼 검은 선이 색채들을 둘러싸고 있는 무거운 회화 양식을 고수하고 있다. 뮌터는 파울 클레가 찾아왔을 때 클레 초상화도 그렇게 그린다. 절도 있는 옆모습, 뻣뻣한 옷깃, 반듯한 턱수염, 배경에는 온통 벽에 걸린 칸딘스키와 뮌터의 그림들만 보인다. 클레는 이 초상화에서 덧신을 신고 있는데, 집에 있는 것처럼 편안해 보인다. 4월이지만 뮌헨에는 아직도 눈이 쌓여 있었고 클레는 친구들에게 가는 길에 발이 젖었을 것이다. 안주인의 따뜻한 덧신을 신은 그는 따뜻하니 기분이 좋다. 어쩌면 가브리엘레 뮌터가 클레에게 이제 초상화 좀 그리게 해달라고 또 부탁했을 때 그가 결국 굴복하게 된 것은 바로 이 작은 친절 때문인지 모른다. 어차피 신발을 말리는 데 한 시간은 걸릴 거라 생각한 그는 침착하게 자신의 운명을 받아들였을 것이다. 오늘날까지도 청기사의 내면생활의 친밀한 순간을 우리에게 전해주는 이 그림에서 클레는 그런 모습을 하고 있다.

◆

오스트리아-헝가리 제국은 프랑스의 공격적인 플레이에 대항할 가망이 없다. 4월 14일에 마드리드 테니스 대회 결승전에서 프랑스인 막스 드퀴지가 오스트리아인 루트비히 잘름 백작을 3세트 만에, 6 대 4, 6 대 3, 6 대 2로 이긴다.

◆

아메리카에서 유럽으로 가장 빨리 가는 방법은? 1913년 4월에 발행된 『텔레풍켄 차이트슈리프트』11호에 "독일과 아메리카 간 최초의 무선전신 성공" 소식이 보도된다. 기사 내용은 이렇다. "무선전신이 생긴 이래 처음으로 대서양을 횡단하는 뉴욕-베를린 회선을 통해 무선전신으로 전언을 보내는 시도가 성공했다. 이번에 횡단에 성공한 거리는 약 6500킬로미터에 달한다."

◆

4월에 피셔 출판사에서 1913년 최고의 베스트셀러가 출간된다. 바로 퓌르트 출신의 베른하르트 켈러만이 쓴 소설 『터널』이다. 출간 4주 만에 1만 부가 팔리고, 6개월 만에 10만 부나 팔렸다. (비교해보자면, 1913년 2월에 출간된 토마스 만의 『베네치아에서의 죽음』은 1913년 한 해 동안 약 1만 8000부 정도 팔리고, 1930년대가 되어서야 비로소 10만 부 인쇄에 들어간다.)

『터널』은 뉴욕에서 유럽까지 터널을 건설하는 이야기로, 대서양 아래 깊은 곳에서 사람들이 서로를 향해 땅을 파간다. 얼마나 별난 발상인가. 사실주의가 뒤섞인 공상과학소설이요, 기술자 로맨스가 뒤섞인 사회비판서요, 진저리나는 계시록이 뒤섞인 진보에 대한 자본주의적 믿음이다. 땅 밑에서는 터널을 뚫고 파업이 일어나고 분노와 불행에 빠지고, 땅 위에서는 주식 계획과, 결혼에 대한 꿈과, 각성이 벌어진다. 그리고 24년 뒤, 유럽과 미국의 건설노동자들이 대서양 아래 수천 미터에서 손을 맞잡게 된다. 드디어 해낸 것이다. 그리고 그로부터 2년 뒤 땅 밑으로 두 대륙을 연결하는 최초의 기차가 달린다. 기차로 24시간이 걸린다. 그러나 아무도 그 기차를 타려고 하지 않는다. 더 앞선 발전이 이루어졌기 때문이다. 한때 기술적 유토피아였던 '터널'은 이제 눈물겨운 과거가 되어버렸다. 이제 비행기를 타고 그 절반의 시간에 미국에서 유럽까지 갈 수 있는 것이다.

이렇듯 켈러만은 위대한 작품을 탄생시켰다. 그는 당대의 진보에 대한 사랑과 기술적 실현 가능성에 대한 믿음을 이해하는 동시에, 그 실현 가능성의 현실적 의미를 멋진 반어를 통해 보여줌으로써 그 사랑과 믿음을 허무한 것으로 만들어버린다. 거대한 유토피아 프로젝트가 실현되지만, 그것은 곧 사람들의 농담거리가 되어버리고 마는 것이다. 게다가 수천 미터 땅속에서가 아니라 대서양 위에서 스튜어디스에게 토마토주스를 주문하면서 말이다. 켈러만의 현명한 메시지처럼, 유토피아를 현실검증으로부터 보호하자.

◆

더할 나위 없이 좋은 사랑의 광기에 빠져 있는 오스카 코코슈카는 현명하지 못하게도, 자신이 여성의 유토피아적 구현이라고 생각하는 알마를 완력으로 현실검증하려 한다. 바로 '결혼'이라는 이름으로 불리는 것이다. 이 점에서 알마는 좀더 이성적이다. 알마는 그것을 믿지 않는다. 그러나 코코슈카가 이 동기로부터 생기는 에너지를 모두 탕진하기를 원하지 않는 알마는 코코슈카에게 이렇게 말한다. 진정한 걸작을 만들면 당신과 결혼하겠다고. 이날부터 그녀의 연인에게 다른 목표는 눈에 들어오지 않았다. 그는 걸작을 만들기 위해서 두 사람이 함께 쓰는 침대와 똑같은 크기의, 다시 말해 180×220센티미터의 캔버스를 산다.

코코슈카는 아교를 달구고 물감을 섞고, 알마는 초상화 모델을 선다. 아니다, 눕는다. 이 그림은 코코슈카가 가장 좋아하는 모습으로 알마를 보여주어야 하기 때문이다. 발가벗은 채 수평의 모습으로. 그것은 바로 1913년 여자들의 상태다. 코코슈카는 그 옆에 자기 자신도 그려넣고 싶지만 아직은 방법을 모른다. 코코슈카는 알마에게 이렇게 편지를 쓴다. "그림은 더디기는 하지만, 점점 좋아지면서 완성을 향해 가고 있어. 우리 두 사람이 아주 강하면서 침착한 표정으로 손을 맞잡고 있고, 그 주위를 벵골 불꽃*처럼 파랗게 빛나는 바다와, 물기둥과, 산들과, 번개와 달이 반원을 그리며 둘러싸고 있지." 이 그림은 반드시 오스카 코코슈카의 '걸작'이 되어야 한다. 그리고 전혀 예상치 못한 일이 일어난다. 정말 이 그림이 코코슈카의 걸작이 된 것이다. 그렇지만 알마 말러가 정말 코코슈카와 결혼할까?

◆

발터 그로피우스는 1913년에 논문 「현대 산업건축예술의 발전」을 독일공예연맹 연감에 발표한다. 그 안에는 그로피우스가 "형식이 기능을 따른다"는 새로운 건축언어의 전형으로 여긴 미국의 창고와 곡물저장고 사진 열네 장이 들어 있다. 순수한 기능주의 원칙에 따라 장식도 없고 군더더기도 없는 단순한 입방체. 이것들이야말로 "순수"로 돌아간 건축을 보여준다고 그로피우스는 말한다. 더 정확하게 말하자면 이렇다. "산업의 모국인 아메리카에서, 독일 최고의 건축물들을 능가하는 낯선 웅장함을 지닌 걸작

---

* 선명한 청백색의 불꽃으로 무대조명이나 구조 신호용으로 많이 쓰임.

건축물들이 생겨났다. 그 건축물들은 엄청난 설득력으로 관찰자에게 건물의 의미를 분명하게 이해시키는 확실한 건축적 얼굴을 지니고 있다."

5월

1913 DER SOMMER DES JAHRHUNDERTS

∽ 따뜻한 빈의 봄밤. 아내와 심하게 다툰 슈니츨러는 5월 25일에 총으로 자살하는 꿈을 꾸지만 실현하지는 않는다. 그러나 같은 날 밤 빈에서 자신의 스파이 행각이 드러난 레들 대령이 권총으로 자살한다. 또 같은 날 밤 빈에서 아돌프 히틀러는 짐을 싸서 뮌헨행 첫 기차에 올라탄다. 그리고 화가 집단 '다리파'가 해체된다. 파리에서는 스트라빈스키의 〈봄의 제전〉이 초연되고, 스트라빈스키는 극장에서 나중에 연인이 될 코코 샤넬을 처음 만나게 된다. 브레히트는 학교에서 지루해하고 있고 심계항진에 시달린다. 그래서 그는 시를 짓기 시작한다. 알마 말러는 처음으로 오스카 코코슈카한테서 도망친다. 릴케는 로댕과 싸운 이후로 글을 쓰지 못하고 있다.

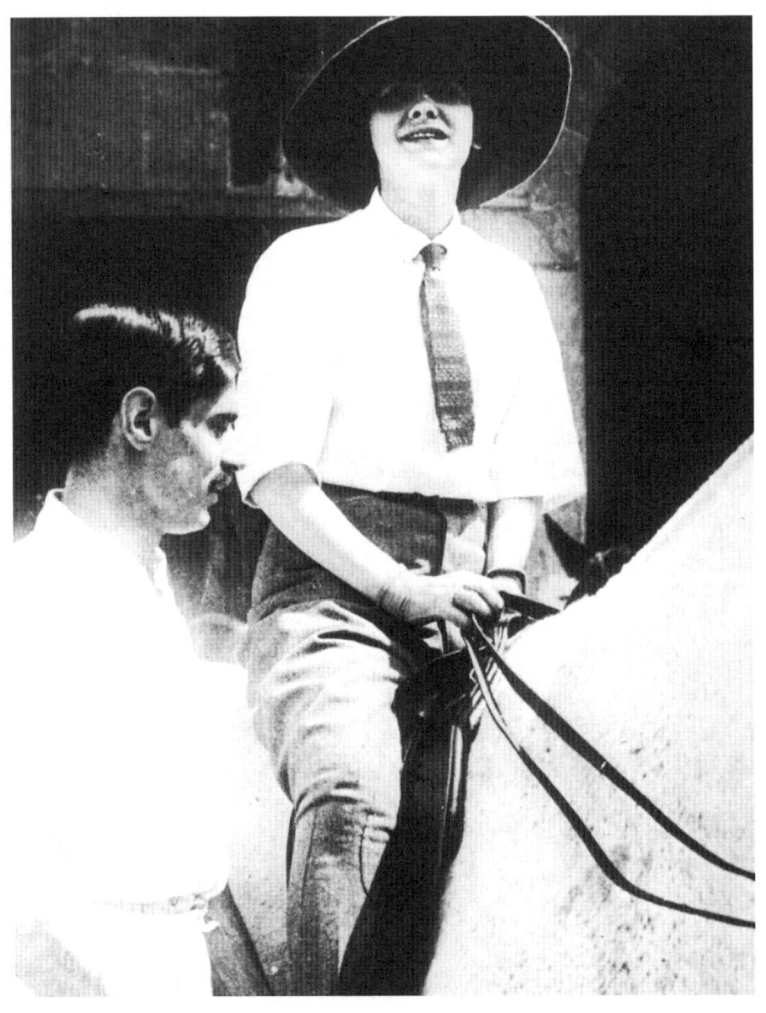

드디어 막스 베버가 "세계의 탈주술화"라는 위대한 말을 고안하기에 이른다. 사회학의 기본 개념에 관한 논문에서 베버는 자본주의 사회구조의 중요한 개념을 얘기하는데, 바로, 과거에 기적으로 간주되던 것이 점점 기술화되고 과학화된다는 것, 다시 말해서 합리화된다는 것이다. "세계의 탈주술화"라는 개념은, 베버의 말을 그대로 빌리자면, 인류가 모든 것을 계산할 수 있다고 믿는 것을 말한다. 그건 그렇고, 베버의 몸은 식단표의 계산에 완강히 저항하고 있었다. 마흔아홉 살의 베버는 1913년 봄에 약물중독과 알코올중독을 치료하기 위해서 아내 마리안네도 없이 혼자서 아스코나로 떠난다. 탈주술화된 베버는 그렇게 자신의 외적인 "아름다움"을 되찾고자 하지만 소용없는 일이다. 아스코나에서 단식을 하고, 사랑하는 아내에게 보낸 편지에서 쓴 것처럼 "풀 나부랭이" 식이요법을 지키지만 모두 부질없다. "안락한 시민의 삶이 만들어준 이 푹신한 살덩어리는 도대체 꿈쩍도 하지 않소. 창조 계획은 나를 그런 모습으로 원하나보오." 다시 말해서 자기는 사전에 그렇게 계산되었기 때문에 계속 뚱뚱할 수밖에 없다는 것이다. 그러니까 그의 경우에도 창조보다는 계획이 분명 더 크게 작용하고 있는 셈이다. 어쩌면 20세기의 가장 중요한 표어로 꼽히는 이 문제의 바탕은 그 자신의 체중 문제였는지 모른다.

◆

5월은 오스카 코코슈카에게 힘들게 시작한다. 코코슈카는 5월 1일에 알마 말러에게 이런 편지를 쓴다. "오늘 하루는 힘들었어. 당신에게 편지 한 통 받지 못했기 때문이야."

◆

『시체 공시소』를 펴낸 목사 아들 고트프리트 벤과, 『시체 공시소』의 죽음의 춤들이 펼쳐지던 때와 같은 무렵에 몽상적인 『헤브라이 담시』를 펴낸 유대 여류 시인 엘제 라스커쉴러의 연애 이야기는 1913년 봄 내내 계속된다. 엘제는 1913년 5월 3일에 진델스도르프에 있는 프란츠 마르크에게 이렇게 편지를 쓴다. "나는 다시 사랑에 빠졌어요." 바로 고트프리트 벤에게.

1912년 12월에 엘제 라스커쉴러를 알게 되어 금방 목가적인 진델스도르프의 집으로 그녀를 초대한 프란츠 마르크는 짧은 시간에 라스커쉴러의 신뢰를 얻어냈다. 그녀는 마르크를 자신의 "청기사"라고 불렀을 뿐만 아니라 "이복형제 루벤"이라고 부르기도 했다. 동양적인 환상의 제국에 빠져 있던 라스커쉴러가 가족처럼 가깝게 느꼈던 이는 오직 마르크뿐이었다. 그녀에게 카를 크라우스는 "달라이 라마"였고, 오스카 코코슈카는 궁중 음유시인 "트루바두르"였고, 칸딘스키는 "교수"였으며, 틸라 두리외는 "검은 암표범"이었고, 벤은 "기젤헤어"*이자, 니벨룽겐**이자, 이교도이자, 야만인이었다. 그녀는 전남편 게오르크 레빈을 "헤르바르트 발덴"으로 개명시키기도 했다

---

* 독일 영웅설화 『니벨룽겐의 노래』에 나오는 부르군트족 군터 왕의 막냇동생 이름.
** 지하세계에 산다는 난쟁이족 이름.

(그는 그녀를 떠난 뒤에도 이 이름을 간직했다).

황홀경과 혼돈에 빠져 있는 자아도취자 라스커쉴러는 핏속에 테스토스테론이 흐르는 남성들의 시적 심장을 사로잡아 뜻밖의 정점으로 이끌었다. 그러나 여성성이 너무 강한 소심한 남자들, 예를 들어 릴케와 카프카는 그녀의 펄펄 끓는 여성성에 겁을 집어먹고 도망쳤다. 그리고 그 시대 여성들은 낮에는 나태함과 무책임함과 방종함을 이유로 이 단정치 못한 팜므 파탈을 경멸했고, 저녁이면 남편이 술을 마시러 가서 외로이 안락의자에 앉아 잡지나 뒤적이면서 비밀스럽게 그녀를 찬미했다. 오직 로자 룩셈부르크만이 그녀를 무조건적으로 찬미했고 1913년의 뜨거운 여름에 시위하듯 그녀와 함께 거리를 돌아다녔다.

엘제 라스커쉴러는 어느 5월 저녁, 프란츠 마르크에게 자기가 벤과 열애 중임을 광고하는 편지를 썼다. "천 번을 사랑에 빠져도 언제나 새로운 기적이에요. 누구나 사랑에 빠지면 늘 그렇듯 오래된 자연의 이치죠. 있죠, 어제가 그의 생일이었어요. 나는 그에게 선물이 가득 들어 있는 상자를 보냈죠. 그는 기젤헤어예요. 그는 니벨룽겐에서 나온 사람이에요." 그러나 마르크는 아내 때문에 방해를 받아서든 아니면 이 까다로운 베를린 여자친구의 일탈행위들에 이미 지쳐서든 몇 달이 지나서야 답장을 보낸다. 라스커쉴러는 그의 답장에 곧바로 이렇게 답한다. "당신은 내 '새로운 사랑'에 기뻐하는군요. 당신은 오히려 나와 함께 울어주어야 한다는 사실을 모른 채 너무 쉽게 말하는군요. 그의 사랑은 벵골 불꽃처럼, 불타는 바퀴처럼, 그의 심장에서 이미 꺼져버린걸요. 그 불타는 바퀴가 나를 치고 가버렸어요." 조심하시라. 엘제 라스커쉴러에게 새로운 사랑을 축하하려면 빨리 답장을 보내라. 안 그러면 이미 과거지사가 되어 있을 테니까.

고트프리트 벤과 엘제 라스커쉴러의 사랑은, 급행열차와 오리엔트 특급 열차가 서로를 향해 질주하다가 맞부딪쳐 강철과 피로 이루어진, 증기를 내뿜는 아주 예술적인 형상이 되어버리는 것과 같았다. 결국 가을에는 파편과 연기만 남게 된다. 그리고 그사이에 20세기 독일의 가장 아름다운 연애시들이 탄생한다.

우리는 이 사랑에 대해 모든 것을 알면서도 아무것도 알지 못한다. 자료가 불명확하고, 논란의 여지가 있기 때문이다. 베를린에서 싹튼 사랑의 시작은 히덴제 호수에서 맞은 가을의 종말만큼이나 어둠 속에 놓여 있다. 그럼에도 불구하고 우리는 두 사람이 어떤 감정이었는지 모두 알고 있다. 두 사람이 당대 권위 있는 잡지들이었던 『슈투름』, 『파켈』, 『악치온』에 서로의, 서로를 위한, 서로에 관한 시들을 발표하여 공개적인 러브 스토리를 연출했기 때문이다. 시 속에서 벤은 "칠흑의 여인"에게, 다시 말해 고대 여인 "루트"에게 이끌리는 "원숭이 아담"이다. 두 사람을 사로잡은 이것은 전례 없는 이끌림이다. 그리고 이어서 갈등, 영역 싸움, 뜨거운 맹세, 상처, 앞발차기가 뒤따른다. 그러자 엘제 라스커쉴러는 이렇게 쓴다. "고귀한 왕 기젤헤어/작살로/내 심장 한가운데를 찌르네."

본질을 꿰뚫는 유일무이한 통찰력을 지닌 그녀는, 벤의 초상화 가운데 가장 빨리 완성된, 그리고 가장 명료한 초상화를 그려낸다. 몇 초 만에 종이 위에 먹선으로 그린 그림으로, 매부리코에, 커다란 파충류 머리, 몇 세기가 짓누르고 있는 것처럼 보이는 눈꺼풀이 눈에 띈다. 그리고 이 니벨룽겐의 가슴에는 동양의 별이 장신구처럼 달려 있다. 이 그림은 『악치온』 1913년 6월 25일 자에 실린다. 그림 밑에는 "벤 박사"를 묘사한 엘제 라스커쉴러의 글이 실려 있다. "그는 병원 지하실로 내려가 시체들을 해부한다. 비밀로 배를 채우는 만족을 모르는 탐욕한. 그는 '죽은 것은 죽은 것이다'라고 말한다. 그는 개신교를 믿는 이교도요, 우상의 머리와 매부리코와 표범의 심장을 가진 그리스도교다." 바로 그 옆에는 벤의 「알래스카」 연시 가운데 한 편이 실려 있는데, 바로 신격화된 여류 시인에 대한 사랑을 담은 그의 첫 연애시 제목은 간단하게도 「위협들」이다.

> 나의 사랑은 동물적인 사랑
> 첫날 밤 모든 것이 결정되네
> 갈망하는 것은 이빨로 물고
> 하이에나, 호랑이, 독수리가 내 무기들이네.

엘제 라스커쉴러는 『슈투름』 다음 호에 「호랑이들의 기젤헤어」라는 제목의 시로 화답한다. "나는 그대를 항상 지니고 다니네/내 이 사이에." 그리고 베를린의 전 예술계가 이 두 괴짜가 공개적으로 서로 찬미하는 것을 지켜본다. 넥타이를 바짝 조이고 다니고, 매너 좋고, 시체 몸속을 파헤치던 손을 소독제로 닦아 항상 소독제 냄새를 풍기는 의사 선생님. 그리고 해진 가운에, 목과 팔에는 가짜 보석과 목걸이와 귀걸이를 달고 다니고 두 번이나 이혼한 애 딸린 이혼녀. 이마에 흘러내리는 뻣뻣한 머리카락을 끊임없이 쓸어올리는 버릇 때문에 그녀 주위에는 늘 달그락거리는 소리와 잘랑거리는 소리가 난다. 나중에 벤은 "그때도 그렇고 나중에도 그렇고 그녀와 함께 거리를 거닐면 온 세상이 멈춰 서서 그녀를 바라보지 않는 법이 없었다"라고 쓴다. 두 사람은 함께 거리를 거닐지 않을 때는 서로를 향해 불타는 고백을 책으로 찍어냈다. 자신들의 밀고 당기기를. 엘제 라스커쉴러의 가장 큰 승리는, 벤이 그녀의 제국에 정착했을 때였다. 그는 유수프 왕자의 궁정에서 기젤헤어 왕이 되었다. 벤은 1912년 여름 군사행동중에 자기한테 유주신遊走腎*이라는 병이 있어서 말을 타고 들판을 행진할 수 없다는 상상에 빠졌다. 그런 신장은 그 당시에도 없었고 지금도 없다. 벤이 정말 그런 병에 걸린 것도 아니었다. 그렇지만 그런 거짓말은 벤의 내면적인 불안을 시적인 진단으로 바꾸는 데 도움을 주었다. 벤은 군대를 박차고 나와, 연인과 함께 밤거리를 헤매고, 다락방에 올라가고, 지하실에 들어가고, 사랑을 배우고 사는 법을 배웠다. 카페와 다락방과 집 앞에서 보낸 겨울밤들이 지나가고 베를린에도 열병 바이러스처럼 봄이 퍼져갈 때, 사람들은 두 사람이 하벨 강가에 앉아 있거나 갈대숲에 앉아 있거나, 달빛 아래 앉아 있는 모습을, 그녀가 벤의 손을 쓰다듬거나, 벤이 그녀의 머리카락을 쓰다듬는 모습을 상상할 수 있었다. 그리고 두 사람이 이렇게 시를 짓는 모습을. "오, 그대의 달콤한 입에서 지극한 행복을 맛보았네."

그러나 결국 둘 사이에 불화가 시작되자 라스커슐러는 이런 시를 짓는다. "나는 심장을 지닌 전사요, 그는 머리를 지닌 전사네." 그녀는 자칭 유수프 또는 테베의 왕자요, 그는 니벨룽겐으로 두 사람의 사랑을 양식화했던 개신교-유대교의 대화해 프로젝트는 실패로 돌아갔다. 그녀에게 "니벨룽겐의 충심"은 거짓을 위한 무의미한 충심을 뜻했다. 그녀는 날카로운 눈빛을 지닌 대머리 의사와의 관계가 어떻게 끝날지 처음부터 알고 있었다. 그러나 그것이 막상 현실이 되었을 때 벤만큼 그녀의 인생을 송두리째 뒤흔들어놓은 남자는 그 이전에도 그 이후에도 없었다. 엘제 라스커슐러는 자

---

* 신장이 지나치게 움직이는 병.

신이 유대 민족의 예언자라고 믿고 있었고, 동양세계에 대한 완벽한 대조물로서 포마드를 바르고 다리에 각반을 찬 의사 벤이 필요했다. 게르만의 화신으로서. 그러나 젊은 니벨룽겐은 앞으로 나아가고, 늙은 유대 여인은 절망에 빠진 채 낙오한다. 그녀는 끝없는 열에 시달리고, 하복부염과 통증이 그녀를 엄습한다. 1913년 가을에, 알프레트 되블린은 고트프리트 벤 때문에 정신적인 고통에 시달리는 그녀에게 모르핀을 처방해준다.

◆

그리고 프란츠 카프카는 멀리 있는 펠리체에게 보내는 편지에서 엘제 라스커쉴러에 대해서 이렇게 말한다. "나는 그녀의 시들을 참을 수 없습니다. 그녀의 시에서는 억지스러운 과장 때문에 공허함과 혐오감에서 오는 지루함밖에 느껴지지 않습니다. 같은 이유로 그녀의 산문들도 부담스럽습니다. 그녀의 산문에서는 지나치게 긴장하고 있는 대도시 여성의 뇌가 쓸데없이 경련하고 있습니다. 그렇습니다, 그녀는 잘 못 지내고 있습니다. 제가 아는 바로는 그녀의 두번째 남편이 그녀를 떠났습니다. 이곳에서도 그녀를 위해 돈을 모으고 있습니다. 저는 그녀에게 최소한의 동정도 느끼지 않으면서 5크로네를 내놓아야 했습니다. 도대체 이유를 모르겠습니다만, 그녀를 생각하면 언제나 밤마다 술에 취해 몸을 질질 끌면서 커피하우스를 전전하는 주정꾼밖에 떠오르지 않습니다."

◆

〈모나리자〉는 아직도 흔적조차 보이지 않는다. 미국의 억만장자 존 피어 폰트 모건 앞으로 어떤 미친 사람한테서 편지가 오는데, "레오나르도"라고 서명된 그 편지에는 그 그림이 어디 있는지 자기가 알고 있다고 적혀 있다. 모건의 여비서는 편지를 쓰레기통에 던져버린다.

◆

"인생은 너무 짧고 프루스트는 너무 길다." 아나톨 프랑스가 1913년에 『잃어버린 시간을 찾아서』 1권 출간에 부쳐 쓴 말이다. 놀라울 정도로 정확한 표현이다. 나머지 6권은 아직 출간되지도 않았는데 그에게는 벌써부터 프루스트가 "너무 길게" 보인 것이다. 기억의 심연을 파고드는 그의 철저한 추적이 어디까지 가게 될지 그 누구도, 프루스트 자신조차도 알지 못했다. 이 책은 앞으로 질주하는 시대를 거슬러 과거를 언어로 담아내려는 시도였다.

◆

빈에서는 프로이트가 열심히 책을 집필하는 중이다. "나는 지금 토템에 관해 쓰고 있는데, 이 책은 내가 쓴 것 가운데 가장 위대하고, 가장 뛰어난 책이, 어쩌면 최후의 훌륭한 책이 될 것 같은 느낌이 드네." 프로이트가 계획하는 일은 아주 엄청나다. 마지막 문장은 이렇다. "태초에 행위가 있었다." 프로이트는 이렇듯 성서에 나오는 "태초에 말씀이 있었다"에 맞서 새로운 문명이론의 토대를 세우려 한다. 프로이트는 발전사에서 태초의 순간은 바로 오이디푸스의 친부살해라고 생각한다. 프로이트는 5월에 한 절친한 친구에게 이런 편지를 쓴다. "이 책은 국제학회 전에, 『이마고』 8월호에 발표될 것이고, 아리안적이고 종교적인 모든 것을 철저하게 끊어내는 데 기여할 것이네." 융과 취리히 정신분석학파와 결별한 이후 프로이트는 앞서 말한 정신분석학회의 '국제학술대회'가 열리는 9월을, 이제 적이 된 집단들과 처음으로 다시 한자리에서 만나야 하는 9월을 두려움 가득한 눈으로 바라본다. 프로이트는 자기가 지금 열정적으로 집필하고 있는 『토템과 터부』의 반기독교적 이론이 융과 그 제자들과의 결별을 확실히 하게 되리라는 것을 알고 있다.

◆

루돌프 알렉산더 슈뢰더*가 1913년 초여름에 이탈리아로 여행을 떠난다. 슈뢰더는 루돌프 보르하르트와 함께 저 높은 아푸안 알프스의, 숲으로 뒤덮인 세르키오 계곡에 있는 오래된 농가에서 지낸다. 보르하르트는 슈뢰더와 이야기를 나누다가 즉흥적으로 후고 폰 호프만슈탈에게 보내는 엽서에 장난스러운 인사로 도리아 방언으로 된 2행시를 쓴다. 루돌프 알렉산더 슈뢰더는 이렇게 쓰고 있다. "나는 그 시구를 반 정도라도 이해해서 기뻤다. 그는 지금은 죽은 언어이자 머나먼 나라의 언어를 모국어만큼 자유자재로 구사할 수 있었다." 덧붙여 말하자면, 호프만슈탈은 그 엽서를 빈의 맥주 운반인과 함께 얘기하는 것처럼(물론 호프만슈탈이 빈의 맥주 운반인과 얘기해본 적은 없겠지만) 빨리 이해할 수 있었다.

---

* 독일의 작가이자 번역가.

◆

 5월 초에 루돌프 슈타이너는 어머니에게 보내는 편지에 이렇게 쓴다. "전쟁의 위협이 끊이지 않고 있습니다." 그러나 그는 그것에 신경쓸 시간이 없다. 마침내 그는 인지학의 중심지, 이른바 요하네스바우를 지으려 한다.

 뮌헨에 이 건물을 지으려던 계획이 최종적으로 건축위원회의 반대로 무산되자 슈타이너는 5월 18일에 슈투트가르트에 있는 자신의 추종자들에게 이 사실을 알리고, 뮌헨은 사멸성을 지니고 있으니 이제 무조건 피해야겠다고 선언한다(뮌헨에 있는 서재에서 『서구의 몰락』을 집필하고 있는 슈펭글러가 이 말을 들었다면 기쁨에 환호성을 질렀을 것이다).

 슈타이너는 이렇게 선언한다. "새로운 문화는 이 사멸해가는 곳에 결코 들어갈 수 없었다." 슈타이너는 이미 오래전부터 바젤 근교의 도르나흐가 꽃을 피울 장소라는 것을 예감했으나 아직은 너무 일렀다.

 이제까지 인지학의 중심지는 베를린 모차르트슈트라세 17번지의 뒤채였다. 그곳에서 루돌프 슈타이너는 아내 아나, 충실한 그의 연인 마리 폰 지버스와 함께 살고 있었다. 그가 고집한 일이었다. 그러나 물론 그런 생활은 그다지 오래가지 못했다. 뒤채에는 온통 새 출발 분위기가 지배적이었다. 가구도 별로 없고, 탁자 두세 개에, 침대 하나와, 책들뿐이었다. 늘 어디선가 여비서가 레밍턴 타자기를 두드리는 소리가 들렸다. 루돌프 슈타이너는 늘 시간에 쫓기며 쉼 없이 강연 원고를 썼다. 그는 영혼과 세계의 상태에 관한 주제, 기독교에 관한 주제, 19세기 정신에 관한 주제의 글들을 몇 시간 동안이나 퇴고했다. 그와 나란히 그의 '사무실'은 온 유럽에 걸친 순회강연 계획을 짜느라 바빴다. 1913년에 슈타이너와 마리 폰 지버스는 한 해의 거의 3분의 2를 집 밖에서 보냈다. 슈타이너가 베를린에 있을 때면 이 대가로부터 조언과 깨달음을 얻으려는 사람들이 모차르트슈트라세를 순례했다. 며칠 동안이나 슈타이너는 사람들을 면담했다. 이상하게도 분위기는 별로 엄숙하지 않았다. 방문객들은 방석이 깔린 의자에 앉아 기다리다가 작은 방으로 들어가는데, 그 방에서 슈타이너는 방금 여행에서 돌아와 아직 풀지도 않은 트렁크들 사이에 앉아 있을 때가 많았다. 슈타이너는 모든 사람에게 감정이입하고 모든 사람을 호의적으로 받아들인다. 물론 사람들은 모두 신경쇠약으로 위장한 염세주의에 빠져 있는 자신을 누군가 이해해주길 바란다. 헤르만 헤세도 구원을 얻으려고 슈타이너를 알현한 이들 가운데 하나이며 프란츠 카프카도 그중 하나라는 것은 이미 알려진 사실이다. 심지어 로베르트 게른하르트 덕분에 이 두 사람의 짧은 만남이 어떠했는지도 꽤 정확하게 알려져 있다. "카프카가 루돌프 슈타이너에게 말했다. '당신들 가운데 아무도 저를 이해하지 못합니다.' 이에 슈타이너가 말했다. '프란츠, 저는 당신을 전적으로 이해합니다.'"

◆

마침내 봄이 왔다. 고등학교 교사 프리드리히 브라운과 그의 아내 프란치스카는 자랑스럽게 유모차를 끌고서 뮌헨 호프가르텐 공원을 거닐고 있다. 작년 2월에 두 사람은 에바의 부모가 되었다. 스물네 살의 아돌프 히틀러가 5월 25일 일요일 뮌헨에 도착했을 때 에바 브라운*은 이제 겨우 돌 지난 아기였다.

◆

히틀러가 빈을 떠나던 일요일 오전에 도시는 온통 충격으로 마비된다. 전날 밤, 오스트리아-헝가리 제국의 최고 군인이자 첩보원인 알프레트 레들 대령의 스파이 행각이 드러났고 그 때문에 그는 새벽 1시 45분에 호텔 방에서 권총으로 자살했다. 눈에 띄는 점은 누군가가 레들 대령이 있는 호텔방에, 다시 말해 그가 늘 묵던 클롬저 호텔 1호실에 자신의 죄를 인정하는 진술서에 서명하는 대가로 권총을 들여보내주었다는 것이다. 명예를 잃은 레들은 제국의 비밀정보부 동료가 그 방을 떠날 때까지 가만히 기다렸다가 방아쇠를 당긴다. 정각 새벽 4시에 기상한 프란츠 요제프 황제는 레들 대령의 군사기밀 첩보행각의 규모와 지난밤의 일을 보고받고는 깊은 한숨을 내쉰다. "그래 이게 새로운 시대란 말인가? 그런 인간이 이 시대의 산물이라는 건가? 옛날에는 그런 일은 상상조차 할 수 없었어." 신문에는 허상을 지키려는 기사들이 실렸다. "프라하 군단 참모장 알프레트 레들 대령이 신경쇠약 발작으로 자살했다. 능력이 출중한 장교로서 출세 가도를 눈앞에 두었던 그는 최근 불면증에 시달렸다." 사람들은 오스트리아-헝가리 제국에서 가장 영향력 있는 사령관 가운데 한 사람이 모든 군사기밀을 적에게 누설했다는 끔찍한 사실을 불면증으로 인한 자살로 은폐하려 했다. 그러나 빈은 보헤미아 신문의 젊은 기자 에곤 에르빈 키쉬를 미처 계산하지 못했다. 일요일에 키쉬가 주장으로 있는 축구팀 슈투름이 홀레쇼비츠 팀과 원정경기를 펼쳤는데 슛을 가장 잘하는 열쇠공 한스 바그너가 아무리 기다려

---

* 히틀러의 오랜 연인으로 그와 함께 자살했다.

도 나타나지 않았다. 월요일에 바그너가 주장인 키쉬에게 더듬거리며 자초지종을 설명했을 때, 키쉬는 일요일 아침 바그너가 군인들에게 끌려가 군사령부의 어떤 사택 문을 따라는 명령을 받았다는 사실을 알게 된다. 바그너는 그곳에서 기이한 물건들을 봤다고 했다. 망사로 된 여자 옷, 향수를 뿌린 휘장, 분홍색 실크로 된 이불. 노련한 키쉬는 축구팀원 덕분에 알게 된 레들 대령 죽음의 진정한 배경을 베를린 신문에 공개했다. 5월 29일 목요일, 국방부의 『밀리태리셰 룬트샤우』는 다음과 같이 모든 진실을 인정해야 했다. "이달 24일 토요일에서 25일 일요일로 넘어가는 밤에 고인이 된 레들 대령이 자살로 생을 마감했다. 레들 대령은 다음과 같이 의문의 여지 없는 중대한 위반행위로 기소되려는 시점에 이런 일을 저질렀다. 첫째, 경제적 어려움을 유발한 동성애 관계. 둘째, 특수한 직무상의 명령을 외부 정보원에게 돈을 받고 팔아넘긴 행위." 반어적이게도 방첩 활동에서 보여준 공으로 '3급 철십자 훈장'까지 받았고, 군대에서 최고의 희망이었고, 황제에게 직접 보고할 수 있었고, 독일제국의 참모장인 몰트케 장군과도 친분이 있었던 레들 대령의 가면은 이렇게 벗겨지고 말았다. 키가 작고, 깔끔한 빨간 머리의 레들 대령은 남자 애인들을 위해 전 재산을 탕진했다. 애인들에게 자동차와 집을 선물했고, 자신을 위해서도 날마다 새로운 향수와 염색약을 주문했다. 자금난에 빠진 그는 10년 전부터 오스트리아-헝가리 제국의 모든 집결 계획과 군사암호, 확장 계획 들을 러시아에 팔아넘겼다. 이것은 정말 대형사고였다. '레들'이라는 이름은 내실 없는 시스템, 진부하고, 타락한 왕정의 동의어이자, 카인의 표지가 되었다. 관대하게도 그의 형제들 오스카와 하인리히는 성을 로덴으로 바꿔도 좋다는 국가의 허가를 받았다. 그 이름과 함께 그 사건 자체도 이 도시와 나라의 기억에서 지워져야 했지만 모두 소용없는 일이었다. 슈테판 츠바이크는 레들 대령 사건을 생각할 때마다 "목덜미가 오싹해졌다". 수혜자는 오직 폭로자 에곤 에르빈 키쉬뿐이었다. 그는 레들 대령 사건으로 기자들 사이에 전설이 되었다. 그리고 이 사건으로 빈이 시민에게 수여하는 최고의 영예를 얻었다. 다시 말해 첸트랄 카페에서는 그를 위해 항상 최고의 자리가 예약되었다.

◆

섬뜩한 각주 하나 더. 5월 24일 밤, 레들 대령이 권총으로 자살하기 전에 슈니츨러는 자기 자신을 총으로 쏘는 꿈을 꾼다. "멋진 개 한 마리가 나를 문다. 왼손을. 나는 의사에게 간다. 의사는 그것을 가볍게 생각한다. 나는 집으로 돌아간다. 나는 절망에 빠져 자신을 총으로 쏘려 한다. 신문에는 이런 기사가 실리겠지. '그는 앞서 간 저 위인처럼……' 이게 나를 화나게 한다!"

◆

히틀러는 빈의 남성쉼터에서 함께 지냈던 친구 루돌프 호이슬러와 함께 5월 25일 이른 아침에 기차를 타고 오스트리아에서 도망쳤다. 십중팔구, 군 복무의 위협에서 벗어나기 위해서였다. 두 사람은 지금 군대가 다른 걱정거리를 가지고 있다는 것을 전혀 알지 못한다.

뮌헨에 도착한 첫날, 두 사람은 방을 구하기 위해 초여름 기운이 도는 뮌헨 거리를 헤매고 다닌다. 뮌헨 시는 한눈에 들어와서 좋다. 빈의 주민은

210만이었는데 이곳은 60만밖에 되지 않고, 모든 것이 평온하고 풍족하다. 슐라이스하이머슈트라세 34번지 재단사 요제프 포프 집에서 "작은 방 세줌"이라고 적힌, 잘 보이지도 않는 간판이 불현듯 눈에 들어온다. 히틀러가 문을 두드리자, 안나 포프가 문을 열어주었고, 4층 왼쪽에 있는 방을 보여주었다. 히틀러는 당장 수락한다. 히틀러는 경직된 글씨로 전출입신고서를 작성한다. "아돌프 히틀러, 건축화가, 빈 출신." 안나 포프는 쪽지를 들고 두 아이 요제프와 엘리제에게 간다. 각각 열두 살, 여덟 살이다. 안나 포프는 아이들에게 새로운 세입자가 들어왔으니 이제부터는 더 조용히 놀아야 한다고 이른다.

히틀러와 호이슬러는 옹색한 방의 방세로 일주일에 3마르크를 지불한다. 히틀러는 빈에서와 똑같은 생활을 이어간다. 술과 여자를 멀리한 채, 매일 한 장의 수채화를 그린다. 가끔은 심지어 두 장이나 그린다. 이제 아우구스티너 교회 대신 프라우엔 교회를 그린다. 그 밖에는 모든 것이 예전과 똑같다. 그는 뮌헨에 온 지 겨우 이틀 만에 이젤을 구해 시내에 자리를 잡는다.

히틀러는 시내 관광을 끝내자 뮌헨의 거대한 맥줏집들을 돌아다니고 저녁에는 호프브로이하우스에서 관광객들에게 베두타*를 팔아보려고 한다. 보석상 파울 케르버도 가끔씩 그의 그림들을 팔아주고 젠들링어슈트라세의 슈넬 화장품가게도 그의 그림들을 팔아준다.

히틀러는 마침내 수채화 한 점이 팔리기가 무섭게 벌어들인 돈 2, 3마르크를 브레첼**과 소시지로 바꾼다. 하루종일 아무것도 먹지 못하는 날이 많

---

* 정밀한 풍경 그림. 이탈리아어로 '전망' '조망'을 뜻함.
** 반죽을 가늘고 길게 해서 하트 모양으로 꼰 빵으로 굵은 소금이 뿌려져 있다. 딱딱하지 않고 쫄깃한 것이 특징이다.

기 때문이다. 그래도 이 정도 돈이면 여러 가지를 얻을 수 있다. 1913년에는 맥주 1리터가 30페니히이고, 달걀 한 개가 7페니히, 빵 500그램이 16페니히, 우유 1리터가 22페니히다.

히틀러는 매일 정각 오후 5시에 집에서 가까운 하일만 빵집에 가서 5페니히를 주고 롤빵 한 조각을 산다. 그리고 대각선으로 맞은편에 있는 후버 우유가게에 가서 우유 500밀리리터를 산다. 이게 그의 저녁식사다.

미술아카데미에 입학하지 못한 화가 아돌프 히틀러는 빈에서도 그랬듯이 뮌헨의 아방가르드 예술과는 아무 관계가 없다. 1913년 뮌헨에서 선풍을 일으켰던, 피카소, 에곤 실레, 프란츠 마르크의 "퇴폐예술" 전시회를 그가 관람했는지는 알려져 있지 않다. 거부당한 자, 히틀러에게는 자기 세대에 성공한 예술가들이 평생 동안 낯선 이들일 뿐이었고, 그는 의심과 질투심과 증오심으로 그들을 주시했다.

히틀러는 집에 돌아오면 차를 마실 뜨거운 물을 얻기 위해 주인집 문을 두드린다. 그는 늘 "부탁해도 될까요?"라고 말하면서 자기 주전자만 바라본다. 재단사 포프는 왠지 그게 신경에 거슬려서 이렇게 말한다. "같이 앉아서 뭐 좀 드세요, 아주 굶주린 것처럼 보인다구요." 그러나 히틀러는 그 말에 깜짝 놀라 찻주전자를 들고 자기 방으로 도망친다. 그 방에서 지낸 1913년 내내 단 한 사람도 히틀러를 찾아오지 않는다. 히틀러는 낮에는 그림을 그리고 밤에는 룸메이트 호이슬러의 짜증을 견디며 3~4시까지 정치 선동 기사와, 국회의원이 되어 바이에른 주의회에 들어갈 수 있는 방법을 알려주는 안내서를 읽는다. 어느 날 그것을 본 재단사의 아내가 그런 터무니없는 정치책들은 놔두고 차라리 예쁜 수채화를 그리라고 말한다. 그러자 히틀러는 이렇게 말한다. "친애하는 포프 부인, 인생에서 무엇이 필요하고 무엇이 필요 없는지 사람들이 압니까?"

◆

에른스트 로이터*는 부모님에게 보내는 편지에 이렇게 쓴다. "베를린 자체가 제게는 몹시 혐오스럽습니다. 먼지와, 마치 1분이 10마르크라도 되는 것처럼 내달리는 끔찍하게 많은 사람들." 한 도시의 비밀을 이렇게 빨리 파악하는 사람이 나중에 그 도시의 시장이 되는 법이다.

◆

슈테판 게오르게는 5월 말에 하이델베르크에 와서 언제나처럼 슐로스베르크 49번지의 하숙집에 묵는다. 그는 오순절五旬節**에 모든 제자를 이곳에 집합시키려고 한다. 그러나 일단 너무 더워서 게오르게는 수영장으로 간다. 물론 수영을 하려는 것은 아니다. 마치 흉상처럼 인생을 방랑했던 그 예언자는 절대로 수영은 하지 않을 것이다. 그는 지금 한 귀여운 곱슬머리 소년을 보러 가는 것이다. 그 소년은 이제 겨우 열일곱 살인 김나지움 학생이자 교수의 아들로 전형적인 게오르게의 제자가 될 페르시 고트하인이다. 게오르게는 3년 전에 네카 강 다리 위에서 이리저리 훔쳐보다가 그 소년을 발견하고는 군돌프 형제에게 "고대 부조와 닮았으니 저 소년의 사진을 찍

---

* 독일의 정치가로 공산주의자였다. 1931년에 막데부르크 시장, 1948년에 서베를린 시장이 되었다.
** 부활절 후 50일째 되는 날로 성령 강림을 기념하는 날.

을 만한 가치가 있습니다"라고 소곤거렸다. 얼마 안 있어 정말 그 사진을 찍게 되었다. 곧 소년은 빙엔에서 어머니와 함께 살고 있는 게오르게를 찾아온다. 게오르게는 소년에게 넥타이 매는 법을 가르쳐주고(친절한 심리학적 클리셰들이다), 자신의 벨벳 바지를 빌려준다. 그러나 1913년 어느 5월 오후에 넥타이도, 벨벳 바지도 없이 네카 강가에 있던 소년은 탈의실 앞 풀밭에 누워 있는 슈테판 게오르게를 발견한다. 페르시가 솔직하게 들려주기를, 두 사람의 대화는 곧 "고대 그리스 민족에 대한 얘기로 빠져들었다. 두 사람의 대화는 아주, 심지어 보통 사람들이 생각하는 것보다 훨씬 더 적나라했다". 그리고 기타 등등에 관해서. 저녁이 되면 슈테판 게오르게는 위대한 작품『동맹의 별』을 계속 집필한다. 이 동맹은 비밀로 위장되고, 신화처럼 난해하며, 몽유병자 같은 시구로 찬미된 소년에 대한 사랑이다.

◆

1913년에 알베르트 슈바이처는 일기장에 이렇게 적는다. "모든 인간이 열네 살 적 그대로 머문다면 얼마나 좋을까." 아, 어쩌면 오히려 그러지 않는 것이 더 나을 수도 있다. 1913년 초에 베르톨트 브레히트는 아직 열네 살이다. 그의 일기를 읽은 사람들이 그가 나중에 열네 살 때의 모습과는 다른 사람이 된 것을 기뻐한다. 어쨌든 그는 게오르게의 제자로서 전혀 고려 대상이 되지 못했을 것이다. 너무 못생기고, 너무 성급하고, 너무 투덜거려서.

아우크스부르크 왕립 레알김나지움* 학생인 브레히트는 겨우 단어장 크

---

* 자연과학과 근대 언어를 중시한 고등학교.

기밖에 안 되는, 세련된 푸른색 격자무늬 종이로 된 일기장에서 끝없는 봄날의 "천편일률"과 "무미건조"를 한탄한다. 산책, 자전거 타기, 체스, 그리고 독서가 그나마 도움이 된다. 브레히트는 실러, 니체, 릴리엔크론, 라거뢰프를 읽고 열심히 기록한다. 그러고는 일기장에 사춘기의 멋진 서정시들을 풀어놓는다. 달과 바람, 길과 저녁식사에 관한 시들. 그러다가 1913년 5월 18일이 된다. 그사이 열다섯 살이 된 브레히트는 "비참한 밤"을 겪게 된다. 더 정확하게 말하자면, "11시까지 격심한 심장박동이 있었다. 그러다가 잠이 들었고 12시에 잠에서 깼다. 너무 심해서 엄마에게 갈 정도였다. 끔찍했다". 그러나 곧 괜찮아진다. 바로 다음 날 그는 일어나 시를 짓는다. 그 무렵 아우크스부르크의 5월은 따뜻해서, 그는 시에 「여름」이라는 제목을 붙인다.

나는 풀숲에 누워 있네
까마득히 오래된, 아름다운 보리수 그늘 아래
햇빛에 반짝이는 풀밭 위의 풀들은 모두
바람에 가만히 고개 숙이네

1913년에 브레히트는 아직 홀로 보리수 아래 누워 있다. 그러다가 곧 함께 자두나무 아래 누워 있게 된다. 브레히트의 세기의 시이자, 아우크스부르크 시절 첫사랑을 확인해주는 시 「마리 A.에 대한 회상」이 말해주듯이. 1913년에도 나무에 관한 시를 짓는 일이 브레히트에게 진정 효과가 있었다. 엄마 침대로 기어들어간 다음 날, 그러니까 5월 20일에 브레히트는 이렇게 적고 있다. "오늘은 좀 나아졌다." 그러나 바로 다음 날에는 또 이렇게 전한다. "오전에는 꽤 좋았음. 오후가 된 지금 병이 재발. 등이 쑤심." 브레히트의 증세가 건강염려증인지 진짜 부정맥인지 구분하기는 어렵다. 어쨌든 곧 브레히트가 찾아간 의사는 "신경성 통증"이라고 진단한다. 그러니까 브레히트는 벌써 열다섯의 나이에 자랑스럽게도 프란츠 카프카, 로베르트 무질과 똑같은 증세를 겪고 있는 것이다.

인생관에서도 브레히트와 이 두 신경성 질환자 사이에 놀라운 유사성이 있다. 이 봄에 쓴 브레히트의 시 「여자친구」에서 드러나듯이.

> 너는 묻네, 사랑이 무엇이냐고
> 나는 사랑을 느끼지 못하네
> 너는 묻네, 기쁨이 무엇이냐고
> 내게는 한 번도 기쁨의 불꽃이 일지 않았네
> 너는 묻네, 걱정이 무엇이냐고
> 그건 나도 알지,
> 그건 나의 여자친구,
> 그녀는 나를 사랑한다네!

바로 아우크스부르크에서 한 소년이 겪는 걱정에 대한 걱정 이야기다. 도대체 1913년 5월에는 기분좋은 사람이 아무도 없단 말인가?

◆

물론 아니다. 그건 그렇고, 5월 31일에 페터 프랑켄펠트가 태어난다.

◆

　루돌프 마르틴의 멋진 책 『1913년 북독일의 백만장자 귀족들』이 출간된다. 그 책에는 포메른, 슐레지엔, 알트프로이센, 브란덴부르크 출신의, 재산이 100만 마르크가 넘는 귀족 917명의 명단이 들어 있다. 대부분, 그리고 특히 부유한 이들은 슐레지엔에 산다. 순위 맨 위에는 오펠른*의 노이데크 성에 사는, 자산 2억 5000만 마르크에 연 수입이 1300만 마르크가 넘는 헨켈 폰 도너스마르크 후작 가문이 있다.

◆

　'다리'가 무너진다. 1913년 5월에 다리파가 최종적으로 해체한다. 키르히너가 쓴 '다리파' 연감이 에리히 헤켈과 슈미트로틀루프를 도발한다. 키르히너는 연감에서 자기가 다리파의 지도자인 것처럼, 표현주의적인 목판화와 표현주의적인 조각술의 창시자인 것처럼, 이 미술 운동의 영적 지도자인 것처럼 묘사한다. 키르히너는 『다리파 연감』의 표지를 위해 회원들의 초상화가 그려진 목판화를 만들었다. 자기 얼굴을 왼쪽 위에 그려넣었는데, 진심으로 하는 말이지만, 그의 머리 주위를 작은 후광이 감싸고 있다. 그리고 다리의 아치는 키르히너의 서명인 "E L Kirchner"가 받치고 있다. 다른 회원의 눈으로 볼 때 이것은 자기중심적인 행위였고 사실이 아니었다. 그러나 미술사의 관점에서 볼 때 이것은 사실이다. 키르히너는 위대한

---

* 슐레지엔의 산업과 교통 중심지인 현재의 폴란드 오폴레.

거장에 속하는 천재다. 그리고 밝은 시기에는, 다시 말해 우울증, 마약, 약물이 그의 뇌를 혼탁하게 만들지 않았을 때는 스스로도 그 사실을 잘 알고 있었다. 어쨌든 이 일로 결국 큰 싸움이 벌어지고, 슈미트로틀루프와 에리히 헤켈은 1913년 5월 27일에 예술가동맹 '다리파'의 수동적인 회원들에게 해체를 알리는 편지를 작성한다. 페히슈타인은 이미 1년 전에 탈퇴했다. 그가 다른 회원들의 허락 없이 베를린 분리파 전시회에 자기 작품을 출품했기 때문이다. 키르히너는 이것을 "배신" 행위라고 느꼈다.

"이로써 서명자들은 조직으로서의 화가 집단 '다리파'를 해체하기로 결정했음을 여러분에게 알려드리는 바입니다. 쿠노 아미에트, 에리히 헤켈, E. L. 키르히너, 오토 뮐러, 슈미트로틀루프, 1913년 5월 27일 베를린에서." 그러나 편지에는 네 사람의 서명만 있다. 키르히너는 서명하지 않는다.

카를 슈미트로틀루프는 이 편지를 부치자마자 곧장 짐을 싼다. 그는 베를린을, 아름다운 시골풍의 화법을 지켜온 그에게는 늘 낯설었던 도시, 그자신과 그의 미적 감각에 해를 끼쳤던 이 도시를 떠날 수밖에 없다. 키르히너의 경우는 아주 달랐다. 키르히너는 이 도시에 와서 비로소 자기 자신을 찾았다. 키르히너의 예술은 도시적이다. 슈미트로틀루프의 그림은 늘 시골풍이다. 슈미트로틀루프는 바닷가로, 최대한 멀리 가려고 한다. 그래서 그는 쿠리셰 네룽에 있는 니덴으로 간다. 그리고 그 마을 주민 가운데 유일하게 방을 세주는 헤르만 블로데의 여관에 묵는다. 곧 슈미트로틀루프는 바닷가에서 지금은 아무도 살지 않는, 어부의 소박한 오막살이를 발견한다. 전에 막스 페히슈타인이 두 번의 여름을 지낸 곳이다. 슈미트로틀루프는 화구를 풀고 5월 31일에 한 친구에게 엽서를 쓴다. "보다시피 나는 여기 니덴까지 왔네. 한동안 이곳에서 지낼 걸세. 진기한 곳이네!" '다리파'를 둘러싼 다툼과, 앞으로만 내달리는 소모적인 대도시 베를린에 지칠 대로 지친 슈미트로틀루프는 네룽에서 자기 자신으로 돌아온다. 광야, 소나무, 석호, 그리고 모래, 모래, 모래, 끝없이 펼쳐진 모래언덕. 그는 이것들을 수채화와 유화에 담아 최초의 인류가 스스로를 죄 없는 존재로 여기던 천국으로 만든다. 그 가운데 〈소나무 숲을 비추는 태양〉이라는 제목의 그림이 있는데, 이 그림을 보면 남태평양에 와 있는 듯한 느낌이 든다. 슈미트로틀루프는 처음으로 거대한 누드화를 그리고, 모래언덕에 있는 여자들을, 펜화를, 목판화를 그린다. 이것은 예술적 해방이다. 그는 어부의 아내들과 아이들을 그린다. 모두 발가벗은 모습으로 자연스럽다. 슈미트로틀루프의 예술이 이제 막 시작되는 이 여름의 바닷가에서처럼 그렇게 관능적이었던 적은 일찍이 없었던 것 같다. 그가 그린 얼굴들은 오세아니아의 목각처럼 단순하고 무표정하지만, 몸은 생명력이 넘친다. 그러나 슈미트로틀루프는 자신의 누드화에 관해 글을 쏠 때는 다시 움츠러들어 이성적인 인간으로 돌아오고 만다. "가슴에 다른 의미는 없다. 그것들은 에로틱한 순간이다. 그러나 나는 그것을 체험의 피상성으로부터 해방시켜, 이른바 우주적인 찰나와 지상의 찰나 사이에 하나의 관계를 만들어내고 싶다." "세계의 탈주술화"가 아니라 '우주적인 가슴들'이라니! 이제까지 전혀 연구되지 않은, 그동안 완전히 간과된, 1913년의 해부학적 발견이다.

◆

5월에 베를린은 20세기 들어 가장 중요한 사회적 사건을 준비하고 있다. 바로 5월 24일에 있을, 프로이센의 빅토리아 루이제 공주와 하노버 왕가의 에른스트 아우구스트 공의 결혼식이다. 신랑 신부는 운터덴린덴 가를 행진하고, 수천 명의 사람들이 거리에서 환호한다. 그리고 베를리너 타게블라트 신문의 기사처럼, 특별한 순간이 온다. 바로 민주제와 군주제가 부동의 동시성 속에 있는 것이다. 정확하게 말해서, "민주적인 버스가, 귀족적인 예식마차 앞에서 마차가 지나가기를 기다리고, 그런 다음 예식마차가 멈춰서서 버스가 지나가기를 기다리는 모습은 진정 가슴 찢어지는 광경이다". 러시아 차르 니콜라이 2세는 물론 영국의 왕 조지 5세도 결혼식에 참석하기 위해 베를린과 포츠담으로 온다. 그리고 그 옆에는 왕위에 오른, 그리고 왕위가 없는 전 유럽의 수많은 지배자들이 모여 있다. 이 결혼식은 특히 외교적인 사건이었다. 베를리너 타게블라트는 대영제국의 왕과 러시아 차르의 회합을 이렇게 논평했다. "물론 이번 방문은 정치적인 것은 아니었다. 그러나 지난겨울의 격앙된 정세들을 고려하면, 3국 협상의 결정적인 영향력을 지닌 군주들이라고 할, 러시아와 대영제국의 지배자들이 동시에 독일 황제의 손님으로 와 있다는 것은 국제 정세의 긴장 완화를 보여주는 환영할 만한 모범으로 보아야 했다. 그런 유의 사적인 만남이 내각의 정치적 입장에도 영향을 끼친다는 것은 자명한 일이다. 비록 모든 면에서 평화 의지를 더 날카롭게 강조하는 의미일지언정."

이렇게 전례 없이 전 세계의 군주들이 5월 24일 오후 5시에 있을 결혼식을 위해 수백 개의 촛불을 밝힌 성내 예배당에 모여 있었다. 오직 오스트리아의 황태자 프란츠 페르디난트만 초대받지 못했다. 그는 빈에서도 이미 신분에 걸맞지 않은 아내 때문에 외면당하고 트집잡히기는 했지만* 유럽

---

* 프란츠 페르디난트 대공은 아내 소피 호테크 백작부인이 황태자의 신분에 못 미친다는

무대에서의 이 공개적인 굴욕은 그에게 새로운 충격이었다. 손님들은 이른 아침까지 파티를 한다. 그러나 아침식사 전에, 왕들과 차르는 자국의 비밀 정보부로부터 빈에서 일어난 사건을 전해 듣는다. 레들 대령의 죄가 드러나 그가 권총으로 자살했다는 소식을. 가장 중요한 정보원이 없어졌지만 차르는 아무렇지 않은 척한다. 그는 아침식사용 삶은 달걀의 머리를 깨뜨리며 잡담을 나눈다. 형식은 지켜진다.

◆

파리에 있는 릴케는 힘든 봄을 보내고 있다. 그는 또 시를 거의 못 쓰고 있다. 그도 생활인으로서 살아가야 하는 것이다. 적어도 흉내라도 내야 한다. 친구들과 지인들이 만나자고 하고, 그래서 그는 아침식사 하러 가고, 점심식사 하러 가고, 저녁식사 하러 가고, 앙드레 지드, 앙리 반 데 벨데, 인젤 출판사 발행인 안톤 키펜베르크, 로맹 롤랑, 슈테판 츠바이크를 만난다. 릴케는 이렇게 한탄한다. "나는 사람들과 어울리는 게 힘들다." 릴케는 특히 오랜 친구이자 영웅인 오귀스트 로댕과 불편한 오해와 관계의 미로 속에 빠져 있다. 한때 릴케는 로댕에 관한 책을 써서 독일에서 로댕을 조각의 신으로 만든 바 있다. 그러나 이제 고집 센 조각가 로댕은 릴케가 자기 아내 클라라 릴케베스트호프를 위해 흉상 모델을 서달라고 간청해도 들어주지 않을 것이다. 클라라는 이미 오래전에 릴케와 헤어져 딸과 단둘이 살고 있

이유로 아내와 자녀들의 왕위 계승권을 포기한 후에야 결혼 승인을 얻었고, 그의 아내는 끝까지 대공비로서 동등한 대우를 받지 못했다.

지만 릴케는 여전히 그녀에게 책임감을 느낀다. 이번 건으로 클라라가 예술적 돌파구를 만들도록 돕고 싶다. 그러나 로댕은 완강하다. 릴케는 이 일을 오래도록 불쾌하게 생각한다. 게다가 인젤 출판사에서 나온 그 책의 개정판에 넣을 새로운 사진들 문제로 논의하기 위해 릴케가 키펜베르크와 함께 로댕을 찾아갔을 때, 로댕은 한참 고민하더니 그 사진들을 도로 가져가 버린다.

파리에서, 절망에 빠진 채, 땡전 한 푼 없는(클라라는 릴케의 절친한 친구 에바 카시로부터 재정적인 도움을 받아 간신히 연명하고 있다) 클라라는, 로댕 초상을 조각하는 일에 모든 것을 걸었다. 릴케는 전 애인이자, 여전히 절친한 시도니 나드헤르니에게 자기 아내의 초상화 모델을 서달라고 부탁한다. 그는 방금 시도니 나드헤르니를 콰이 볼테르 호텔에 묵게 했다. 릴케는 그런 주선을 불쾌하게 여기는 것 같지 않다. 과거의 상처를 조화의 붕대로 감을 수 있다면 그로서는 가장 좋을 일일 것이다. 시도니는 자랑스럽게 머리를 곧추세우고 자신의 장점이 돌 속에 새겨지게 한다. 그런데 5월 28일에 뮌헨에서 그녀가 아끼는 오빠 요하네스 폰 나드헤르니가 권총으로 자살한다. 시도니는 무너져 우울증에 빠지고 만다. 릴케도 마찬가지다. 릴케는 키펜베르크에게 보내는 편지에서, 보헤미아에 있는 마법에 걸린 듯한 나드헤르니 성에서 만나 친하게 지내던 요하네스의 죽음으로 "작은 붕괴"를 겪었다고 쓴다. "그리고 그 전에 이미 로댕과의 새로운 다툼 때문에도. 8년 전의 다툼만큼이나 뜻밖입니다만 이번 싸움은 돌이킬 수 없는, 다시는 화해할 수 없는 싸움이 될 것 같기 때문입니다."

시도니는 충격에 빠져 파리를 떠나고, 일이 없어진 클라라는 도망치듯 뮌헨으로 돌아가고, 릴케는 그녀들과 다시 거리를 두고 사랑할 수 있게 된데 어느 정도 안도감을 느끼면서 편지와, 말과, 위로로 두 사람을 끌어안는다. 그건 릴케도 할 수 있는 일이다. 클라라는 뮌헨에서 계속 흉상을 작업한다. 아직 슬픔을 모르는 흉상을. 가을에 시도니가 클라라를 찾아가 그 흉상을 처음 보게 되었을 때 그녀에게는 이미 새로운 남자친구가 있었다. 그는 바로 카를 크라우스다.

◆

1913년 파리의 문화 네트워크와, 독일의 플레이보이이자, 유미주의자이자, 댄디이자, 문화 전달자이자, 전설적인 일기 저자인 하리 케슬러 백작에 대한 감을 잡으려면 대표적으로 1913년 5월 14일 하루를 살펴보는 것만으로 충분하다. 그날 케슬러 백작은 늦잠을 자고 일어나 리츠 호텔에서 앙드레 지드와 이고리 스트라빈스키를 만나 이른 점심을 먹고, 뒤이어 세 사람은 함께 전설적인 러시아 무용수이자 안무가인 니진스키와 댜길레프의 새로운 발레 리허설을 보러 간다. 음악은 클로드 드뷔시가 맡았다. 그들은 쉬는 시간에 드뷔시, 장 콕토와 수다를 떤다. 그러다가 리허설 중간에 갑자기 싸움이 벌어진다. 스트라빈스키도 소리 지르고, 드뷔시도 소리 지르고, 댜길레프도 소리 지른다. 그러나 그들은 곧 다시 화해하고 나란히 앉아 샴페인을 마신다. 케슬러는 그날 밤 일기에 털어놓기를, 드뷔시 음악이 "얄팍하다"고 생각한다. 그러나 위대한 니진스키의 무용복은 더 심하다고 생각한다. 검은 벨벳 테두리가 있는 하얀색 반바지와 초록색 멜빵, 이것은 하리 케슬러 백작이 보기에도 "남자답지 못하고 우스꽝스럽다". 몰취향의 러시아인 니진스키가 교양 있는 독일-프랑스 스타일리스트를 만난 것이 얼마나 다행인가. "콕토와 나는 그에게 내일 초연 전에 빨리 윌릭스에서 운동팬츠와 운동셔츠를 사라고 설득했다." 그리고 니진스키는 그 말을 따랐다.

◆

 정확히 2주 뒤, 파리의 특별한 5월에, 샹젤리제 극장에서 스트라빈스키의 〈봄의 제전〉 총연습이 거행된다. 하리 케슬러 백작은 이번에는 리허설에 가지 않고 곧장 라루에서 열리는 리허설 뒤풀이에 간다. 니진스키, 모리스 라벨, 앙드레 지드, 댜길레프, 스트라빈스키와 함께였는데, "내일 저녁 초연 때 소동이 벌어질 것이라는 의견이 팽배했다". 그리고 실제로 그렇게 된다. 음악-무용의 종합예술작품인 〈봄의 제전〉 초연은 파리에 엄청난 충격을 주었고, 그 충격파가 뉴욕과 모스크바에까지 미치는 일대 사건이 되었다. 5월 29일 오후 8~10시에 일어난 일은, 목격자들 스스로 역사적 사건에 함께하고 있다고 느끼게 만든, 아주 희귀한 순간이었다. 하리 케슬러 백작도 초연에 참석했다. "아주 새로운 안무와 음악. 완전히 새로운 비전, 처음 보는 것, 마음을 사로잡는 것, 그럴듯한 어떤 것이 갑자기 내 눈앞에 있었다. 예술이 아니면서 동시에 예술인 새로운 종류의 야만성이다. 모든 형식을 파괴하고, 혼돈에서 갑자기 새로운 형식이 나타난다." 케슬러가 그날 밤 3시에 일기장에 적은 이 말은, 1913년 전 세계를 사로잡은 모더니즘의 물결을 가장 간단명료하고, 가장 적절하게 표현하고 있다.
 5월 29일 저녁에 모인 파리 관객은 구 유럽의 가장 고상하고 가장 교양 있는 관객이었다. 특별석에 채권자를 피해 이탈리아에서 파리로 도망쳐 온 가브리엘레 단눈치오도 앉아 있었다. 그리고 또다른 특별석에는 클로드 드뷔시가 앉아 있었다. 코코 샤넬은 1층 객석에 앉아 있고 마르셀 뒤샹도 마찬가지다. 뒤샹은 나중에, 이날 저녁의 "아우성과 날카로운 부르짖음"을 평생 잊을 수 없었다고 말한다. 스트라빈스키의 음악은 고대의 근원적인 힘을 무대로 불러냈다. 이미 표현주의 예술의 모범이 된 저 아프리카인과 오세아니아인의 원시성이 이제 문명의 중심, 다시 말해 샹젤리제 극장에서도 약동하는 생명으로 깨어났다.

파곳* 솔로의 극도로 높은 첫 음에서부터 이미 폭소가 터져나왔다. 깜짝 놀라 어안이 벙벙해진 관객은 이게 음악인지, 봄의 폭풍인지, 지옥의 아비규환인지 모를 지경이다. 사방에서 북소리가 들리고, 무대 앞에서는 무용수가 발가벗은 채 무아지경에 빠진 몸짓을 하고 있다. 파리 시민들은 웃다가 이것이 진지한 상황이라는 것을 깨닫자 비명을 질러댔다. 반면에 값싼 좌석에 앉아 있는 모더니즘 추종자들은 박수를 쳤다. 광란의 음악은 계속 이어지고 무용수들은 한덩어리가 되고, 소음 때문에 음악은 더이상 들을 수 없을 지경이다. 1층 객석 어디선가 모리스 라벨이 끊임없이 "굉장해!"라고 외쳤다. 이 발레의 안무를 맡은 니진스키는 성난 휘파람을 불어대는 관객에 맞서 리듬에 맞춰 손가락을 두드린다.

스트라빈스키가 예감했던 대로 13번 곡**에서 소요가 일어난다(13이라는 숫자의 마력을 믿는 음모이론가 아르놀트 쇤베르크가 봤으면 신바람이 났을 것이다). 무용수들은 무아지경에 빠져 있고, 극장 경영자는 사태의 악화를 피하기 위해 한창 공연중에 불을 끈다. 그래도 무용수들은 앞에서 춤을 계속 추

---

* 바순.
** 처녀를 태양신에게 바치는 희생의 춤을 묘사한 곡.

었고 다시 불이 들어오자 1층 객석의 관객들은 혼란스러운 감정을 느낀다. 그들이 곧 무대이고, 무용수들이 관객인 것 같다. 무용수들과 마찬가지로 공연을 중단하지 않았던 지휘자 피에르 몽퇴의 엄숙한 침착함 덕분에 마지막 소절까지 공연을 마칠 수 있었다. 다음 날 아침 피가로에는 이런 기사가 실린다. "무대는 인간성을 재현했다. 오른쪽에서는 힘센 젊은이들이 꽃들을 꺾고, 그사이 300살은 된 한 여인은 미친 듯이 그 주위를 돌며 춤을 춘다. 무대 왼쪽에서는 한 늙은 남자가 별을 연구하고 있고, 그사이에 여기저기에서 빛의 신에게 제물들이 바쳐진다. 관객은 도저히 참을 수 없었다. 관객은 즉시 휘파람을 불며 야유했다. 며칠 전이었다면 혹시라도 박수갈채를 받았을지 모르겠다. 자기가 방문한 나라들의 예의범절과 풍습을 잘 모르는 러시아인들은, 그들의 무지몽매함이 최악에 이르면 프랑스인들이 즉시 항의하리라는 것을 알지 못했다." 이 말에 스트라빈스키는 경악한다. 그는 이날 저녁의 일로 깊은 혼란에 빠진다. 그러면서도 그는 자기가 세기의 걸작을 만들어냈다는 것을 예감한다. 파리에서 인기 있는 작은 모자가게를 운영하는, 그리고 이날 저녁 위대한 러시아 작곡가를 처음 본 코코 샤넬도 그의 말에 맞장구를 쳤을 것이다. 그리고 그녀는 훗날 그의 연인이 된다.

◆

지구의 중심으로 들어가는 두 여행. 피에로 지노리 콘티는 토스카나의 라르데렐로에서 지구 내부의 물을 전기 생산에 이용하는 데 성공한다. 지열이 발견된 것이다. 그와 동시에 마셜 B. 가드너는 지구 내부에 아직도 매머드가 살고 있다고 주장하는 책을 쓴다. 매머드는 멸종한 게 아니라 더 따뜻한 곳으로 이동했을 뿐이라는 것이다.

◆

빈에서는 오스카 코코슈카가 구스타프 말러의 미망인이자 자신의 연인인 알마의 침대 크기만 한 캔버스 위에 계속 그림을 그리고 있다. 그는 바로 얼마 전에 알마가 둘 사이의 아이를 낙태해서 깊은 고통에 빠져 있다. 그는 둘의 사랑의 열매를 없앤 그녀를 용서할 수 없다. 그는 알마를 비난하듯, 둘의 아이(그가 생각하기에 예술가의 삶을 살았을)와 함께 있는 알마의 그림을 그리고 또 그린다. 알마가 빈의 병원에서 낙태할 때 그 자리에 함께 있었던 코코슈카는, 피 묻은 솜을 자기 아틀리에로 가져왔다. 끊임없이 이렇게 중얼거리면서. "내 유일한 아이였을 거야." (비극적이게도 그의 말이 맞았다.)

그러면서도 그는 여전히 알마와의 섹스에 사로잡혀 있고, 알마가 선심을 베풀 때만 작업할 수 있다. 그는 날마다 아틀리에에서 알마의 현란한 빨간색 나이트가운을 입고 있다. 두 사람이 처음 사랑을 나누었을 때 그가 찢어 벗긴 이 옷을 그는 그림을 그릴 때마다 늘 입고 있다. 코코슈카는 1913년에만 알마의 그림을 거의 100번이나 그린다. 이것은 분노, 광기, 희열로 가득한 위험한 사랑이다. 알마의 표현대로 "지옥이자, 천국이다". 코코슈카는 사랑을 나눌 때 알마가 자기를 때려주길 원했다. 그러나 알마는 그것을 좋아하지 않았고, 그 때문에 코코슈카는 날마다 편지에 이렇게 애원한다. "당신의 그 예쁘고 사랑스러운 손으로 나를 때려주지 않겠어?"

키스를 하면서도 그는 살인 계획과 분노를 외친다. 이것은 분명 지옥 같은 기쁨이었음에 틀림없다.

코코슈카의 질투심은 도가 지나쳐서 그는 밤에 알마의 집을 떠날 때면 그 어떤 남자도 계단을 올라 자기 애인에게 가지 않는다는 확신이 들 때까지, 심지어 가끔은 4시까지 길거리에서 기다리곤 한다. "나는 그 어떤 낯선 신이든 내 옆에 있는 것을 참을 수 없다"고 코코슈카는 멋지게, 그리고 바보스러울 정도로 솔직하게 쓰고 있다. 그의 불타는 질투심은 특히, 알마의 죽은 남편 구스타프 말러에게까지 뻗친다. 그 때문에 알마는 번번이 말러의 데드마스크 바로 밑에서 사랑을 나누어야 한다. 그리고 예술적 천재와 예술성에 대한 뛰어난 직감을 지닌 그녀였기에 이 특별한 5월에 당연히 파리에 있었던 알마에게 코코슈카는 이렇게 애원한다. "나의 사랑하는 알미, 제발 당신의 달콤한 육체를 치근대는 눈길로부터 보호하고, 그 누구의 손길이든 그 어떤 낯선 눈길이든 당신의 아름다운 육신의 성역에 닿는 것은 신성모독이라는 것을 잊지 마." 5월 말이 되자 제식은 주술이 된다. 코코슈카는 파리에 있는 호텔로 애원이 담긴 편지를 보낸다. "당장 당신을 아내로 삼아야겠어. 안 그러면 가엾게도 나의 위대한 재능이 사라지고 말 거야. 당신은 밤이면 마법의 영약처럼 나를 소생시켜야 해." 알마는 서서히 두려움을 느끼기 시작한다. 그녀는 차라리 파리에 일주일 더 머물기로 결정한다.

◆

1913년 여름 카를 슈테른하임이 집필중인 희곡 「속물」에는 저 위대한 아에게AEG* 사장이자 낭만주의자이자 작가이자 정치가이자 사상가이고,

당대의 가장 자아도취적인 인물인 발터 라테나우에 대한 풍자가 열 번도 넘게 암시되어 있다.「속물」초연 때, 라테나우 바로 옆에 앉았던 슈테른하임의 아내 테아는 무대 위에서 묘사되고 있는 인물이 바로 그 자신이라는 것을 라테나우가 알아차릴까봐 조마조마했다. 그러나 자아도취는 보호기능도 한다. 라테나우는 동요하지 않는다. 다만 나중에 그는, 그 작품을 다시 한번 자세히 읽어봐야겠다고 말할 뿐이다.

◆

스물일곱 살의 루트비히 미스 반데어로에는 베를린으로 돌아와 건축가로서 독립한다.

◆

막스 베크만은 일기장에 이렇게 쓴다. "인간은 1등급 돼지이고, 앞으로도 그럴 것이다."

---

* 1883년에 에밀 라테나우가 설립한 독일의 전기·전자제품 제조회사. 1996년에 다임러벤츠에 합병되었고, 스웨덴의 가전회사 엘렉트로룩스가 AEG 브랜드를 매입했다.

6월

1913 DER SOMMER DES JAHRHUNDERTS

～ 전쟁은 절대 일어나지 않는다는 것이 확실해지는 달이다. 게오르크 트라클은 누이를 찾아 헤매고 지옥불로부터의 구원을 희구한다. 토마스 만은 다만 평온을 바랄 뿐이다. 프란츠 카프카는 일종의 청혼을 하지만 잘되지 않는다. 그는 공시선서와 청혼을 혼동했다. D. H. 로런스는 『아들과 연인』을 출간하고 세 아이의 어머니인 프리다 폰 리히트호펜과 함께 오버바이에른으로 도망친다. 그녀는 채털리 부인의 모델이 된다. 그 밖에는 도처에서 사람들의 신경이 곤두서 있다. 영화관에서는 아스타 닐센이 〈아버지들의 죄〉에서 미지의 걸작을 망치고 있다. 독일군은 계속 증강된다. 헨켈 트로켄은 독일-프랑스의 친교를 반긴다.

이제 또다시 전쟁 같은 건 일어날 수 없을 것이다, 라고 노먼 에인절*은 확신했다. 1910년에 나온 그의 책 『거대한 환상』이 세계적인 베스트셀러가 되었다. 1913년에 그는 「독일 총학생에게 보내는 공개서한」을 써서 크게 주목을 받는데, 이 서한을 통해 그의 주장이 더욱 널리 퍼져나간다. 그와 나란히 이 책의 4판이 출간된다. 베를린, 뮌헨, 빈의 지식인들은 발칸으로부터 점점 더 심란해지는 잡음이 북쪽으로 몰려오는 초여름에, 이 영국 저널리스트의 책을 읽으면서 마음이 편안해진다. 에인절은 지금의 세계화시대에는 모든 나라가 경제적으로 긴밀하게 연결되어 있기 때문에 세계대전이 일어날 수 없다고 주장한다. 그리고 경제적 네트워크 말고도 정보 통신과, 특히 금융권에서의 국제적 연계 때문에도 전쟁은 무의미한 짓이라고 말한다. 에인절은, 독일군이 영국군과 경쟁이 된다 해도 "독일의 중요한 설비들이 하나도 남김 없이 심각한 피해를 입을 것"이라고 주장한다. 따라서 "독일 무역에 파멸을 초래할 상황을 막기 위해 독일의 전 금융권이 독일 정부에 영향력을 행사할 것이기 때문에" 전쟁은 막을 수 있다는 것이다. 에인절의 주장에 전 세계 지식인들이 설득당했다. 스탠퍼드 대학 총장 데이비드 스타 조던은 1913년에 에인절의 책을 읽고서 다음과 같이 호언장담했다. "끊임없이 위협하는 유럽의 전쟁은 결코 일어나지 않을 것이다. 은행가들이 그런 전쟁에 필요한 돈을 조달해주지 않을 것이고, 산업도 전쟁을 유

---

* 영국의 경제학자이자 언론인. 1933년 노벨평화상을 받았다.

지하려 하지 않을 것이며, 정치인들은 그럴 능력이 없다. 세계대전은 일어나지 않을 것이다."

◆

이와 나란히 빌헬름 뵐셰의 3권짜리 대작 『자연의 경이로움』이 찬사를 받는다. 1913년에 나온 영어판은 『생명의 승리』라는 멋진 제목을 달고 있다. 탁월한 문장가 뵐셰의 화두는 모더니즘이었고, 이것은 곧 근대 자연과학 인식을 중상류층의 입맛에 맞게 살짝 희석하고 설탕가루를 뿌리는 것을 뜻했다. 그의 목표는 다윈의 주장을 증명하는 것이 아니라 "경이로운 우주의 신비"를 보여주는 것이었다. 그렇게 하여 상당히 괴이한 생물학적 도덕 이론이 생겨났다. 1913년에 사람들은, 모든 고등생물은 기본적으로 서로에게 우호적이라는 뵐셰의 주장을 열광적으로 받아들였다. 동물세계의 싸움은 오직 적을 고의로 도발했을 때만 일어난다는 것이다. 미래에는 국가들뿐만 아니라 동물들도 더이상 전쟁을 일으키지 않으리라는 것이다. 빌헬름 뵐셰의 메시지는 무척 위안을 준다. 따라서 제국시대에 그의 책이 책장에서 좋은 자리를 차지한 것도 놀라운 일이 아니다. 쿠르트 투홀스키가 기술한 중상류층 서가의 기본 목록은 이에 상응한다. "하이제, 실러, 괴테, 뵐셰, 토마스 만, 오래된 시집……" 기본적으로는 뵐셰의 책도 시집이라고 할 수 있었다. 그는 모더니즘 명부에 평화적인 시들을 써넣고, 동물들이 프란츠 마르크의 그림에 나오는 것처럼 평화롭고 온순하게 행동하는 자연을 꿈꾸었다.

◆

　모르핀중독에 빠진 시인 게오르크 트라클은 1913년 6월에 마치 렌츠*의 광기에 쫓기듯 불안하게, 땀을 흘리면서 잘츠부르크와 인스부르크를 왔다 갔다한다. 그는 마지막으로 다시 한번 육체의 연인이자 친누이인 그레테를 만나고 싶어하지만 그녀를 놓치고 만다. 그리고 자신이 숭배하는 반-장식 예술주의자 아돌프 로스를 만나려 하지만, 그도 놓치고 만다. 트라클은 서둘러 빈으로 가 국방부의 무보수 임시직 일을 시작하지만, 며칠 뒤 병가를 낸다. 트라클은 오직 자기하고만 동침해야 할 그레테가 친구 부쉬베크와 함께 자신을 배반하고 있다는 어슴푸레한 예감을, 어쩌면 확신을 갖고 있다. 트라클은 친구 부쉬베크에게 편지를 쓴다. "내 누이 그레텔이 잘츠부르크에 있다는 걸 자네도 알지 모르겠네." 트라클은 마약의 품으로, 고뇌와 알코올의 품으로 숨어들고, "자기가 만든 고통의 지옥"으로 내려간다. 트라클은 시를 지었다 없앴다 한다. 종이에 그가 시를 고친 흔적이 마치 생살을 할퀸 흉터 같다. 그가 지은 시 「저주받은 자들」에 이런 구절이 나온다.

　　밤은 검다.
　　하얀 잠옷을 입고 떠도는 소년의
　　뿐이 유령처럼 부풀어오른다
　　그리고 가만히 그의 입속으로 파고든다

---

* 야콥 미하엘 라인홀트 렌츠를 말한다. 게오르크 뷔히너의 노벨레 『렌츠』의 모델이기도 하다.

죽은 여인의 손이. 소냐는 아름답게 잔잔한 미소를 짓는다.

트라클의 아버지 같은 친구이자 후원자요, 트라클에게 자신의 집과 성들을 은신처로 마련해준 루트비히 폰 피커가 자신이 발행하는 잡지 『브레너』 6월호에 트라클의 시를 싣는다. 그러나 트라클은 더이상 자랑스럽지 않다. 그는 점점 더 깊이 추락한다.

◆

에드바르 뭉크는 〈질투〉를 그린다.

◆

그사이 토마스 만은 바트 튈츠에 있는 별장에서 새로운 작품의 집필을 시작하려 한다. 그는 이 작품이 위대한 소설이 되리라 예감한다. 아내 카티아가 있던 다보스의 요양원에서 영감을 얻은 소설이다. 요양원이 소설의 무대다. 그 자체로 하나의 우주인 곳. 이 소설은 지금 막 서점에 진열되어 있는 『베네치아에서의 죽음』과 짝을 이루는 작품이 될 것이다. 어떤 편지에서 썼듯이, 이번 소설은 "편안하고 유머러스하다(비록 또다시 죽음에 대한 예찬이 나오기는 하지만)." 가제는 "마법에 걸린 산"이다.

토마스 만은 집필을 시작하려 하고, 아이들은 들에서 잠기 놀이를 하고 있다. 보모가 아이들을 보고 있다. 그런데 글이 써지지 않는다. 자꾸만 서재에 있는 카펫에 눈길이 가고, 자기를 속인 카펫 상인 쇠네만에게 화가 치솟는다. 뮌헨 출신의 또다른 카펫 상인은 이 카펫의 가격이 토마스 만이 지불한 금액의 3분의 1밖에 되지 않는다고 감정했다. 그러나 쇠네만은 돈을 돌려주려 하지 않는다. 토마스 만은 그를 고소한다. 토마스 만은 창밖의 산꼭대기를 바라보다가 만년필을 내려놓는다. 마법에 걸린 산은 기다려야 한다. 토마스 만은 카펫 상인으로부터 돈을 꼭 돌려받기 위해 변호사에게 편지를 쓴다.

◆

언제나처럼 하얀색 스리피스 양복 차림으로 기차를 타고, 반짝반짝 빛나는 파리에서 부글부글 끓는 베를린으로 가고 있는 하리 케슬러 백작은 베스트팔렌 지역의 기품에 빠져든다. 그는 6월 3일 일기에 이렇게 적는다. "베스트팔렌을 지나는 길. 푸른 호밀과 곡식 사이로 사방에 들꽃이 피어 있고, 부드럽게 솟아오른 언덕들이 보이고, 산과 계곡이 햇빛을 받아 푸른 황금빛으로 빛난다. 프랑스의 풍경이 지닌 은밀한 우아함과 뚜렷이 대조되는, 뭔가 풍만하고, 무겁고, 광대하고, 어머니 같은 분위기다. 프랑스 풍경이 인상주의라는 양식을 고안해냈듯이, 독일 풍경의 독일적인 것에 어울리는 양식이 고안되어야 한다." 하리 케슬러 백작은, 독일 풍경의 풍만하고, 무겁고, 광대하고, 어머니 같은 분위기를 독일 표현주의로 담아낸 화가 집단 '다리파'가 결성 8년 만에 베를린에서 해체된 지 정확히 일주일 뒤에 이런 말을 하고 있다. 케슬러 백작에게는 이에 대한 안목이 없었던 것이다.

◆

잡지 『짐플리치시무스』에 실린 헨켈 트로켄* 광고 하나가 1913년의 독일-프랑스 관계를 잘 보여준다. "포도송이에서 랭스**의 술통으로. 술통에서 비브리히***의 술병으로 헨켈 트로켄과 헨켈 프리바트는 완성된다. 우리는 독일은 물론 샹파뉴에서도 절대적인 정상의 자리에 우뚝 서 있는 독일의 유일한 샴페인 제조회사다." 다음 쪽으로 책장을 넘기면 멋진 옷을 차려입고 화보를 읽고 있는, 완전히 프랑스화된 독일 여성의 캐리커처가 보인다. 거기에 이런 글이 달려 있다. "이 영원한 국경분쟁들은 이미 지긋지긋하다. 그러나 우리 남성들은 프랑스인들이 그 패션 전략으로 진격해 올 때에야 비로소 깜짝 놀랄 것이다."

◆

6월 29일에 제국의회가 정부가 제출한 방위군법안을 가결한다. 이로써 평화 시 병력을 11만 7267명에서 66만 1478명으로 증강하는 것이 승인된다.

◆

1913년 어느 멋지지 않은 날에 프란츠 마르크는 갑자기 붓을 집어들고, 그의 전작에서 이물질처럼 튀는 그림을 하나 그린다. 동물들이 천사처럼

---

* 독일의 주류회사 헨켈 사의 상표 이름.
** 프랑스 북동부 샹파뉴아르덴 지방 마른 주의 도시로 샴페인을 생산하는 포도 재배지역.
*** 독일 라인란트팔츠 주에 있는 행정구역 이름.

온유하고 인간이라는 존재는 필요하지 않은 천국을 그린 것이 아니라 지옥을 그린 것이다. 남유럽의 충격적인 신문 기사들과 점점 더 피비린내 나고 점점 더 격렬하게 서로 갈기갈기 찢어 죽이는 그곳의 사태에 깜짝 놀란 프란츠 마르크는 이빨을 드러내는 섬뜩한 그림을 그린다. 마르크는 이 그림에 〈늑대들(발칸전쟁)〉이라는 제목을 붙인다.

◆

1913년 6월 20일 점심시간에, 바트 쥘체 출신의 서른 살짜리 실직 교사 에른스트 프리드리히 슈미트가 여러 무기로 무장한 채 브레멘의 장크트마리엔 학교로 들어간다. 그는 광란의 살인을 저지르기 위해 장전된 리볼버 여섯 자루를 가지고 교실에 쳐들어간다. 한 자루를 다 쏘고 나면 다음 리볼버를 집어든다. 일곱 살에서 여덟 살 사이의 여자아이 다섯 명이 죽고, 아이들 열여덟 명과 성인 다섯 명이 중상을 입는다. 그는 지나가던 행인들에게 제압된다. 그의 진술에 따르면 교사 자리를 구하지 못한 데 대해 항의하려고 그런 일을 저질렀다고 한다.

◆

1913년에는 마르셀 프루스트의 『잃어버린 시간을 찾아서』 제1권만 나온 것이 아니다. 바로 20세기 철학에 혁명을 일으킨 작품인 에드문트 후설의 『순수 현상학과 현상학적 철학의 이념들』도 이해에 출간된다. 후설의 위대한 철학 패러다임의 전환은 환경을 실증주의적 실재로 보던 것에서 의식적

실재로 전환한 것이었다. 그리고 1913년은 도처에서 내면세계가 그림으로, 책으로, 집으로, 광기로 실재가 된 해였다.

◆

아니면 빨간 책으로도. 융은 1913년에 꿈과 내면의 체험들을 빨간 가죽 장정의 책에 기록하기 시작한다. 그리고 나중에 스스로 자기 자신을 분석하기 시작한다. '국제정신분석학회' 회장 융은 연초에 프로이트에 대한 친부살해를 감행했다. 그는 현대심리학의 핵심적인 교조라고 할 수 있는 리비도 이론을 비난했을 뿐만 아니라, 무엇보다 그가 편지에서 표현한 대로, "예언자의 수염을 잡아당겼다". 그러나 친부살해는 아버지뿐만 아니라 살인자 자신의 인생도 송두리째 뒤흔들어놓는다. 프로이트가 우울과 억압된 분노에 빠져 있는 동안, 융도 심각한 위기에 빠진다. 자신이 그렇게 오랫동안 경탄하며 우러러보았던 아버지상이 없어졌기 때문이다. 융은 취리히 대학에서 가르치는 일을 그만둔다. 그는 프로이트와 똑같이 다가오는 재회에 대한 두려움에 빠져 있다. 9월에 뮌헨에서 열리는 국제정신분석학술대회에서 이제 적으로 나뉜 두 진영이 마주치게 되는 것이다.

융은 악몽들에 시달린다. 그 가운데 하나가 바로 이 『빨간 책』을 쓰게 되는 계기가 된다. 융은 땀에 흠뻑 젖은 채, 전 유럽이 거대한 홍수의 물살에 가라앉는 꿈에서 깨어난다. 사방에 살인과 유혈극이 난무하고 시체와 참해가 널려 있다. 융은 낮에는 정신분열에 대해 강의하지만, 밤에는 불안한 꿈들 속에서 자기 자신이 정신분열을 일으킬까봐 불안해한다. 특히 지옥의 묵시록 같은 환영의 꿈에 너무 오래 시달리다보니 그 꿈을 기록하는 것으로 이겨내보려 한다. 안 그래도 아주 기이한 삼각관계 생활을 하게 된 이후로 꿈들이 완전히 뒤죽박죽이다. 융은 아내 에마와 애인 토니 볼프를 이 삼각관계 생활에 끌어들인 것이다. 심지어 일요일 저녁이면 토니가 취리히제 호수 근처의 퀴스나흐트에 있는 빌라로 저녁을 먹으러 온다. 그후 밤이 어떻게 흘러갔는지에 대해서는 남아 있는 기록이 없다. 다만 우리가 아는 것은 에마는 물론 토니도 정신분석학자로서 일했고 이 삼각관계가 수십 년 동안 유지되었다는 사실뿐이다. 그리고 융 자신이 이 시기에 밤낮으로 꾼 꿈 속 체험들을 열심히 그 "빨간 책"에 기록해놓았다는 사실이다. 융은 자기 자신을 대상으로 한 이 실험에 "무의식과의 싸움"이라는 이름을 붙였다. 그리고 1913년 융의 꿈들에서 유럽에 범람한 홍수처럼 융의 내면에도 해일이 일었다. "이후 나의 모든 활동은 그 무렵 내 무의식을 뚫고 나와 범람한 것을 정교화하는 데 있었다. 그것은 필생의 사업이 될 원료였다."

◆

곧 여덟 살이 되는 엘리아스 카네티가 엄마와 함께 빈으로 이사 와 독일어를 배우기 시작한다.

◆

1913년은 D. H. 로런스가 "채털리 부인의 연인"이 된 해다. 로런스는 그녀를 알게 된 지 채 5주도 되지 않아 그녀를 납치해 영국에서 달아났다. 서른네 살의 채털리 부인은, 원래 이름이 프리다 폰 리히트호펜이지만 지금의 성은 위클리다. 그러나 노팅엄 대학의 교수요, 로런스의 스승인 그녀의 남편은 그녀의 몸에 흐르는 프로이센 귀족의 피도 그녀의 기질도 길들이지 못한다. 광부의 아들인 스물일곱의 로런스는 그녀가 "남작의 딸이자 아주 유서 깊고 유명한 리히트호펜 가문 출신이라는 것"에 경외심을 느낀다. 그는 이제 막 『아들과 연인』 원고를 출판사에 넘긴 상태다. 프리다는 초록색 눈에, 금발이고, 지적이며, 삶을 사랑한다. 그녀는 천국이란 오직 지상에서 자유연애를 통해 구현될 수 있다고 믿는다. 그녀의 말을 곧이곧대로 믿은 로런스는 그녀와 함께 섬나라에서 유럽 대륙으로 도망친다. 두 사람은 1913년 봄에 프리다의 언니 엘제의 도움으로 오버바이에른의 이르셴하우젠에 사랑의 은신처를 마련한다. 나무로 만든 작고 아늑한 그 별장은, 뮌헨 대학 교수 야페의 아내인 엘제가 애인 알프레트 베버(엘제의 박사 학위 지도교수인 막스 베버의 동생이다)를 끌어들이던 장소였다. 엘제는 영국에서 돌아온 동생에게 이사 선물로 여성스러운 매력을 뽐낼 수 있는 맵시 있는 디른들*을 선물했다. 여성적인 매력에서는 두 자매가 우열을 가리기 힘들었다. 두 사람이 프로이트의 제자이자, 코카인중독자요, 굉장한 색마인 오토 그로스의 연인이었던 시절에도 그랬다. 그러나 오직 한 사람, 엘제만이 그로스의 아들을 낳았다. 그런데 그 아들의 이름은 같은 해에 오토 그로스가 결혼한 아내한테서 낳은 아들 이름과 똑같은 페터였다. 게다가 그로스의 아내 이름은 그로스의 두번째 연인인 프리다와 똑같았다. 그러니 굉장히 혼란스러운 자유연애 천국이다.

---

* 바이에른 지방의 전통의상.

로런스와 프리다는 사랑의 도피 이후에도 서로 사랑을 갈구하며 많이 싸운다. 이 싸움은 두 사람을 하나로 묶어주는, 언젠가 로런스가 썼듯이, "순수한 증오로 이어진 교감의 끈"이다. 그래도 이 초여름에 이르셴하우젠에서 두 사람은 절정의 시기를 보낸다. 두 사람은 바깥세계와는 동떨어진 이자 계곡에서, 뒤에는 소나무와 산들이 있고, 앞은 탁 트인 이곳에서 사랑의 도피에 지친 몸을 회복하고 새로운 힘을 얻는다. 곧 로런스는 프리다의 "삶에 대한 천부적인 재능"을 예찬한다. 로런스는 그녀의 천부적인 사랑의 재능도 즐긴 게 분명하다. 나중에 그의 가장 유명한 책, 다시 말해서 『채털리 부인의 연인』이라는 에로틱한 이야기가 출간되었을 때, 그 책에 나오는 귀족 출신의 '유혹녀'가 프리다 폰 리히트호펜과 무척 닮았기 때문이다. 다만 이르셴하우젠이라는 지명은 책에 나오지 않는데, 그런 소설을 위한 지명으로는 그다지 낭만적이지 않았던 것이다.

그러나 1913년 6월에 두 사람은 뒤숭숭해진다. 로런스는 『아들과 연인』이 안겨준 성공을 즐기기 위해 영국으로 가고 싶어하고, 그의 연인도 아이들을 보기 위해 집으로 돌아가고 싶어한다. 그녀는 젊은 작가와 사랑을 불태우기 위해서 열세 살, 열한 살, 아홉 살짜리 아이들을 남기고 떠나왔던 것이다. 그리고 이제 그 때문에 가슴이 찢어지는 것이다. 두 사람은 6월 말에 영국으로 떠난다. 로런스는 차마 그녀를 사랑하는 자식들로부터 다시 떼어놓지 못한다. 두 사람은 이탈리아에서 만나기로 약속한다. 로런스는 스위스를 횡단해서라도 이탈리아까지 달려오겠다고 약속했지만 프리다는 그의 사랑의 맹세를 믿지 않는다. 그런데 그는 약속을 지킨다. 그래서 프리다는 당분간은 그를 믿기로 한다.

◆

　인스부르크에서 발행되는 잡지 『브레너』가 "카를 크라우스에 대한 설문 조사"를 실시한다. 이에 아르놀트 쇤베르크가 6월에 이런 멋진 말을 쓴다. "내가 카를 크라우스에게 화성학 책을 보낼 때 덧붙인 헌사에서 나는 대략 이렇게 말했다. '저는 당신에게서 사람이 독립성을 유지하면서 배울 수 있는 것 이상을 배운 것 같습니다.' 물론 이 말이 그에 대한 나의 존경의 크기를 말해주지는 못하겠지만 분명 그 수준은 말해줄 것이다." 이 과열된 해에서 보기 드문, 고요한 감탄과, 존경과, 완벽한 격식의 표현을 보여주는 자료다.

◆

　독일제국은 6월에 황제 빌헬름 2세의 재위 25주년 축하 행사를 벌인다. 빌헬름 2세는 배와 격식에 특히 관심이 많은 기이한 황제다. 그는 일찍이 궁정 행사 확대와 새로운 복장 규정에 친히 신경을 썼다. 즉위 25주년 기념일이 다가오자, 그는 모든 행사 계획을 자기가 직접 주도한다. 행사 연출은 물론 자기가 받게 될 선물 목록까지 직접 결정하려 한다. 연설에서 자신이 "평화의 황제"라는 찬사를 받는 것도 그의 아이디어였다. 제국의회가 2주 뒤에 군사력 증강을 결정하게 되는데도. 게다가 축제 연회에서 구태의연한 좌석 배치 규정을 고수하는데도 말이다. 수상이 황실과 각 제후들 뒤에 앉고, 심지어 다른 국회의원들은 별로 중요하지도 않은 귀족들보다 한참 뒤에 앉아야 한다. 독일제국의 권력관계는 이미 오래전부터 명확하지 않았다. 좌석 배치 규정으로 서열을 정해주지 않으면 빌헬름 2세 황제는 입헌군

주국에서 자신의 정치적 위치를 찾기 위해 힘들게 싸워야 했다. 빌헬름 2세에게는 진정한 권력본능이 없었다. 그는 그보다 공개석상에 얼굴을 내미는 것을 좋아했다. 그게 그가 잘할 수 있는 일이었기 때문이다. 그는 자기가 자유분방한 사람인 것처럼, 민중 편인 척 행동했다. 군대의 친구이자, 단순한 즐거움의 친구요, 현대 프랑스 예술의 적인 그가. 그는 배를, 북방을, 해군을 사랑했다. 황제가 생각하기에 식민지의 가장 좋은 점은 오직 배를 타고서만 그곳에 갈 수 있다는 것이었다. 그의 애인 괴르츠 백작부인의 저택이 있는 헤센 주의 중간산악지대에서 뇌조 사냥을 할 때도, 밤마다 그는 뿔나팔이 사냥꾼들을 부를 때까지, 침울해하며 사냥용 오두막의 나무에 작은 전함들을 새겼다.

◆

1913년 베를린에는 벌써 200곳이 넘는 영화관이 있다. 영화관에서 상영되는 영화들은 대부분 지난해에 설립된 바벨스베르크의 필름스튜디오들에서 제작된 작품들이다. 이를테면 아스타 닐센이 출연한 영화 〈아버지들의 죄〉가 그중 하나다. 이 영화는 존경받는 화가이자, 여주인공의 아버지인 남자 주인공을 위해 미美의 알레고리로서 모델을 서는 무사Mousa에 대한 이야기다. 그러다가 아버지는 그녀를 버리고 떠나고, 그녀는 알코올중독자가 된다. 그 화가는 그녀를 다시 만나 반하게 되지만, 그녀를 알아보지 못한다. 그는 그녀를 자기 아틀리에로 데려와 알코올중독의 알레고리를 그리려고 한다. 걸작이 되어야 할 그림을. 그리고 그 그림은 걸작이 된다. 그러나 자신이, 자신의 사랑과 자신의 아름다움이 예술의 재단에, 성공의 재단에 희생양으로 바쳐졌다는 사실을 깨달은 그 무사는 유일한 저항의 행위로서 캔버스를 찢어버린다. 아스타 닐센의 분노의 폭발 연기는 그녀의 얼굴을 찬미의 아이콘으로 만든다.

◆

테라노바 탐험선의 생존자들이 1913년 6월에 다시 조국 땅을 밟게 되고 탐험단의 학문적 업적이 크게 주목받는다. 사람들은 국민영웅으로 추앙받는 스콧이 사실은 남극 땅을 두번째로 밟았다는 사실을 외면한다. 탐험대원들이 1912년 마침내 남극에 도달했을 때, 그곳에는 이제 꽂힌 지 얼마 되지 않은 노르웨이 국기가 자랑스럽게 펄럭이고 있었다. 로알 아문센이 얼음, 시간과 싸우는 이 가차없는 경쟁에서 며칠 더 빨랐던 것이다. 이에 영국 탐험대원들은 사기가 꺾였다. 끝없이 펼쳐지는 얼음판 위의 귀로에서 스콧뿐만 아니라 탐험대장 로런스 오츠도 죽고 말았다. 로런스 오츠는 동료 네 사람에게 부담을 주지 않기 위해 자살을 택하여 오늘까지도 영국에서 순교자로 추앙받는다. 그는 텐트를 떠나면서 전설적인 한마디를 남겼다. "나갔다 올게, 좀 오래 걸릴 거야." 영국에서는 이런 말로 불멸이 된다. 이 비참한 탐험 과정에 대한 체리개러드의 보고서도 곧 전설이 되었는데, 그 제목도 그다지 나쁘지 않다. 『세계 최악의 여정』. 영국인들은 비록 최초로 남극을 발견하지는 못했지만 적어도 유머를 잃지는 않았다.

◆

'세계 최악의 청혼.' 6월 8일 프란츠 카프카는 프라하에서 마침내 펠리체에게 청혼하는 편지를 쓰기 시작한다. 그러나 쓰다가 자꾸 중단하는 바람에, 6월 16일에야 비로소 힘겹게 편지를 완성한다. 그 편지는 결국 20쪽이 넘어버렸다. 카프카는 상세한 해명으로 편지를 시작한다. 자신의 생식능력과 정신적 명료함을 증명해줄 의사를 찾아야 한다는 것부터. 아니면 이 모든 게 단지 불가피한 결혼을 미루기 위해 생각해낸 구실일 뿐인지는 알 수 없는 일이다. "그대와 나 사이는 다른 것은 모두 제쳐두더라도 의사가 가로막고 있습니다. 그가 뭐라고 말할지 미심쩍습니다. 그러한 판단에서 의학적 진단이란 그렇게 결정적이지 않습니다. 그렇다면 그 진단을 받아들일 필요는 없지요. 이미 말했듯이 나는 원래는 아프지 않았지만 지금은 상황이 달라졌습니다." 흠. 그런 다음 이 비범하고, 감정이입을 불러일으키는 뛰어난 문장가 카프카가 이른바 서면상의 말 더듬기 형식을 구축하는 단락이 뒤따른다. "펠리체, 이러한 불확실 때문에 어렵게 하는 말이라는 것을, 그리고 특히 귀를 기울여야 할 말이라는 것을 염두에 두시기 바랍니다. 아직은 말하기 너무 이르긴 하지만 나중에는 너무 늦습니다. 그대가 저번 편지에서 말했다시피 그때는 그 일에 대해 말할 시간이 없어집니다. 더는 망설일 시간이 없습니다. 저는 적어도 그렇게 느껴집니다. 그래서 묻겠습니다. 유감스럽게도 극복 불가능한 위의 전제 조건에도 불구하고 내 아내가 되고 싶은지 숙고해보시겠습니까? 그대는 그러고 싶나요?" 이는 분명 이런 뜻일 것이다. "그대는 정말 그러고 싶나요?????" 카프카는 물음표 한 개가 아니라 못 되어도 다섯 개는 붙이고 싶었을 것이다.

그리고 나서 희귀한 명료함의 순간에 카프카는 펠리체에게 결혼의 손익분석을 제시한다. "펠리체, 결혼을 통해서 우리에게 어떤 변화가 생기고 각자 무엇을 잃고 얻을지를 곰곰이 생각해보세요. 나는 지긋지긋한 고독을 잃고 그 누구보다 사랑하는 그대를 얻을 것입니다. 반면에 그대는 거의 부족할 것 없이 만족스러운 지금까지의 삶을 잃게 되겠지요. 그대는 베를린을 잃을 것이고, 그대에게 즐거움을 안겨주는 일을 잃을 것이고, 친구들과, 소박한 오락거리를 잃을 것이고, 건강하고 재미있는 훌륭한 남자와 결혼해서 그대가 바라는 예쁘고 건강한 아기를 낳을 전망을 잃을 것입니다. 이처럼 상상도 하기 힘든 손실 대신 그대가 얻는 것은, 병약하고 사회성 없고 과묵하고 침울하며 뻣뻣하고 거의 구제 불능인 인간입니다." 이 물음에 누가 기꺼이 당장 "네"라고 말하지 않겠는가? 하나의 공시선서 같은 청혼이다.

카프카는 그런데도 기분이 편치 않다. 수백 개의 단어로 자신의 물음을 은폐하려 애쓰기는 했어도 자신이 너무 멀리 나아갔다는 것을 예감하기 때문이다. 그는 이 편지 어딘가에서 펠리체에게 진짜로 물었다는 것을 알고 있다. 카프카는 망설이다가 편지를 봉투에 넣지만, 편지가 너무 두꺼워져서 좀더 큰 봉투를 찾느라 애를 먹는다. 마침내 밖으로 나간 그는, 여전히 망설이면서 모든 우체국이 문을 닫을 때까지 한참을 기다린다. 그러다가 불현듯 펠리체가 그 편지를 바로 다음 날 책상 위에서 발견하게 하고 싶다는 생각이 엄습한다. 카프카는 베를린으로 가는 급행열차 편에 빨리 우편을 보낼 수 있는 기차역으로 달려간다. 가는 길에 땀에 흠뻑 젖은 채, 그리고 공포에 질린 채, 옛 지인을 만난다. 카프카는 자기가 지금 급하다고, 편지를 빨리 기차역에 보내야 한다고 용서를 구한다. 지인은 재미있어하면서 그게 얼마나 특별한 편지냐고 묻는다. "청혼 편지"라고 카프카는 웃으면서 말한다.

◆

6월 8일, 바로 카프카가 청혼 편지를 쓰기 시작한 날에, 황제 빌헬름 2세가 참석한 가운데 1916년 올림픽을 위한 스타디움 준공식이 열린다. 독일의 건설노동자들은 계획보다 3년 일찍 완공했다. 옛날에는 모든 게 지금보다 나았던 것일까?

◆

빌헬름 2세의 즉위 25주년을 기념하여 열다섯 살의 베르톨트 브레히트는 일기에 이런 시를 쓴다. "저녁에 우리가 쓰러질 때/그리하여 장렬한 죽음을 맞이할 때,/흑-백-적의 국기는/우리를 위로하듯 손짓하리." 한 연 더 있다. "바람은 그 안에서 노래하리./너는 네 의무를 다했다!/너는 전투중에 전사한다/충실한 독일 남자로서." 흥미로운 시다.

◆

1913년에 이미 부퍼탈 엘버펠트에 피카소 그림 5점이 걸려 있다. 1907년에 그린 정물화 2점은 화가 아돌프 에륍슬뢰의 집에, 1901년에 그린 〈어머니와 아이〉는 율리우스 슈미트의 집에, 같은 해에 그린 〈외투를 입은 남자〉와 장미시대에 그린 수채화 1점은 은행가 아우구스트 폰 데어 하이트 집에.

◆

빈에서 심각한 부부싸움이 벌어진다. 아르투어 슈니츨러와 올가 슈니츨러 사이에 불꽃이 튄다. 슈니츨러는 일기장에 자기가 발코니 위에 마비된 듯 뻗어 있다고 털어놓는다. 그리고 로베르트 무질은 6월 10일에 아내와 끔찍한 산책을 하고 돌아와서 이렇게 쓴다. "마르타가, 기분 나쁜 상태에서, 내 마음을 식어버리게 할 불필요한 비난들을 퍼부었다. 당신은 나를 떠나겠지. 그럼 내게는 아무도 없어. 나는 자살하고 말 거야. 내가 당신을 떠날 거야." 그녀는 떠나지 않았다.

◆

그러나 레오 스타인이 떠났다. 몇 개월에 걸친 싸움 끝에 그는 누이 거트루드 스타인과 함께 살았던, 그리고 아방가르드의 중심적인 살롱이었던 파리의 플로레 가 27번지를 떠났다. 피카소, 마티스, 브라크가 드나들던 집이요, 특정 토요일 저녁마다 파리의 창조성이 모이는 핵심적인 장소였다. 무엇보다 그 살롱은 시간이 흐르면서 세계 최초의 현대예술 박물관이 되었다. 스타인의 선지적이고 탁월한 안목 덕분에, 그 좁은 공간에 피카소, 마티스, 세잔, 고갱을 비롯한 위대한 프랑스 대가들의 명작이 모여들었다. 거트루드는 언제나처럼 갈색 삼베옷을 입고서 짙은 색의 르네상스풍 의자에 앉아 발을 벽난로에 가까이 대고 있었다. 그녀는 늘 그렇듯이 추워했다. 그 옆에 그녀의 오빠 레오가 서서 수십 명의 손님들에게 자신이 이해하는 현대예술을 설명했다. 손님들은, 영국 귀족, 독일 학생, 헝가리 화가, 프랑스

지식인 들이었고, 그 어딘가에 피카소가 현재의 연인과 함께 있었다.

그러다가 스캔들이 일어난다. 레오 스타인은 누이의 입체주의 편애를 더 이상 참을 수 없게 되고, 누이가 함께 살고 있는 앨리스 토클러스를 단지 요리사, 원고 검토자, 비서로만이 아니라 연인으로까지 생각하는 것도 참을 수 없다. 이 모든 게 레오 스타인에게는 낯설기만 하다. 르누아르, 세잔, 고갱의 가장 훌륭한 그림들을 가지고서 파리를 떠나 약속의 땅으로 도망친 그는 피렌체 근교에 정착한다. 거트루드 스타인은 그 빈자리에 당장 피카소, 조르주 브라크, 후안 그리스가 1912~1913년에 그린 입체주의 회화들을 건다. 그리고 이제 살롱의 토요일 저녁 모임에서 앨리스 토클러스가 레오 스타인의 자리를 대신한다. 공동의 힘으로 아주 짧은 시간에 현대예술의 가장 중요한 작품들을 수집한 이 남매는, 그후 다시는 서로 단 한마디도 나누지 않았다. 레오는 피렌체에서 계속 화해를 제안하는 편지들을 보내지만 거트루드는 답장하지 않는다. 나중에 그녀는 오빠와의 절연을, 지식인들이 정신적으로 부담스러운 문제를 극복하려 할 때 쓰는 방식으로 해결하려고 시도한다. 바로 그에 대한 책을 쓰는 것이다. 그녀는 책 제목을 『두 사람—거트루드 스타인과 그 오빠』라고 붙인다. 거트루드는 이 책을 통해서 자신의 독립성을 확실하게 증명하리라 믿지만, 그 책을 통해서 그녀 역시 오빠와의 절연을 전혀 극복하지 못했다는 것을 증명했을 뿐이다.

◆

『노이에 룬트샤우』 6월호에 스물여섯 살의 작가이자 토마스 만 신봉자인 브루노 프랑크의 글이 실린다. 제목은 「토마스 만의 『베네치아에서의 죽음』에 대한 고찰」이다. 이 글에는 이 노벨레에 대한 멋지고 상세한 해석과 함께, 현대에 대한 진단을 보여주는 굉장한 구절이 들어 있다. "형이상학의 시대에는 영웅이 비교적 적었다. 그러나 지금, 아래로는 무감각한 돌바닥이 있고, 위로는 공허한 하늘이 있으며, 신앙에서도 이제 그에 대한 굶주림밖에 남아 있지 않고, 모든 관계가 끊겨 오로지 자기 자신에게만 반향하고 있으며, 추측건대 우리 앞 세대에 인류라고는 없었던 것 같은 바로 지금 이 순간에 토마스 만이 나타난다. 이 깨어 있고 용감한 시인은 완전히 무신론적인 세계에 자기를 내맡긴다." 구스타프 폰 아셴바흐의 죽음을 모더니즘 시대에서 마지막 영웅의 죽음으로 보고 있는 것이다.

6월 16일에, 이 깨어 있고 용감한 시인은 이제 막 또다른 요양에서 돌아온 아내 카티아와 함께 토스카나 해변의 비아레조로 3주 동안의 휴가여행을 떠난다. 그곳에서, 그러니까 레지나 호텔에서, 토마스 만은 지금 막 공을 들이고 있는 『사기꾼 펠릭스 크룰의 고백』을 제쳐놓고, 바트 튈츠에서 쓰지 못했던 『마의 산』을 비로소 쓰기 시작한다. 바닷가에서만이 영혼을, 그리고 그 앞에 있는 산들을 자유롭게 바라볼 수 있는 것이다.

7월

1913 DER SOMMER DES JAHRHUNDERTS

〜 휴가다! 에곤 실레와 오스트리아 황태자 프란츠 페르디난트는 철도 모형을 가지고 논다. 프로이센 장교들은 홀딱 벗은 채 자크로 호수에서 수영한다. 프랑크 베데킨트는 로마로 떠나고, 로비스 코린트와 케테 콜비츠는 티롤로 떠난다(그러나 서로 다른 호텔이다). 알마 말러는 프란첸스바트로 도망친다. 오스카 코코슈카가 결혼 예고를 신청했기 때문이다. 코코슈카는 스스로 자신을 달래면서 게오르크 트라클과 술을 퍼마신다. 계속 비가 내린다. 모두 자기 호텔방에서 반은 미쳐버린다. 그래도 마티스가 피카소에게 꽃다발을 가져온다.

7월 10일에 캘리포니아 데스밸리에서 이제까지 최고 기온을 기록한다. 56.7도. 7월 10일에 독일에서는 비가 내린다. 독일은 11도도 채 되지 않는다.

◆

7월에 본에서 아우구스트 마케와 마케를 숭배하는 청년 막스 에른스트가 서로 친해진다. 마케는 심지어 에른스트가 강연 메모들을 적은 노트를 스케치북으로 이용해서, 둘이 함께 "라인의 표현주의자들"이라는 전시회를 조직한다. 이 전시회는 적당한 화랑을 구하지 못해 7월 10일에 본의 코헨 서점에서 열리게 된다. 서점 2층 쇼윈도에 이 전시회에 참가한 화가들이 공동으로 적은 문구가 담긴 거대한 현수막이 걸린다. 막스 에른스트는 당장 이 전시회가 사람들에게 반향을 일으키는 데 필요한 조치를 취한다. 그는 가명으로 본의 폴크스문트 신문에 서평을 쓰고, 특히 친구 마케의 예술을 예찬한다. 그의 추상이 "오직 형식을 통해서 영적인 것을 표현한다"고. 이렇게 1913년에는 도처에서 무의식을 위해 싸운다.

◆

심리학적이고 초현실적인 기운이 감돈다. 1913년에 이탈리아인 조르조 데 키리코가, 기욤 아폴리네르의 표현대로 진정한 "형이상학적 풍경화"를 처음으로 그리게 된다. 〈이탈리아 광장〉이라는 제목의 이 그림은 빈 공간을 보여주고 있다. 키리코가 오랫동안 뮌헨에서 공부한 것을 안다면, 그림 속의 노란 집들과 넓은 거리를 보면서, 그리스에서 태어난 이 기이한 이탈리아인의 예술이 보여주는 모든 형이상학이 순전히 뮌헨적인 요소라는 사실을 알아차리게 된다. 이렇게 하여 호프가르텐과 비텔스바허플라츠 사이에 있는, 레오 폰 클렌체가 지은 고전주의 건축은 1913년에 모더니즘의 한 가운데로 들어왔다. 키리코에게 뵈클린과 클링어는 예술적 아버지였고, 쇼펜하우어와 니체는 정신적 아버지였다. 이제 키리코는 고독한 인간의 고독을 연구하는 데 더이상 그들이 필요 없다. 관찰자 자신이 불가항력적으로 새로운 세기의 무의미성으로 끌려들어가기 때문이다. 아니면 키리코 본인의 표현대로, "예술은 현대 철학자들과 시인들에 의해 해방되었다. 니체와 쇼펜하우어는 처음으로 삶의 무의미성의 심오한 뜻을 가르쳤고 이 무의미성이 어떻게 예술로 변화될 수 있는지를 가르쳤다. 훌륭한 신예 예술가들은 철학을 극복한 철학자들이다". 그래서 키리코는 방향성의 상징인 시점을 부조리하게 이끌어간다. 그리고 바로 이를 통해 키리코는 점점 더 흔들리는 지반 위에서 방향을 제시해주는 인물로서 곧 파리, 베를린, 밀라노에서 숭배받게 된다.

◆

7월 16일부터 에곤 실레는 알트뮌스터의 트라운제 호수 근처에 있는, 후원자 아르투어 뢰슬러의 집에서 휴가를 보내게 된다. 실레는 긴 편지를 통해서 자기가 3시 아니면 4시 아니면 5시 아니면 6시에 도착한다고 알렸다.

그러나 그는 오지 않는다. 주인은 추위에 떨면서 기차역에서 30분이 걸리는 집으로 돌아와, 럼을 넣은 차를 마신 다음 차를 넣은 럼을 마신다. 비가 억수같이 퍼붓는다. 어느 순간 실레가 테라스 문을 두드린다. 그는 다른 시간에, 다른 방향에서 온 것이다. 게다가 혼자가 아니라 발리 노이칠과 함께였다. 지금은 탁월한 수채화 〈빨간 블라우스를 입은 발리〉로 잘 알려져 있지만, 당시에는 그녀를 아는 사람이 아무도 없었다.

실레는 다음 날 아침에 기차역에서 짐을 가져와야 한다고 말한다. 뢰슬러가 무슨 짐이냐고 묻자 실레는 "꼭 필요한 것들일 뿐"이라고 대답한다. 기차역에서 짐을 가져와보니, 옷가지 조금, 금이 간 점토 항아리들, 유약을 바른 채색 사발들, 두꺼운 2절판 책들, 미술책들, 원시적인 나무인형들, 나무 그루터기들, 화구들, 소묘 도구들, 십자가상 한 개였다. 실레는 작업에 필요한 영감을 불러일으키기 위해 손님방을 이것들로 꾸며놓는다. 그리고는 단 1분도 일하지 않는다. 실레는 잘츠카머구트의 멋진 풍경을 구경하며 돌아다닌다. 실레는 여자친구와 함께하는 시간을, 뢰슬러의 고용인들에게 시중받는 것을 즐긴다. 집주인은 실레가 어서 그림을 그려 그 가운데 하나라도 별장의 거실에 걸 수 있기를 바라지만 실레는 그림 그릴 생각을 않는다. 어느 날 아침 뢰슬러가 실레의 방에 들어가보니, 실레가 바닥에 앉아서 용수철로 움직이는 작은 철도 장난감을 가지고 원을 그리며 돌리고 있었다. 실레는 철도 선로를 바꾸고, 큰 소리로 클러치 소리를 흉내내면서 선로를 연결했다 끊었다 한다. 실레는 기차의 기적 소리, 클러치 소리, 선로 바꾸는 소리, 브레이크 밟는 소리를 완벽하게 흉내낸다. 실레는 뢰슬러에게 함께 놀자고 청한다. 기차역에서 안내방송을 할 사람이 필요하다는 것이다.

◆

런던 타임스는 오스트리아-헝가리 제국의 왕위 계승자 프란츠 페르디난트가 삐쳐서 보헤미아의 코노피슈테 성으로 가버렸고, 그곳에서 아이 방의 방바닥에 엎드려 있다고 전한다. 황태자는 자기를 찾아온 모든 손님에게 같이 방바닥에 엎드려 철도 만드는 것을 도우라고 명령한다. 황제가 이미 오래전에 정신병 의사를 하인 제복 차림으로 숨겨놓고는, 눈에 띄지 않게 프란츠 페르디난트를 감시하면서 그를 돌보게 했다는 말이 나온다. 프란츠 페르디난트는 이해 여름 내내 자기 성에 처박혀, 빈을, 이상한 늙은 황제를, 무엇보다 끊임없이 세르비아에 대한 선제공격을 도모하는 참모총장 콘라트 폰 회첸도르프를 멀리하려고 한다.

게다가 프란츠 페르디난트는 궁정의 비방을 더이상 참을 수가 없다. 궁정에는 자기 아내 소피 호테크 백작부인이 황태자의 신분과 위신에 못 미친다는 이유로 둘의 결혼을 못마땅해하는 사람뿐이다. 황실은 프란츠 페르디난트 황태자가 자기 아내와 자녀들의 왕위 계승권을 포기한 후에야 둘의 결혼을 승인했다. 소피는 그렇게 그림자 같은 존재로 살아가야 하는 형을 선고받았다. 그녀는 황태자의 자식 셋을 낳았지만, 빈에서 늘 외면당했고, 궁정극장이나 궁정오페라극장의 황실 특별석에서 자기 남편 옆에 앉는 것만도 영광으로 여겨야 했다. 그녀는 남편과 함께 코노피슈테 성 주변을 산책하는 것은 허용받았다. 그래서 황태자는 일찍이, 둘이 함께 즐겨 걷던 길의 이름을 "오버러 크로이츠베크"*로 바꾸었다. 그래도 프란츠 페르디난트는 아내와 세 자녀와 함께 행복하게 지내고 있다 할 수 있다. 성급하고 다루기 힘든 강권 정치가로 여겨지는 페르디난트 대공은 수도 빈에서는 사실

필요 없는 존재이기 때문에, 자상한 남편이자 아버지로 지낼 수 있었다. 황태자는 보헤미아 성의 정원에서 아이들과 함께 몇 시간 동안이나 놀아주고, 아이들과 초록이 우거진 여름, 회양목 가지 너머로 자란 꽃들의 이름을 모두 알아맞히는 것이 가장 큰 즐거움이다. 이 무렵 야노비츠 성에서는 시도니 나드헤르니가 애도에 잠겨 있었다.

◆

피카소는 심각하게 아팠다. 그러나 7월 22일에 에바 구엘은 거트루드 스타인에게 이런 편지를 쓴다. "파블로가 건강을 거의 회복했어요. 그 사람은 매일 오후에 일어나요. 앙리 마티스가 자주 들러서 안부를 물어요. 오늘은 마티스가 피카소에게 꽃다발을 전해주러 와서 오후 내내 함께 있었어요." 당대 가장 중요한 예술가 두 명 가운데 한 사람이 또다른 가장 중요한 예술가에게 병문안을 오고 꽃다발을 가져오는 모습이란 얼마나 멋지고 위안이 되는가. 피카소가 며칠 뒤에 건강을 완전히 회복한 것도 놀라운 일이 아니다.

◆

로베르트 무질은 심각하게 아프지는 않지만 글 쓸 시간을 내기 위해 빈 공과대학 도서관의 사서 업무를 피하려고 병가를 낸다. 그래서 7월 28일에 푀츨 박사는 "심각한 신경쇠약"으로 반년 전부터 자기한테 치료받고 있는

---

* '높은 십자로'라는 뜻.

(모두 기억할 것이다) 무질에게 새로운 소견서를 써준다. "여전히 지속되고 있는 신경쇠약의 정도가 심각해서 원래 예상했던 회복 기간보다 훨씬 더 긴 기간이 필요합니다. 지금의 환자 상태는 신경과 의사의 소견으로 볼 때 앞으로 최소한 6개월의 직무유예가 반드시 필요합니다." 그래서 무질은 소견서대로 "6개월간의 휴가"를 신청한다. 대학 측은 무질을 보건소 의사에게 보냈고, 블랑카라는 의사가 이렇게 확인해준다. "이 환자는 심장 노이로제를 동반한 심각한 수준의 신경쇠약을 앓고 있습니다." 심장 노이로제를 동반한 신경쇠약이라, 모더니즘 시대의 고통을 이보다 더 멋지게 요약할 수는 없을 것이다.

◆

하리 케슬러 백작은 포츠담에서 옛 연대와 함께 대규모 군사훈련을 하기 위해 6월 말에 파리를 떠나 베를린으로 왔다. 이 굉장한 유미주의자는 그 일을 불평 없이 기꺼이 받아들였다. 그는 포츠담에서 누릴 수 있는 카지노 생활과 귀족 장교단의 생활을 사랑했다. 그리고 군사 기동훈련에 동반되는 만찬과 야회를 사랑했다. 그래서 하리 케슬러 백작은 7월에 포츠담의 슈톨베르크 공주 저택에 머물고 있다. 그러나 그녀는 "숲으로 둘러싸인 성에서 자랐기"에, 유감스럽게도 다양한 프로이센 군복을 아직 구분하지 못한다고 고백한다. 케슬러는 일기에 이렇게 쓰고 있다. "그래도 헝가리 경기병과 근위병은 확실히 구분할 수 있지 않느냐고 내가 말했다. 그녀는, 그렇긴 하지만 하사관과 장군을 구분하는 것은 끔찍하게 어렵다고 말했다." 케슬러는 더이상 아무 말도 하지 않는다. 1913년에 프로이센에서 장군과 하사관을 구분하지 못하는 공주가 정말 있었다는 것이 얼마나 끔찍한 일인지 우리가 이해할 수 있도록.

정신적으로나, 도덕적으로나, 군복 면에서나 어떤 차이가 있는지를 아주 잘 아는 이들 가운데 일부가 케슬러와 함께 7월 25일에, 드디어 비가 그친 날, 자크로 호수로 외출한다. 더 정확하게 말하자면, 1884년생으로 1905년부터 울란 근위대 3연대에 복역중인 육군 소령 프리드리히 폰 클링코프슈트룀 백작과, 1882년생으로 역시 울란 근위대 3연대에 소속되어 있는 소위 틸로 폰 트로타와, 기병 대위 에버하르트 폰 에제베크 남작이었다. "우리가 수영할 장소인, 숲으로 둘러싸인 외딴 초원에 도착했을 때, 갑자기 크로지크가 실오라기 하나 걸치지 않은 모습으로 호수에서 나와 우리 앞에 나타났다." 프리델 폰 크로지크 백작은 나중에 트로타, 에제베크 신사들과 함께 벌거벗은 채로 초원 위에서 경주를 벌였다. "대각선으로 건너편에, 맞은편 강가에, 역시 수영하고 있는 하얀 형상"이 있었다. 하얀 형상이라. 그게 누구였을까? 장군과 하사관의 차이점을 확인하러 온 슈톨베르크 공주? 바벨스베르크에서 영화 촬영이 없어 쉬고 있던 아스타 닐센?

◆

남자들의 환상, 2부. 기차여행 후의 두 가지 환상. 한때 남성우월주의자였던 슈펭글러는 휴가여행을 떠나지 않는다. 그는 『서구의 몰락』을 생각하고 사방에 있는 여자들에 대해 생각한다. "나는 여자들과의 정신적 교류는 오직 적은 양만 참을 수 있다. 어떤 소녀가 여권론자처럼 편협하고 인조 여인처럼 몰취향하더라도." 다시 뮌헨 집에 돌아온 슈펭글러는 집이 추하다는 생각이 든다. 특히 가구들이. "모든 가구는 마네 그림이나 르네상스 건축을 고르듯 아주 엄격한 평가를 견뎌야 한다. 오래된 가구들은 그것을 견뎌낸다. 새로운 가구들의 디자인은 첫 운지법 연습 같은 인상을 준다." 슈펭글러는 다시 기차여행을 떠올리고는 이렇게 덧붙인다. "바보 같은 멋쟁이들이 자신의 '능력'을 펼치지 않은 것들만 좋다. 말하자면 기관차 등등." 고트프리트 벤도 이 여름에 기차여행을 하면서 열차간에 있는 여자들 때문에 테스토스테론이 상승한다. 그는 베를린과 오스트제 간의 급행열차에서 겪은 체험들을 바탕으로 작은 수첩에 굉장한 시를 짓는다. "벌거벗은 채로 달리는 육체/바다 햇살에 입속까지 탄." 이런 구절도 있다. "갈색 남자들이 갈색 여자들을 덮친다/하룻밤에 여자 하나씩./그리고 만약 그 여자가 예쁘면, 다음 날 밤도!/오! 그러고는 다시 정신 차리기!" 그러니까 벤도 슈펭글러처럼 여자들과의 교제를 오직 적은 양만 참을 수 있는 셈이다. 그런 다음 다시 행복하게 혼자만의 지하실로 내려가는 것이다.

◆

프란츠 요제프 황제는 둘만의 생활을 추구한다. 그는 카타리나 슈라트 부인과 팔짱을 끼고서, 오래전부터 늘 여름휴가를 보내온 바트 이슐의 광대한 공원을 걷는다. 슈라트 부인도 그의 오랜 동반자다. 두 사람은 시시가 살아 있을 때부터 알고 지낸 사이다. 그럼에도 그녀는 결코 자신의 애인이 되어서는 안 되며 오직 동반자일 뿐이어야 한다는 것이 황제의 뜻이다. 30년이라는 나이 차가 나는 두 사람은 이렇게 함께 낮을 보낸다. 그러나 황제는 밤에는 혼자 있고 싶어한다. 그래도 황제는 이른 아침 7시경부터 황실 별장에서 나와 슈라트 부인의 '펠리치타스' 별장으로 건너간다. 그곳에서 두 사람은 함께 커피를 마신다. 그런 다음 황제는 온천 요양객들 속으로 들어간다. 사람들은 대부분 황제를 알아보지 못한다. 그가 휴가 기간에는 휘장을 달지도 않고, 근위병도 두지 않아서 그저 비사교적인 늙은 퇴역 장교처럼 보이기 때문이다. 황제는 무척 평범해 보이고 싶어한다. 그러나 유감스럽게도 그는 황제다. 그래서 그는 그에 걸맞게 행동한다. 그러나 슈라트 부인에게 그는 아주 평범한 편지들을 쓴다. 아, 그는 이렇게 하소연한 적도 있다. "연회석에서 불가리아 왕의 건강을 위해 축배를 들러 일어나야 했을 때 티눈이 어찌나 아팠던지."

◆

불가리아 왕은 때마침 아주 다른 걱정거리를 안고 있다. 7월 3일에 세르비아와 불가리아 사이에 마케도니아 지역을 둘러싼 분쟁이 악화된다. 세르비아는 전쟁을 선포한다. 오스만 제국, 그리스, 루마니아도 불가리아의 반대편에 선다. 제2차 발칸전쟁*이 일어난다. 바트 이슐에 있는 황제에게 끊임없이 새로운 비보가 도착한다. 그러나 황제는 발칸의 다혈질들 때문에 방해받고 싶지 않다. 그는 슈라트 부인에게 건너가 차를 마신다.

---

* 제1차 발칸전쟁의 강화조약에서 이루어진 영토 분배를 둘러싼 분쟁 때문에 발칸동맹국 사이에 일어난 전쟁으로 마케도니아 정복지를 두고 세르비아·그리스·루마니아 3국이 불가리아를 상대로 싸웠다. 불가리아의 패전으로 1913년 8월 10일 부쿠레슈티 강화조약이 체결되면서 전쟁이 끝났으나 이후에도 발칸반도의 대립은 끊이지 않고 있다.

◆

　7월 13일에 프로이트는 자신이 아끼는 딸 아나와 함께 온천지 마리엔바트로 여행을 떠난다. 휴양도 하고 내적인 힘을 키워 중요한 싸움에 대비하기 위해서다. 바로 9월 초에 뮌헨에서 열리는 '제4차 국제정신분석학술대회'에 대비하기 위해서다. 그곳에서 프로이트는 융을 비롯한 변절한 취리히 정신분석학자들을 처음으로 재회하게 된다. 그러나 물론 마리엔바트는 프로이트에게 전혀 도움이 되지 못한다. 오른팔의 류머티즘에도 우울증에도. 프로이트는 이렇게 쓴다. "나는 거의 글을 쓸 수 없다. 우리는 이곳에서 끔찍한 시간을 보내고 있다. 날씨는 춥고 습하다."

◆

　7월 말에 릴케는 잠깐 베를린에 들러 박물관에서 새로 발굴된 아멘호테프 두상을 관람한다. 릴케는 흥분하여 루 안드레아스살로메에게 편지를 쓴다. "당신에게 기적을 들려주겠어요." 이것은 제임스 시몬의 재정 지원을 받아 꾸려진 탐사대가 텔엘아마르나에서 발굴한 유적들이다. 베를린은 온통 조각상의 아름다움을 보고 나서 이집트 열병에 빠져든다. 베를리너 타게블라트 신문은 흥분하여 아멘호테프에 대해 이런 기사를 싣는다. "가장 대담한 의미에서 한 사람의 현대인이다." 그리고 아방가르드 예술가들에게 이렇게 권한다. "미래주의자들이여, 머리를 숙여라!" 박물관을 찾은 엘제 라스커쉴러는 열광하며 무릎을 꿇는다. 그녀의 유수프 왕자 모습은 아크나톤이라고도 불리는 아멘호테프 4세의 특징을 띠게 된다. 최고의 기적인 아크나톤의 아내 네페르티티의 두상은 아직 박물관 지하실에서 영면하고 있다. 발굴탐사대는 아직 가장 아름다운 이 작품을 전시하기를 꺼렸다. 1913년 1월에 이집트에서 무엇을 빼돌렸는지 세상에 알려지면 이집트가 즉각 소유권을 주장하리라고 예상하기 때문이다. 그래서 네페르티티는 보관소에서 쉬고 있다.

이집트 땅속에 누워 수천 년을 기다렸으니 세계의 숭배를 받기까지 몇 년 정도는 더 기다릴 수 있을 것이다.

◆

그렇다, 7월이다. 모두 휴식을 취하고 있다. 릴케는 이집트 열병에 걸려 있고, 약간의 돈이 있고, 할 일은 없다. 그러니 릴케가 8월에 며칠 동안 바닷가에서 휴가여행을 하려는 것도 '당연하다' 하겠다. 그러나 날마다 자신의 여자 후원자들과 초자아들에게 자신의 안락한 무위도식을 정당화해야 하는 사람에게 '휴가'는 불편한 단어다. 릴케가 8월에 바닷가로 여행을 가는 것이 '분별없어'(!) 보이는 것은 당연하다. 괴팅겐에 있는 루를 떠나온 릴케는 라이프치히에서 곧바로 그녀에게 편지를 쓴다. "저는 여기에서 주말에 바닷가로 가서 8일 동안 지내겠다는 경솔한 생각을 하고 있습니다(노스티츠 가족이 있는 하일리겐담으로 갑니다). 그곳엔 아름다운 너도밤나무 숲이 있을 것이고, 별안간 제 영혼 앞에 바다가 펼쳐지겠지요. 그래서 그렇게 할까 합니다."

◆

프랑크 베데킨트는 로마에 있다. 그는 7월 8일에 로마에서, 1월 26일부터 써온 『심손』을 완성한다. 그는 혼자 있기 위해서, 그리고 자신의 희곡 『룰루』의 상연 금지를 둘러싼 소동으로부터 기분전환을 하기 위해 로마로 온 것이다. 남자들의 세계를 파괴하는 여자 색마가 존재해서는 안 된다는 것이었다. 그러나 베데킨트는 『룰루』를 통해서 자신이 20세기의 새로운 여주인공을 탄생시켰다는 것을 예감한다. 베데킨트는 과거의 영웅들을 통해 현재의 굴욕을 위로한다. 그리고 로마에서 괴테의 『이탈리아 여행』, 부르크하르트의 『이탈리아 르네상스의 문화』를 읽고 시스티나 성당을 관광한다. 뮌헨의 검열국은 이 선동가의 중상류층 시민적인 야망에 깜짝 놀라 눈을 비볐을 것이다. 그는 아내 틸리 베데킨트에게 편지를 쓴다. "내가 이곳에서 지금까지 겪은 일 가운데 가장 멋진 것은 팔라티노 언덕 폐허에서 산책한 것이오." 그러나 베데킨트는 곧 아내에게 이렇게 경고한다. 로마는 완전히 잠들어 있다고, 극장도 없고, 보드빌 극장*도 없다고. "내 목적을 위해서는 이보다 더 나은 곳은 없소. 그러나 우리가 함께 좀 즐기려면, 파리로 가는 게 더 나을 거요." 방금 로마를 다녀온 사람이라면 결국 이렇게 갈파할 수밖에 없기 때문이다. "세계에서 가장 아름다운 도시는 파리고, 그다음이 로마고, 그다음은 곧 뮌헨이 될 것이다."

◆

로비스 코린트는 티롤의 '몬트샤인* 빌라'에 아이들, 아내, 어머니와 함

---

* 보드빌은 노래, 춤, 촌극을 곁들인 풍자적인 통속 희극이다.

께 있다. 아직 뇌졸중에서 완전히 회복되지는 못했지만, 이곳 그뢰덴 계곡의 장크트 울리히에서 차차 나아지고 있다. 비가 너무 심하게 와서 야외에서 그림을 그릴 수 없다. 그래서 가족이 초상화 모델을 서주어야 한다. 먼저 코린트는 자화상을 그린다. 초록색 체크무늬가 있는 리넨 재킷에, 깃털 장식이 달린 모자를 쓴, 전통 민속의상 차림이다(그는 다시 유쾌하게 투덜거리는 것처럼 보인다). 그다음은 아내 샬로테 차례다. 역시 티롤 사람 차림이다. 코린트는 다시 살아난 것을 증명이라도 하듯 캔버스에 물감을 두껍게 칠한다. 바깥세계는 안개와 빗속에 잠겨 있는 지금, 그는 전통의상 색들을 통해 초록색과 빨간색과 빛을 그림 속으로 가져온다. 아들 토마스는 모델을 서기 싫다고 한다. 토마스는 추워한다. 그리고 곧 독감에 걸려 침대에 누워 있게 된다.

날마다 코린트는 베를린에서 오는 우편물을 '사막에서의 만나'**처럼 맞이한다. 대부분은 베를린 분리파에서 벌어지고 있는 큰 싸움에 관한 내용들이다. 상인 파울 카시러가 의장으로 선출된 뒤로 싸움이 격해지고 있다. 카시러가 다음 전시회 초청자 가운데, 자신에게 투표하지 않은 열세 명을 초청 취소해서 불화가 생겼다. 이제는 '유한책임회사GmbH'가 된 이 단체는 코린트를 중심으로 남아 있는 분리주의자들 것이기는 하지만, 쿠어퓌르스텐담 208/209번지에 있는 전시회장 소유주는 카시러와 리버만의 조종을 받고 있다. 그래서 코린트를 중심으로 한 회원들은 다시 공간과 명예를 얻기 위해 새로운 건물을 지어야 한다. AEG를 위해 집과 전등과 탁자 들을

---

* 달빛이라는 뜻.
** 이스라엘 민족이 아라비아사막에서 헤맬 때 신으로부터 받은 음식.

설계한 건축가이자 디자이너인 페터 베렌스가 이 건물을 짓게 되리라는 소식을 전해 들은 코린트는, 비록 그를 좋아하지는 않지만 베렌스가 "모던"하니 적절한 이미지를 얻게 되리라고 인정한다. 그러나 장맛비가 쏟아지는 티롤에 있는 코린트에게 멀리 떨어진 고향에서 벌어지는 다툼들이 사실은 모두 버겁다. 코린트는 "공포심과 더불어 베를린을" 생각하고는 며칠 동안 베른하르트 켈러만의 책 『터널』을, 유럽과 아메리카 대륙의 지하 연결을 그린 올해의 공상과학소설 베스트셀러를 읽는다. 그리고 올해의 가장 간결하고 함축적인 서평을 쓴다. "좋은 책이다, 나도 한 번쯤 아메리카에 가보고 싶다." 그러나 소용없는 일이다. 8월에 코린트는 베를린으로 돌아가야 한다.

◆

케테 콜비츠도 남편 카를과 함께 티롤에 있다. 끊임없이 싸우고, 비는 억수같이 오고, 해방을 줄 자연으로 나갈 수도 없다. 답답한 가슴으로 호텔 의자에 앉아 있는 두 사람은 몹시 불행하다. 콜비츠는 여름휴가가 끝나고 나서 "심한 우울증"에 빠진다. 자살충동을 느끼고, 자기 인생과 예술 작업에 대해 절망하고, 처음 시도한 조각들도 불만족스럽다. 그녀는 일기장에 이렇게 묻는다. "나와 카를은?" 대답은 이렇다. "그렇게 굉장한 사랑은 처음이었다."

그러나 카를은 더이상 그녀의 관심을 끌지 못한다. "이미 모든 뉘앙스를 다 알고 있는 늘 똑같은 것은 둔해진 감각을 더이상 자극할 수 없다. 다시 강한 식욕이 생기려면 아주 다른 음식을 먹어야 한다." 1913년 여름, 케테 콜비츠의 동경에 대한 고백과 자유 선언이다. 그녀는 스트린드베리에게서 위안을 찾는다. 그녀는 그의 희곡들을 잇달아 읽는다. 남녀 간의 격렬한 증오, 숨막힐 듯 답답한 동거, 그런 이야기들이 도움이 된다. 혼자라는 느낌이 들지 않게 해준다. 그녀는 아들에게 그 이야기들을 들려준다. 스트린드베리 작품의 내용은 부부들이 "서로 갈기갈기 찢고 증오하는" 이야기라고. 콜비츠는 답답한 마음으로 창가에 앉아 비를 바라보며 일기에 이렇게 적는다. "여름은, 내가 느낄 새도 없이 지나가버리고 있다."

◆

빈에서는 오스카 코코슈카가 알마 말러와의 결혼 예고를 신청했다. 결혼식 날짜는 7월 19일, 장소는 신부 부모님이 살고 있는 되블링 시 시청이다. 코코슈카는 알마와의 결혼 승낙을 얻으려고 알마의 양부 카를 몰을 만나러 호에 바르테로 갔다. 그는 반대할 이유가 없다. 그러나 알마는 7월 4일에 코코슈카한테서 그 이야기를 듣고는 공포에 질려 짐을 싸서 도망친다. 그녀는 프란첸스바트로 가려고 한다. 뒤쫓아 간 코코슈카는 기차역에서 그녀를 붙잡고는 소리를 지르고 부들부들 떤다. 어쩔 수 없이 알마가 다시 창문을 열자 코코슈카는 자신이 그린 자화상을 밀어넣으며 다른 남자들을 모두 물리칠 수 있게 그 그림을 호텔방에 걸어두라고 명령한다. 그리고 그녀가 떠나기가 무섭게 편지를 띄운다. "나의 알밀리, 부탁이야, 그 누구에게도 한눈팔면 안 돼, 그곳 남자들은 끊임없이 당신에게 눈독을 들일 거야." 그리고 덧붙여 이렇게 묻는다. "당신은 왜 내가 '건강해!'라고 말했을 때 웃은 거야? 꼭 물어보고 싶었는데 이미 출발해버렸더군." 그렇다, 그녀는 왜 웃었을까? 분명 알마는 (가장 어두웠던) 두 사람의 관계에서 얼마 되지 않는 빛나는 순간에, 둘이 함께 있으면 건강해질 수 없다는 것을 느꼈던 것이다. 두 사람 모두 병든 사랑에 빠져 있기 때문이다. 코코슈카가 이틀 뒤에 다시 보낸 편지에서 보여주듯이. "나는, 어떤 의사 잡놈이 당신을 만지는 게, 어떤 여종업원이 제대로 다 막히지 않은 화장실에서 당신을 보거나, 침대에 누워 있는 당신을 보는 게 불쾌해." 알마는 이런 편지들을 모두 참는다. 어쩌면 심지어 즐겼는지도 모른다. 그러나 프란첸스바트에서 알마는, 코코슈카가 걸작을 완성한 후에야 다시 돌아오겠다고 편지한다. 그녀는 코코슈카를 "겁쟁이" "유대인 같은 사람"이라고 부른다. 사실 그렇기도 하다. 코코슈카는 화가 나서 곧 프란첸스바트로 떠난다. 그러나 호텔에 도착했을 때 알마는 거기 없었다. 그리고 침대 위에는 자기가 명령한 대로 그의 자화상이 걸려 있지도 않았다. 그녀가 산책에서 돌아오자, 그가 사나운 폭풍우처럼 날뛴다. 그는 알마에게 미친 듯이 화를 내고, 침대를 주먹으로 두들겨대고는 바로 다음 기차로 빈으로 돌아간다. 결혼하기로 한 날짜는 지나가버렸다. 그리고 호텔방에 코코슈카의 땀 냄새가 채 가시기도 전에, 전략가 알마는 베를린으로 편지를 띄운다. 그녀는 한때 연인이었던 진지하고 단호한 발터 그로피우스가, '분리파' 전시회에서 알마와 코코슈카의 이중 초상화를 보고 실망하여 물러난 그가, 아직도 자기에게 마음이 있는지 알고 싶은 것이다. 그래서 알마는 7월 26일 그에게 이런 편지를 쓴다. "저는 어쩌면 오스카 코코슈카와 결혼할 것 같아요. 그렇지만 영혼의 친구여, 저는 당신과 영원히 묶여 있어요. 당신이 살아 있는지, 그리고 이 삶이 살 가치가 있는지 편지해주세요."

코코슈카는 알마가 이미 오래전에 새로 미끼를 던졌다는 사실을 알지 못한 채, 빈에서 인생을 건 그림을 그리고 있다. 그러나 코코슈카도 이 삶이 살 가치가 있는지 자문한다. 그는 둘이 함께 있는 초상화 곁에 거대한 캔버스를 앞에 두고 앉아 있다. 그는 자신의 걸작 곁에 앉아 있다. 어쩌면 지금 그를 절망으로부터 떼어놓을 수 있는 것은 코코슈카를 찾아온 트라클밖에 없을지도 모른다. 게오르크 트라클과 비교하면 코코슈카의 영혼은 아직 제법 괜찮기 때문이다. 트라클은 잠시 빈의 슈티프츠가세 27번지에서 살고 있다. 그는 술과 마약에 취한 상태에서 무급 일자리를, 그것도 하필 국방부의 회계 공무원 자리를 받아들였다. 게오르크 트라클에게 이보다 더 어울리지 않는 직업은 상상할 수 없을 것이다. 트라클 역시 그 일을 며칠 견디지 못한다. 이 무렵 트라클은 일을 마치기가 무섭게 코코슈카의 아틀리에로 기어들어간다. 코코슈카는 불안하게 흔들리면서 캔버스 앞에 서 있다. 알마의 부정에 대한 사나운 내면의 꿈에 빠진 채, 입에는 담배를 물고, 손바닥에는 물감을 담고서, 붓과 오른손 검지로 그림을 그리고 있다. 트라클은 그 뒤에 있는 맥주통 위에 앉아 몇 시간 동안 앞으로 갔다 뒤로 갔다, 앞으로 갔다 뒤로 갔다 한다. 그걸 보면 누구라도 미쳐버릴 것이다. 그러나 광인 코코슈카는 그 모습에 마음이 진정되는 것처럼 느낀다. 이따금 트라클이 앉아 있는 구석에서 둔탁한 웅얼거림이 들린다. 트라클은 자작시들을 낭송하기 시작하고, 까마귀, 비운, 부패, 몰락에 대해 얘기하고, 절망적으로 자기 누이를 찾으며 부르짖는다. 그러고는 다시 영원의 침묵 속으로 가라앉아 말없이 앞으로 갔다 뒤로 갔다, 앞으로 갔다 뒤로 갔다 한다. 코코슈카가 이중 초상화를 그릴 때 날마다 트라클이 그 자리에 있었다. 그리고 그 그림에 제목을 붙여준 사람도 트라클이다. 바로 〈바람의 신부〉였다. 빈에서 보낸 이 혼란스러운 시절에 쓴 트라클의 시 중에 「밤」이라는 제목의 시가 있다. "황금빛으로 불이 타오른다/사람들 주위로./검은 절벽 위로/죽음에 취해 추락한다/작열하는 바람의 신부가." 아틀리에에 있는 이젤 위의 바람의 신부 알마는 그렇게 작열하지만, 살아 있는 진짜 알마는 식어가기 시작한다. 아니 어쩌면 그 반대일지도 모른다. 지나치게 신경이 예민한 코코슈카가, 알마가 자기한테서 빠져나가려 한다고, 거리를 두려 한다고 느끼기 때문에, 바로 두 사람의 공생의 사랑이 약해졌기 때문에, 예술은 될 수 있어도 사랑의 증표는 될 수 없는 초상화를 그리게 된 것인지도 모른다. 알마가 〈바람의 신부〉라는 이름을 얻었을 때, 그가 신부에게 바람의 도피자, 바람의 도망자라고 써넣었을 때 비로소 코코슈카가 그녀의 초상화를 그릴 수 있게 된 것인지도 모른다. 〈바람의 신부〉와는 결혼할 수 없다. 그릴 수 있을 뿐이다.

◆

막스 리버만은 페터 베렌스의 초상화를 그린다. 당대의 위대한 창조적 천재는 이 그림에서 살집 좋은, 느긋한 변호사처럼 보인다.

8월

1913 DER SOMMER DES JAHRHUNDERTS

∞ 이런 게 세기의 여름일까?

어쨌든, 프로이트는 기절하게 되고, 키르히너는 행복해지는 달이다. 프란츠 요제프 황제는 사냥을 하러 가고, 에른스트 윙거는 겨울 외투를 입고 더운 온실에 몇 시간 동안 앉아 있는다. 무질의 『특성 없는 남자』는 잘못된 정보로 시작한다. 게오르크 트라클은 베네치아에서 휴가를 보내려고 한다. 슈니츨러도 마찬가지다. 릴케는 하일리겐담에 있고 그곳에서 어떤 여성의 방문을 받는다. 피카소와 마티스는 함께 말을 타러 간다. 프란츠 마르크는 길들여진 노루를 선물로 받는다. 일하는 사람은 아무도 없다.

릴케가 하일리겐담 호텔 테라스에서 천천히 진회색 장갑을 벗고서, 그의 옆에서 모카커피를 마시고 있는 헬레네 폰 노스티츠의 손을 살짝 잡는다. 그녀는 릴케의 눈을, 그 깊이에 여자들이 늘 그의 나머지 얼굴은 모두 잊어버리게 만드는 그 그윽한 짙푸른 눈동자를 바라본다. 자기에게 와달라고 부탁하는 헬레네의 편지를 받았을 때, 릴케는 괴팅겐에서 루 안드레아스살로메와 함께 있었다. 릴케의 수락에, 릴케와 애정과 질투로 엮인, 촘촘하고 가늠할 길 없이 무수한 얽힘으로 연결되어 있는 모든 이가 놀라워했다. 어느 날 괴팅겐에서 루가 누워 있었을 때 릴케는 편지에, 공동의 침묵, 대화, 싸움, 애태움, 독서, 침묵에 지쳐 "바닷바람에 대한 강렬한 욕구"가 솟구친다고 했다. 그러나 릴케가 도착해보니, 때마침 하일리겐담은 경마 때문에 아주 번잡스러웠다. 하일리겐담과 바트 도베란 사이의 작은 언덕들 위로 경주로가 나 있는 큰 규모의 전통적인 더비 경마였다. 하일리겐담의 호텔은 도시에서 온 호화스러운 관람객들과, 조끼가 터질 듯 배가 튀어나온 뚱뚱한 종마 소유주들로 넘친다. 사방에 마차들, 거대한 모자를 쓴 여자들, 장사치들이 널려 있고, 여기저기서 경마 판돈 얘기들과, 베포가 오늘 유력한 우승 후보라는 얘기가 들린다. 당황한 릴케는 호텔 리셉션에서 편지지를 달라고 부탁한다.

릴케는 아무리 늦어도 30분 안에 다시 돌아갈 작정이라고 헬레네 폰 노스티츠에게 급하게 편지를 쓴다. 호텔 보이가 편지를 전했을 때, 그녀는 마침 이 시인을 초대한 일로 남편과 싸우는 중이었다. 릴케의 한탄을 읽은 그녀는 얼른 옷을 입고 서둘러 그에게 달려간다. 그녀는 온천장에서 하얀 여름양복 차림의 릴케를 발견한다. 그러나 이제 그 양복은 "잿빛에다가 빛바랜" 상태였다. 밖에서는 구름이 일더니 검은 산으로 치솟았다. 바다로부터 강한 바람이 불어와, 여자들은 모자를 꼭 붙잡고, 높은 너도밤나무에서는 첫 낙엽들이 흩날린다.

헬레네 폰 노스티츠는 릴케의 팔짱을 끼고 씩씩한 발걸음으로 그를 온천장에서 데리고 나온다. 새로 지은 오두막들 사이로 난 오솔길을 지나면서, 그녀는 오른쪽으로 인사하고 왼쪽으로 인사한다. 사나운 바람에 모두 몸을 숙이고 걷는다. 헬레네와 릴케는 너도밤나무 숲에 이른다. 두 사람은 계속 걷는다. 차차 고요해지더니, 바람이 잦아진다. 브룬스하우프텐 위로 태양이 구름을 뚫고 고개를 내밀자 해변이 반짝거리며 나타난다. 너도밤나무들이 오스트제 바다의 하늘 위로 우뚝 솟아 있고, 소금기를 머금은 바람 때문에 너도밤나무 줄기들은 매끄럽게 윤이 나고, 수관樹冠이 높다. 나무들은 수십 년의 나이에도 여전히 순결해 보인다. 어떻게 그럴 수 있을까? 릴케는 거대한 죽마 사이를 걷는 듯하다. 나무들은 이끼로 뒤덮인 그루터기들을 외면한 채 저 높은 곳에 눈길을 주고 있다. 릴케는 나무줄기에 기대어 깊이 숨을 들이쉰다. 헬레네 폰 노스티츠가 기운을 북돋워주려는 듯 릴케를 바라보지만 그는 너도밤나무 줄기들 사이로 빛나는 푸른 바다만 쳐다볼 뿐이다. 때때로 아주 작게 흰 파도가 일 뿐, 그 밖에는 오직 푸른색, 푸른색, 푸른색뿐이다.

나중에 좀 진정이 된 릴케는 자리에 앉아 루 안드레아스살로메에게 편지를 쓴다. "이곳은 독일에서 가장 오래된 해수 온천장입니다. 바닷가에 있는 숲 때문에, 그리고 이곳을 찾는 손님들이 대부분 주변 지역에서 오는 시골 귀족들로 한정되어 있어 마음에 듭니다." 릴케와 루의 관계가 새롭게 불타오른 것을 생각하면 놀랍도록 침착한 편지다. 두 사람은 괴팅겐의 정원에서 오랜 맹세의 부활을 다짐하듯 서로 손을 맞잡았던 것이다. 그런 다음 두 사람은 헤어졌다. 루는 괴팅겐에서 정신분석 병원을 열기로 결정했고, 릴케는 휴가여행을 떠나보기로 결정한 것이다. 그러나 릴케는 늘 그렇듯이 커다란 압박감을 느끼는 것처럼 보인다. 약간 고통스러워하는 것도 같다. 루 곁에 없어도 자기가 행복할 수 있다는 생각을 루가 결코 해서는 안 되는 것처럼. 이것이 릴케가 저 멀리 있는 여성 후원자들과 숭배자들에게 수천 통의 편지를 쓰는 이유다. 릴케는 베데커 여행서*풍으로 1913년의 하일리겐담에 대해 몇 줄 더 적는다. "이곳에 대공의 빌라가 있습니다. 그리고 멋진 주랑柱廊 회관이 있는 온천장 한 채와, 호텔 한 채, 빌라 열두 채가 있습니다. 모두 19세기 초의 멋진 취향을 보여주는 건축 양식으로 지어졌고 여전히 거의 흠 하나 없이 당시 모습을 그대로 간직하고 있습니다. 사람들은 자기 영지에서 가장 훌륭한 쌍두마차를 타고 이리로 옵니다. 바다 앞에는 놀랍도록 멋지고, 감동적인 부조들이 있습니다. 숲에는, 심지어 바닷가에도 온통 고요함이 가득합니다. 전체적으로……" 이제 독자는, 릴케가 드디어 열광을 보여주는, 아니면 적어도 긍정적인 수식어를 흘리리라 생각할 것이다. 그러나 행복의 위험성을 감시하는 릴케는, 때마침 마음을 다잡고 이렇게 쓴다. "전체적으로 쓸 만한 장소입니다."

그가 여기서도 자제력을 놓지 못하는 것이 얼마나 유감인가. 약간의 불행을 격정적으로 사랑하는 릴케에게는 분명 천국도 고작 "쓸 만한 장소"일

---

* 독일 출판업자 카를 베데커가 창간한 여행서.

것이다. 그러나 릴케는 하일리겐담이 점점 좋아지고 있다는 것을, 그리고 그 이유가 이곳 날씨가 이 나라 그 어느 지역보다 좋기 때문이란 것도 부정하지 못한다. 바닷바람이 끊임없이 구름을 몰아내고 릴케 눈앞의 바닷가에는 펄럭이는 옷들의 멋진 쇼와 인상주의 군상들이 펼쳐져 있다. 릴케는 바닷가에 있는 의자에 다리를 꼬고 앉아, 괴테의 시나, 최근에 자기를 완전히 굴복시킨 다혈질의 젊은이 베르펠의 시를 읽고 있으니 기분이 좋다.

그러니까 릴케는 하일리겐담이 점점 좋아지고는 있지만 그것은 헬레네 폰 노스티츠와는 별로 상관없는 일이었다. 그녀는, 릴케의 다른 모든 여성과 마찬가지로 멀리 있을 때는 아주 유혹적으로 보였지만 가까이에 있으면 성가시고 신경에 거슬린다. 그러나 릴케는 그녀의 질투심을 건드리지 않으면서 그녀한테서 벗어날 수 있는 방법을 안다. 릴케는 이렇게 말한다. "저는 미지의 여인에게 끌립니다." 자기 아내가 이 괴상한 시인과 실랑이를 벌이는 것이 눈엣가시인 노스티츠 씨로서는 반가운 일이었을 것이다. 릴케는 자기 방으로 가서, 아주 진지하게, 그 "미지의 여인"과 정신적인 만남을 시도한다.

릴케는 두이노의 마리 폰 투른 운트 탁시스와 함께한 강령회에서 그 부인을 만나 가까워졌고 그때 그 미지의 여인이 릴케에게, 톨레도의 다리에서 열쇠나 반지를 강으로 던져달라는 부탁을 했었다. 그리고 릴케는 언제 한번 꼭 스페인에 가보고 싶었기 때문에 이 부탁을 진지하게 받아들였고 이 후작부인한테서 1등급 여행 경비를 받았다. 릴케의 불안정하고 사치스런 생활방식은 부유한 부인들의 끝없는 기부가 뒷받침해준 덕분에 가능했다. 릴케는 그녀들의 기분을 유지하기 위해 집중적인 서신 왕래를 했다. 그는 날마다 중유럽의 성들과 호텔들로 연푸른색의 편지를 여러 통 보냈다.

그는 돈을 얻으려고, 이해를 얻으려고, 애정을 얻으려고, 아내를 얻으려고 애쓴다. 그러나 물론 깜짝 놀라 뒷걸음치기도 하는데, 돈 때문도, 이해 때문도, 애정 때문도 아니었다(이것들은 모두 기꺼이 받아들였다). 오로지 여자 때문이었다. 그는 여자들과 약간의 거리를 두고 편지로만 관계를 맺는 것을 더 좋아했다. 그 점에서는 정말 대가였다. 지금 여기 하일리겐담에서도 마찬가지다. 8월 1일에 릴케는 하일리겐담에서, 총으로 자살한 오빠 때문에 슬픔으로 숨이 막혀 죽을 것 같은 시도니 나드헤르니에게 또하나의 위대한 편지를 쓴다. 그는 마치 고귀한 손수건인 양 펜으로 그녀 영혼의 눈물을 닦아주고, 슬픔을 이길 수 있는 실질적인 심리적 대처법을 권한다. 바로 피아노로 베토벤을 연주하라는 것이었다. 그게 도움이 될 거라면서, 그것도 바로 "오늘 저녁에".

그런 다음 릴케는 다시 정신적인 관계로 눈을 돌린다. 유감스럽게도 우리는 이 "미지의 여인"이 하일리겐담에 있는 릴케에게 무엇을 명령했는지 알 수 없다. 어쨌든 릴케는 헬레네 폰 노스티츠가 여행을 떠난 뒤에도 계속 그곳에 머무른다. 그러나 그것은 정신적인 이유들이라기보다는 육체적인 이유 때문이었다. 근처의 퀼룽스보른에서 휴양중인 엘렌 델프를 만났기 때문이다. 그녀는 루 안드레아스살로메의 수양딸들 가운데 한 명이자, 막스 라인하르트와 일하는 젊은 여배우다. 릴케는 헬레네가 기차를 타고 바트 도베란으로 떠나기가 무섭게 8월 14일 오후에 이런 편지를 쓴다. "친애하는 루의 따님, 저는 당신에게 손을 내밀려고 왔습니다." 그리고 그는 정말로 그렇게 한다. 릴케는 지인들, 관습들과 멀리 떨어진 이곳 하일리겐담에서 엘렌 델프와의 심각하지 않은 연애로 만족하는 듯하다. 높은 너도밤나무 아래에서 처음으로 함께 산책을 하고 돌아온 릴케는 이런 시를 짓는다.

순결한 나무들 뒤로

순결한 나무들 뒤로
서서히 오랜 숙명이
말없는 얼굴을 이루네.
그곳에 주름이 생기고……
여기서는 한 마리 새의 비명이,
저기서는 무정한 예언자의 입에서
고통의 탄식이 터져나오네.

오, 그리고 곧 사랑할 연인들은
아직 이별을 모른 채 서로에게 미소 짓고,
그들 위로 그들의 운명이
밤 동안 황홀하게,
별자리처럼 사라졌다 나타나네.
아직 운명의 손길은 그들에게 닿지 않고
운명은 여전히 천행 속에 부유하며
살고 있네
가벼운 형체로.

"곧 사랑할"! 이것이 릴케가 두번째로 좋아하는 상태다. 릴케가 가장 좋아하는 건 '한때 사랑했던' 상태다. 그렇게 되면 더이상 공들이지 않아도 되고 편지만 쓰면 되니까. 그 사이의 상태, 일반적으로 현재라고 부르는 사랑,

곧 불확실의 상태를 그는 좋아하지 않는다. 그것은 그에게 부담스럽다. 그러나 이곳 하일리겐담의 순결한 나무들 아래에서는 그도 평소보다 더 자유롭게 느끼는 것 같아 보인다.

릴케는 "아침 같은 엘렌"에게 주로 시를, 특히 프란츠 베르펠의 시를 낭송해준다. 두 사람은 바닷가로 가고, 릴케는 그의 길고 가느다란 손가락 사이로 오스트제 바다의 고운 모래를 흐르게 한다. 그런 다음 두 사람은 분명 그의 방으로 갔을 것이다. 엘렌은 다음 날 이 시인의 방으로 장미를 보낸다. 그리고 릴케는 연푸른색의 편지로 감사를 전한다. "장미가 아름답군요. 아름답고, 풍요로우며, 지금 눈앞에 있는 모습 그대로 누군가의 마음을 예찬합니다. 헤아릴 수 없이. 라이너."

◆

병력 증강을 위해 전 오스트리아-헝가리 제국에서 병역도피자 수색이 시작된다. 그리하여 8월 22일에 경찰은 다음과 같은 실종신고를 한다. "아돌프 히이틀러(!), 마지막 주소지는 빈 멜데만슈트라세 남성쉼터, 현재 거주지 불명, 조사 진행중."

◆

1913년 8월의 어느 멋진 날이다. 더 정확하게 말해서, "대서양 위로 저기압이 자리잡고 있었다. 이 저기압은 동쪽으로, 러시아에 자리잡고 있는 고기압을 향해 이동하고 있었으며, 아직 북쪽으로 비켜 갈 기미를 보이지 않았다. 등온선과 등서선이 문제였다. 연평균기온, 가장 추운 달의 기온과 가장 더운 달의 기온, 비주기적인 월별 기온 변화를 고려할 때, 기온은 적정한 수준이었다. 일출 시각과 일몰 시각, 월출 시각과 월몰 시각, 달과 금성과 토성의 빛의 양의 변화와, 다른 많은 중요한 현상들이 천체력에 예보된 것과 일치하고 있었다. 공기중의 수증기는 최고 기력을 나타냈으며, 공기 중의 습도는 낮았다. 다소 진부하기는 하지만, 사실에 잘 부합하는 표현으로, 때는 1913년 8월의 어느 멋진 날이었다". 로베르트 무질의 『특성 없는 남자』는 이렇게 시작한다. 프루스트의 『잃어버린 시간을 찾아서』, 제임스 조이스의 『율리시스』와 나란히 1913년의 폭발력을 흡수한, 모더니즘 소설의 3대 고전이다.

그러나 1913년 8월의 빈의 날씨는 정말로 어땠을까? 노이에 프라이에 프레세 8월 15일 자에 "계속되는 나쁜 날씨"라는 멋진 헤드라인의 상세한 기사가 하나 실린다. 그 기사에서 중앙기상연구소의 조교 O. 폰 미르바흐 남작은 약간 위안이 되는 소식을 전할 줄 안다. "두려워했던 대로, 금년의 여름 날씨는 근본적으로 처음부터 갖고 있었던 성격을 충실히 유지했다. 분명 그 강도는 다소 약해졌다. 그러나 그것이 의미하는 바는 크지 않다. 이상하게도 올여름 날씨가 시작부터 너무 나빴으므로 이후에 날씨가 나아졌더라도 여전히 나쁘다고 말할 수밖에 없기 때문이다." 그 말은, 1913년 8월에는 좋은 날씨가 단 하루도 없었다는 뜻이다. 그렇다, 빈의 평균기온이 16도였다. 20세기 통틀어 가장 추운 8월이었다. 1913년의 사람들이 아직 그것을 몰라 다행이다.

◆

프란츠 마르크는 아내와 함께 매형의 영지인 오스트프로이센의 겐드린으로 여행을 왔다. 수십 장의 말 그림과 소묘를 그리더니 이제 직접 말안장에 올라탄다. 이 무렵에 찍은 멋진 사진이 한 장 있는데, 마르크가 매형 빌헬름과 함께 말을 타고 산책하는 모습이다. 홀스 위스퍼러 마르크가 올라앉으니 그 말이, 백마가 어떤 자세를 취하고 있는지 보라. 그리고 마르크가 이 동물의 우아함에 대한 순수한 존경심에서 말에 넓적다리조차 제대로 대지 못하는 모습을. 떠나올 때 빌헬름은 프란츠 마르크에게 길들여진 노루를 한 마리 선물한다. 이 노루는 기차로 진델스도르프까지 운반된다. 이 여행을 견뎌낸 노루는, 하니(진델스도르프에 있는 똑같은 이름의 고양이와 혼동하지 말 것)라는 이름을 얻어 정원에서 살아가게 된다. 이 노루가 마르크의 아틀리에 앞에 있는 초원을 쓸쓸히 거닐지 않도록, 곧 루트라는 이름의 동반자가 생긴다. 이 노루들의 수줍은 갈색 아름다움에 마음을 빼앗긴 마르크는 천국의 상징으로 이 노루들을 계속 그린다.

◆

8월 16일에 디트로이트에 있는 포드 자동차 공장에 최초의 컨베이어벨트가 설치된다. 포드 자동차는 영업 연도 1913년에 26만 4972대의 자동차를 생산한다.

◆

알마 말러가 프란첸스바트에 앉아 결혼식 날짜가 지나가도록 내버려두었을 때, 코코슈카는 〈바람의 신부〉를 계속 그리다가 절망에 빠져 아틀리에 전체를 하나의 관으로 변신시키려고 검은색 물감을 집어들었다. 그러나 알마 말러가 돌아오고 두 사람은 다시 서로에게 빠져들었다. 8월 31일, 알마의 생일에, 두 사람은 코르티나담페초에서 그리 멀지 않은, 돌로미테 알프스의 '트레 크로치' 호텔에서 생일 파티를 연다. 이튿날 동틀 무렵 울창한 숲으로 들어간 두 사람은 빈터에서 놀고 있는 어린 말들을 발견한다. 코코슈카는 고독에 대한 공포에 가까운 두려움에도 불구하고 알마를 멀리 보내놓고, 연필을 꺼내들어 무아지경에 빠진 듯 말들을 그린다. 어린 말들이 그에게 다가와 그가 손으로 건네주는 먹이를 받아먹고 그 아름다운 머리를 그의 팔에 비빈다.

◆

그런데 골로 만은 뭘 하고 있을까? 그의 어머니 카티아는 수첩에 '독일의 어떤 유년'을 기록한다. "1913년 여름. 골로가 이제 아이시*보다 더 많이 주절거린다. 그애는 하루종일 분별 있는 말은 거의 한마디도 않고, 점점 더 말도 안 되는 소리들만 지껄일 때가 많다. 자기 친구들이라며, 호프만슈탈과 베데킨트에 대해 얘기하고, 발칸전쟁에 대해 어디서 주워들은 것과 자기가 지어낸 것을 섞어 이야기해대 엄하게 꾸짖어야 할 정도다. (…) 이번 여름에 군악음악회를 수없이 봐서 그런지 요즘 아이들이 가장 즐겨 하는 놀이는 지휘 놀이다. 골로는 뭐라 말로 표현할 수 없을 정도로 우스꽝스럽

---

* 골로의 형 클라우스 만의 애칭.

게, 추하게 찡그린 표정으로 지휘하면서 여린 음을 부드럽게 끌어올리고 있다. 진짜 악단 지휘자를 한 번도 본적이 없는 애가 그런다니, 나로서는 이해할 수 없는 일이다." 토마스 만의 아들 골로는 지금 네 살이다. 그애는 이걸 다 어디서 배웠을까?

◆

부전자전. 1913년에 독일에서 피의 법*이, 다시 말해서 혈통이 새로운 시민권의 토대가 된다.

◆

에른스트 융거는 이 여름방학에 슈타인후더 해 근처 레부르크의 브루넨 슈트라세에 있는 고향집 빌라에서 지루해하고 있다. 집 옆으로 오래된 떡갈나무들이 쏴쏴 소리를 내고, 앞은 탁 트여 멀리까지 내다보인다. 그러나 융거는 온갖 작은 탑들과 돌출창들이 있는 이 집에 갇혀 있는 기분이다. 빌헬름 시대** 건축 양식을 따른 어두운 색의 나무무늬목이 집 전체를 감싸고 있고, 창문들은 색유리창이라 빛이 거의 들어오지 않는다. 문틀 위에는 화려한 목조 조각들이 올라앉아 있다. 늘 어둡고, 창문들에는 온통 울부짖는 한 마리 사슴과 매복중인 한 마리 여우가 그려져 있는 사냥의 방에서 아버

---

* 출생지가 아닌 부모의 국적에 따라, 다시 말해 혈통에 따라 국적이 결정되는 법.
** 창업시대. 1871년 이후 독일의 경제 호황기.

지는 친구들과 앉아 두꺼운 시가를 피우며, 바깥세계가 집 안으로 들어오지 못하기를 바란다. 에른스트 융거는 이 방에 있으면 숨이 막혀 죽을 것 같은 기분이 든다. 그는 다락방에 있는 자기 침대에 누워 아프리카 탐사 이야기를 다시 읽는다. 비가 내리고 있다. 그러나 태양이 잠깐 얼굴을 내밀기가 무섭게, 강렬한 여름햇살이 몇 분 만에 바깥 공기를 따뜻하게 데워놓는다. 융거는 창문을 열고, 그의 부모는 소풍을 간다. 정원에 있는 거대한 철쭉 관목들의 단단한 잎들에서 몇 분 동안이나 빗방울이 무겁게 땅으로 떨어진다. 융거 귀에도 그 소리가 들린다. 뚝, 뚝, 뚝. 그것만 빼면 죽은 듯이 고요한 8월 한낮이다. 이때 열여덟 살의 에른스트는 큰 곡선 모양으로 나 있는 짙은 갈색 계단을 내려가 옷 보관실로 가서는 저 안쪽에서 고급 털을 덧댄 두꺼운 겨울외투를 꺼낸다. 그는 모자장에서 털모자도 꺼낸 다음 집에서 슬그머니 빠져나온다. 밖은 31도나 되는 후텁지근한 날씨가 기승을 부리고 있다. 융거는 철쭉 덤불 사이를 지나 온실로 이어지는 좁은 길을 걸어간다. 아버지는 이 온실에서 열대식물들과 야채를 기른다. 융거가 오이 재배실 문을 여니, 꽉 막혀 있던 습한 열기가 얼굴을 덮친다. 융거는 재빨리 문을 닫고는, 겨울외투를 입고 털모자를 쓰고서 화분 옆에 있는 나무로 된 간이 의자에 앉는다. 오이 가지들이 초록색 혀처럼 날름거리며 제멋대로 꼬불꼬불 위로 뻗어 있다. 때는 낮 2시다. 온실 온도계는 42도를 가리키고 있다. 융거는 웃는다. 아프리카라도 이보다 더 덥지는 않을 거야, 라고 그는 생각한다.

◆

8월 3일에 베를린 융페른하이데에서 한 예술가가 모래 더미 속에서 질식사한다. 모래 속에서 5분 동안 산 채로 묻혀 있는 것이 그의 예술이었다.

그런데 오늘 그 예술가 집단의 감독이, 대화에 빠져 깜빡 잊은 바람에 10분 뒤에야 그 예술가를 꺼내기 시작한 것이다.

◆

프로이트는 8월 11일에 아내, 처제, 딸 아나와 함께 마리엔바트에서 산 마르티노 디카스트로차로 떠난다. 돌로미테 알프스에 있는 이 작은 산골 마을에, 리바 출신의 하르퉁엔 박사가 세운 전설적인 요양원 지점이 있다. 프로이트는 이 높은 곳에서, 9월 초에 있는 빌어먹을 정신분석학회에 참석하기 위해 뮌헨으로 가기 전 4주 동안 힘을 모으려고 한다. 프로이트는 친구 샨도르 페렌치를 호텔로 불러들인다. 기꺼이 달려와준 그와 함께 프로이트는 뮌헨에서 열릴 학회에 대비해 전략을 세운다. 그리고 오후에는 아나와 함께 주변을 한 바퀴 산책한다. 두 사람은 팔짱을 끼고 서늘한 숲 속을 거닌다. 이 시기에 찍은 한 장의 사진에서 아나는 전통의상 차림으로 당돌하게 카메라를 응시하고 있다. 자의식이 강해 보이는 모습이다. 그녀 옆에는 아버지 프로이트가, 비록 자부심에 차 있기는 하지만 시무룩한 표정으로, 그렇다, 불안한 표정으로 서 있다. 그는 이 산골 요양원에서 편두통과 만성 감기 치료를 받는다. 크리스틀 폰 하르퉁엔 박사는 프로이트에게 금연과 금주를 엄격하게 지키고, 신선한 공기를 많이 마시라고 처방한다. 그래도 프로이트는 새로운 힘이 솟지 않는다. 뮌헨으로 갈 날이 다가올수록, 더욱더 혼란스러워진다. 그리고 출발을 하루 앞둔 날, 한밤중에 하르퉁엔 박사가 불려온다. 프로이트가 기절한 것이다.

◆

　8월 초에 피카소는 아버지의 죽음과 개 프리카의 죽음으로 인한 충격에서 회복되어 세레로 떠난다. 그러나 그사이 피카소가 너무 유명해져서, 8월 9일에 지방신문 앙데팡당에 이런 기사가 실린다. "조그만 세레 시가 환호한다. 입체주의의 대가가 매우 지당한 휴식을 잠깐 누리기 위해 이곳을 찾았다. 현재, 화가 에르뱅, 브라크, 키슬링, 아셔, 피초트, 그리스와 조각가 데이비드슨이 피카소를 중심으로 세레에 모였다." 피카소는 이 소동 때문에 시달리고 있다. 특히 후안 그리스는 피카소에게 공포를 불러일으킨다. 그사이 후안 그리스가 입체주의 기법을 피카소만큼 통달하고, 파편, 벽지, 신문 쪼가리를 가지고 대가 수준의 새로운 세계를 만들어낼 줄 알게 되었기 때문이다. 게다가 피카소의 오랜 친구 라몬 피초트가 피카소에게 전 애인 페르낭드에게 입에 풀칠할 돈이라도 주라고 설득하러 세레로 온 것이다. 피카소는 그런 식의 압박을 받는 것이 싫다. 한바탕 소란이 일어난다. 피카소와 에바는 공포에 사로잡혀 그곳을 떠났다. 피카소가 로마에 있는 화상 칸바일러에게 보낸 편지에 쓴 대로, 두 사람은 "평온을 찾아" 약동하는 파리로 돌아왔다. 에바와 피카소는 몽파르나스 쇨셰르 가 5번지에 있는, 아틀리에가 딸린 새 아파트로 이사한다.
　새로 개통된 기차 구간 덕분에 그곳에서, 앙리 마티스가 살고 있는 이시레물리노까지 10분이면 간다. 세레에서 돌아오자마자 피카소와 에바는 여름 내내 마티스와 함께 말을 타고 다닌다. 너무나 특별한 사건이었기 때문에 모더니즘의 본부 거트루드 스타인에게 똑같은 보고가 두 번이나 올라오는 일이 벌어진다. 첫번째는 8월 29일에 피카소가 올린 보고였다. "우리는 마티스와 함께 말을 타고 클라마르 숲을 통과합니다." 그리고 바로 같은 날 마티스가 이런 보고를 올린다. "피카소는 기수나 다름없습니다. 우리가 함께 말을 타고 나가자 모두가 놀랍니다." 두 영웅의 화해를 알리는 소식은 곧 몽파르나스와 몽마르트르에서, 다시 말해 온 세상에서 가장 중요한 화제가 되었다.

"우리는 상대방의 기법에 열정적인 관심을 갖고 있습니다. 의심할 여지 없이 우리는 서로 상대방을 통해 이익을 얻었습니다. 그것은 예술적인 의형제와 다름없었습니다." 마티스는 한때 자신의 최고 라이벌이었던 이에 대해 이렇게 쓰고 있다. 그리고 막스 자코브에게 이렇게 말한다. "내가 지금처럼 작업하지 않게 된다면, 나는 기꺼이 피카소처럼 그릴 것이네." 그러자 막스 자코브가 이렇게 대답한다. "정말 이상하군. 방금 피카소도 내게 똑같이 말했는데."

◆

게오르크 트라클은 분노로 미쳐 날뛴다. 누이 그레텔을 만나고 싶은데 그녀를 찾을 수가 없다. 빈 국방부의 회계 공무원 자리에 취직한 것은 물론 웃기는 일이었다. 그는 더이상 출근도 하지 않고, 이제 정오밖에 되지 않았는데 벌써 적포도주를 다섯 잔째 마시고 있다. 그리고 마약을 한다. 친구 아돌프 로스와 영국인 아내 베시가 트라클에게 즉각 처방을 내린다. 바로 휴가, 자아로부터의 휴가다. 여행 목적지는 베네치아다. 트라클은 8월 14일에 친구 부쉬베크에게 편지를 쓴다. "토요일에 나는 로스 씨와 함께 베네치아로 가려고 하네. 나는 왠지 무척 두렵네." 이튿날에 쓴 두번째 편지에는 태어나서 처음으로 떠나는 휴가여행에 대한 기대로 불타는 기이한 병적 쾌감의 징후가 나타난다. "사랑하는 친구! 세계는 둥글다네. 토요일에 나는 베네치아로 내려가네. 앞으로 앞으로 별까지." 물론 그 시도는 실패로 돌아간다. 불쾌한 여행이 되어버린 것이다. 별을 향해 뻗은 손에 쥐인 것은 오직 해파리뿐이다. 함께 베네치아 리도에 온, 존경하는 카를 크라우스조차도, 아내와 함께 트라클을 돌봐주는 아돌프 로스와, 루트비히 폰 피커조차도, 오스트리아 지식인 계급의 야유회에 동참한 페터 알텐베르크 때문에 더욱 어두워진 트라클의 기분을 밝게 해주지 못한다. 8월 중순, 게오르크 트라클은 베네치아의 해수욕장을 정처 없이 거닐고 있다. 햇살이 화창하게 내리쬐고, 바닷물은 따뜻한데, 이 시인은 세상에서 가장 불행하다. 1913년 어느 8월에 찍은 사진 속의 그는 모래사장을 터덜터덜 걷고 있다. 머리카락은 뻣뻣하고 까칠까칠하고, 피부는 땅속 깊은 동굴에 사는 도롱뇽처럼 창백하다. 왼손은 꽃봉오리처럼 오므리고 있고, 입술은 뾰족하게 내밀고 있다. 수영복 차림으로 바다로부터 등을 돌린 채, 비참한 기분을 그대로 드러내면서. 절망에 빠지고, 향수병에 걸린 채. 그리고 혼자서 시구절을 중얼거리는 것처럼 보인다. 밤에 트라클은 호텔로 돌아와 그 시구를 옮겨 적는다. "검은 파리떼/돌로 된 방을 어둡게 하고/고향을 잃은 자의 머리는/황금 시절의 고통으로 가득 차 있다."

◆

1913년 여름, 병적인 것을 특히 좋아하는 빈 지식인 계급은 가라앉고 있는 도시 베네치아의 저항할 수 없는 매력에 빠져든다. 트라클, 페터 알텐베르크, 아돌프 로스 부부, 폰 피커 부부 말고도, 8월 23일에는 슈니츨러 부부도 베네치아에 도착한다. 브리오니에서 오는 길인 슈니츨러 부부는 그랜드 호텔에 묵는다. 그들은 바닷가에서 또다른 오랜 지인을 만난다. 바로 수염을 기른 거인 헤르만 바르와 그의 아내다. 슈니츨러는 올가와 곤돌라 관광을 한 바로 다음 날에 벌써 출판업자 사무엘 피셔를 만나 다음 출간작들과 관련한 문제들을 의논한다. 피셔 가는 베네치아에서 가장 친한 친구들과 함께 아들 게르하르트의 열아홉번째 생일파티를 연다. 리하르트 베어호프만도 참석하고, 배우 알렉산더 모이시, 헤르만 바르와 알텐베르크도 자리를 같이한다. 트라클에 대한 얘기는 없다. 안타깝게도 모두 지친 상태다. 생일을 맞은 주인공 게르하르트는 수척하고 열이 있는데다, 사무엘 피셔도 중이염에 걸렸다. 그래도 사람들은 축하를 하고, 전도유망한 젊은이의 인생을 위해 건배한다. 8월 말에 슈니츨러 부부는 집으로 돌아간다. 생 모리츠와 실스 마리아를 거쳐 아주 편안하고 느긋하게. 두 사람은 8월 28일에 실스 마리아의 '발트하우스'에서 괴테의 생일을 축하하고 자신들의 결혼 10주년도 조금은 축하한다.

◆

우리는 카프카와 그의 신부를 잊으면 안 된다! 펠리체 바우어는 모든 시대를 통틀어 가장 특이한 청혼에 어떻게 반응했을까? 물론 당황했다. 그사이 단련된 그녀조차도, 카프카가 청혼으로 위장한 비참한 자격지심을 뛰어넘을 수도 있다는 것을 미처 계산하지 못했다. 그러나 카프카는 그 일이 있고 나서 '아버님에게 드리는 편지'를 쓴다. 이 편지는 카프카가 자기 아버지에게 쓴 편지만큼 유명해지지는 않았지만 그럴 만한 가치가 있는 편지였다. 기가 막히는 편지다. 8월 28일, 그러니까 괴테의 생일에 카프카는 펠리체의 아버지에게 쓴 편지에서 딸을 자기에게 맡기겠냐고 묻는다. 더 정확하게 말하면 자기에게 딸을 맡기는 것에 대해 간절하게 경고하고 있다. "저는 과묵하고, 비사교적이며, 짜증을 잘 내고, 이기적이며, 우울증이 있고, 정말 병약합니다. 저는 최고이자 가장 다정한 가족 안에서, 이방인보다 더 낯설게 살고 있습니다. 저는 최근 몇 년 동안 어머니와 하루에 평균 스무 마디도 나누지 않았고, 아버지와는 인사말 이상은 나눠본 적이 거의 없습니다. 결혼한 누이들과 매제들과는 사이가 나쁜 것도 아닌데 아예 말을 하지 않습니다. 가족에게 저는 함께 사는 사람이라고 할 수 없습니다. 건강한 처녀로서 진정한 결혼의 행복이 예정되어 있는 심성을 지닌 당신의 따님이 그런 인간 옆에서 살아야 할까요? 세상 그 누구보다 그녀를 사랑하긴 하지만 바꿀 수 없는 운명의 힘 때문에 대부분의 시간을 자기 방에 처박혀 있거나 혼자서 돌아다니는 남자 옆에서 수녀같이 살아가는 것을 견뎌야 할까요?"

◆

결혼은 비운의 사건이다. 『가르텐라우베』 21호에 이 주제에 어울리는 기사가 하나 실린다. "우리나라 여러 지역에서 아름답지만 많이 잊혀버린 관습이 여전히 유지되고 있다. 신부가 결혼식에 가기 위해 처녀로서 마지막으로 부모 집의 문지방을 넘을 때 어머니가 아마포로 만든 새 손수건을 주는 것이다. 신부는 결혼식을 하는 동안에 눈물을 닦기 위해 이 손수건을 손에 쥐고 있다. 첫날밤에 새색시는 이 손수건을 옷장에 보관한다. 이 손수건은 그곳에서, 쓰지도 않고, 빨지도 않은 채, 언젠가 죽음으로 굳어진 주인의 얼굴을 덮고 함께 무덤 속으로 따라갈 날까지 쉬게 된다. 이 손수건은 눈물의 손수건이라고 불린다."

『가르텐라우베』에 실린 이 글을 보면 마치 카프카의 한 단편을 읽는 것 같다.

◆

마르셀 뒤샹은 열여덟 살의 누이 이본과 함께 영국으로 간다. 누이는 켄트 주 헤르네 만灣에 있는 한 어학교에서 영어를 배우고, 뒤샹은 그저 휴가를 즐기면서 이렇게 쓴다. "아름다운 날씨다. 테니스 코트가 더할 수 없이 많다. 프랑스인이 몇 명 있어서 나는 영어를 배울 필요가 없다." 그는 여전히 예술에는 흥미가 없다.

◆

막스 리버만은 해마다 그렇듯이 8월 초에 네덜란드 북해안으로 여행을 떠났다. 이번에는 노르트베크의 바닷가에 있는 호화로운 호텔 후이스 터 두인에 여장을 풀었다. 그러나 리버만은 왜 휴식을 해야 하는지 알 수 없다. 오로지 그림을 그리고 싶을 뿐이다. 해수욕장의 모래언덕에서 리버만은 다시 사냥꾼을, 물속의 기사를, 테니스 치는 부인들을 스케치한다. 1913년 여름의 이 그림들에서 하늘은 늘 잿빛이지만, 리버만은 전혀 신경쓰지 않는다. 옷들의 하얀색과 모래의 베이지색과 잘 어울리는 대조색이다. 8월 18일에 리버만은 함부르크에 있는 친구이자 후원자인 알프레트 리히트바르크에게 편지를 쓴다. "나는 일주일 전부터 또 이곳에 와 있네. 모든 사람을, 모든 집을, 거의 모든 나무를 알고 있는 곳, 그렇지, 이미 거의 모든 것을 그린 이곳에. 이곳에서 몇 주 동안 고독하게 지내면서, 인간 내면에서 온천 요양을 하는 것 같네." 날마다 리버만은 물감과 이젤을 들고 밖으로 나간다. 오늘은 친구이자, 화상이자, 당시 베를린 분리파 의장이던 파울 카시러와 함께, 노르트베크에 여름 별장을 가지고 있는 한 담배왕을 만나러 가려고 한다. 더 정확하게 말하면, 그의 개 우리로 가려고 한다. 고용된 사냥꾼이 오두막 문을 열어주자, 꽤 작고 털이 덥수룩한 스패니얼 여덟 마리가 보인다. 회색이나 하얀색 개들이 처진 귀가 이리저리 흔들릴 정도로 사납게 짖어댄다. 리버만은 주인한테서 스패니얼을 데리고 아주 훌륭하게 토끼 사냥을 할 수 있다는 얘기를 듣는다. 그들은 함께 모래언덕으로 간다. 리버만은 사냥꾼과 그를 따르는 개들을 그리기 위해 이젤을 가지고 간다. 이때 탕 하고 총소리가 허공을 가른다. 총소리가 울릴 때마다 리버만은 깜짝 놀라고, 모델들이 그렇게 시끄러운 소리를 낼 수밖에 없는 것에 화가 난다. 리버만은 이제 재빨리 개들을, 저물어가는 붉은 해를 배경으로 모래언덕 위에 검은 실루엣으로 도드라지는 개들을 그리려고 한다. 그런 다음 리버만은, 사냥꾼이 총을 어깨에 메자 개들이 주위로 모여드는 모습을 스케치한다. 그러나 이미 해가 바다 밑으로 져버려서 한창 그리다 말고 중단해야 한다. 리버만은 내일 아침에 다시 만나기로 하고 헤어진다. 사냥꾼이 그

때는 총을 쏘지 않고 모델만 서겠다고 약속한다. 그렇게 하여 〈모래언덕에서 개들과 함께 있는 사냥꾼〉이 탄생한다.

◆

8월 28일에 프란츠 요제프 황제가 바트 이슐 근처 슈타인코글에서 호흐라이텐 사냥의 마지막 순서인 몰이사냥에 참가해 숫염소를 쏜다.

◆

후고 폰 호프만슈탈은 1913년 8월 24일에 레오폴트 폰 안드리안에게 쓴 편지에서 분노로 어쩔 줄 모른다. "올해 오스트리아가 내게 제대로 보는 법을 가르쳤네. 지난 30년 동안 내가 제대로 못 보고 산 것처럼 말이네. 나는 최상층, 다시 말해 상류 귀족에 대한 신뢰를, 그들이 바로 오스트리아에서 뭔가 줄 수 있고 뭔가 의미할 수 있다고 믿었던 신뢰를 완전히 잃었네. 빈은 중우정치의 손아귀에 빠져 있네. 그것도 지금까지 최악의 중우정치에, 바로 사악하고, 어리석고, 비열한 소시민 계급의 중우정치에 빠져 있네."

◆

1913년 무대에 새로운 남자가 등장한다. 바로 하인리히 퀸이다. 드레스덴 출신의 교양 시민인 그는, '아홉 명의 무사Mousa에게'라는 저택에서 태어났다. 아버지의 지원 덕분에 그는 인스부르크에서 무직자로서 살면서 온전히 사진 찍는 일에 전념한다. 퀸은 신중한 기인이다. 그는 티롤 전통의상이나 영국 양복을 입고 다니고, 사진을 찍을 때면 그 위에 헐렁하고, 쭈글쭈글한 외투를 입는다. 그의 장서표에서 그 모습을 볼 수 있는데, 외투 주름이 더 많은지 카메라의 주름이 더 많은지 구분이 안 간다. 그에게는 진부함과 순진함의 숨결이 느껴졌다. 그러면서도 그는 가장 모던한 사진을 찍는 일을 해낸다. 그가 1913년에 찍은 사진들은 신선함과, 순수함과, 우아함과, 힘이 넘친다. 그 이유는 한편으로는 극단적인 앙각仰角 구도 때문이고, 다른 한편으로는 새로운 기술 때문이다. 퀸은 미국의 위대한 사진작가 앨프리드 스티글리츠와 공동 실험들을 통해서 오토크롬 방식을 완성했기 때문이다. 이 기술을 통해 퀸은 1913년에 이미 티롤의 목장과 풀밭을 담은 훌륭한 컬러사진을 찍을 수 있었다. 퀸의 기이한 열정을 아주 회의적으로 바라보던 아내가 죽고 나자 그에게 남은 건 늘 똑같은 다섯 명의 모델뿐이었다. 바로 그의 네 자녀와 보모 마리 바르너였는데, 이 여인은 그의 파트너가 되기도 했다. 이제 인스부르크의 빌라는 '다섯 무사의 집'이 되었다.

그런데 1913년에 가세가 서서히 기울기 시작했다. 드레스덴에서 나오던 연금이 바닥났고, 매형이 집안의 전 재산을 도박으로 잃어서, 퀸은 절박하게 밥벌이에 나섰다. 그는 인스부르크 대학에 예술사학과를 신설하도록 애쓴다. 아주 좋은 일자리가 될 것처럼 보인다. 그러나 2년간의 협상 끝에 퀸은 현 내각이 돈이 없어 승인을 거부했다는 얘기를 듣게 된다. 모든 돈은 군비로 사용될 것이라면서. 다들 알다시피 발칸전쟁 때문이다.

그러나 퀸은 낙담하지 않고 계속 집 안의 배우들 사진을 찍는다. 다시 말해서 자녀 발터, 에델트루데, 한스, 로테와 보모 마리를. 친애하는 독자 여러분이 지금 손에 들고 있는 이 책의 표지에 보이는 것이 바로 마리와 퀸의

맏딸이 산등성이를 넘어가는 모습이다. 하늘에는 8월의 커다란 구름이 내리누르듯 떠 있다. 하얀색은 옷 색깔로 가능한 하나의 예다. 파란색, 빨간색, 초록색 옷도 가능하다. 퀸은 아이들에게 특별히 오토크롬 판의 세 가지 층위에 속하는 순수한 색조에 알맞은 '사진의상'을 사준다.

발터는 늘 멜랑콜리해 보이는데, 이 조숙한 아이는 니켈 안경을 쓰고 있다. 발터는 일찍부터 그림을 그리기 시작했다. 내향적인 에델트루데는, 안 그래도 세상에 시달리는데 자기 이름 때문에 특히 더 괴로워하는 것처럼 보인다. 그리고 로테는 가장 활발하고, 가장 빛이 난다. 막내 한스는 참을성이 강한 아이다. 하인리히 퀸은 자애로운 아버지이긴 하지만, 극단적인 예술가다. 결국 한 아이가 사진 구도에 방해가 되면, 퀸은 가차없이 그 아이를 지워버린다. 아이들이 모두 적절한 포즈를 취하게 만드는 데 몇 시간이 걸렸더라도 상관하지 않는다. 퀸이 사진으로 보여주려 한 것은 천국이나 다름없다. 뛰어노는 아이들, 쉬고 있는 아이들, 펄럭이는 옷을 입은 여자들, 그리고 순수한 자연. 퀸은 한 편지에서 이렇게 쓰고 있다. "인류의 타락은 두 가지 모습을 하고 있다. 사회민주주의. 그리고 입체주의."

◆

프란츠 요제프 황제는 황태자 프란츠 페르디난트 대공을 "전 오스트리아 군대의 감찰감"으로 임명하여 황태자의 권한을 확대한다. 황태자는, 자신의 가장 큰 적인 참모총장 프란츠 콘라트 폰 회첸도르프 백작이 요청한 세르비아와 몬테네그로에 대한 선제공격을 거절한다.

◆

헤이그에서 8월에 평화궁전 낙성식이 열린다. 이 궁전은 전 세계의 기부금으로 건립되었는데, 그 가운데 125만 달러는 미국의 대부호 앤드루 카네기가 기부한 것이다. 사람들은 새로운 헤이그 만국평화회의 준비를 시작한다. 1915년에 열릴 이 회의에서 민족들 간의 모든 문제가 규명될 것이다.

◆

키르히너는 '다리파'가 붕괴된 뒤 베를린을 떠나 오스트제 페마른 섬으로 여행을 간다. 이 도시를, 이 도시의 소음을, 이 도시의 모티브를 간절히 벗어나고 싶었던 키르히너는 섬의 남동쪽 끝까지 간다. 그는 등대지기 뤼트만의 외딴집으로, 자기가 지난해에도 머물렀던 저 위 '다락방'으로 간다. 등대, 쓸쓸한 바닷가, 등대지기의 여덟 아이들, 이것이 이 여름 그의 모티브가 된다. 그의 그림들에서 나쁜 날씨들을 볼 수 있다. 계속해서 시커먼 구름이 지평선으로 다가온다. 그 아래 바닷가에는 나무들이 물속에 잠겨 있다. 남태평양이 떠오를 정도다. 그 위로 금사슬나무가 요란한 노란색의 화려한 꽃을 피우고 있다. 키르히너는 이 나무를 며칠 동안이나 그렸다. 키르히너는 이번 여행에 에르나를 데려왔을 뿐만 아니라, 오토 뮐러와 그의 아내 마쉬카도 함께 왔다. 에르나는 거의 항상 발가벗고 돌아다니는데도 이곳에서 "키르히너 부인"이라고 불린다. 그들은 수영하면서 서로를 그린다. 그들은 자유를, 서서히 움트는 명성을 즐긴다. 등대지기 뤼트만의 자녀들과 등대지기 자신도 키르히너 일행을 가족 모임에 받아들인다. 따뜻함과 신뢰가 넘쳐난다. 어쩌면 이 페마른에서 보낸 여름이 키르히너가 이제까지 맛본 가장 행복한 나날인지 모른다. 키르히너는 바람에 대고 외치고 또 외친다. "오, 슈타버후크*, 너는 얼마나 멋진지, 오지의 행복은 평화롭고 아름다워라!" 키르히너의 화법도 새로운 정점에 이른다. 여자들은 더이상 옆으로 누워 있지 않고 하늘을 향해 뻗는 듯하고, 붓놀림도 더 날카로워진다. 그가 그린 인물들은 가늘고, 아주 길어진다. 키르히너의 소묘와 유화는 온통 바닷가에 벌거벗은 채로 있는 에르나와 마쉬카의 모습들이다. 키르히너는 자기가 육체의 형태에 너무 매여 있다고, 농담조로 한탄한다. 완전히 매여 있다고. 키르히너는 그림이 마음에 안 들면 화를 내며 그 그림을 바닷속으로 던져버린다. 그러나 나중에 다시 꺼내오기 위해서일 뿐이다. 파도에서 그림을 꺼내와 다시 이젤에 걸어 새로 그리기 위해서, 더 나은 그림을 그리기 위해서다. 아주 멋진 널빤지들이 계속해서 바닷가로 떠밀려온다. 1년 전에 '타이태닉' 침몰과 같은 시기에 페마른 앞바다에서도 배 한 척이 전복했기 때문이다. '마리'라는 이름의 스쿠너**였다. 그 배의 나뭇조각은 미술사의 일부가 된다. 키르히너가 난파선이 놓여 있는 모래톱으로 자꾸 헤엄쳐 가서 특별히 예쁜 나뭇조각들을 가져와 조각품으로 만들었기 때문이다. 8월 12일에 키르히너는 함부르크의 수집가이자 후원자인 구스타프 시플러에게 편지를 쓴다. "제가 지금 당신에게 보내는 두상은 목각(참나무)입니다. 저는 이곳에서 이런 종류의 조각품을 몇 개 만들었습니다." 그리고 키르히너는 제자 가운데 하나인 한스 게베케에게 9월에 보낸 편지에 이렇게 쓴다. "우

---

* 페마른에 있는 등대 이름.
** 2~4개의 돛대에 세로돛을 단 서양식 범선.

리는 곧 돌아가야 합니다. 그게 우리에게 얼마나 어려운 일인지 상상할 수 없을 겁니다. 저는 바다가 여름에 가장 아름다운지 가을에 가장 아름다운지 잘 모르겠습니다. 저는 제가 그리고 싶은 수천 가지 가운데 다만 몇 개라도 건질 수 있도록 최대한 많이 그립니다. 그 가운데 좌초한 배에서 얻은 참나무 파편이 그것을 조각품으로 만들고 싶은 점점 더 강한 욕구를 불러일으킵니다. 나뭇조각 몇 개를 자르지 않은 채 가져가야겠습니다. 시간은 빨리 흐르고, 낮은 점점 더 짧아지고 있기 때문입니다." 키르히너가 이 난파선에 얼마나 매혹되었든, 이 난파선을 작업에 얼마나 이용했든 간에, 페마른 시절에 그린 그 어떤 소묘에도, 그 어떤 도안이나 회화에도 난파선은 전혀 등장하지 않는다. 1913년에만 이곳에서 수백 점의 작품이 탄생했는데도 말이다. 오스트제 바다에 난파한 그 배에서 키르히너는 낭만주의의 고전적인 모티브를 눈앞에 보고 있었다. 바로 카스파 다비트 프리드리히의 그림 같은 상황을. 그러나 키르히너는 이 난파선을 자신의 작품 목록에 넣기를 냉정하게 거부한다. 1913년에 독일 낭만주의가 완전히 끝났다는 것을 보여주는 이보다 더 분명한 징후는 없다.

◆

〈모나리자〉는 아직도 흔적조차 없다. 루브르에서는 주인을 잃은 못에 코로의 그림을 걸었다.

◆

카프카의 편지에 충격을 받은 펠리체는 8월에 질트로 떠난다. 질트와 프라하 사이에 수많은 편지가 오고간다. 카프카가 올 것인지 말 것인지, 이곳의 자극적인 기후가 그에게 이로울지 말지. 물론 결국 그는 오지 않는다. 캄펜*의 카프카라, 아주 멋진 일기가 나왔을 텐데. 그러나 그럴 수 없었다.

---

* 질트 섬의 한 구역.

9월

1913 DER SOMMER DES JAHRHUNDERTS

베네치아에서의 한 죽음이 베를린을 뒤흔들어놓는다. 버지니아 울프와 카를 슈미트는 자살하려고 한다. 9월 9일에 천운이 좋지 않다. 뮌헨의 결투. 프로이트와 융이 서로 칼을 겨눈다. 릴케는 아말감으로 충치를 때우러 치과에 가고, 카를 크라우스는 시도니와 걷잡을 수 없는 사랑에 빠진다. 베네치아로 여행을 떠난 카프카는 죽지 않고 리바를 사랑하게 된다. '제1회 독일 가을 살롱전'이 시작되고, 루돌프 슈타이너는 도르나흐에 주춧돌을 놓는다. 루이 암스트롱은 최초로 공개 무대에 선다. 찰리 채플린은 최초로 영화 계약서에 사인한다. 나머지는 침묵이다.

출판업자 사무엘 피셔의 아들 게르하르트가, 얼마 전 베네치아에서 생일 파티를 할 때 이미 어딘가 아픈 것 같고, 창백하고, 열이 있던 그 소년이 9월 9일에 죽는다. 그의 아버지가 1913년 출판계에서 대성공을 거둔 책의 제목대로 '베네치아에서의 죽음'이다. 그 소년은 급히 베를린으로 이송되지만, 고통을 견뎌내지 못한다. 그것은 '이탈리아의 고통'이라고 할 수 있다. 베네치아에서 콜레라에 걸려 죽게 되는, 토마스 만의 주인공 구스타프 폰 아셴바흐의 수난사와 아주 비슷하기 때문이다. 그리고 베네치아에서 출판업자 아들의 사망 소식을 전해 들은 후 폰 호프만슈탈이 9월 17일에 사무엘 피셔 부부에게 조의를 표하면서 쓴 표현도 정말 딱 들어맞는다. "제 생각에는 그곳, 바로 가장 극심한 고통이 자리하는 곳, 바로 그 고통의 절정에, 위안을 주는 것도 자리하는 듯 보입니다. 다른 어디도 아닌 오직 그곳에만."

게르하르트의 죽음은 피셔 출판사와 베를린의 전 문화계에 충격을 던져준다. 게르하르트는 열렬한 사랑을 받던 온유한 소년으로, 부모와의 오랜 싸움 끝에 음악도로서 창창한 길을 가고 있었다. 바이센제의 유대인 묘지에서 성대한 장례식이 열린다. 충격적인 슬픔으로 가득한 사람들의 얼굴에 태양도 빛을 잃는다. 사무엘 피셔는 고통으로, 충격으로 한쪽 귀의 청력을 잃는다. 사무엘 피셔의 아들 이름에 영감을 주었고, 이제 쉰 살의 나이로 명성의 절정에 있던 게르하르트 하우프트만은, 급히 장례식에 참석하고는 일기에 간결하게 적는다. "정각 오후 3시에 게르하르트 피셔 장례식. 정각

5시에 〈빌헬름 텔〉 총연습. 이것이 베를린이다, 이것이 인생이다."

◆

릴케는 심한 치통 때문에 마부르거슈트라세 4번지에 있는 베를린 서부 병원에서 치료를 받게 된다. 그곳에서 릴케는 자신의 절친한 친구이자 자기 아내 클라라의 후원자인 에바 카시러에게 편지를 써서 자기가 방금 토마스 만의 『베네치아에서의 죽음』을 읽었다고 얘기한다. "저는 1부에서 여러 가지 점에 매우 놀랐고, 아주 멋지게 짜인 글이라고 생각했습니다. 그렇지만 2부는 이런 인상과 반대였습니다. 그래서 결국 이리저리 상쇄되어 전체적으로는 대단한 작품으로 보지 않게 되었습니다." 그런 다음 릴케는 다시 치과 치료를 받으러 들어간다. 릴케는 독일계 미국인으로 보철 치료 전문가인 찰스 뵈데커 박사한테 치료를 받는다. 그는 넓은 충치 부위를 아말감으로 때우려고 한다.

◆

뮌헨의 에르메스 화랑은 오스트제 근처 클라인 니엔도르프에 있는 로비스 코린트의 주소지로 유화 한 점을 보낸다. 코린트가 7월에 티롤에서 그린 그림으로, 다시 건강해진 아들을 목욕시킬 때 그린 것이다. 그림의 제목은 〈빨래통 속의 발가벗은 아이〉다. 코린트는 집으로 돌아가는 길에 뮌헨 프로메나덴플라츠에 있는 화상 오스카 에르메스에게 이 그림을 맡겼다. 그러나 에르메스는 그림 속 보모의 코가 마음에 들지 않았다. 그래서 9월 2일에 그 그림을 성형수술시키기 위해 오스트제로 보낸 것이다. 코린트는 그 그림을 보고, 그 코를 보고, 보모를 들어오라고 해서 그녀의 코를 살펴본다. 그리고 그림 속의 코를 수정한 다음 다시 뮌헨으로 돌려보낸다. 바로 화랑주가 동시대 미술에 대해 누리는 이점들을 보여주는 일이다. 불만을 바로 해결할 수 있는 것이다.

◆

9월에 아우크스부르크 왕립 레알김나지움에서 학생신문 에른테* 창간호가 나온다. 등사판으로 40부를 찍었다. 가격은 15페니히. 대부분의 기고자는 6A반 학생으로 이름은 베르톨트 브레히트다. 다른 기고문들은 베르톨트 오이겐이 쓴 것이다. 오이겐은 프리드리히와 베르톨트와 더불어 브레히트의 세번째 이름이고**, 베르톨트 브레히트의 가명이다. 브레히트는 이 가명으로 아우크스부르거 노이에스테 나흐리히텐 신문에 시들을 보내기도 한다. 그 시들은 문예부 책상 위의 거대한 원고 더미 속에 들어 있다. 브레히트 나이 열다섯. 마리 로제 아만은 지금 열두 살이고, 두 사람은 아직 만나지 못한 상태다. 베르톨트는 아직 「마리 A.에 대한 회상」에서 묘사된 것처럼, 달콤한 꿈을 꾸듯 그녀를 팔에 안고 있지 않다.

1913년 9월 어느 푸른 달이 뜬 날에, 브레히트는 그저 달콤한 꿈을 꾸듯 새로 나온 학생신문 창간호를 팔에 안고서 교장실로 가고 있을 뿐이다.

---

* 수확이라는 뜻.
** 베르톨트 브레히트의 정식 이름은 오이겐 베르톨트 프리드리히 브레히트.

◆

9월 10일에 무용수이자 안무가인 바츨라프 니진스키가, 바로 발레 뤼스 단장인 댜길레프와 오랫동안 연인관계였고 이제 막 스트라빈스키의 〈봄의 제전〉으로 승리의 팡파르를 울린 그가, 남아메리카 순회공연중에 청천벽력과 같이 무용수 로몰라 드 풀츠키와 결혼한다. 댜길레프는 충격을 받아 즉각 두 사람을 해고한다.

◆

1913년 9월에 베르톨트 바이츠, 로베르트 렘프케, 한스 필빙어가 태어난다.

◆

아직도 예술에 흥미가 없는 마르셀 뒤샹은 도대체 아직도 가능한 것이 무엇인가에 대한 자신의 생각을 쪽지에 적는다. 내용은 이렇다.

    가능한.
    가능한 것의 형상화.
    (불가능한 것에 대한 대립으로서가 아닌.
    믿을 만한 것으로서도
    개연성 있는 것의 하위로서도 아닌)

가능한 것은 단지
물질적인 '산성액'[황산염]
모든 그을린 에스테틱Ästhetik 또는 칼리스틱Kallistik*.

◆

9월 20일에 루돌프 슈타이너는 바젤 근교 도르나흐에서 새로운 인지학 센터 괴테아눔 기공식을 한다. 기공식 때 슈타이너는 쪽지 하나를 써서 땅에 묻는다. "인지학 연구를 위해 J. B. V.(요하네스 바우 페어아인)이 착공함, 골고다 신비 원년 1880년, 서기 1913년 9월 20일." 그리고 이날 별들의 위치가 묘사된다. "수성이 저녁별로 천칭자리에 서 있었기 때문이다." 수성은 I에 해당하고 천칭자리는 CH에 해당한다. 따라서 수성이 천칭자리에 있는 성좌는 ICH**를 뜻한다. 슈타이너는 분명 하늘에서 우주의 루네 문자***가 이 글자를 나타내도록 별들이 위치하게 되는 이날을 기다린 게 틀림없다. 그것 말고도 슈타이너가 이날을 택한 이유는, 수성이 그날의 저녁별이기 때문이다. 수성은 편차 3도 26분 45초로 태양과 합을 이룬다. (그러나 이 모든 게 부질없었다. 괴테아눔은 10년 뒤 불타버린다.)

◆

---

* 헤겔이 미학이라는 학문을 에스테틱 대신 '아주 아름답다'는 뜻의 그리스어 'kallistos'를 따서 칼리스틱으로 부를 것을 제안했다고 한다.
** 독일어로 '나'라는 뜻.
*** 고대 게르만족이 쓰던 문자.

9월 8일에 『파켈』의 발행인이자 신랄한 작가인, 서른아홉 살의 카를 크라우스는 임페리알 카페에서 릴케와 절친한 스물일곱 살의 시도니 나드헤르니 남작부인을 소개받는다. 물론 두 사람은 곧 릴케에 대해서 이야기를 나눈다. 대화는 끝없이 이어지고, 두 사람은 서로에게 매료된다. 두 사람은 밤까지 취하도록 술을 마시고, 삯마차를 타고 프라터알레를 산책한다. 저 위 하늘에는 별들이 반짝인다. 카를은 시도니에게 이렇게 말한다. "당신의 눈길이 닿는 곳에 있을 수 있을까요?" 그런 다음 두 사람은 어떤 호텔 바로 가게 되고, 그녀는 부모님 뒤를 따라간 오빠의 죽음에 대해, 자신의 우울함에 대해, 자신의 영혼이 살고 있는 사막에 대해 이야기한다. 시도니의 아름다움에 압도되고, 그녀의 슬픔에 사로잡힌 카를 크라우스는 그녀의 손을 붙잡는다. 그는 그녀를 이 사막에서 꺼내주고 싶다. 시도니는 밤의 프라터 공원에서 크라우스와 대화를 나누고 나서 이런 생각을 한다. "그 사람은 내 본질을 꿰뚫어본다." 그리고 시도니는 자기 말고는 아무도 만지지 못하게 하던 그녀의 레온베르거를 크라우스가 쓰다듬게 해준다.

◆

오드 펠로 데이Odd Fellows' Day*에, 이제 막 열두 살이 된 루이 암스트롱이 재즈 음악가로서 첫 공개 무대에 선다. 비록 감화원 밴드, 그러니까 큰 북에 자칭 "시립 흑인 소년원 브라스밴드"라고 써 붙인 밴드와 함께 출연한 것이긴 하지만. 이 무렵에 찍은 밴드 사진에서 암스트롱은 북 옆에 자랑스

---

* 오드 펠로는 18세기 영국에서 창립된 비밀 공제조합.

러운 얼굴로 서 있고, 그 옆에는 1월에 암스트롱의 손에 악기를 쥐어준 그의 첫 스승 피터 데이비스가 서 있다. 암스트롱은 낡은 경찰복을 입고 있다. 경찰들이 안 입는 재킷과 바지를 가난한 청소년들의 관현악단 유니폼으로 물려주는 것이 뉴올리언스의 전통이었다. 밴드는 음악을 연주하면서 시가지를 돌고, 암스트롱은 신이 나서 트럼펫을 연주한다. 암스트롱은 멜로디를 따라가기도 하고, 음을 이끌어나가기도 한다. 그리고 저녁에, 흥겹게 그리고 녹초가 되어 감화원으로 돌아와 다른 밴드 부원들은 모두 악기를 음악실에 돌려주었을 때, 루이 암스트롱은 다시 트럼펫을 들고, 애원하는 눈길로 선생님을 바라본다. "그래 좋아. 이번만 특별히 봐준다." 피터 데이비스가 작게 툴툴거리듯 말한다. 암스트롱이 아이들과 함께 지내는 방은 무덥다. 다른 아이들은 모두 밖에 있다. 더운 여름밤에 담배를 피우면서 여자 체육선생을 꿈꾼다. 멀리 시내로부터 오드 펠로 데이 축제 음악 소리가 들려온다. 암스트롱은 낡은 경찰복은 벗는다. 홀로 침대에 앉아 있는데 파리 한 마리가 방에 날아다닌다. 암스트롱은 파리가 날아다니는 소리를 음악으로 흉내내본다. 윙윙거리다가, 멈췄다가, 윙윙거리다가. 파리는 창밖으로 나가버렸지만 암스트롱은 그냥 계속 연주한다. 그리고 결코 다시는 멈추지 않는다. 루이 암스트롱은 역사상 가장 위대한 재즈 트럼펫 연주자가 된다.

◆

가족에 대한 배려의 특별한 사례. 9월 4일 에른스트 아우구스트 바그너가 데거로흐에서 아내와 네 자녀를 죽인다. 자기가 계획한 살인 광란의 결과를 가족이 겪지 않게 하기 위해서다. 그런 다음 그는 자전거를 타고 슈투트가르트로 가서 뮐하우젠행 기차를 탄다. 그곳에서 밤이 도시를 덮치자 집 네 채에 불을 지르고는 사람들이 연기와 불길에 밖으로 도망쳐 나올 때까지 기다린다. 그러고는 그 도망자들을 권총으로 쏜다. 열두 명이 죽고, 여덟 명이 중상을 입는다. 결국 그는 경찰에 제압당한다. 그날 밤 그의 또다른 계획은, 자기 누이와 누이의 가족을 죽이고, 루트비히스부르크에 가서 성을 불태우고 공작부인의 불타는 침대에서 자기도 죽는 것이었다.

◆

9월 9일 프라우엔펠트에서 알베르트 아인슈타인이 '스위스 자연과학연구협회' 앞에서 강연하고 중력이론과 상대성이론의 새로운 단초들을 설명한다.

◆

9월 9일 오후 7시경에 독일 해군 최초의 체펠린 비행선* L1이 회오리바람에 휩싸여 헬고란트 근처에서 바닷속으로 추락한다.

◆

---

* 페르디난트 폰 체펠린 백작이 개발한 경식 비행선.

9월 9일, 게르하르트 피셔가 죽고 별들이 재앙을 암시하며 서 있는 날, 서른한 살의 버지니아 울프는 두 명의 신경과 전문의에게 진찰을 받는다. 그녀가 "아무것도 느낄 수 없다"고 호소하기 때문이다. 첫 장편소설 『출항』 원고를 넘긴 8월부터 그녀는 체중이 급속하게 줄고 식욕부진이 너무 심해져 혼자서 몸을 제대로 가누지도 못하고, 두 언니에게 보살핌을 받아야 할 처지가 된다. 신경과 전문의에게 진찰받은 것이 너무 굴욕적이고, 무감각 증상도 아주 심해서, 진찰을 받고 몇 시간 뒤, 마침 언니들이 쉬고 있을 때, 버지니아는 수면제 과다 복용으로 자살을 시도한다. 극적인 순간에 남편 레너드에게 발견된 그녀는 병원에서 다시 살아난다.

　남편은 휴양을 위해 그녀를 의붓오빠 조지 덕워스의 달링리지 별장으로 보낸다. 바로 그 의붓오빠에게 어린 시절에 당한 성적 학대를 극복하지 못한 것이, 버지니아 울프가 나중에 투신자살하게 되는 이유 중 하나라는 걸 생각할 때 어처구니없는 처사였다. 남편 레너드는 이 문제를 까맣게 몰랐던 것으로 보인다. 9월에 그는 조지 덕워스가 "젊은 시절에는 아도니스였을 것이다"라고 쓰는 것이다. 버지니아 울프는 건강해지는 것 말고는 자신을 지킬 방법이 없으므로 다시 먹기 시작한다. 그래서 9월에 달링리지를 떠날 수 있게 된다.

◆

　9월 7일과 8일에 뮌헨의 바이어리셔 호프 호텔에서 '제4차 국제정신분석학술대회'가 열린다. 프로이트와 융이 봄에 서로 절교한 이후로 그렇게 두려워하던 대면이다. 학회 분위기는 긴장되고 무겁다. 모두 경계하고 있다. 첫날에는 참가자가 87명이었는데, 둘째 날에는 52명밖에 되지 않는다. 융의 학회장 재임 투표에서 22명이 기권한다. 9월 7일에 프로이트는 어쩔 수 없이 "노이로제 선택의 문제에 관하여"를 주제로 짧은 강연을 한다. 이튿날에는 융이 "심리적 유형의 문제에 관하여"라는 주제로 강연한다. 분위기는 "지루하고 유익하지 않다"고 프로이트는 말한다. 주요 사안은 강연이 아니라 좌석 배치였다. 한쪽에는 "프로이트 탁자"가 있고, 다른 쪽에는 "융 탁자"가 있고, 그 사이에는 얼음 같은 침묵이 있다. 아버지 프로이트와 친부살해자 융은 서로 거의 눈도 마주치지 않는다. 그리고 두 사람은 1913년 9월 8일 이후로 다시는 만나지 않는다. 갑자기 루 안드레아스살로메가 회의장에 나타난데다, 프로이트가 그저 시로만 알고 있던 시인 릴케까지 그녀가 데려와서 프로이트는 무척 기뻐한다. 학회 분위기에서 벗어나기 위해 프로이트는 두 사람의 품으로 도망치고, 마지막 강연이 끝나기도 전에 그들 셋은 학회장을 떠나버린다. 끊임없이 얘기를 나누고, 심지어 농담도 하고, 함께 식사도 한다. 루는 허공에 떠 있고, 릴케는 선악의 저편에 있다. 초월적인 아버지이자, 무의식과 억압된 것을 세상에 알린 위대한 발굴자 프로이트는 릴케의 언변에 넋을 잃는다. 그 얘기를 전해 들은 프로이트의 딸 아나는 도취경에 빠진 듯한 편지를 쓴다. "아버지, 정말 뮌헨에서 시인 릴케를 만나셨어요? 어떻게요? 그리고 그 사람 어때요?"

글쎄, 릴케는 어떤 사람일까? 이튿날, 릴케와 프로이트가 함께 산책을 하면서 무의식에 대한 대화에 빠졌던 다음 날에, 릴케는 루와 함께, 다시 말해 중년의 나이로 자신의 총각 딱지를 떼어주고 지금은 어머니 같은 존재가 된 여인과 함께 떠난다. 릴케는 먼저 뮌헨에 살고 있는 진짜 어머니에게 들렀다가, 트로거슈트라세 50번지로 이사한 그의 잊힌 아내와 잊힌 딸, 클라라와 루트에게 가서 새집 정리하는 것을 조금 도와준다. 그런 다음 루 안드레아스살로메와 릴케는 산속으로 가기 위해 기차에 올라탄다. 그리고 루는 릴케의 꿈들을 분석한다. 두 사람은 음경과 오벨리스크*의 상징적 차이에 대해 진지한 대화를 나눈다.

◆

후고 폰 호프만슈탈은 뮌헨의 피어야레스차이텐 호텔 침대에 누워, 자기 집이 프랑스혁명의 감옥이 되어 있는 꿈을 꾼다. "그리고 나는 이것이 내 생의 마지막 날이라는 것을, 내가 사형선고를 받았다는 것을 의식한다." 주위에는 사형선고를 집행하는 서기들이 있다. 그때 호프만슈탈의 아내가 나타난다. "그런데 내가 한 번도 보지 못한 얼굴인데도 꿈속에서 마치 10년을 함께 산 여인처럼 그렇게 친근하게 느껴졌다. 불현듯 두 사람은, 이제 껴안으면 안 된다고 말한다." 아내는 사형선고를 집행하는 서기들 곁에 남편을 남겨두고 간다. "나는 떠나는 그녀를 차마 볼 수 없어 창 쪽으로 돌아선다. 창문으로 눈부신 빛이 쏟아져들어온다." 호프만슈탈은 잠에서 깨어난다. 그는 몽롱한 상태로 옷을 입고 앵글리셔 가르텐**을 거닐면서 꿈에서 헤어나려 애쓴다. 그러나 꿈속에서 본 장면들이 머리에서 떠나지를 않고, 몸은 여전히 사형선고를 받은 것처럼 느껴진다. 아직 아주 이른 시간이라 공원에는 산책하는 사람이 거의 없다. 나무들 위로 가을햇살이 따스하게 비

---

* 고대 이집트에서 태양숭배의 상징으로 세웠던 기념비로 위쪽으로 갈수록 가늘어지고 꼭대기는 피라미드 모양으로 되어 있다.
** 영국 정원이라는 뜻으로 세계에서 가장 큰 공원으로 꼽힌다.

친다. 아이스바흐 위의 작은 다리를 건너는데 한 남자가 이쪽으로 다가온다. 이건 꿈이 아니다. 그 남자는 위대한 꿈 해석가 지그문트 프로이트처럼 보인다. 그는 정말 프로이트다. 프로이트는 지인을 만나 반가워하며 안부를 묻는다. 잠은 잘 잤는지, 피곤해 보인다면서. "최상입니다, 존경하는 박사님." 호프만슈탈은 말한다. 곧이어 릴케까지 모퉁이에서 모습을 드러내자 호프만슈탈은 자기가 아직도 꿈을 꾸고 있는 것만 같다. 그러나 이 특별한 해에 일어난 일이 모두 그렇듯이 그것은 현실이다.

◆

빈의 노이에 프라이에 프레세는 1913년 9월 6일에 응급치료 수업에 관한 한 기사에서, 그것이 세상에서 가장 당연한 일인 것처럼 쓴다. "전쟁터에서 부상자의 운명이 맨 처음 감은 붕대의 상태에 달려 있는 것처럼 일상의 사고에서도 그 예후를 위해 응급치료가 가장 중요한 의미를 지닌다."

◆

'신경쇠약' 증상이, 다시 말해 1913년의 탈진 증후군이 11권짜리 『특수 병리학과 정신질환의 치료』라는 책에 수록된다. 융은 '신경쇠약'에 대한 책을 써달라는 의뢰를 받지만 "저는 그것에 대해 잘 알지 못하며 그것을 믿지도 않는다"면서 거절한다.

◆

프란츠 카프카는 9월 초에, 자신의 절망과 '신경쇠약'을 치료하기 위해 프라하를 떠난다. 목적지는 가르다제 근처 리바에 있는 하르퉁엔 요양원이다. 원래는 펠리체와 함께 가려고 했지만, 펠리체의 아버지가 자신의 구혼 편지에 아직 답하지 않아서 그냥 지금 출발하기로 한다. 먼저 공무 때문에 빈에 들러야 하기 때문이다. 그곳에서 9월 9일부터 13일까지 상사와 함께 '제2차 구조와 재해 방지를 위한 국제회의'에 참석한다. 그런 다음 기차를 타고, 오스트리아-헝가리 제국령인 지중해 항구도시 트리에스테로 간다. 이해에 전례 없는 호황을 누린 곳이다. 항구는 길거리며 커피하우스며 유일무이한 다민족 혼합의 모습을 보여준다. 그리고 이 도시는 제임스 조이스가 영어교사로 지내면서 날마다 『율리시스』를 습작하는 곳이다. 그러니까 9월 14일에 프란츠 카프카와 제임스 조이스가 둘 다 트리에스테에 있는 것이다. 이 무렵 로베르트 무질도 로마에서 빈으로 가는 길에 트리에스테에 들른다. 이 세 사람이 길을 떠나기 전 어느 늦은 오후에 항구에서 커피를 마시는 모습을 상상해볼 수 있다.

배를 타고 베네치아에 온 카프카는 샌드워스 호텔에서 펠리체 바우어에게 편지를 쓴다. 연초부터 시작된 200통이 넘는 편지와 카드에 이어 당분간 마지막이 될 편지다. 카프카는 자기가 삶과 사랑을 가지려 하면, 위대한 예술을 생산할 수 없다는 것을 깨달았다. 그는 일기에 이렇게 적는다. "성교는 함께 있는 행복에 대한 벌이다. 최대한 금욕적으로 사는 것, 독신남보다 더 금욕적으로 사는 것이 나에게 유일하게 가능한 일이다." 그리고 며칠 뒤에는 이렇게 적고 있다. "나는 제정신을 잃을 정도로 모든 사람으로부터 나를 단절시키겠다. 모든 사람과 적이 되고, 그 누구와도 말하지 않을 것이다." 그리고 9월 16일에 카프카는 운하를 바라보면서, 제정신이 아닌 상태에서, 그리고 "한없이 불행해하면서" 호텔 편지지로 펠리체에게 편지를 쓴다. "그렇지만 제가 어찌해야 할까요, 펠리체? 우리는 작별해야 합니다."

남편이 되어야 한다는 부담감에서 갑자기 자유로워진 카프카는 여행을 계속한다. 그리고 9월 22일 리바에 도착하자, 공허하고 혼란스럽지만 홀가분한 기분이 들기도 한다. 최근에 산속에 있는 요양원 지점에서 프로이트를 치료하기 위해 애썼던 두 형제 에어하르트와 크리스틀 폰 하르퉁엔은 이제 또다른 위대한 환자를 맡게 된다. 치료 방법을 안내받고, 의사들이 식이요법과 더불어 신선한 공기를 많이 마시고 노 젓기를 많이 하라고 권한다. 카프카는 첫 주에, 맑고 따뜻한 주였는데, 완전히 산소로 감싸여 있기 위해서 바닷가에 있는 '공기집'으로 옮겨진다. 치료법이 효과가 있는 것 같다. 9월 28일에 카프카는 말체시네로 가벼운 소풍을 간다. 그곳에서 프라하에 있는 누이 오틀라에게 재치 있는 엽서를 쓴다. "오늘 말체시네에 왔어. 괴테가 모험을 했던 곳이야. 『이탈리아 여행』을 읽었다면 너도 알 텐데. 곧 그래야 해."

같은 날, 날이 좀더 서늘해지고 산꼭대기에는 벌써 첫눈이 보이기 시작했는데, 카프카는 '공기집'에서 요양원 본관으로 거처를 옮긴다. 친구 막스 브로트에게 전하기를, 카프카는 식탁에서 "늙은 장군과, 이탈리아인처럼 보이는 작은 스위스 여인 사이에 앉는다". 이 작은 스위스 여인이 카프카에게 다시 생명을 불어넣는다. 두 사람은 서로 방문 두드리기 놀이와, 공원에서 잡기 놀이를 생각해낸다. 그리고 함께 호수로 노를 저어나가, 물살에 몸을 내맡긴다. "슬픔과 사랑의 감미로움. 그녀가 배에서 내게 미소 짓는 것. 그것은 가장 멋진 일이었다. 죽고 싶다는 욕구와 자제하기의 끝없는 반복, 이것이 사랑이다." 두 사람이 사랑할 수 있는 시간은 오직 열흘뿐이라는 것을 둘 다 잘 알고 있다. 그런 다음 각자 제자리로 돌아간다. 카프카는 프라하로, 스위스 여인은 제네바로, 가족이 있는 곳으로. 카프카는 매시간 펠리체를 생각하지 않고 보낸 날들이 처음이다. 카프카는 열흘 동안 어린이 같은 사랑의 열병에 빠져 있었다. 그 무엇도 될 필요가 없는 사랑의 열병에.

◆

성급하고, 약간 통통하고, 예나 대학에서 법학박사 학위를 앞두고 있고, 짧은 시간에 베를린 『샤우뷔네』의 신랄한 비평가 가운데 한 사람이 된 쿠르트 투홀스키는 모든 성급하고 신랄한 저널리스트가 꿈꿀 계획을 생각해낸다. 그는 『오리온』이라는 이름으로 직접 잡지를 창간하려 한다. 투홀스키는 별들을 붙잡으려 한다. "편지들로 보는 한 해"를 만드는 것이다. 그러니까 당대 위인들의 실제 삶의 증언으로 그 시대를 보여주는 것이다. 특이한 발상이었다. 구독자들이 한 달에 세 번, "위대한 유럽인의 편지 사본"을 받아보는 것이다. 그러나 그 계획은 성사되지 않는다. 투홀스키는 곧 구독에 관심을 보인 94명에게 다음 사실을 알려야 하게 된다. "오리온은, 이전에도 그랬듯이, 저 멀리 있는, 손 닿을 수 없는 별자리입니다." 위대한 서한가인 릴케와 헤세는 일찍이 이 계획에 동의했다(릴케는 9월 21일에 이미 시 한 편을 보낸다). 토마스 만도. 그러나 그것으로는 충분하지 않았다. 그런데 창간 시기에 쓰인 특이한 자료가 하나 남아 있다. 바로 9월 26일에 투홀스키가 나호트슈트라세 12번지에 있는 자기 방에서 유명인들에게 협조를 부탁하며 쓴 편지 한 통이다. 그 편지에서 투홀스키는 그 다양함과 함축성 면에서 유일무이한, 1913년의 단면을, 그리고 자기가 생각할 때 독일의 관점에서

"위대한 유럽인"으로 생각되는 인물들을 보여준다. 투홀스키는 문학 부문에서는 "데멜, 호프만슈탈, 브로트, 블라이, 모르겐슈테른, 베르펠, 릴케, 하우프트만, 바서만, 토마스 만, 하인리히 만, 헤세, 슈니츨러, 알텐베르크, 로베르트 발저, 슈테른하임, 쇼, 베데킨트, 켈러만, 프리델, 카이저링, 함순, 그리고 카프카(!)"에게 기고를 부탁하려 한다. 그 외에도 "미노나[*], 아울글래스[**], 홀츠, 섀퍼, 빌리 슈파이어, 비트, 호호도르프(브뤼셀), 이레네 포브스모세" 같은 이름들도 있는데, 1913년에는 앞서 언급한 위인들과 동급이었으나 지금은 아는 사람이 아무도 없다. 아주 인상적인 것은 쿠르트 투홀스키가 협조를 부탁하려 한 이들의 목록 가운데 위대한 생존 철학자들도 있다는 점이다. "마우트너, 체스터턴, 라테나우, 지멜, 분트, 마흐, 부버, 플라마리옹, 베르그송" 같은. 마지막으로 '미술' 분야에서는 "마이어그레페, 리히트바르크, 베렌스"가 있다. 그리고 투홀스키는 일러스트와 소묘 분야에서는 다른 이들과 더불어 "클림트, 바를라흐, 콜비츠"를 염두에 두고 있다. 만약 이 계획이 성사되었다면 참 멋졌을 텐데.

◆

1913년의 단면을 보여주는 게 또하나 있다. 게다가 예술적인 단면을. 9월 19일부터 베를린에서 '제1회 독일 가을 살롱전'이 헤르바르트 발덴의 전설적인 '슈투름' 화랑에서 열린다. 이 전시회를 위해 특히 진델스도르프에 있는

---

[*] 살로모 프리트랜더의 필명.
[**] 독일어로 오일렌슈피겔. 본명은 한스 에리히 블라이흐.

프란츠 마르크와 본에 있는 그의 친구 아우구스트 마케가 봄부터 전시회 기획에 참여했다. 1년 전, 헤르바르트 발덴은 티어가르텐슈트라세 34a번지에 있는, 곧 철거될 운명의 빌라를 화려한 전시장으로 변모시켰다.

파리의 '살롱 도톤'*을 느껴보기 위해 기획된 이 '가을 살롱전'에 참가한 예술가 명단은 1913년의 아방가르드 예술을 모두 담고 있다. 베를린의 '다리파' 화가들만 빠져 있다. 5월에 예술가동맹이 고통스럽게 깨진 이후로 그들은 여전히 오스트제 바다에서 피서하며 상처를 핥고 있다. 그들은 아직 다음 집단 역동을 일으킬 여력이 없다. 마르크는 본에 있는 마케에게 보내는 편지에 이렇게 쓴다. "그들이 참여하지 않는다 해도 가장 깊은 불행은 아닐 걸세. 다만 놀데와 헤켈을 생각하면 마음이 아프네." 키르히너에 대해서는 단 한마디도 없다. 인정미 넘치는 두 '청기사'에게 키르히너는 그 존재 자체가 너무나 낯선 사람이다. 결국 366점의 그림이 전시되는데, 12개국 90명의 화가들의 작품이 모인 것이었다. 뉴욕의 '아머리 쇼' 다음으로, 그해에 두번째 획을 그은 전시회다. 발덴은 이 '가을 살롱전'을 위해서 포츠다머 슈트라세 75번지에 1200제곱미터나 되는 거대한 홀을 빌렸다. 이 전시회를 위해 4000마르크를 기부한 거물 후원자 베른하르트 쾰러는, 결국 운송비를 위해 더 기부하게 된다. '제1회 독일 가을 살롱전'은 하나의 센세이션이다. 파리에서 로베르 들로네와 소니아 들로네를 비롯해 마르크 샤갈도 개막식에 참석하러 온다. '청기사'는 거의 전원이 참여하고 이탈리아의 미래주의자들도 특별히 '슈투름' 화랑으로 온다. 자기가 역사적 사건을 함께

---

* 프랑스어로 '가을의 살롱'이라는 뜻으로, 1903년부터 매년 가을 파리에서 열리는 미술전시회. 보수적인 미술아카데미에서 거부당한 미술가들도 받아들여 모든 이에게 문을 연 혁신적인 미술전시회였다.

하고 있다는 것을 모두 잘 알고 있다. 영국인, 프랑스인, 독일인, 러시아인, 오스트리아인, 헝가리인, 이탈리아인, 체코인, 이 모두가 새로운 예술에 대한 염원으로 하나가 된다. 이는 국경을 초월한 미적 동맹이요, 모든 외교분쟁을 넘어 아방가르드의 단결을 실증해주는 것이다.

아르키펭코, 들로네, 레제, 세베리니, 카라, 보초니, 야블렌스키, 마르크, 마케, 뮌터, 클레, 샤갈, 칸딘스키, 피카비아의 작품들이 전시되고, 그 옆에는 아방가르드 예술계에 처음 등장하는, 젊은 화가 라이오넬 파이닝어와 막스 에른스트의 그림들도 있다. 프란츠 마르크는 1913년에 그린, 아직 물감도 채 마르지 않은, 세기의 그림 세 점을 선보인다. 바로 〈푸른 말들의 탑〉〈늑대들(발칸전쟁)〉〈동물의 운명〉이다. 바로, 서로 얽혀 있는 피조물들의 그림으로, 파울 클레가 〈동물의 운명〉이라는 제목을 달아주기 전까지 마르크 자신도 제목을 찾지 못했던 그림이다. 전시와 나란히 강연 프로그램이 준비되어 있다. 이 강연을 위해서 입체주의라는 이름을 지어준 파리의 기욤 아폴리네르와, 이탈리아 미래주의의 대변자 토마소 마리네티가, 바로 이 시대 가장 현란한 미술이론가 두 사람이 '슈투름' 화랑에 온다.

사람들의 반응은 화난 정도가 아니라 격분의 수준이었다. 신문들은 상스러운 비방을 싣는다. 이에 이 전시회를 조직하는 데 무한한 노력을 쏟은 아우구스트 마케는 심하게 상처받는다. 마케는, 지금 베를린에서 관람할 수 있는 것을 이해하지 못하는 "무뢰한들"과 "더러운 신문쟁이들"에게 분노한다. 프랑크푸르터 차이퉁은 이렇게 쓰고 있다. "이번 전시회는 발전의 진보면에서 뭔가 좀 볼 게 있는 것 같은 인상을 준다. 이보다 더 주제넘는, 이보다 더 근거 없는 참망은 없었다." 함부르거 나흐리히텐 신문은 이렇게 총평한다. "이 엄청난 양의 우스꽝스럽고 터무니없는 낙서 같은 그림들은 사실

무례한 민폐다. 꼭 정신병원의 화랑에서 나오는 기분이다." 이에 대해 프란츠 마르크는 칸딘스키에게 보내는 편지에서 이렇게 반박한다. "그림을 선별하고 거는 데 있어 제 중심 의도는, 엄청난 정신적 몰입과 예술적 활동성을 보여주는 것이었습니다. 이런 인상은 영혼에 아주 좋은 영향을 미칩니다. 자기가 살고 있는 시대를 사랑하고, 그 시대 속에서 정신성을 추구하는 사람이라면 이번 전시회를 보고 가슴이 뛰고 기쁜 놀라움을 느낄 거라고 저는 믿습니다. (…) 저는 개인적으로, 구상적인 회화 이념에 대해 구상적인 암시가 거의 없는 형식으로서만 얘기하는 추상 형식의 두드러진 우위가 놀랍기도 합니다." 그런 다음 마르크, 마케, 헤르바르트 발덴은 전단지를 찍어 쿠어퓌르스텐담과 동물원에 뿌린다. 전단지에는 다음과 같은 멋진 말이 적혀 있다. "미술전시회는 미술비평가의 의지에 반하여 관람되어야 한다!" 그러나 소용없는 일이었다. 전시회에 오는 사람이 거의 없었다. 이 전시회는 재정적인 실패로 끝난다. 후원자 쾰러는 전시회장 임대료와 운송비를 충당하기 위해 결국 4000마르크가 아닌 2만 마르크에 가까운 돈을 기부해야 했다.

◆

릴케와 프로이트는 물론 슈니츨러도 9월 초에 뮌헨에 있다. 그는 콘티넨탈 호텔에 묵으면서 자신의 희곡 『사랑놀이』 리허설에 참석한다. 멋진 우연이지만, 한때 그의 애인이었던 마리가, 지금은 미치라고 불리는 배우가 되어 여주인공 역을 맡는다. 슈니츨러의 일기에 "Mz"라고 나오는 이 마리 글뤼머는, 한때 빈에서 그의 환자이자 "사랑스러운 소녀들" 가운데 한 사람이었던 여인이다. 슈니츨러가 평생 사랑했고, 함께 저녁도 먹고 소풍도 가 줘야 했던, 그 이상은 아닌 소녀들, 양심의 가책을 잘 통제할 줄 알았고, 자기 애인의 시민적인 삶에 잘 적응했던 소녀들이다. 그러나 슈니츨러가 아내 올가와 함께 있는 이곳 뮌헨에서는 상황이 어떻게 전개될지 전망할 수 없다.

9월 9일에 슈니츨러는 레오폴트슈트라세에 사는, 슈니츨러만큼이나 여자를 무척 좋아하는 한 남자에게 초대된다. "리즐이 우리를 하인리히 만에게 안내한다. 그는 이곳에서 프라하 출신의 유대인 애인과 함께 살고 있다. 만은 그 여인을 자기 아내라고 소개하고, 그 여인을 그렇게 부를 것을 그리고 그렇게 대우해줄 것을 강하게 주장한다. 공작과 모레나 양도 함께 있다. 테라스에서 커피. 평범한 대화. 나는 만 부인을 다른 사람들이 말하는 것처럼 그렇게 나쁘게 생각하지 않는다. 모두 함께 호수로 간다." 그의 기분은? "흥이 안 남."

◆

뒤셀도르프에서 법학자 카를 슈미트는 날마다 자신이 세상에 발견될 날을 기다린다. 저녁에는 애인 카리와 함께 침대로 간다. 일기에 털어놓듯이, 그는 "아주 행실이 좋지 못하다". 그리고 "밤에는 친절한 손"을 가졌다.

날마다 이런 식으로 흘러간다. 법정에서는 할 일이 없고, 출판업자들은 슈미트의 거창한 반反개인주의적 프로젝트가 담겨 있는 책 『국가의 가치』 출간을 거절한다. 그러나 9월 20일에 출판업자 모어가 슈미트의 책을 내겠다고 나선다. 슈미트는 기뻐서 키가 1미터는 커질 만큼 펄쩍 뛴다. "멋진 가을 날씨. 나는 비밀스러운 우월함을 지녔지만 사람들 눈에 띄지 않은 채 거리를 돌아다니는 위대한 남자처럼 느껴진다."

유감스럽게도 그 기분은 오래가지 않는다. 슈미트는 9월 30일에 음악회에 다녀와서 일기에 이렇게 적는다. "그 음악은 내 콤플렉스를 모두 파헤쳤다. 나는 자살하고 싶었다. 그러나 그게 다 무슨 소용이란 말인가? 내 죽음을 누구도 신경쓰지 않을 것이고, 나도 그 누구도 상관하지 않고, 그 누구도 나를 상관하지 않는다. 그저 내 책이 나오면 좋으련만." 그렇기만 하면 모든 것이 잘되리라는 아주 순진한 바람이다. 그러나 이 법칙은 법학자 카를 슈미트도 정당화할 수 없다.

◆

1913년 9월 25일에 찰리 채플린은 키스톤 스튜디오와 첫 영화 계약서에 사인한다. 그는 데뷔작 〈생활비 벌기〉 촬영 기간 동안 일주일에 150달러를 받는다.

◆

발터 라테나우가 『정신의 기계화』를 출간한다. AEG 사장이자 독일 경제의 핵심 인물 가운데 한 사람인 그는 이 책에서, 기술과 기계화가 순수함과 "영혼의 제국"에 끼치는 위험을 절박하게 경고한다. 그는 이 책을 "젊은 세대"에게 바친다.

1913 Der Sommer des Jahrhunderts

10월

토마스 만이 과거를 만회하는 달이다. 드레스덴 근교 헬러라우에서 공연되는 한 종교극에서 아방가르드 예술가들이 만난다. 독일 청소년들이 마이스너에서 도보여행을 한다. 이 산은 이후로 "호어 마이스너"라고 불린다. 에밀 놀데는 남태평양으로 가기 위해 탐사대와 베를린을 떠난다. 아우구스트 마케는 스위스의 양지바른 투너제 호수에서 천국을 발견한다. 중요한 문제 하나. 프란츠 베르펠의 얼굴에서 혐오감을 느껴도 될까? 그리고 또하나. 베를린은 아방가르드 예술을 얼마나 견딜 수 있을까? 루트비히 마이트너는 마른하늘에 날벼락 치듯 전쟁터 그림을 그리고는 〈지옥의 묵시록 같은 풍경〉이라는 제목을 붙인다. 황제 빌헬름 2세는 라이프치히 전승 기념비 낙성식에 참석한다. 프로이트는 모자를 벗어 버섯들에 던진다.

북부 헤센 지역의 카우풍어 숲 지대에 있는 753미터 높이 '마이스너' 산에서 10월 11일부터 12일까지 전설적인 생활 개혁 운동 및 청년 운동 연합 집회가 열린다. 이 집회 이후로 이 산은 "호어 마이스너"*라고 불리게 된다. 19세기에 태어난 세대가 일으킨 독일식 우드스톡**이라 할 수 있는 이 집회는, 반더포겔***과 자유독일청년연맹을 탁 트인 하늘 아래 하나로 모으려는 시도였다. 그리고 이 무렵 라이프치히 전승 기념비 축제가 조장하는 요란한 독일 예찬 신드롬에 대한 저항이었다. 하우제너 후테에 참가자 2000명의 거대한 야영장이 만들어진다. 참가자들은 숲 속을 걷고, 노래하고, 토론하고, 여러 연설에 귀를 기울인다. 예를 들어 루트비히 클라게스는 청년들에게 현대가 최대 위기에 처해 있다고 선언한다. 숲을 파괴함으로써 독일적인 생활원칙의 정수를 위협하기 때문이라는 것이다. 클라게스는 자연을 파괴하는 기술의 위험성을 경고하고, 자연적인 삶으로 돌아갈 것을 호소한다. 발전의 위험성과 환경파괴를 경고하는 그의 열성적인 연설의 제목은 "인간과 대지"다. 자연친화적이고 이상주의적인 수채화를 그리는 생활 개혁 운동가 피두스가 그린 〈숭고한 위병〉이라는 격앙된 제목의 그림이 "호어 마이스너" 집회 로고로서 『기념간행물』에 실린다. 발가벗은 젊은이들이

---

* 높은 마이스너라는 뜻.
** 1969년 8월 15~18일 4일 동안 미국 뉴욕 남동부 우드스톡 인근에서 열린 음악 축제로 반전 운동과 민권 운동의 저항정신이 담긴 축제.
*** 1896년에 카를 피셔가 설립한 청년 도보여행 장려회.

허리에 칼을 차고서 자랑스럽게 위를 쳐다보고 있는 그림이다. 이 젊은이들 앞에서 젊은 대학생 발터 벤야민도 공개석상에 처음 등장한다. 이제 막 프라이부르크 대학에서 베를린 대학으로 옮긴 벤야민은 친구들과 함께 이 산에 오른다. 벤야민은 연사로서 반유대주의와 광신적 국수주의가 설 땅을 잃을 때 비로소, 진정한 자유 독일의 청년을 말할 수 있다고 선언한다. 그리고 비커스도르프 자유학교 공동 설립자이자 발터 벤야민의 스승인, 교육개혁가 구스타프 비네켄은 3000여 명의 청년들에게 이렇게 호소한다. "여러분의 박수와 만세 소리를 듣기 위해 오로지 독일, 민족 같은 특정 단어들만 외치면 될 날이 와야겠습니까? 여러분 가운데 그 어떤 성가신 떠버리라도 단지 상투어로 짠 제복만 입으면 열광의 관세를 징수할 수 있어야겠습니까? 제가 우리 조국의 빛나는 계곡들을 보면서, 전쟁 앞잡이들이 그 계곡들을 쑥대밭으로 만들어놓는 날이 제발 오지 않기를, 우리가 타민족의 계곡들에서 전쟁을 벌일 수밖에 없는 날이 결코 오지 않기만을 바라야 하겠습니까?" 모든 참가자가 선서한 폐회 성명, 다시 말해서 "마이스너 성구"는 훨씬 덜 격앙되어 있다. "자유 독일 청년은 내면의 진실성이 담긴 인생을 살아간다"고 되어 있으며, "자유 독일 청년 행사에서는 금주와 금연을 지킨다"고 정하고 있다. 이 운동에서 그 어떤 혁명도 이루어지지 않은 게 놀라운 일이 아니다. 금주와 금연이라니! 헤르베르트 오일렌베르크도 인사말에서 비슷한 말을 했다. "더이상 술 마시지 않고 독일을 위해 고민하고 독일을 순례하는 청년에게 경의를 표합니다." 산에서 속세로 돌아오자 곧 모두 환상에서 깨어난다. 발터 벤야민도 마찬가지다. 그는 "아도르"라는 필명으로 프란츠 펨퍼르트가 베를린에서 발행하는 잡지 『악치온』에 다음과 같은 총평을 싣는다. "하이킹, 축제의상, 민속춤은 궁극적인 것도 아니고 1913년에는 아직 정신적인 것도 아니다. 이 청년들은 태어날 때부터 그들이 미워할 수밖에 없는 적을 아직 발견하지 못했다." 벤야민은 빌헬름 시대 세대인 아버지들에 대한 반란을 아쉬워한다. 그는 친부살해를 아쉬워한다. 이런 말을 하는 것을 벤야민 신봉자들도 용서해주리라 믿는데, 벤야민이 이런 멋진 구절을 쓴 곳은 바로 베를린 델브뤼크슈트라세 23번지에 있는 부모님 집이었다. 프라이부르크 대학에서 한 학기를 마치고 베를린 대학으로 옮기면서 그는 부모님 집으로 들어온 것이다.

◆

그러나 벤야민이 프라이부르크에서 베를린으로 다시 돌아온 것은 전적으로 이해가 간다. 엘제 라스커쉴러가 1913년에 말한 것처럼, "이곳은 늦게 가지도 않고 빨리 가지도 않는 예술의 시계다. 그 때문에 예술가들이 늘 다시 베를린으로 돌아온다".

◆

며칠째 이어지던 비가 그치고 햇살이 비치자 사방에서 버섯이 돋아난다. 프로이트는 정신분석학자들의 모임에서 품위와 예의를 지키며 연기한 것(그리고 투표에서 융에게 멋지게 패배를 안겨준 것)에 마음이 가벼워져, 일요일에 가족과 함께 버섯을 따러 간다. 모두 체크무늬 덮개를 씌운 버들바구니를 들고서 비너발트 숲의 이끼 낀 땅바닥에서 눈을 떼지 않는다. 가끔은 제머링까지 가기도 하는데, 그곳에서는 모두 말러의 미망인 알마가 여기에

난잡한 화가 코코슈카와 사랑의 둥지를 틀었다고 숙덕거린다. 그러나 프로이트 가족은 여름 별장들이 모여 있는 곳이 아니라 숲으로 간다. 아이들은 전통 치마와 반바지를 입고, 프로이트는 가죽 반바지와 초록색 재킷을 입고 영양 털 장식이 달린 모자를 쓰고서 버섯 찾기에 나선다. 프로이트가 지휘한다. 그리고 꽁꽁 숨겨진 곳에서 매의 눈으로 가장 훌륭한 버섯을 찾아내는 것은 늘 그다. 버섯을 찾은 프로이트는 몇 걸음 다가간 다음 버섯 위에 모자를 벗어 던져놓고 은피리를 꺼내 귀청이 찢어질 듯 힘차게 분다. 그러면 관목에서 버섯을 찾던 아이들이 이쪽으로 달려온다. 전 가족이 경건하게 한자리에 모이면, 아버지는 마침내 모자를 들어올려 자기가 포획한 땅떼기를 보고 가족이 감탄하게 한다. 그 버섯들을 바구니에 담도록 허락받는 것은 대부분 그가 아끼는 딸 아나다.

◆

베를린에서 미래주의가 다시 한번 시대를 움직이자는 부름을 받고 토마소 마리네티가 '제1회 독일 가을 살롱전'에서 연설할 때, 위대한 의사이자 작가요, 에른스트 루트비히 키르히너와 엘제 라스커슐러의 위대한 친구인 알프레트 되블린은 「F. T. 마리네티에게 보내는 편지」를 발표한다. 그 안에 다음과 같이 굉장한 구절이 있다. "당신은 당신의 미래주의를 돌보십시오. 저는 저의 되블린주의를 돌보겠습니다." 되블린은 마리네티가 "미래주의 선언"에서, 새로운 문학과 예술의 토대로서 문장론 파괴를 요구한 것을 따를 마음의 준비가 안 되어 있다. 그 대신에 되블린은 시인들에게 이렇게 요구한다. "파괴하지 말고, 삶에 더 밀착하라."

◆

그런데 작가로서 삶에 더 밀착하게 되면, 추돌사고가 일어나기 쉽다. 뤼베키세 나흐리히텐 1913년 10월 28일 자에 다음과 같은 광고가 실린다. "뮌헨에 살고 있는 제 조카 토마스 만이 지은 『부덴브로크가의 사람들』 출판으로 지난 12년 동안 제게 가장 비통한 파문을 몰고 온 여러 불쾌한 일들이 벌어졌습니다. 이제는 알베르트의 책 『토마스 만과 그의 의무』 출판까지 한몫 거들고 있습니다. 그래서 저는 뤼베크의 독자들에게 위에 언급한 책을 제대로 평가해줄 것을 부탁드리는 바입니다. 『부덴브로크가의 사람들』의 지은이가 자기와 가장 가까운 친척들을 희화화하여 얼굴에 먹칠을 하고 그들의 운명을 노골적으로 희생시켰다면, 올바른 생각을 가진 사람이라면 누구나 이것이 비난받아 마땅한 일이라고 생각할 것입니다. 자신의 둥지를 더럽힌 한 마리 슬픈 새이죠. 프리드리히 만, 함부르크." 『부덴브로크가의 사람들』에서 크리스티안이라는 이름으로 등장하는, 이제 예순일곱의 노인이 된 프리델 삼촌의 글이다. 토마스 만은 형에게 보내는 편지에서 아주 재미있는 반응을 보여준다. "그분은 크리스티안 부덴브로크로 불리는데 만족하지 않고 결국 과거사를 들추시겠다는 거야? 그분에게 안된 일이야, 정말로. 나의 크리스티안 부덴브로크는 그런 바보 같은 광고는 쓰지 않을 텐데."

◆

나폴레옹에 대항한 라이프치히 전투 100주년을 기념하기 위해 만든 요란한 '라이프치히 전승 기념비'가 15년간의 공사 끝에 10월 18일 낙성식을 하게 된다. 황제 빌헬름 2세는 독일 민족의 전투력을 치하한다. 프로이센이 러시아, 오스트리아와 연합하여 프랑스를 물리친 것을 기념하는 91미터 높이의 이 기념비 건축에 600만 마르크가 들었는데, 기부금과 복권수익금만으로 재정을 마련했다. 기념비를 이루는 어두운 색의 돌은 라이프치히 근교 보이하에서 채석한 화강반암이다. 이 기념비 건축에 2만 6500개의 화강암 조각과 12만 세제곱미터의 콘크리트가 사용되었다. 클레멘스 티메*가 주관한 기념비 낙성식에는 독일 황제와 작센 왕과 더불어 독일 공국의 모든 제후와 오스트리아, 러시아, 스웨덴의 대표단들도 참석했다. 대규모 퍼레이드를 동반한 이 낙성식은 민족적이고 전투적인 기념 축제가 된다. 세 승전국의 고관들은 이 기념비의 발치에 월계관을 바친다. 그에 이어 게반트하우스에서는 450명의 손님들을 위한 연회가 열린다. 그리고 평화가 아니라, 프로이센과 오스트리아-헝가리 제국의 굳건한 군사동맹을 기리는 건배만 있을 뿐이었다.

◆

이 군사동맹은 10월 23일부터 고작 5일 동안 꿩을 가지고 시험대에 오른다. 라이프치히 전승 기념비 낙성식에 참석했던 오스트리아 황태자 프란츠 페르디난트는 노련한 외교력을 발휘해 2차 발칸전쟁에서 세르비아가 알바니아에서 퇴각하도록 만들었다. 이 일에 마음이 가벼워졌을 뿐만 아니라

---

* 독일의 건축가.

크게 감탄하게 된 독일 빌헬름 황제는, 코노피슈테에 있는 황태자를 방문한다. 이 두 신사는 서로 마음이 기막히게 잘 맞았다. 프란츠 페르디난트는 이틀간의 사냥을 준비했다. 이 사냥에서 빌헬름 2세는 꿩 1100마리를 쐈다고 말로도, 편지로도 자랑한다. 그러나 유감스럽게도 이날 저녁 황제가 먹은 건 그 가운데 한 마리뿐이다.

◆

베를린 프리데나우 구역에 있는 빌헬름스회어 슈트라세 21번지, 루트비히 마이트너의 아틀리에에서 수요일 저녁마다 저명인사 집단이 모인다. 바로 유명한 시 「세계 종말」을 지은 시인 야콥 판 호디스와, 파울 체히, 르네 쉬켈레, 라울 하우스만, 쿠르트 핀투스, 막스 헤르만나이세다. 마이트너는 먼저 손님들에게 자신의 최신 작품들을 보여준다. 그는 이 작품들에 〈지옥의 묵시록 같은 풍경들〉이라는 제목을 붙였다. 이 그림들은 "네 자신 안에 있는 비탄과, 악함과, 신성함을 그려라"라는 마이트너의 모토를 따르고 있다. 마이트너의 풍경화들에서는 모든 것이 공중으로 날아가고 있다. 마이트너가 1913년에 그린 〈도시와 나〉를 보면, 머리가 뒤에 보이는 도시처럼 폭발해버릴 것 같은 모습이다. 그리고 저 위에 태양이 곧 떨어질 것처럼 불안하게 걸려 있다.

마이트너는 계속 이 공포의 환영에 사로잡혀 있다. 그는 프리데나우에 있는 작은 아틀리에에서, 낮이고 밤이고 미친 듯이 이런 그림들을 그려대고 끄적거린다. "고통스러운 충동이 나로 하여금, 모든 것을 직선-수직선으로 조각내도록 부추긴다. 모든 풍경화에 파편들과, 찢어진 조각들과, 재들을 뿌리라고. 나의 뇌는 처참한 얼굴들 속에서 피를 흘렸다. 내 눈에는 오로지 1000개의 해골들이 펼치는 윤무만 보였다. 많은 무덤들과 불타는 도시들이 몸부림치는 모습만 보였다."

도시들은 불타고, 인간의 얼굴들은 화가 자신의 얼굴과 마찬가지로 고통으로 일그러져 있고, 풍경은 폭탄들과 전쟁에 의해 쑥대밭이 되어 있다. 그 위에는 으스스한 빛이 유령처럼 떠돈다. 마이트너는 자신을 위협하는 엄청난 힘에 붓으로 대항하는 것처럼 보인다. 그는 악몽들을 자세히 묘사함으로써 그 악몽을 쫓아내려고 시도한다. 그는 입체주의와 표현주의를 진지하게 그림에 적용하고 있다. 그는 자신이 그린 외상성의 그림들에 〈어떤 참호의 환영〉 또는 〈지옥의 묵시록 같은 풍경〉이라는 제목을 붙인다. 이미 말했듯이 마이트너는 전원적인 프리데나우에 살고 있고, 지금은 따뜻하고 온화한 10월이다. 그리고 지금은 1913년이다. 수요일 저녁마다 찾아오는 그의 친구들은 이 그림들을 보고서 창작자를 걱정한다. 혹시 미친 게 아닐까?

◆

L1 비행선이 헬고란트 앞바다에서 추락한 지 한 달 뒤인 10월 17일에 군용 비행선 'L2'가 시험비행을 하던 중 베를린 근처 요하니스탈에서 폭발한다. 불타는 비행선이 땅에 떨어지면서 승무원 28명이 모두 죽고, 소나무 숲이 불타고, 비행선에 탑승했던 군인들의 시체는 숯처럼 타버린다. 이 비행선 이름의 원래 주인인 체펠린 백작은 바로 그날 해군제독 티어피츠에게 편지를 쓴다. "이 비행선 때문에 저보다 더 충격받고, 깊이 상심한 사람이 누가 있겠습니까."

◆

　1913년 피카소와 모더니즘의 전반적인 평판이 어떠했는지는, 1913년 가을에 베를린의 레너슈트라세 6a번지에 새로 문을 연, 오토 펠트만의 '노이에 갈레리'에 대한 평론들을 보면 알 수 있다. 오늘날까지 간과된 사실이 하나 있는데, 이 화랑의 개관 기념 전시회 때문에, 이 전시회와 나란히 진행중이던 '제1회 독일 가을 살롱전'에서 피카소와 브라크 같은 위대한 프랑스 화가들의 작품을 볼 수 없었다는 사실이다. 파리의 화상 칸바일러는 그들의 작품들을 전시만 하기보다는 팔고 싶었기에 그 작품들을 상업성 있는 전시회에 보낸 것이다. 이 두 전시회를 모두 살펴봐야만, 1913년 미술의 전체 레퍼토리를 한자리에 모을 수 있게 된다. 특히 그 주인공들도. 펠트만은 위대한 프랑스 화가들의 예술과 나란히 '흑인 조각들', 헬레니즘 조각들과 '동아시아 예술'도 전시했던 것이다. 당대 예술가들에게 가장 큰 영향을 미쳤다고 할 수 있는, 저 멀리 떨어진 문화권의 초기 작품들이 유럽의 작품들과 섞여 있었다. 그리고 『흑인 조형미술』로 유명해진 카를 아인슈타인이 카탈로그의 머리말을 썼다. 그러니 1913년 프랑스 미술의 현주소를 보여주는 대단히 흥미로운 쇼였다. 그러나 쿠르트 글라저는 『쿤스트』에 쓴 비평에서 베를린의 새 화랑에 대해 다음과 같이 놀라운 총평을 하고 있다. "마티스의 정물화가 1점 전시되었는데 색채가 다소 약했다. 피카소는 벽 하나를 다 차지하고 있는데, 마치 피카소가 이곳의 수호신이라도 되는 듯 느껴진다. 어쩌면 다소 늦었는지도 모르겠다. 훌륭하긴 하지만 쇠약해진 이 예술가를 둘러싼 소음이 빨리 다시 잠잠해지기를 바라야 하기 때문이다." 펠트만은 이에 현혹되지 않았다. 펠트만은 개관 기념 전시회에 이어 12월에 또다시 칸바일러의 의뢰로 피카소 그림 66점을 전시했다. 독일의 비평가들은 계속해서 공격했다. 『치체로네』는 피카소의 입체주의 작품들이 "여전히 그렇게 강렬하지도 않고 그다지 독립적이지도 않은 것처럼 보인다"고 평했다. 『쿤스트 운트 퀸스틀러』에서 위대한 카를 셰플러는 이렇게 평했다. "피카소에게는 별로 기대할 게 없다." 그리고 『쿤스트』에는 완전히 매장과 다름없는 총평이 실렸다. "이로써 피카소가 막다른 길에 이르렀다는 것은 의심할 바 없는 사실이다."

◆

이 윤무에 딱 한 사람이 빠져 있다. 바로 에른스트 루트비히 키르히너다. 두 전시회 어디에서도 키르히너의 그림은 볼 수 없었다. 그는 지금 뭔가 아주 새롭고 아주 위대한 것을 창조하려 하고 있기 때문이다. 그는 9월 말에 그림들을 잔뜩 가지고서 흡족한 마음으로 베를린으로 돌아온다. 그는 바닷가에서 보낸 여름 동안에만 60점의 그림을 그렸다. 그는 지나간 과거를, 다리파 해체를, 두어라허 슈트라세의 집을 떨쳐버리고 싶다. 에르나 실링과 함께 새로운 도적의 소굴을 찾아다니던 그는 쾨르너슈트라세 45번지에서 적당한 집을 발견한다. 지금 두 사람은 다시 베를린에 있다. 이즈음 릴케가 "몰취향하게 혼란스럽고 아주 무의미하게 커지기만 하는 도시"라고 멋지게 표현한 곳에. 키르히너는 페마른에서 새로운 여성상을 발견했다. 오스트제 바다의 부드러운 물살을 가르며 걸어나오는 에르나와 마쉬카의 발가벗은 형상에서. 그것은 위로 갈수록 가늘어지는 고딕 양식의 육체요, 나무 조각상 같은 모습의 얼굴들이다. 에르나가 쾨르너슈트라세의 아틀리에를 다시 조각, 회화, 벽걸이 천, 자수품 들로 이루어진 종합예술작품으로 변신시키고, 모델들과 친구들이 편하게 누울 수 있는 거대한 쿠션들을 바닥에 까는 동안, 키르히너는 다시 포츠담 광장으로 간다.

바닷가에서 보낸 시간들을 통해 신경은 아주 날카로워지고, 감각과 땀구멍은 크게 열려서, 도시가, 도시의 소음이, 도시의 폭력이, 위력을 지닌 도시의 얼굴들이 그의 마음속으로 파고든다. 그리고 매서운 오스트제 바다 공기에 시신경이 정화된 지금에야 비로소 아주 새로운 상들이 보이기 시작한다. 키르히너는 포츠담 광장 시리즈 가운데 첫번째 그림인 〈베를린 거리 풍경〉을 그리기 시작한다. 아주 작은 공간에 밀도 있게 그려진 이 그림에서 도시적인 모더니즘을, 대도시와 대도시의 주인공인 고급 창녀들을 볼 수 있다. 남자 고객들에게, 고객 자신조차 믿지 못하는 행복을 약속하는 창녀들이 현란한 옷차림에 송장 같은 얼굴들을 하고 있다. 키르히너는, 페마른에서 여인들과 아이들한테서 순수한 자연성으로 체험하고 그릴 수 있었던 육체성이 현대 도시 공간에서는 불가능하다는 것을, 옷들과, 소음과, 타인의 시선과 기대 아래에서는 불가능하다는 것을 느낀다. 도시의 유일한 원동력은 속도이고, 돌진이며, 현재를 망각하는 것이다. 그러나 키르히너는 포츠담 광장 그림들로 일시정지 버튼을 누른다. 갑자기 모든 것이 정지한다. 그리고 키르히너는 자기 그림의 관찰자들을 매춘 고객으로 만듦으로써, 창녀들은 물론 도시 자체도 자기 마음대로 할 수 있고, 내일은 모든 것이 달라지고 더 나아질 것이라는 무의미하고 무분별한 믿음을 가진 존재로 드러냄으로써, 오직 갈망과 신경만 있을 뿐 더이상 피와 살은 없는 도시라는 육체를 그리는 데, 다시 말해 유일무이한 모더니즘 그림을 그리는 데 성공한다.

◆

에밀 놀데는 더이상 베를린 생활을 견딜 수 없다. 그래서 10월 1일에 아내 아다와 함께 커다란 트렁크들에다가 화구와 옷가지를 싼다. 두 사람은 10월 2일 이른 저녁에 티어가르텐 구역의 프린츠레겐텐슈트라세 19번지에 있는, 미술수집가 에두아르트 아른홀트의 집에 도착한다.

1913년에 사업가로서 전성기를 맞이한 아른홀트는 석탄사업으로 큰돈을 번데다가, 드레스덴 은행의 이사이기도 하며, 1913년에 유대인으로서 처음이자 마지막으로 황제 빌헬름 2세의 임명에 따라 프로이센 의회 의원이 된다. 귀족 작위도 내려지지만 그가 거절했다. 아른홀트는 가진 돈을 거의 몽땅 예술가들과 예술에 투자한다. 그는 제임스 시몬과 더불어 위대한 시민 예술후원가다. 그는 1913년 무렵 로마에 있는 마시모 빌라를 문화연구소 형태로 프로이센에 기부한다. 프린츠레겐텐슈트라세에 있는 그의 저택은, 나중에 이스라엘 대통령 하임 바이츠만이, 제임스 시몬, 알베르트 발린, 발터 라테나우 같은 당대 베를린의 유대인 저명인사들을 빌헬름 2세와의 친분 때문에 경멸하며 부른 이름처럼 "황제 유대인"의 절대적인 취향과 권력의 실증을 보여준다. 그의 집에는 멘첼과 리버만의 그림과, 뵈클린의 〈프로메테우스〉가 걸려 있었고, 그 옆에는 빌헬름 1세와 비스마르크의 초상화도 걸려 있었다.

10월 2일 저녁 아른홀트의 저택에서 저명한 여행단이 모인다. 에밀 놀데와 그의 아내 아다는 흥분해 있다. 거하게 먹고 마시고 난 뒤, 일행은 12시 15분 전에 동물원역으로 출발한다. 약간 취한 상태로 그곳에 도착해보니, 바르샤바를 거쳐 모스크바로 가는 야간열차가 벌써 승강장에 서 있다. 기차는 예정대로 정각 12시 32분에 출발한다. 탐사대장인 알프레트 레버 박사는 침대칸으로 들어가고, 놀데 옆 칸에는 젊은 여간호사 게르트루트 아른탈이 들어온다. 아른홀트의 조카딸인 그녀는 몸이 약한 아다를 돌봐줄 간호사다. "의학 및 인구학 연구를 위한 독일령 뉴기니 탐사"가 시작된 것이다.

　놀데가 숭배하는 머나먼 남태평양으로 그를 가장 손쉽게 데려다줄 탐사대를 실은 기차는 10월 5일에 모스크바에 도착한다. 10월 7일에는 시베리아 횡단 철도로 우랄산맥과 시베리아를 거쳐 만주에 이른다. 독일 정부의 대표단인 그들은 모두 1등석으로 여행한다. 기차여행은 만주에서 선양瀋陽을 거쳐 서울까지 계속된다. 그곳에서 탐사대는 배를 타고 일본으로 가게 된다. 10월 말에 일본에 도착해보니 춥고, 축축하고, 불쾌한 날씨다. 아직 남태평양은 코빼기도 보이지 않는다.

◆

　10월 5일 저녁에, 드레스덴 근교 헬러라우에서 폴 클로델의 『마리아에게 고함』이 상연된다. 에밀 자크달크로즈가 이끄는 헬러라우 무용학교의 혁신 시도와 하인리히 테세노프가 건축한 새로운 축제공연장에 대한 관심에 이끌려 온 관객을 보면 마치 정선한 듯하다. 토마스 만도 있고, 릴케도 가장 절친한 두 사람, 다시 말해 루 안드레아스살로메, 시도니 나드헤르니와 함께 와 있고, 앙리 반 데 벨데는 물론 엘제 라스커슐러도 있다. 막스 라인하르트도 이날 저녁 헬러라우에 있고, 마르틴 부버, 아네테 콜프, 프란츠 블라이, 게르하르트 하우프트만, 프란츠 베르펠, 슈테판 츠바이크는 물론, 아주 중요한 젊은 출판업자인 에른스트 로볼트와 쿠르트 볼프도 있다.

라인하르트와 후고 폰 호프만슈탈의 〈장미의 기사〉가 드레스덴 궁정극장 호프테아터에서 상연되는 동안, 새로운 축제공연장은 아방가르드의 집합소가 된다. 자크달크로즈의 목표는, 육체와 정신과 음악의 새로운 통일체를 발견하는 것이었다. 육체가 음악과 결합하여 리듬운동과 즉흥연기를 통해 문명의 굴레에서 해방되는 것이다. 키르히너가 들으면 좋아했을 일이다. 역시 10월 5일에 헬러라우에 있었던 미국 작가 업턴 싱클레어는 나중에 그의 소설 『세계의 종말』에서 이렇게 썼다. "헬러라우에서 사람들은 움직임의 철자와 문법을 가르쳤다. 사람들은 팔로 박자를 두드렸다. 4분의 3박자, 4분의 4박자 등의 움직임 문장들이 있었다. 그리고 발과 몸으로 음표의 길이를 표현했다. 그것은 육체가 정신적인 인상들에 빠르고 정확하게 반응하도록 훈련된, 일종의 리듬체조였다."

사람들은 모두 이 새로운 표현무용 형식의 매력에 빠져들었다. 그러나 폴 클로델의 『마리아에게 고함』과의 결합은 그다지 설득력이 없었다. 클로델은 이날 저녁 일기에 격앙된 말투로 박수갈채는 거의 나오지 않았다고 쓴다. 자크달크로즈는 심지어 공공연하게 실패를 얘기한다. 릴케는 후고 폰 호프만슈탈과 헬레네 폰 노스티츠에게 보내는 편지들에서 이날 저녁의 공연과 자신의 흥분을 아주 멋지게 요약하고 있다. "헬러라우 사람들은 마치 다 큰 어린이들처럼 자기가 이해하지 못하는 것을 받아들입니다. 그렇지만 그러면서 혹시라도 뭔가 배워, 오늘 극장의 탁함 속이 아니라, 모든 이에게 이로움을 줄 뭔가 투명하고 순수한 근원에 이를지 누가 압니까." 그러니 기본적으로 릴케는 헬러라우의 실험들에서 하나의 기회를 간과한 셈이다. 모더니즘에 지친 모든 아방가르드 예술가가 추구하게 될 비밀을 말이다. 그러나 폴 클로델의 『마리아에게 고함』은 아무 도움이 못 될 거라고 릴케는 확신한다. 릴케는 호프만슈탈에게 이렇게 쓴다. "클로델의 『마리아에게 고함』에 대해 정확한 것은 말할 수 없습니다. 그것은 뭔가 생각할 거리를 던져줍니다. 그렇지만 역시 생각할 거리를 던져주는 헬러라우의 시도들과 뒤섞여서, 사람들은 자신이 집으로 떠안고 가는 고민거리가 전자 때문인지 후자 때문인지 제대로 알 수 없습니다."

결국 이 연출 자체는 문화사 연감에 들어가지 못하지만, 휴식시간에 있었던 일과 그 관련자 몇 사람이 나중에 집으로 떠안고 가는 고민거리는 문화사 연감에 들어가게 된다. 휴식시간에 릴케 일행이, 이제 스무 살을 넘긴 시인 베르펠을 처음으로 대면하게 된다. 릴케는 이들에게 몇 달 전부터 프란츠 베르펠의 시가 지닌 힘을 과찬한 터였다. 그런데 릴케에게는 이 만남이 충격이었음에 틀림없다. 릴케는 당황스러운 심정으로 두이노에 있는 마리 폰 투른 운트 탁시스에게 편지를 쓰기를, 베르펠을 처음 봤을 때 "유대인 정신의 허위성"을 느꼈다고 했다. "유기체의 일부분이 되지 못한 보복으로 어디서나 나타나 파고드는 독 같은 정신"을. 그러나 릴케는 잡지 『바이세 블래터』*에 실린 베르펠의 "훌륭한 시들"을, "직접적인 대면에서 당황스럽고 편협하게 만들던 모든 것을 단숨에 날려버리는 시들"을 다시 읽게 된다. 릴케는 "그를 위해서라면 불 속에라도 뛰어들어가겠다"고 말한다.

그런데 릴케는 헬러라우에서 휴식시간에, 분명 혼란스러운 상태에서, 그리고 대화를 이끌어갈 능력이 없는 상태에서, 시도니 나드헤르니에게 베르펠을 소개한다. 그리고 그녀 역시 당혹감과 거부감을 느낀다. 릴케의 말에

---

* 하얀 종이들이라는 뜻.

따르면, 그녀는 베르펠을 보고서 "유대 자식!"이라고 속삭였다고 한다. 그리고 베르펠이 그 말을 들었던 것 같다. 어쨌든 이 남작부인은 이 젊은 시인을 경멸하듯 대한다. 그리하여 엄청난 이야기가 시작되는 것이다. 그러나 서두르지 말자.

프라하 출신의 프란츠 베르펠은, 카프카와 절친한 막스 브로트의 주선으로 라이프치히의 잘나가던 출판사 쿠르트 볼프의 원고 심사원 자리를 얻었다. 이 출판사가 1913년에 전위적인 역할을 한 것은, 전체 직원의 평균 연령이 23세였다는 것과도 상관이 있었다. 베르펠은 카를 크라우스를 쿠르트 볼프 출판사의 작가 목록에 올려놓았고, 1913년 여름에 다음과 같이 멋진 출판사 광고를 쓰기도 했다. "우리 중에 카를 크라우스는 가장 위대한 유럽의 대가 가운데 한 사람이라는 점을 지적할 필요가 있다. 이 탁월한 풍자작가의 가장 충격적인 작품, 『만리장성』이 코코슈카의 삽화들로 꾸며진 기념비적인 판형으로 나왔다. 이제 새로운 청년이, 후세대가 지금 세대를 부끄럽게 여기지 않도록 모든 정신적인 것과 정의로운 것을 이 수사학적인 푸가의 종말론적 폭력으로부터 떼어놓을 때다." 아주 놀라운 말들이다. 동시에 이 말들은, 스물세 살의 베르펠이 서른아홉 살의 카를 크라우스를 얼마나 광적으로, 그리고 얼마나 전폭적으로 숭배하고 있는지를 보여준다. 둘이 만나면, 베르펠은 몇 시간이나 크라우스의 말에 넋을 잃었고, 그의 편지들은 경외심과 충성심으로 가득 차 있다. 6월에 『브레너』에서 실시한 카를 크라우스에 대한 설문조사에서 베르펠은 "저는 이 남자를 절절히 사랑합니다"라는 답변을 보냈다. 카를 크라우스는 베르펠을 인정해주는 것으로 이 사랑에 답했다. 크라우스는 자신이 발행하는 잡지 『파켈』에 정기적으로 베르펠의 시들을 실어주었고, 도취경에 빠진 듯한 비평들을 써주었다.

10월 5일에 헬러라우에서 프란츠 베르펠과 시도니 나드헤르니가 만났을 때, 카를 크라우스가 한 달 전부터 그녀 곁을 떠난 적이 거의 없고 두 사람이 뜨거운 사랑을 불태우고 있다는 것을 그 누구도 알지 못했다. 시도니도 자기가 사랑하는 카를이 이 젊은 시인을 엄청 높게 평가하고 있다는 것을 전혀 알지 못했다. 그래서 두 사람은 선입견 없이 솔직하게 행동했다. 시도니는 외면으로, 상처받은 프란츠 베르펠은 시도니에 대한 소문을 퍼뜨리는 것으로. 그중에는 릴케가 시도니를 열렬하게 사랑한다는 것과, 그녀가 예전에 서커스단과 함께 떠돌아다녔다는 소문도 있었다. 어느 순간 이 소문이 시도니의 귀에, 그다음에는 카를 크라우스 귀에 들어가자, 크라우스는 격분했다가 서늘한 분노로 젖어든다. 크라우스는 베르펠과 관계를 끊고, 베르펠의 서정시를 혹평하고, 『파켈』에서 그의 시들을 비방하고 베르펠을 매장하는 평가를 한다. "어떤 시는 그 시가 누구의 것인지 알기 전까지만 좋다."

	유대인이었던 크라우스가 자신이 여신처럼 숭배하며 사랑하는 시도니가 "유대 자식"이라고 부른 것 때문에 베르펠이 큰 상처를 받아 나쁜 소문을 퍼뜨릴 수밖에 없었다는 사실을 결국 알게 되었는지는 알 수 없다. 마침내 시도니와 카를 크라우스의 깊은 관계를 알게 된 릴케가 절친한 시도니에게 보낸 진심이 담긴 편지에서, 두 사람 사이에는 "결코 뿌리 뽑을 수 없는 차이"가 가로막고 있다는 이유로 결혼을 말렸다는 사실로서, 10월 5일 드레스덴에서 휴식시간에 벌어진 이 사건은 독일 문화사에서 완전히 슬픈 날로 기록된다. 그건 그렇고 『헤브라이 담시』를 쓴 위대한 여류 시인 엘제 라스커슐러는 휴식시간에 끊임없이 "형편없어, 형편없어"라고 외쳐댔다. 그 공연이 너무 마음에 들지 않았기 때문이다. 그리고 그녀의 외침에 당황한 릴케는 그것이 야만스러운 행동이라고 생각했다.

◆

짧은 에필로그. 주제는 '사랑이 오고, 사랑이 간다.' 릴케는 10월 16일에 헬러라우에서 자크달크로즈와 학생들의 춤을, 바로 자크달크로즈의 신체 움직임 활성화 방법론을 제대로 보여주는 춤을 다시 한번 관람한다. 축제 공연장에는 그들뿐이었다. 릴케 오른쪽에는 루 안드레아스살로메가, 왼쪽에는 엘렌 델프가 앉아 있다. 바로 8월의 하일리겐담에서 굉장한 갈망을 불러일으켰던, 루의 '수양딸' "아침 같은 엘렌"이. 정말로 드레스덴의 시도니 슈트라세에서(바로 오이로페이셔 호프 호텔에서) 묵고 있는 릴케는 나중에 루 안드레아스살로메와 함께 시도니 나드헤르니에게 편지를 쓴다. 깊은 상심에 빠져 있는 시도니에게 빈에 있는 프리드리히 피넬레스 박사를 꼭 찾아가보라고 충고하는 편지였다. 그는 심리학자로보다는 색마로 더 이름을 떨쳤는데, 몇 년 전 '에르덴만'이라는 이름으로 루 안드레아스살로메에게 육체적 사랑의 기쁨을 가르쳐준 사람이다. 이 얼마나 엄청난 난장판인가. 릴케 자신도 도가 지나쳤다고 느꼈는지 이튿날 황급히 파리로 돌아가버린다. 그리고 파리에서 10월 31일에 클라라와의 이혼서류를 제출하려 한다는 편지를 쓴다.

◆

젊은 아르놀트 브로넨은 「청년에게 권리를」이라는 격한 드라마를 쓴다.

구세대를 향한 신세대의 봉기다. 그리고 노이마르크의 모린에서 시골 목사로 있는 아버지가 1년 전 아들이자 의사인 자신이 죽어가는 어머니의 고통을 덜어주기 위해 처방해준 모르핀을 윤리적인 이유로 거부하는 바람에 어머니가 고통에 절규하며 죽는 것을 지켜봐야 했던 고트프리트 벤은 어떻게 했을까? 이 시골 목사는 아내와 아들에게 고통도 신이 주신 거라고 설교한다. 그때가 바로 고트프리트 벤이 아버지 세계에 마지막으로 복종한 순간이다. 그로부터 1년 뒤인 1913년에 고트프리트 벤은 시를 통해서 아버지를 살해한다. 그 시집의 제목은 바로『아들들』이다. 제목부터가 이제 누가 전권을 쥐고 있는지를 드러낸다. 이것은 강력한 아버지에게 대항하는 자기주장의 징후다. 아버지들은 처음에는 생각 속에서만, 나중에는 말로도 고통에 찬 도전을 받는다. 그러나 아직은 시간이 좀더 필요하다. 게오르크 트라클은 이 가을에「악마의 변신」을 쓴다. 그 안에 자책의 절규가 들어 있다. "너의 아버지들의 집에서, 썩어 무너지는 계단 위에 계속 가만히 서 있게 만드는 것이 무엇인가?" 카프카는『아버지에게 드리는 편지』를 쓴다. 그리고 벤은 어머니에 대한 추억을 노래하는 시들을 짓는다. 그리고 한참 뒤, 세기의 시「그저 그렇게」에서 벤은 이렇게 말한다. "아버지는 언젠가 극장에 가셨지/빌덴부르흐의 연극〈종달새〉였네." 이것은 그가 보기에 궁극적인 친부살해였다. 프로이트의 원시 씨족사회에서와는 다르게, 문화적 속물주의로 은폐된 친부살해였다.

◆

벤은 시집『아들들』을 엘제 라스커슐러에게 헌정한다. "엘제 라스커슐러에게 경의를 표하며. 유희와 피로 이루어진 목적 없는 손"이라고 벤은 편지에 쓴다. 분명 이것은, 이 병리학자에게 감정의 도피가 결국 병리적이 되기 전, 마지막이자 짧은 감상의 흔적이다. 엘제 라스커슐러는 오로지 매일의 아편을 견딜 수 있게 해주고, 자신의 주치의이자 영혼의 의사인 알프레트 되블린의 왕진을 견딜 수 있게 해주는 매트리스 무덤에 누워, '청기사' 프란츠 마르크에게 벤과의 사랑의 최신 상황을 알리는 편지를 쓴다. "키클롭스 벤 박사가 새로 나온 시집『아들들』을 제게 헌정했어요. 그 시들은 달처럼 붉고, 땅처럼 단단하며, 거친 황혼의 빛이요, 피투성이 망치질이에요." 이렇게 이 위대한 사랑은 그 시작처럼 거창한 말들로 끝이 난다.

◆

루트비히 비트겐슈타인은 10월 16일에 애인 데이비드 핀센트와 함께 배를 타고 영국에서 노르웨이로 떠난다. 그리고 계속해서『논리-철학 논고』를 집필한다. 그는 자신의 생각들을 수첩에 신중하게 기록한다. 그러나 먼저 첫 장에 이렇게 쓴다. "내가 죽은 뒤에 빈의 노이발데거슈트라세 38번지 폴디 비트겐슈타인 부인*과 케임브리지 트리니티 칼리지의 B. 러셀에게 보낼 것." 학문적 스승과 가족은, 새로운 논리학을 건축하려는 비트겐슈타인을 지탱해준 기둥이다. 바다를 건너면서 비트겐슈타인은 러셀에게 핵심적인 질문들을 담은 편지를 쓰지만, 배에서 잊는다. 10월 29일에 비트겐슈타인은 러셀에게 다시 편지를 쓴다. "제 편지를 받으셨습니까? 제가 그 편지

---

* 비트겐슈타인의 어머니.

를 배의 식당에 놓고 오면서 교수님께 부치라고 했는데, 잊은 것이겠지요?"

◆

자기 책 『국가의 가치』가 출판되면 행복해질 거라고 믿는 카를 슈미트는 그 책이 출간되는데도 여전히 불행에 가득 차서는 일기에 이렇게 쓴다. "그 누구에게도 편지 한 통 받지 못했다." 더 나쁜 건, 코감기에 걸렸다는 것이다. 그는 자기가 이것을 견뎌낼 수 있을지 잘 모르겠다. 10월 2일 일기에는 이렇게 쓴다. "이 카타르는 역겹다. 오, 신이여. 인간은 한 번은 죽어야 한다."

그러나 그 전에 그는 결혼하고 싶다. 그것도 자신의 첫 책을 헌정한, 사랑하는 카리와. 이 무렵 카를 슈미트에게 아버지 같은 존재였고 슈미트에게 소소한 법률 의뢰를 주선해준 각료, 후고 암 첸호프도 이 결혼을 승낙한다. 첸호프는 1913년에 제2의 중심별이다. 첸호프를 경외하는 동시에 연모하는 슈미트는, 그의 호의에 울고 웃고, 그와 함께 늦은 밤까지 술을 마시고 담배를 피운다. 첸호프는 처음에 카리에게서 풍기는 "저속함"을 경고하지만, 나중에는 마리아 라흐*에서 결혼할 수 있도록 적어도 카리가 가톨릭으로 개종할 것을 요구한다.

카리는 모자를 사고 카를은 반지를 사서 둘이 약혼한다. 그런데 카리가 갑자기 여권을 잃어버리는 바람에 결혼식을 할 수 없게 돼 카를은 화가 난다. 그런데도 카리는 이상하게도 침착하기만 하다. 이제 두 사람은 부부로

---

* 베네딕트 수도회 대수도원.

서 콘저바토리움에 있는 새집으로 들어갈 수 없게 된데다, 카를이 아직 자리를 잡지 못해 돈이 별로 없기 때문에 결혼해서 함께 살게 될 때까지 카리는 플레텐베르크에 있는 슈미트의 부모님 집으로 들어가야 하는데 말이다. 두 사람은 함께 기차를 타고 부모님 집으로 간다. 그러고 나서 슈미트는 뒤셀도르프로 혼자 돌아가야 한다. 자기 연인을 얼마나 끔찍한 환경에 버려두고 왔는지 뼈저리게 느끼면서. "그녀는 플레텐베르크에서 혐오스럽고 사악한 어머니와 버릇없는 어린 아나와 함께 있게 된다." 슈미트는 곧 카리를 그 지옥 같은 집에서 구해내 결혼하겠다고 쓴다.

슈미트가 카리를 만난 건 1912년 한 바리에테 극장*에서였다. 카리는 스페인 무용수였다. 슈미트는 그녀에게 한눈에 홀딱 빠져버렸다. 그녀는 자기 이름이 파블라 카리타 마리아 이사벨라 폰 도로틱이라고 했다. 결국 그녀의 여권은 아무리 해도 찾을 수 없었다. 거기에는 그럴 만한 이유가 있었다. 나중에 이혼소송을 할 때, 슈미트는 자기 아내가 스페인 귀족이 아니라 뮌헨 출신의 사생아로 원래 이름이 파울리네 샤흐너라는 것을 알게 된다.

◆

그래도 1913년 10월에 햇살과 행복이 가득한 곳도 있다. 아우구스트 마케는 아내 엘리자베트와 두 아들과 함께 투너제 호숫가에 있는 힐터핑겐의 로젠가르텐 집으로 이사한다. 호수가 보이고, 수평선에 슈톡호른케테 산의 눈 덮인 정상이 보이는 곳이다. 집 앞에 평화로이 펼쳐진 초원이 호숫가까

---

* 주로 보드빌, 버라이어티쇼를 하는 극장.

지 뻗어 있다. 마케 가족은 오후 4시가 되면 장미로 테두리를 장식한 베란다에서 갓 내린 신선한 커피를 마신다.

아우구스트 마케는 난생처음으로 예전에 그린 그림들을 가져오지 않았다. 그는 이곳 스위스에서 새로 시작하려고 한다. 아직은 '제1회 독일 가을 살롱전' 일로 조금 지쳐 있고, 전시회의 실패와 혹평 때문에 언짢은 상태다. 그러나 베를린과 멀리 떨어진 이곳 투너제에서 10월의 따뜻한 햇살 아래 있으니, 며칠 만에 그의 기분이 다시 완전히 환해진다. 마케는 화구를 사서 그림을 그리기 시작한다. 난생처음 느껴보는 강렬한 열정으로 그림에 몰두한 마케는 투너제에서 10월 4주 동안 그의 전작 가운데 가장 중요한 작품들을 탄생시킨다. 그는 자꾸 호숫가 산책길로 가서는, 산책하는 우아한 여성들을, 모자 쓴 남자들을, 가로수길의 나무들을 따뜻하게 비추는 햇살을 계속 스케치하고 채색한다. 가끔은 저 뒤로 보이는 파란 호수 위에 떠 있는 하얀 배를 그리기도 한다. 마케가 10월 초에 그린 〈햇살이 내리쬐는 길〉을 보면, 나무줄기가 여인의 옷과 마찬가지로 밝게 빛나고 있다. 여인은 짙푸른 빛의 깊은 호수 속을 들여다보고 있다. 연두색과 노란색으로 반짝반짝 빛나는 나뭇잎들 때문에 하늘은 보이지 않는다. 가장자리에는 아이들이 뛰놀고 있다. 이곳 투너제에서 아우구스트 마케는 바로 눈앞에 펼쳐져 있는 천국의 모습들을 그린다.

마케 가족은 작은 배를 한 척 가지고 있다. 마케의 화가 친구 루이 무아예와 그 아내 엘레네가 찾아온다. 머지않아 마케는 이 친구와 전설적인 튀니지 여행을 떠나게 된다. 그러나 지금은 우선 투너제 호수 여행을 한다. 호수에서 배를 타고 작은 섬으로 가서 불을 피우고, 엘레네는 자기가 가져온 튀니지산 구리 주전자로 고급 아랍커피를 끓인다.

평일에도 이곳의 생활은 아주 목가적이다. 아침이면 사람들은 초록색 덧창을 열어 화창한 늦여름의 떨리는 푸른빛을 바라본다.

날이 너무 따뜻해서 10월 내내 밖에서 식사를 할 수 있을 정도다. 호수로부터 퍼져나오는 냉기가 서서히 풀밭 위로 올라오는 오후가 되면 마케는 그가 아끼는 거칠게 짠 터틀넥 스웨터를 입고 첫 파이프 담배를 피운다. 그런 다음 두 아들 발터, 볼프강과 함께 정원에서 뛰어논다.

아우구스트 마케는 저 위에 자신만의 제국을 세웠다. 발코니가 있고 호수가 훤히 내려다보이는 방이다. 그곳에서 마케는 가로수길에서, 모자가게에서, 진열창에서 건진 그림들을 그린다. 나중에 엘리자베트 마케는, 남편이 점심때마다 다락방의 아틀리에에서 그림들을 꺼내, "햇살에 빛나는 가을의 색이 가득한 정원으로 가져와서는 작열하는 빛깔들 한가운데에 세워놓던 모습"을 술회한다. "그 그림들은 결코 빛이 바래지 않았고 고유의 빛을 지니고 있었다. 남편은 나에게 물었다. '어떻게 생각해? 대단한 것 같아, 아니면 키치인 것 같아? 내가 정말 그것도 구분 못하는 거야?' 하고." 엘리자베트는 그 그림이 어떤 그림인지 알고 있었다. 그리고 우리도 안다. 그것은 가끔은 키치로 매도해야만 참을 수 있을 정도로, 눈을 뗄 수 없는 진정한 아름다움을 지닌 그림들이다.

11월

1913 Der Sommer des Jahrhunderts

〰 아돌프 로스는 장식은 범죄라고 말하고, 명료성이 충만한 주택들과 양복점들을 짓는다. 엘제 라스커쉴러와 고트프리트 벤 사이는 끝났다. 엘제 라스커쉴러는 절망에 빠진다. 마침 키르히너의 모델이 되어주던 알프레트 되블린은 그녀에게 모르핀을 투여한다. 프루스트의 『잃어버린 시간을 찾아서』 1권인 『스완네 집 쪽으로』가 출간되고, 릴케는 당장 그 책을 읽는다. 카프카는 영화관에 가서 운다. 프라다는 밀라노에 첫 부티크를 연다. 열여덟 살의 에른스트 융거는 짐을 싸들고 아프리카 외인부대에 들어간다. 독일의 날씨는 나쁘다. 그러나 베르톨트 브레히트는 코감기는 누구나 걸릴 수 있다고 생각한다.

11월 7일에 알베르 카뮈가 태어난다. 그는 나중에 희곡 『악령』을 쓴다.

◆

11월 7일에 빈에서 이 해의 선도적인 잡지인 『신들린 자들』* 창간호가 발행된다. 표지에는 에곤 실레의 자화상이 실려 있고, 부제는 "열정의 잡지"다.

◆

11월 7일에 히틀러는 뮌헨의 테아티너 교회 수채화를 그려 빅투알리엔 시장에서 고물상에게 판다.

◆

인생을 즐기는 슈베른뢰비츠 백작부인이자 국회의장의 부인이, 11월 중순에 프로이센 국회에서 탱고 티파티를 연다. 무대에는 공무원들과 고위

---

* 위의 『악령』과 『신들린 자들』의 독일어 제목은 모두 'Die Besessenen'으로 똑같다. 저자의 연상 기법이 엿보인다.

장교들이 무희들과 밀착하여 껴안고 있다. 탱고를 저속하다고 여기는 황제 빌헬름 2세는 이 소식을 듣고 단호한 조치를 취한다. 11월 20일에 그는 앞으로 장교들은 군복을 입고 탱고를 추어서는 안 된다는 황제령을 선포한다.

◆

〈모나리자〉는 여전히 흔적도 보이지 않는다.

◆

아돌프 로스의 생애 최고의 해가 서서히 저물어가고 있다. 로스는 빈 링슈트라세의 설탕과자 양식에 질식사할 것 같은 위협에 분노한 자신의 절규를 『장식과 범죄』라고 이름 지은 바 있다. 그리고 1913년인 지금, 자신의 계획이나 영혼이나 상점이나 주택을 로스의 자유로운 정신과 명료한 시선으로 정화하려는 사람들이 계속 늘어갔다. 로스가 설계한 라로셰가세 3번지의 '쇼이 저택'과 노타르트가세 7번지의 '호르너 저택'도 완공된다. 그리고 로스가 모방할 수 없는 기막힌 단순함과 순수한 우아함을 겸비한 디자인으로 실내를 장식한 두 곳도 개점한다. 바로 요하네스가세의 카페 카푸아와 암 그라벤 13번지의 크니체 양복점이다.

로스와 그의 미국인 아내 베시가 빈의 여러 아방가르드 예술가, 그러니까 코코슈카, 쇤베르크, 크라우스, 슈니츨러와 친분이 퍽 두터웠기에 더욱 로스는 예술과 건축은 하늘과 땅 차이라고 느끼게 되었다. "집은 모든 이의 마음에 들어야 한다. 그 누구의 마음에도 들 필요 없는 예술작품과는 다르다. 예술작품은 인간들을 편안함에서 끌어내려 한다. 그러나 집은 그 편안함에 봉사해야 한다. 예술작품은 혁명적이고 집은 보수적이다."

로스가 건축한 1913년의 최고 걸작은 바로 히칭에 있는 '쇼이 저택'이다. 유럽 최초의 테라스하우스로, 아랍 분위기가 나는 사다리꼴에 하얀색의 단순한 우아함을 지닌 이 집은 건축 당시 이미 빈의 감수성 풍부한 이들을 흥분시켰다. 그러나 건물주이자 로스의 친구이기도 한 변호사 구스타프 쇼이와 그의 아내 헬레네는 집을 마음에 들어했다. 로스는 이렇게 말했다. "나는 이 집을 설계할 때 결코 동양을 염두에 두지 않았다. 다만 2층에 있는 침실에서 공동의 커다란 테라스로 나갈 수 있다면 아주 편하지 않을까 생각했을 뿐이다." 그리고 '쇼이 저택'은 정말로 모든 이에게 신기루 같은 작용을 한다. 거실과 침실이 밖으로 열려 있고, 커다란 테라스로 나갈 수 있고, 집 전체가 빛과 신선한 공기로 가득 채워진다. 그러나 이웃들과 당국이 계속 항의해서 로스는 결국 타협을 하게 된다. 바로 나무들을 심어 건물 정면을 가린 것이다. 로스는 무엇보다 공간이 인간에게 미치는 영향을 중요하게 여겼다. "나는 사람들이 내가 만든 방에서 자기 주변의 재료들을 느끼기를, 그 재료가 사람에게 영향을 미치기를, 사람들이 닫힌 공간에 대해 알게 되기를, 사람들이 그 재료를, 나무를 느끼기를, 자신의 얼굴과 촉감으로, 바로 감각적으로 인지하기를, 사람들이 편안하게 의자에 앉아 넓적한 면적의 말초감각으로 그 의자를 느끼기를, 그러면서 이 의자는 착석감이 완벽하다고 말하기를 원한다."

아돌프 로스는 단 한 번도 농담을 하지 않았고 언제나 지독히 진지하게 말했다. 그러면서도 믿을 수 없을 만큼 호감을 주었다. 로스가 디자인한 실내장식과 로스가 설계한 주택에서 사람들은 정말 제대로 맞춤 재단된 듯한 느낌을 받았다. 그리고 로스가 자기 뜻과 맞지 않는 것을 짓느니 차라리 아예 짓지 않으리라는 것도 느꼈다. 로스 본인이 저 위대하고 진실한 신조로 표현했듯이. "유행에 뒤졌다고 비난받는 것을 두려워하지 마라. 옛날 건축 방식을 바꾸는 것은, 그것이 개선을 뜻할 때에만 허락된다. 그렇지 않다면 옛날 방식에 머물러라. 왜냐하면 진리는, 수백 년이 된 진리라 해도, 우리 곁에서 걷고 있는 거짓보다 우리와 더 많이 관련되어 있기 때문이다." 로스는 동시대인들에게, 신중한 전통주의자로서 도발적인 개혁자가 되라는 지나친 요구를 한다. 로스는 현대적으로 여겨지지 않는 것을 전혀 신경쓰지 않았다(원래 현대적이라는 단어의 뜻이 그럴 수밖에 없지만). 그러나 지금 우리는 그가 얼마나 현대적이었는지 알고 있다. 1913년에 활동한 그 어떤 건축가보다도 현대적이었다는 것을.

◆

프란츠 카프카는 11월 8일 정각 오후 10시 27분에 여덟 시간 동안의 기차여행 끝에 베를린의 안할터 역에 도착한다. 펠리체 바우어의 친구 그레테 블로흐가 10월 말에 프라하와 베를린의 중재자로 나서 카프카의 잘못된 청혼 때문에 마비되어버린 두 불행한 연인이 다시 가까워지도록 힘썼던 것이다.

독일에 운명의 날인 11월 9일*에 베를린에서 두 사람의 두번째 만남이

---

* 1848년 11월 9일: 로베르트 블룸의 처형을 기점으로 3월혁명이 실패로 돌아가고 왕정이

이루어진다. 그러나 이 만남은 또 한번의 비극이 된다. 두 사람은 늦은 오전에 한 시간 넘게 동물원을 걷는다. 그러고 나서 펠리체는 장례식에 참석하러 가고, 나중에 아스카니셔 호프 호텔로 카프카를 찾아가겠다고 했지만 그녀는 오지 않는다. 쉼 없이 부슬비가 내린다. 카프카는 3월에 그랬던 것처럼 또 호텔에 앉아 펠리체로부터 소식이 오기를 기다린다. 그러나 아무 소식도 오지 않는다. 정각 오후 4시 28분에 카프카는 다시 프라하로 가는 기차에 올라탄다. 그리고 중재자 그레테 블로흐에게 이렇게 전한다. "저는 아무 명분 없이 온 사람처럼 그렇게 베를린을 떠났습니다."

◆

바로 같은 날인 11월 9일에 베를린에서 유명한 정신분석학자이자 작가인 오토 그로스가 프란츠 융의 집에서 프로이센 경찰에 체포되어 오스트리아로 추방된다. 오토 그로스는 아버지에 의해 정신병자로 선언되고, 금치산 선고를 받아 툴른 요양원으로 보내진다. 막스 베버는 하이델베르크에서 자신의 여자친구이자 오토 그로스의 아내인 프리다 그로스를 위해 열심히 애쓴다. 베를린에서는 『악치온』 특별호를 발행해 이에 항의한다. 이것은 아버지와 아들의 싸움이자 아주 다른 종류의 세대 갈등이다. 지배할 수 없는 아들을 금치산을 통해 지배하는 것이다.

복고. 1918년 11월 9일: 11월혁명으로 바이마르공화국 시작. 1923년 11월 9일: 히틀러-루덴도르프 쿠데타. 1938년 11월 9일: 수정의 밤 사건. 1989년 11월 9일: 베를린 장벽 붕괴.

◆

오스트리아-헝가리 제국에서 가장 중요한 항구도시인 트리에스테에서 제임스 조이스가 미네르바 강당에서 『햄릿』에 대한 연속 강의를 한다. 조이스는 전에 더블린의 영화관에서 돈을 벌어보려고도 했고, 아일랜드의 트위드 모직을 이탈리아에 수입해볼까도 했지만 실패했다. 책으로 돈을 벌어보려는 시도들도 성공하지 못했다. 지금은 오전마다 영어교사 일로 근근이 생계를 꾸려가고 있다. 오후에는 개인 교습을 하는데 그가 가르치는 학생 중에 나중에 작가가 되는 이탈로 스베보(본명은 에토레 슈미츠)도 있다. 그리고 저녁에는 『햄릿』에 대해 이야기하는 것이다. 지방신문 피콜로 델라 세라는 열광한다. 그 강의는 "빈틈없으면서도 명료한 생각, 탁월하면서도 단순한 형식, 재치와 박력으로 진정한 빛"을 발했다고.

◆

"그대를 쓰다듬던 그녀가/추락하네". 지적이고 거침없는 엘제 라스커슐러가 고트프리트 벤을 알게 되었을 때 지은 시다. 이제 그는 그녀를 버렸다. 그리고 그녀는 쓰러져 고통스러워하고, 참을 수 없는 하복통에 시달리고 있다. 방금 키르히너의 모델이 되어준 알프레트 되블린이 그루네발트로 와서 그녀에게 모르핀을 투여한다. 그는 달리 그녀를 도와줄 방법이 없다.

◆

11월 13일에 프루스트의 장편소설 『잃어버린 시간을 찾아서』 1권인 『스완네 집 쪽으로』가 출간된다. 파스켈레, 올덴부르, 『프랑스 신비평』을 비롯해, 당시 앙드레 지드가 원고 심사원으로 있었던 갈리마르 출판사로부터 출간을 거절당한 프루스트는 그라세 출판사에서 자비로 이 책을 출간했다. 그런데 이 책의 초판을 손에 쥐자마자 운전사이자 애인인 알프레드 아고스티넬리가 그를 떠나버린다. 그러나 그를 제외한 세상 모든 사람이 이 작가에게 빠져든다. 릴케는 출간된 지 며칠 만에 이 책을 읽기 시작한다. 이 책은 이런 황금 같은 말들로 시작한다. "오래전부터 나는 일찍 잠자리에 들었다." 프루스트는 이 말로 녹초가 되어버린 아방가르드 예술가들의 정곡을 찔렀다. 카프카에서 조이스까지, 무질에서 토마스 만에 이르기까지 한 번이라도 자정 전에 잠드는 데 성공하면 일기에 자랑을 늘어놓았던 것이다. 일찍 잠자리에 드는 것, 이것은 점점 잠이 부족해지기만 하는 모더니즘의 선봉장들에게 우울, 음주, 무의미한 기분전환, 앞으로 돌진하는 시대에 맞서는 가장 용감한 투쟁으로 보였다.

◆

슈펭글러는 여전히 뮌헨에서 대작 『서구의 몰락』을 열정적으로 집필하고 있다. 1부는 이미 끝냈다. 슈펭글러의 영혼 상태는 서구의 상태와 비슷하다. 그의 일기는 하나의 비극이다. "자살충동을 느끼지 않고 보낸 달이 단 한 번도 없다." 그러나 "나는 내적으로 이 시대 그 어떤 인간보다 많은 체험을 했을 것이다."

◆

알마는 항상 높게 올린 머리를 해서 얘기를 나누거나 춤을 출 때 쉽게 풀리고는 했다. 그녀는 진갈색 머리카락들이 아주 절묘한 순간에 얼굴로 흘러내리도록 해서 남자들이 정신을 못 차리게 할 줄 알았다. 오늘 알마가 마침내 다시 한번 코코슈카에게 이 기쁨을 베푼다. 코코슈카가 두 사람의 이중 초상화를 완성했기 때문이다. 바로 연초부터 이젤에 걸려 있던 것으로, 알마와 코코슈카가 폭풍우가 휘몰아치는 바닷속에 있는 그림이다. 처음에 코코슈카는 이 그림에, 알마를 처음 만났을 때 알마가 자기에게 불러주었던 바그너 오페라의 제목을 따서 〈트리스탄과 이졸데〉라는 제목을 붙이려고 했다. 그러나 나중에 게오르크 트라클이 〈바람의 신부〉라는 제목을 붙여주었고, 결국 그 제목이 남았다. 11월에 코코슈카는 큰 빚을 지고 있는 화랑주 헤르바르트 발덴에게 이 소식을 알린다. "제 아틀리에에 제가 지난 1월부터 작업한 걸작 〈트리스탄과 이졸데〉가 며칠 전에 완성되어 걸려 있습니다. 1월 1일 전에 이 그림을 담보로 1만 크로네를 받아야 합니다. 제 누이가 어떤 남자랑 약혼을 해서 2월에 결혼하기 때문이죠. 이 그림이 공개되면 일대 사건이 될 것입니다. 제가 이제까지 작업한 것 가운데 가장 강렬하고 가장 위대한 작품이고, 모든 표현주의 시도의 결실인 걸작입니다. 이 그림을 사시겠습니까? 이 그림으로 당신은 세계적인 성공을 거둘 것입니다."

겸손은 결코 단 한 번도 오스카 코코슈카의 장점이었던 적이 없다. 그러나 놀라운 일은, 알마 말러가 〈바람의 신부〉를 보고 그것이 자기가 오랫동안 요구했던 걸작임을 알아본 것이다. "대형 그림 〈바람의 신부〉에서 그는 내가 폭풍우 속에서, 가장 사나운 너울 속에서 신뢰가 가득한 표정으로—

독재자 같은 얼굴로 에너지를 내뿜으며 파도를 잠재우는 그에게 전적인 도움을 기대하며—그에게 기대어 누워 있는 모습으로 나를 그렸다." 알마는 그게 마음에 들었다. 에너지가 넘치면서, 평온하고, 이제 세상 풍파는 뒤로한 자신의 모습. 세계의 여주인, 알마. 그녀는 자기 연인의 걸작을 그렇게 상상했다. 맹목적인 찬양으로. 알마는 걸작에 대한 보상으로 그와 결혼해주기로 약속했던 일은 일부러 모른 척한다. 그러나 대신 제머링에 오게 해준다. 그녀의 새집이 완성되었기 때문이다. 그곳에서 코코슈카는 새로운 그림을 그리도록 허락받는다.

지난여름 알마는, 말러가 3년 전에 샀던 브라이텐슈타인의 대지에 기묘한 집을 짓게 했다. 그 집은 거대한 벽난로처럼 생겼다. 어두운 색에, 지붕 위에는 낙엽송 널빤지가 얹혀 있고, 집을 빙 둘러싸고 있는 베란다는 온 집 안을 어둡고 우울하게 만든다. 우울의 사원이다. 거실에는 코코슈카가 알마를 독살자 루크레치아 보르자처럼 그린 알마의 초상화가 걸려 있다. 그리고 그 옆에 있는 유리 진열장에는 말러의 미완성 교향곡 10번이 들어 있는데, 병으로 죽어가는 말러가 "알음시, 사랑하는 알음시"라는 절규를 적어 넣은 면이 펼쳐져 있다.

코코슈카는 〈바람의 신부〉에 대한 보상으로 고작 제머링의 거실에다가 그림을 그려도 된다는 허락을 받았는데, 벽난로 위에 있는 4미터 너비의 프레스코 벽화다. 놀랍게도 주제는 알마 말러와 오스카 코코슈카다. 알마의 표현대로라면, "내가 유령처럼 빛나는 모습으로 하늘을 가리키고 있고, 그는 지옥에서 죽음과 뱀들에 둘러싸여 있는 것처럼 보이는 그림이다. 이 모든 것은 벽난로의 불길이 번진 모습에서 아이디어를 얻은 것이다. 어린 구키가 옆에 서서 이렇게 말했다. '아니, 아저씨는 엄마 말고 다른 건 그릴 수 없어?'" 좋은 질문이다. 그리고 그 답은, "못한다"이다.

◆

파리에서 릴케는 혼란스러운 마음으로 독일에서 보낸 여름과 가을을 생각한다. 아직은 아내인 클라라, 전 애인 시도니와 루, 여름의 사랑 엘렌 델프, 어머니, 자기를 찬미하는 부인들인 에바 카시러, 헬레네 폰 노스티츠, 마리 폰 투른 운트 탁시스 사이를 불안하게 오가며 여행했던 일을 생각한다. 모든 것을 열어두기, 그 길이 어디에 이르든 그 어떤 분명한 길도 가지 않기. 릴케는 11월 1일에 이런 생각을 한다. 생활방식으로서는 파국이고, 시로서는 하나의 계시다.

열려 있는 길

네 앞에 남은 생이 길지 않기에,
나는 그 길을 거부하고, 뒤로 고삐를 잡네
열려 있는 길, 하늘, 순결한 언덕들,
그 어떤 사랑스러운 얼굴도 그냥 스쳐가지 않네.

아, 가능한 사랑의 고통을
나는 낮이고 밤이고 느끼네
서로에게 도피하고, 서로 어긋나며,
그 어떤 기쁨에도 이르지 못하는 사랑의.

◆

　아우크스부르크에서는 베르톨트 브레히트가 고통에 울부짖고 있다. 지금은 11월이고, 감기의 계절이다. 열다섯 살의 학생 브레히트는 감기 말고도 온갖 고통에 시달리고 있다. 일기에는 두통, 코감기, 카타르, 찌르는 듯한 등의 통증, 배통背痛, 코피라고 적혀 있다. 매일 자신의 "용태"를 간단하게 기록한 것을 보면, 자신의 고통을 즐기듯 관찰하는 동안 그의 병은 2차 질병으로 악화되고 있다. "오전에 뮐러 박사님이 오셨다. 급성 기관지염이란다. 재미있는 병이다. 코감기는 누구나 걸릴 수 있다."

◆

　"하루에 사과 한 알이면 의사도 필요 없다"는 속담이 1913년 영국에서 처음 등장한다. 이 속담은 엘리자베스 메리 라이트의 『소박한 연설과 민담』이라는 책에 나온다.

◆

　에밀 놀데는 아주 느리기는 하지만 남태평양에 조금씩 다가가고 있다. 11월 5일에는 배를 타고 황해를 거쳐 중국에 도착한다. 그리고 증기선 '프린츠 아이텔 프리드리히'를 타고 대만을 거쳐 5일 만에 홍콩에 도착한다. 홍콩부터는 증기선 '프린츠 발데마르'를 타고 남중국해를 지나 독일령 뉴기니로 간다. 그러나 머나먼 독일 식민지 땅에 발을 딛자 놀데는 혼란에 빠진다. 그가 발견한 것은 인간의 손이 닿지 않은 순결한 천국이 아니라 판매 시장일 뿐이다. 1913년 11월에 놀데는 고향에 이런 편지를 쓴다. "사랑하는 친구, 이곳의 모든 나라가, 석유램프에서부터 인조 아닐린 염료로 물들인 아주 조잡한 무명천에 이르기까지, 최악의 유럽 장신구들로 넘쳐나는 것을 지켜보는 건 슬픈 일이네." 이런 걸 보자고 그 여행을 하다니, 하고 놀데는 한탄한다. 그는 화구를 트렁크에 싸며 욕을 퍼붓는다.

◆

11월 2일에 버트 랭커스터가 태어난다.

◆

게오르크 트라클이 베네치아에서 오스트리아로 돌아올 때, 이 가라앉는 도시가 뒤늦게 영감의 기계가 된다. 1913년 마지막 몇 달 동안 트라클은 뜻밖에도 맹렬한 시 창작열에 휩싸이고, 그와 동시에 머리가 터질 것만 같다. 언어적인 무아지경이 내면의 지옥을 이야기한다.
"모든 것은 둘로 쪼개진다"고 트라클은 11월에 쓰고 있다. 그때 무슨 일이 있었는지 분명하게 밝혀지지는 않았지만, 그가 사랑하는 누이 그레테가 임신한 게 아닐까 추측할 수 있다. 그녀의 남편(그는 베를린에 있었다) 아기인지, 트라클의 아기인지, 아니면 트라클이 누이와의 관계를 의심하고 있었던 친구 부쉬베크의 아기인지는 완전히 불분명하다. 다만 우리가 알 수 있는 것은, 트라클이 11월에 쓴 시에 "태어나지 않은 자"가 등장하고, 그로부터 석 달 뒤에

트라클이 자기 누이가 유산했다고 쓴다는 점이다. 누가 알겠는가. 그의 영혼이 너무 시달려서 삶 자체도 그를 둘로 잡아 찢기에 충분했는지.

트라클은 자신의 후원자이자 구원자인 루트비히 폰 피커에게 보답하기 위해 암울한 기분에도 불구하고 공개석상에 나가기로 한다. 루트비히 폰 피커가 발행하는 잡지 『브레너』가 주관하는 제4회 문학의 밤 행사에서 강연하기로 한 것이다. 인스부르크 무지크페어아인자알에서 열린 문학의 밤 행사에서도 트라클은 베네치아 리도의 해변을 거닐었을 때처럼 중얼거리듯 말한 게 틀림없다. 알게마이너 티롤러 안차이거 신문에 실린 요제프 안톤 슈토이러의 비평은 이랬다. "유감스럽게도 이 시인은 목소리가 너무 약했다. 마치 은둔하다 나온 것처럼, 아니면 과거나 미래에서 온 사람 같았다. 나중에야 비로소 사람들은 겉으로도 아주 독특해 보이는 이 사람의 단조로운 기도 같은 중간언어에서, 단어들과 문장들을, 그리고 그의 미래주의적인 시가 만들어내는 심상과 운율을 깨달을 수 있었다."

베네치아 리도와 무지크페어아인에서의 이 어설픈 등장 사이에 20세기 독일 서정시의 핵심적인 장章이 만들어진다. 이 장은 총 49편의 시로 이루어지는데, 그 가운데 주요 작품은 「꿈속의 제바스티안」 「카스파 하우저 노래」(하나는 함께 베네치아를 여행했던 아돌프 로스에게 헌정되었고, 다른 하나는 그의 아내 베시에게 헌정되었다), 「악마의 변신」이다. 사실은 499편이나 4999편의 시가 만들어졌다고 할 수 있는데, 트라클의 시들은 결코 완성된 적이 없고, 무수한 변형들과 표제들과 새로 쓰기와 수정들과 이형들이 있기 때문이다. 트라클은 끊임없이 펜을 들어 원고를 고치고, 자기 시를 발표해줄 잡지 발행인에게 이 단어를 저 단어로 바꿔달라, 저 단어를 이 단어로 바꿔달라고 끊임없이 편지를 쓴다. 그렇게 해서 "푸른"이 "검은"이 되기도 하고

"그윽한"이 "현명한"이 되기도 한다. 그가 모티브들을 이리저리 끌고 다니면서, 그 모티브들을 이 연, 저 연에 집어넣어보려 하고, 그 모두 성공하지 못하면, 그 모티브들을 다시 지우고는 다른 시에, 다음 해에 다시 써먹는 것을 볼 수 있다. 알베르트 에렌슈타인*은 게오르크 트라클을 "고차원적인 의미에서 구제 불능인" 사람이라고 일컬었다. 그러나 그것은 틀린 말이다. 그 자신은 향상될 수 있었다. 그러나 오직 자기 자신을 통해서만 향상될 수 있었다. 그의 시들은 들은 것, 읽은 것(특히 랭보와 횔덜린), 느낀 것들의 몽타주다. 그런데 그의 시에서는, 이를테면 1913년 11월에 쓴 시「변용」에서처럼, "밤마다 죽은 돌을 뚫고 나오는" "푸른 샘"으로 시작한 것이, 결국에는 "노랗게 변한 돌 속에서 나직이 울리는" "푸른 꽃"이 되는 일이 생길 수 있다. 낭만주의는 항상 출발점이지만 가끔은, 나직이 울리는 트라클이 동경하는 목표이기도 하다. 푸른 꽃은 트라클이 1913년 가을에 쓴 시들에서만 아홉 번이나 꽃을 피운다. 그러나 노발리스를 위한 묘비명에서는 일찍이 시들고 만다. 그러나 "푸른"이 시들어 지워지자마자, 뒤이어 여러 새로운 단어들이 시도된다. 꽃은 무엇이든 될 수 있다. 처음에는 "밤의" 꽃이었다가, 나중에는 "빛나는" 꽃이, 결국에는 "장밋빛" 꽃이 될 수도 있다. 예언적인 느낌을 주기 위해 트라클의 시들에는 명료성이 없다. 오히려 여기에서 독일어가 최고의 현란함으로, 최고의 힘으로, 잘츠부르크 후기바로크주의로 다시 한번 빛을 발한다. 나중에 트라클이 영감의 기계 속으로 들어가는 문을 열어, 그 위로 범죄의 독기와 영혼의 냉기를 풍기기 전까지 말이다. 사방에서 꽃들이 죽고, 숲은 어두워지고, 사슴들은 도망치고, 목소리는 소

---

* 독일의 서정시인이자 소설가.

리를 잃는다.

> 사자가 너를 찾아온다.
> 심장에서는 저절로 피가 흐르고
> 검은 눈썹에는 형언할 수 없는 순간이 깃들어 있다
> 어두운 만남
> 너, 보랏빛 달이여, 사자가 올리브나무의 초록빛 그늘 속에 나타날 때.
> 불멸의 밤이 그를 뒤따르네.

이 불멸의 무상 체험들은, 단어 도취라고, 키치라고 비난하기에는 너무나 실존적으로 보인다. 트라클은 오직 서정시로만 자신을 표현할 수 있었고, 끊임없는 수정과 새로 쓰기는 그의 자서전이다. 그는 어둠을 응시했고, 덧없는 것을 붙잡았고, 불가해한 것에 답을 요구했다. 그는 자기성찰에 의해 자신을 완전하게 해방시키는 환상을 통해서 자신의 내면을 바라보았고 그렇게 하여 눈에 보이지 않는 것의 목격자가 되었다.

트라클은 끊임없이 단어를 연마하고, 언어와 씨름한다. 그것들을 세상에 내보낼 수 있다는 확신이 들 때까지. 그 자신조차 살아남을 수 없는 세상으로. 그의 시들은 비록 인류 최후의 날을 얘기하고 있기는 하지만 어떤 재앙도 예고하지 않는다. 그의 시들에서 역사는 이미 오래전에 뒤렌마트가 말하는 "최악의 전환"을 겪었다. 바로 그 역사가 이미 사색되고, 시로 지어졌기 때문에.

◆

11월 3일에 마리카 뢰크가 태어난다.

◆

로베르트 무질은 피곤해서 아내보다 먼저 잠자리에 든다. 그러나 그는 잠이 오지 않는다. 어느 순간 아내가 잠잘 준비를 하려고 욕실로 들어가는 소리가 들린다. 무질은 항상 침대 옆 탁자에 두는 수첩과 연필을 집어들어 지금 벌어지는 일을 그대로 써나간다. "당신이 잠옷을 입는 소리가 들려. 그렇지만 모든 준비가 끝나려면 아직 멀었지. 수백 가지 사소한 행동들이 남아 있지. 당신이 서두르고 있는 거 알아. 분명 모두 꼭 필요한 일들이겠지. 나는 이해해. 우리는 말 못하는 짐승들의 행동을 보면서, 영혼이 없는 동물들이 아침부터 저녁까지 필요한 행동들을 순서대로 처리하는 모습에 놀라지. 이것도 아주 똑같은 거야. 당신 눈에 꼭 필요해 보이지만 아주 사소한 그 모든 일을 처리할 때도 당신은 무의식적으로 하지. 그렇지만 그것들은 당신 삶의 곳곳에 스며들어 있지. 나는, 기다리고 있는 나는, 우연히도 그걸 느껴." 사랑은 이렇듯, 느끼는 것, 놀라는 것, 열광하는 것, 애정 어린 경청과 관찰에도 드러난다.

◆

11월 1일에 바이에른 왕 오토가 미친 것으로 공식 선언된다. 의사들은 "만성적인 정신질환 말기"라고 진단한다. 이로써 섭정 왕자 루트비히가 루트비히 3세로 즉위할 수 있게 된다.

◆

보이체크가 미쳐 환각 상태에서 소리친다. "도시가 온통 불타고 있다. 불길이 하늘로 치솟고 굉음이 나팔 소리처럼 떨어진다." 11월 8일 뮌헨의 레지덴츠테아터에서, 1813년에 태어난 게오르크 뷔히너가 1836년에 쓰기 시작해 미완성으로 끝난 희곡『보이체크』가 초연된다. 후고 폰 호프만슈탈이 몇 년에 걸쳐 요구한 끝에 이루어진 일이었다. 1913년에 딱 들어맞는 작품으로, 게다가 사람들의 의식 속을 파고들기에 딱 좋은 시기였다. 이 얼마나 놀라운 작품이며, 얼마나 놀라운 언어이며, 얼마나 놀라운 템포인가. 80년 가까이 지났는데도 꼭 현재의 일 같다. 하인리히 만의『종복』과도 쌍을 이루는 작품이다. 다만 더 폭력적이고 더 구시대적일 뿐이다. 보이체크는 한 의사에게 실험 대상으로 이용당하고, 그에게 굴욕을 안겨주는 대위에게 이용당한다. 보이체크는 자기가 사랑하는 마리가 멋쟁이 "군악대 고수장"과 함께 자기를 배반하자, 공격성을 제어하지 못하고 그녀를 칼로 찔러 죽인다. 희생자가 가해자가 된 것이다. 알프레트 케어 말대로 작품의 "핵심은 인간에 의해 고통받는 한 인간이 아니라, 이른바 고통을 주는 인류다". 이 작품은 프롤레타리아극이고, 봉기와 저항의 작품이다. 릴케는 감동하여 말을 잃는다. "악용당한 한 인간이 비루한 옷을 입은 채로, 본의 아니게 별들의 무한한 관계 속에 우주 한가운데 서 있는 것, 이것이야말로 그 무엇에도 비할 바 없는 연극이다. 이것이 연극이고, 이것이 내가 생각하는 연극의 모습이다." 그러나 이 작품은 무엇보다도 환각과 메르헨*과 시궁창과 시 사이를 쫓아다니다가 말뚱가리처럼 목표물에 내려앉는 유일무이한 언어의 축제다. 작가는 작품 끝에서 한 쓸쓸한 아이에 대한 메르헨을 들려준다. "그리고 이 세상에는 이제 아는 사람이 아무도 없었기 때문에, 아이는 하늘나라로 가려고 했지. 그런데 달님이 자기를 아주 상냥하게 내려다보는 거야. 그래서 아이는 결국 달님에게 갔지. 그런데 달님은 썩은 나뭇조각이었어. 그래서 아이는 해님에게 갔지. 그런데 해님은 시든 해바라기였던 거야. 그래서 아이는 별님에게 갔지. 그런데 별님은 작은 황금모기였어. 때까치가 황금모기를 자두나무에 꽂아놓은 거지. 그래서 아이는 다시 지구로 돌아왔지. 그런데 지구는 엎어진 항아리였어. 그리고 여전히 아무도 없었지."

이것은 1913년의 취향에 딱 맞는 메르헨이었다. 모든 유토피아 저편에서, 그 무엇으로도 위로할 수 없는 슬픔으로 가득하지만, 너무나 시적인.

◆

어쩌면 11월 8일 『보이체크』 초연 관람객 중에 그도 있었을지 모른다. 아인밀러슈트라세 19번지에 있는 그의 집에서 몇 미터밖에 안 되는 거리였으니까. 바로 당대에 가장 위대했지만 가장 많이 잊혀버린 반유토피아주의자 에두아르트 폰 카이저링 얘기다. 이 발트 백작은 아주 추하게 생겼고, 심각한 매독과 척수병에 시달렸으며, 이제는 영락한 백작으로서 두 누이 헨리에테, 엘제와 함께 슈바빙의 한 층에(성이 아니라) 살고 있었다. 이제 그는 거의 장님이나 다름없었지만 누이들에게 받아쓰게 해서 다채로움 넘치는 단편들과 장편소설들을 내놓았다. 해마다 출간되는 그의 책들은 기본

---

* 흔히 동화로 알려져 있지만 원래 독일어로는 '이야기'를 뜻하며 주로 초자연적인 사건이 등장하는 이야기들이 많다.

적으로 늘 똑같은 이야기를 들려준다. 그러나 그것은 귀족들에게 편안한 죽음을 맞이할 수 있도록 위안을 주기 위한, 언어적으로 유일무이한 자연 찬미의 노래다. 그는 부족한 자기성찰을 곧 최고의 신분 격차와 동일시한다. 그의 책들은 매력적인 평온함을 풍긴다. 이것은 모더니즘이 전복한 세계의 무의미성을 감추기 위해 그가 끼워넣은 것들일 뿐인, 감정과 단어와 수식어 낭비다. 슈티프터의 『늦여름』을 빼고, 카이저링만큼 북구 여름의 화려함을 그토록 열정적이고 다채롭게 묘사한 이는 없었다. 그와 동시에 카이저링은 노스탤지어를 부질없는 현실 극복 수단으로 제시하려 했다. 그의 인물들이 얘기할 때면, 카이저링은 의심하고, 즐거워하고, 당황하면서 귀를 기울일 뿐이다. 그는 오로지 자연만 믿는다. 성장하고, 꽃을 피우고, 시들어버리는 자연을. 꽤 천재적이다. 얼마 전, 위대한 반유토피아주의 선언인 『파도』를 출간한 카이저링은 1913년에 걸작 노벨레 『남쪽 산허리에서』를 쓴다. 작가 자신과 똑같이 발트 지방에서 태어난 주인공 카를 에르트만 폰 베스트발바움 위로 결투의 위험이 감돌고 있다. "남쪽 산허리에서 익어가는 과일처럼 예민하고 야들야들한" 결투다. 노벨레 전체가 이 결투를 향해 나아간다. 그러면서 이 이야기에 등장하는 귀족들은 남녀관계의 첫 불화를 비꼬고 있다. 모든 이가 갈망하는 다니엘라 폰 바르도프가 그녀를 숭배하는 카를 에르트만에게 이렇게 말하는 것이다. "당신도 복잡해지려고 하면 안 돼요. 이제 모두 복잡하고 비밀스러워지려고 하면서, 그게 우리 마음에 들 거라고 믿죠." 얼마 후, 카를 에르트만이 제 딴에는 감성이 풍부한 연애편지를 썼을 때, 그녀는 그 편지를 마치 외과용 메스로 자르듯 반듯하게 찢어버리고는 "키치"라고 부른다. 이렇듯 『남쪽 산허리에서』는 언어 회의주의의 기념비다. 그러나 이 작품에서 가장 인상적인 점은, 카이저링이 이야기 전체를 거창하고 불길한 결투를 향해 치닫게 함으로써 줄곧 긴장감을 잃지 않는 점이다. 그러고 나서 절정에 이르러서는 두 결투자의 총알이 비켜 가게 하고 각자 자기 물건을 다시 챙겨들게 한다. 모든 것이 맥없이 무너져내리고 만다. '노벨레'라고 할 만한 것이 전혀 없다. 심지어 '사건'도 없다.* 이 결투에 입회했던 의사는 실망한 기색을 드러낸다. 그 의사는 카이저링의 멋진 반어적 표현대로, "내적으로 위대한 준비가 되어 있었던 것이다".

모든 관련자는(독자도 함께), 결투의 위협과 죽음의 가능성이 그저 언질이었을 뿐이라는 것을 알아챈다. 현대문학 가운데 이 작품처럼 뛰어난 심리 연구를 보여주는 것도 드물다. 1913년은 이야기가 남쪽 산허리에 걸려 있는 해였다.

◆

에른스트 융거도 "내적으로 위대한 준비를 마쳤다". 위험에 대한 갈망이 그를 암소와 토탄土炭과 오래된 인간 냄새가 나는 온천 휴양지 바트 레부르크를, 불투명 유리창 때문에 빛이 거의 들어오지 않는 부모님 집을 떠나게 만든다.

8월에 그는 극한의 기후 조건에 대비하기 위해 겨울옷을 입고서 온실에 들어가봤다. 이제 아프리카에 갈 준비가 다 된 것 같다. 몇 년 동안 그는 학교 책상 밑으로 어둠의 심장 속으로 들어가는 모험 이야기를 읽었다. 이제는 직접 그곳에 가보려는 것이다. "어느 습하고 안개 낀 가을 오후에 나는 여섯 발을 장전할 수 있는 리볼버와 탄약을 사기 위해 공포와 두려움에 떨

---

* 노벨레라는 장르는 기본적으로 하나의 사건과 반전이 필요하다.

며 고물상에 들어갔다. 가격은 12마르크였다. 나는 승리감에 취해 가게를 나와서는 곧장 서적상한테 가서 꼭 필요할 것 같은 『검은 대륙의 비밀』이라는 두꺼운 책을 샀다."

    11월 3일에 융거는 그 책과 리볼버를 포함해 짐을 싸서는 아무에게도 얘기하지 않고 집을 떠난다. 그런데 레부르크에서 기차를 타고 어떻게 아프리카로 갈 수 있을까? 유감스럽게도 그는 지리를 잘 몰랐다. 에른스트 융거는 어른이 된 기분을 느껴보려고, 그리고 모험심을 키우기 위해 파이프 담배를 사고, 4등석 기차표를 사서 이 기차역, 저 기차역을 거치며 남서쪽을 향해 간다. 여행은 끝없이 계속된다. 먼저 트리어로 갔다가, 엘자스-로트링겐을 지난다. 융거는 잘 버텨낸다. 끝없는 오디세이 끝에 그는 11월 8일 베르됭에 이르고, 그곳에서 외인부대에 들어가게 된다. 그는 훈련 중대 26사단에 군번 15308번으로 배정되어 마르세유로 보내지고, 그곳에서 배를 타고 그가 찬미하는 땅, 아프리카로 간다. 지방신문에 그에 관한 기사가 실린다. "11월 16일, 바트 레부르크. 고등학교 상급반 학생이 외인부대원이 되다. 김나지움 8학년인, 광산 소유주 융거의 아들이 프랑스 외인부대에 지원해 마르세유를 거쳐 아프리카로 향하고 있다. 가엾은 아버지는 베를린에 있는 외무부에 도움을 요청했다. 독일 대사관은 프랑스 정부와 연락을 취해 융거의 방면 문제를 논의하도록 지시받았다."

◆

    5월에 결혼식을 치른 프로이센의 공주 빅토리아 루이제와 하노버의 왕자 에른스트 아우구스트가 11월에 브라운슈바이크로 간다. 거의 50년 만에

벨페 가문이 다시 브라운슈바이크의 통치자가 된 것이다. 새 신랑 신부는 다섯 아이를 낳고 행복하게 살아간다.

◆

1871년 이래로 독일제국의 영토가 된 엘자스-로트링겐의 작은 위수衛戍 도시 차베른에서 10월 28일에 끔찍한 사건이 일어난다. 저녁에 독일군 병영 앞에 시위자 20~30명이 모여, 연대장 귄터 폰 포르스트너 남작이 신병들에게 프랑스인은 모두 "형편없다"고, 그리고 "프랑스 국기에 똥을 싸도 좋다"고 선언한 것에 항의한다. 지방신문을 통해 그 사실을 접한 주민들이 충격을 받은 것이다. 시위자들이 플래카드를 높이 쳐들고 국민에 대한 존중을 요구하자, 연대장은 실전용 탄약과 총검을 장착한 보병 3개 단을 보낸다. 시위자들은 공포에 사로잡힌다. 독일 병사들은 시위자들에게 폭력을 휘두르고 30명이 넘는 사람들을 체포한다. 그 가운데 두서너 명은 시위와 관계없는 행인이었다. 체포된 이들은 빛도 변기도 없는 석탄고에 갇힌다. 그리고 연대장 귄터 폰 포르스트너 남작은 이렇게 말한다. "지금 피를 보게 된다면 그것을 기쁨으로 여기겠다. (…) 명령권은 나한테 있고, 나는 군대가 존중받도록 할 의무가 있다."

그로부터 닷새 뒤, 1개 단을 이끌고 가던 연대장을 본 제화 공장 노동자들이 연대장에게 "형편없는 소위"라고 말하자 자제심을 잃은 연대장이 잘 걷지도 못하는 한 도공을 내려친다. 빨리 도망치지 못한 그는 머리에 칼을 맞고 피투성이가 되어 쓰러진다.

그로부터 하루 만에, 베를린의 제국의회에서 차베른에서 일어난 사건을 두고 논쟁이 벌어진다. 이른바 '차베른 사건'은 이제까지 있었던 그 어떤 사건보다도 프랑스와 독일제국의 평화를 위협했다. 독일 국방부 장관 에리히 폰 팔켄하인은 독일 군대의 공공연한 법률 위반행위에도 동요하지 않는다. 그는 "소란스러운 폭도"와 "선동적인 기관지들"이 차베른 사태를 첨예화하는 주범이라고 주장한다. 이에 국회에서 소요가 일어나고, 야당은 군대가 법질서의 테두리를 벗어난 행동을 정당화하는 것에 강력하게 항의한다. 중앙당 의원 콘스탄틴 페렌바흐는 이렇게 말한다. "군대도 법 아래에 있습니다. 군대가 법을 벗어나고 시민이 군대의 전횡에 희생되는 상황이 온다면, 그렇게 되면, 여러분, 그건 게르만의 종말입니다! (…) 그것은 독일제국에도 재앙입니다." 그러나 진짜 재앙이 벌어졌다. 독일의 국가원수인 빌헬름 2세가 독일 군대의 이 과감한 행동을 마음에 들어했기 때문이다. 그는 '차베른 사건'이 그렇게 호들갑을 떨 일이라고 생각하지 않는다는 것이다. 연대장 포르스트너에게 고의적인 신체 상해에 대한 벌로 43일간의 징역을 선고한 판결이 고등군법회의가 신청한 항소심에서 무죄판결로 바뀌자, 유럽 언론의 반응은 절규로 첨예화된다. 재판관은 포르스트너의 행동이 "오상誤想방위"이므로 무죄라고 판결한다. 자유주의적인 프랑크푸르터 차이퉁은 이 무죄판결의 충격적인 메시지를 간파했다. "시민 계급이 패배했다. 이것이 바로 차베른 재판의 본질적이고 가시적인 징후다. (…) 군 권력과 시민 권력의 싸움에서 군법회의는 군 권력이 시민에 대한 무제한의 지배권을 가지고 있음을 언명했다."

◆

1913년에 프라다가 설립되고 밀라노 갈레리아 비토리오 에마누엘레에 고급 가죽제품 상점이 처음 문을 연다.

◆

11월 중순에 빌헬름 황제가 기차를 타고 할베에 있는 '카이저반호프'*에 도착한다. 그리고 기차역에서 마차를 타고 두브로프에 있는 숲으로 간다. 그곳에서 정각 오후 1시 반에 사냥이 시작된다. 숲에 천과 그물로 둘러싼 사냥 구역이 마련되어 있다. 황제 폐하의 사격 위치에 따라 사냥감이 이동된다. 조수 두 명이 쉼 없이 황제의 총을 장전해준다. 정각 오후 2시 45분에 사냥이 끝났음을 알리는 나팔이 울리기까지, 총 560마리의 사냥감이 죽었다. 빌헬름 2세 혼자서만 다마사슴 열 마리와 멧돼지 열 마리를 죽였다. 사냥이 끝나고 저녁식사를 하면서 황제는 차후에 자신의 백발백중을 기리는 기념비를 세웠으면 좋겠다고 부추긴다.

◆

1913년 11월에 토마스 만과 하인리히 만 사이에 가장 친밀하고, 가장 마음이 통한, 어쩌면 가장 솔직한 편지가 오간다. 토마스 만은 요즈음 사정이 별로 좋지 않다. 아내 카티아의 건강도 좋아지지 않고, 몇 달 전부터, 아니 몇 년 전부터 요양원을 전전하며 치료하려 애써온 기침이 도진데다가 그

---

* 황제역이라는 뜻.

어느 때보다 심각하다. 게다가 토마스 만은 처음으로 큰 빚을 졌다. 포싱어 슈트라세에 짓고 있는 집 때문에 무리를 한 것이다. 토마스 만은 자기 책을 내고 있는 사무엘 피셔에게 다음 소설에 대한 선인세로 3000마르크를 선불해달라고 부탁한다. 그리고 형 하인리히에게 편지를 쓴다. "나는 항상 몰락에 모든 관심이 쏠려 있었어. 그게 바로 내가 진보에 관심을 갖는 것을 방해하는 근본적인 이유야. 그렇지만 다 쓸데없는 소리지. 시대와 조국의 모든 불행이 그것을 형상화할 힘도 없는 한 개인에게 지워져 있는 건 나쁜 일이야. 그렇지만 그게 또 이 시대와 조국의 불행 가운데 하나겠지. 아니면 『종복』이 그것을 형상화한 작품이 될 수 있을까? 나는 내 작품보다 형의 작품을 더 고대하고 있어. 그 부분에서 형의 영혼이 나보다 나으니까. 그리고 그게 중요한 점이지." 그러고는 보기 드문 돈독한 형제애를 보여주는 말이 나온다. "물론 형에게 이런 편지를 쓰는 건 아주 무례한 행동이겠지, 형이 뭐라고 대답할 수 있겠어." 그러나 위대한 시대소설 『종복』의 완성을 고작 몇 달 앞둔 하인리히 만은 자기가 뭐라고 대답해야 하는지 알고 있었던 게 분명하다. 그의 답장은 보지 못했지만 그에 대한 토마스 만의 답장을 보고 짐작할 수 있다. "형의 지혜롭고 상냥한 편지 진심으로 고마워." 그러고는 갑자기 형제에 대한 일종의 사랑 고백이 나온다. "오래전부터 기분이 아주 좋을 때면 다시 한번 위대하고 진실한 인생 이야기를 쓰고 싶다는 꿈을 꿔. 우리 다섯 형제의 이야기인 부덴브로크 속편 말이야. 우리는 그럴 만한 가치가 있어. 우리 모두." 토마스 만은 형에게, 권태와 회의에 시달리는 자기 영혼에 대한 이런 깊은 통찰을 다시 또 보여주지는 못한다.

◆

〈모나리자〉는 여전히 흔적조차 보이지 않는다.

◆

마르셀 뒤샹은 여전히 예술에 흥미는 없지만, 아이디어가 하나 떠오른다. 그는 이렇게 자문한다. "예술작품이 아닌 작품을 만들 수 있을까?" 그러고 나서 가을에, 새로 이사한 파리 생이폴리트 가의 집에서 갑자기, 평범한 부엌 의자 위에 끼워넣은 자전거 앞바퀴가 등장한다. 마르셀 뒤샹은 이에 대해 아주 우발적으로 이렇게 말한다. "그것은 불이나 연필깎이를 갖고 있는 것처럼 내 방에 갖고 싶었던 것이다. 다만 아무런 효율성이 없는 것일 뿐. 이것은 편안한 기구다. 그것을 움직일 수 있기에 편안하다." 뒤샹은 손으로 자전거 바퀴를 돌리면 마음이 몹시 진정된다고 느낀다. 그저 끝없이 돌고 도는 게 마음에 든다. 파리와 베를린과 모스크바의 예술가들이, 이제 입체주의가 최고니, 아니 사실주의가 최고니, 아니 표현주의니, 추상주의니 하며 싸우고 있을 때, 젊은 뒤샹은 그저 자전거 바퀴를 부엌에 세워둠으로써 최초의 "기성품 예술(레디메이드)"을 만들어낸 것이다. 이것은 가장 우발적인 미술사의 패러다임 전환이다.

◆

11월 20일에 프란츠 카프카가 일기장에 이렇게 적는다. "영화관에 갔었다. 울었다."

◆

　영화관에서 감정에 압도되는 일 때문에 1913년에 청소년 보호사가 등장한다. 교육자 아돌프 젤만은 자신의 책 『영화와 학교』 서문에서 이렇게 말한다. "모든 교사는 나쁜 영화의 모든 위험성에 주의를 기울이고 우리 청소년들을 그 위험으로부터 지킬 사명이 있다. 학교는, 해로운 마음의 양식이 오늘날에도 여전히 영화에 나타난다는 것을 학교 울타리 안팎에서 통찰할 수 있도록 계몽에 앞장서야 한다. 학교는 언론, 학부모회, 학회에 이 점을 계몽시켜야 한다. 학교는 영화가 끼칠 수 있는 모든 악영향으로부터 우리 청소년들이 보호받을 수 있도록 보호법령과 경찰령을 공포하도록 촉구해야 한다." 폴다의 주교회의는 영화 관람의 부정적인 영향으로부터 성직자들을 보호하기 위해 특별지침을 내린다. 그 누구도 더럽고 저속한 영화를 보고 울어서는 안 된다는 것이다! 그리고 6세 이하의 어린이는 영화관에 가서는 안 된다고 요구한다. 그뿐만 아니라 성인들도 도덕적으로 저급한 영화를 피해야 한다는 것이다.
　이것을 사람들은 경건한 소망이라고 부른다.

◆

　알베르트 멘스도르프-포일리-디트리히슈타인 백작. 이 얼마나 멋진 이름인가. 오래전, 19세기에 선조 가운데 누군가가 작센코부르크 공주와 결혼하여 백작의 신분이 된 그는 알리 백작이라고 불리는데, 거의 모든 유럽 왕실이 그의 친척이었고, 이는 그에게 날마다 새로운 즐거움을 안겨주었다. 영국 왕의 사촌이자 런던 주재 오스트리아-헝가리 대사인 그는 1913년

11월에 걸작을 만들어낸다. 영국 왕 조지 5세가 편지로 이런 바람을 비친 것이다. "대공과 대공비가 11월에 며칠 동안 사냥하러 윈저 성으로 오실 수 있겠습니까." 오실 수 있을까, 라니! 오스트리아 황태자와 그의 아내 소피가 처음으로 함께 받은 공식 초청인 것이다. 멘스도르프-포일리-디트리히 슈타인 백작은 자기가 이룬 일의 의미를 알고 있었기에 프란츠 페르디난트 대공에게 이렇게 편지를 쓴다. "대공도 아시다시피, 오찬, 축배, 환영 만찬, 극장 관람 등등과 같은 공식적인 행사들, 반쯤 병이 나고 죽을 것만 같은 그런 행사들이 저는 혐오스럽습니다."(원문대로임) 이것은 부적절한 유머다. 이 백작은 오스트리아-헝가리 외교계에서 최고의 파티광이나 다름없기 때문이다. 그는 자기가 주관한 만찬에 참석한 이들이 고른 메뉴를 모두 거둬 보관하고, 이튿날 아침이 되면 자기가 누구 옆에 앉았는지 좌석표에 표시한다. 그가 대공의 방문에서 사교 행사들을 이렇게까지 비난하는 것은 오로지 황태자와 사이가 몹시 나쁘기 때문이다. 그러나 대공은 전혀 신경쓰지 않는다. 그는 처음으로 아내와 함께 공식적인 해외여행을 할 수 있게 된 것을 즐긴다. 그리고 빌헬름 황제와 사냥한 지 2주도 채 되지 않아 이제 조지 5세와 윈저 성 근처에서 꿩 사냥을 할 수 있게 된 것을 기뻐한다. 프란츠 페르디난트와 조지 5세는 영국 공작 세 명의 수행을 받고, 그사이 귀부인들은 윈저 성에서 대화를 나누며 음악회를 듣는다. 화요일, 그러니까 11월 18일에 몰이꾼들이 황태자와 조지 왕의 총구 앞으로 몰아준 꿩 1000마리와 들오리 450마리가 죽는다. 수요일인 11월 19일에는 최고로 화창한 햇살을 받으며 꿩 700마리를 쏴 죽인다. 목요일에는 약 1000마리의 꿩을 잡는다. 그리고 금요일, 비바람이 왕실 사냥단의 얼굴을 때리던 날에도 꿩 800마리와 들오리 400마리를 잡는다. 이건 살육이다.

1913 Der Sommer des Jahrhunderts

12월

∾ 모든 것이 열려 있다. 미래도, 아름다운 여자들의 입술도. 카지미르 말레비치는 검은 사각형을 그린다. 로베르트 무질은 독일이 너무 어둡다고 생각한다. 〈모나리자〉는 피렌체에서 다시 발견되어 세계에서 가장 중요한 그림이 된다. 릴케는 고슴도치가 되고 싶어한다. 토마스 만은, "나는 『마법 제자』가 아니라 『마의 산』을 쓴다!"고 분명히 밝힌다. 에밀 놀데는 남태평양의 천국에서 혼란에 빠진 인간들만 발견하고 카를 크라우스는 야노비츠에서 행복을 발견한다. 에른스트 융거는 아프리카에서 발견되어 고향으로 돌아와 바트 레부르크에서 크리스마스를 축하한다. 별들은 어떻게 서 있을까?

1913년 12월, 그러니까 파리에서 이제 막 최초의 기성품 예술이, 다시 말해서 의자 위의 자전거 바퀴가 마르셀 뒤샹의 손에서 돌고 있을 때, 모스크바에서는 최초의 〈검은 사각형〉이 탄생한다. 바로 현대미술의 두 영점零點이다.

1913년 12월 3일, 상트페테르부르크 루나 파크에서 미래주의 오페라 〈태양에 대한 승리〉가 초연된다. 이 공연의 무대의상과 무대배경 디자인을 맡은 카지미르 말레비치는 무대배경으로 검은 사각형을 선보인다. 이것은 "새로운 문명의 시작" 또는 말레비치의 표현대로 "절대주의"라는 분기점의 모범이 될 원형이었다. 그로부터 2년 뒤인 1915년에 상트페테르부르크에서 열린 '0-10' 전시회에서 말레비치는 "절대주의 선언문"과 함께 35점의 새로운 작품과, 전대미문의 회화 〈하얀 바탕의 검은 사각형〉을 선보인다. 이 그림은 전례 없는 도발이요, 하나의 계시다. 이 사각형은 말레비치에게 "무형식"을, 순수한 비구상의 구현을 뜻한다. 말레비치는 이 하얀색과 검은색의 근원적인 대조에서 우주적인 에너지가 생성된다고 보았다. 이것은 예술의 극한인 동시에 아주 새로운 것의 기원이다. 이것은 예술가와 예술에 부과되는 모든 요구를 거부하는 것이었고, 바로 그렇기에 예술가의 자율성을 외치는 가장 위대한 자기주장이었다. 1913년을 떠올릴 때면 항상 〈검은 사각형〉도 생각해야 할 것이다.

◆

1913년에 깊은 인상을 남긴 제2의 걸작은, 400년 된, 가로 53센티미터 세로 77센티미터 크기의 롬바르디아 백양나무로 만든 목판에 그려진 그림이다. 바로 레오나르도 다빈치의 〈모나리자〉다. 2년 전 루브르에서 도난당한 이후로 그녀는 흔적조차 보이지 않았다.

그러나 12월 초에 피렌체 화상 알프레도 제리한테 편지 한 통이 날아온다. 사교성 좋고, 어깨가 떡 벌어지고, 살집이 좋은 이 신사는 보르고 오니산티 가에서 골동품상을 하고 있는데 주로 피렌체 상류층 고객을 상대한다. 두세라고 불리는 엘레오노라 두세와 그녀의 애인 가브리엘레 단눈치오도 그의 고객이다. 알프레도 제리는 손에 쥔 편지에 당황한다. 이것이 진짜일까 아니면 어느 미친 자의 편지일까? 그는 편지를 다시 읽어본다. "도난당한 레오나르도 다빈치의 작품을 내가 가지고 있다. 이 그림을 그린 화가가 이탈리아인이었으니 이 그림의 주인은 이탈리아다. 이 걸작을 본래 영감을 불어넣어준 나라로 돌려주는 것이 나의 꿈이다. 레오나르도."

제리는 편지를 통해, 의심스러운 발신인 '레오나르도'와 12월 22일에 밀라노에서 만나기로 약속한다. 그런데 12월 10일 정각 오후 7시 30분에 제리가 가게 문을 닫으려는데, 마지막 손님들 가운데 섞여 있던 한 신사가 "내가 레오나르도요" 하며 자기를 소개한다. 제리는 아연실색하여 그 남자를 쳐다본다. 피부색이 어둡고, 검은 머리에 포마드를 바르고, 짧은 코밑수염을 비비 꼰 그 남자는 전체적으로 거드름을 피우는 인상이다. 남자는 자기가 좀 일찍 와서 '레오나르도 빈첸초'라는 이름으로 판차니 가에 있는 트리폴리 이탈리아 여관에 묵고 있다고 말한다. 400년 전에 조콘도의 부인 리자가 레오나르도 앞에 모델로 앉아 있었던 보르고 산 로렌초에서 한 블록밖에 떨어지지 않은 곳이다. 레오나르도는 이튿날 정각 오후 3시에 여관에서 〈모나리자〉를 보여주겠다고 말한다. 제리는 황급히 우피치 미술관장 조반니 포지에게 알린다.

　세 사람은 골동품상에서 모여 함께 초라한 여관으로 간다. 가는 길에 제리와 레오나르도는 이 그림이 진품인 경우 50만 리라에 거래하기로 합의한다. 레오나르도는 그래주면 좋긴 하지만, 자기에게 중요한 것은 돈이 아니라고, 자기는 다만 빼앗긴 보물 미술품을 이탈리아에 돌려주려는 것이라고 말한다. 포지와 제리는 당황하여 서로 마주본다.

　세 신사는 여관의 가파른 계단을 올라간다. 3층에 레오나르도가 묵고 있는 궁색한 1인실이 있었다. 레오나르도는 침대 밑에서 가방을 꺼내더니, 속옷이며, 공구며, 면도 도구와 함께 가방에 든 모든 것을 침대 위에 쏟아놓는다. 그런 다음 가방 안에 있는 이중바닥을 열어 붉은 실크로 감싼 나무판을 꺼내든다. "여신과 같은 조콘다가 무사히 잘 보존된 모습으로 우리 눈앞에 나타났다. 우리는 가지고 온 사진과 비교해보기 위해 그녀를 창가로 옮겼다. 포지가 확인을 맡았다"고 골동품상은 들려준다. 의심할 여지 없이, 뒷면에 루브르 박물관의 자산 번호가 적혀 있었다. 제리와 포지는 몹시 흥분했지만 정신줄을 놓지 않는다. 두 사람은 레오나르도에게 이 그림이 진품이 맞는 것 같기는 하지만 좀더 조사해 봐야겠다고 말한다. 레오나르도는 오랜 여행에 지친데다 50만 리라를 받을 기대감에 들떠 그림을 벽에 세워두고는 낮잠을 잔다.

　포지는 당장 경찰에 이 사실을 알린다. 이탈리아 경찰이 방문을 열었을 때, 레오나르도는 여전히 자고 있었고 침대 옆에는 물건들이 어지럽게 흐트러져 있었다. 그는 저항하지 않고 순순히 체포된다. 〈모나리자〉는 경찰의 보호를 받으며 우피치 미술관으로 옮겨진다. 자기가 발견한 물건의 가치를 잘 아는 포지는 로마에 있는 문화부장관 코라도 리치와, 프랑스 대사 카미유 바레레에게 전화로 이 사실을 알렸을 뿐만 아니라, 비토리오 에마누엘레 3세와 교황 피우스 10세에게도 알렸다.

누군가 이탈리아 국회의원이 모두 모여 있는 의회에 뛰어들어와 "조콘다가 돌아왔다!"고 외쳤을 때 마침 국회의원 두 사람이 몸싸움을 벌이고 있었다. 모두 그 말을 바로 알아들었다. 서로 치고받고 싸우던 두 사람은 너무 기쁜 나머지 부둥켜안고 입을 맞추었다.

곧 이탈리아 전역은 모나리자 열병에 휩싸였다. 레오나르도는? 레오나르도의 본래 이름은 빈첸초 페루자로, 나이는 서른두 살에, 이 그림을 훔칠 당시 유리 세공 보조로 루브르에서 일하고 있었다. 당시 논쟁거리였던 유리 액자에 〈모나리자〉를 끼워넣었던 사람이었다. 그리고 그 그림을 유리 액자에 끼워넣었기에 가장 간단하게 다시 꺼내는 방법도 알고 있었던 것이다. 그는 밤에 루브르에 숨어 있다가, 그림을 꺼내 캔버스로 감싸고는 아침이 되자 태연히 루브르에서 걸어나왔다. 그를 아는 관리인들이 그에게 짧게 인사까지 했다.

이것은 완전히 말도 안 되는 일이었다. 액자에 지문이 남아 있었기에 경찰이 도둑을 잡으려고 루브르에 있는 모든 사람, 모든 청소부와, 모든 미술사가, 모든 문서 보관원의 지문을 채취했다. 그런데 유리 세공 보조원 빈첸초 페루자를 잊은 것이다. 심지어 경찰은 〈모나리자〉를 찾기 위해 루브르에서 일하는 모든 직원의 집을 수색했고 그의 집에도 찾아갔었다. 로피탈 생루이 가 5호의 궁색한 방으로. 그런데 경찰들이 침대 아래는 들여다보지 않았던 것이다.

루브르에서 직선거리로 1킬로미터 떨어진 그곳에, 전 세계가 찾아 헤매던 예술품이 2년 동안 놓여 있었던 것이다. 이 소식은 충격이었다. 루브르에도, 파리 경찰에도. 그러나 동시에 이 이야기는 행복을 안겨준 위대한 크리스마스 복음이기도 했다. 페루자는 감옥에서 이탈리아인들로부터 무수한 감사 편지와 선물을 받았다.

가브리엘레 단눈치오는 이런 시를 짓기도 했다. "명성과 명예를 꿈꾸었던 그, 나폴레옹의 도적질에 복수한 그, 그가 그녀를 국경 너머 피렌체에 돌려주었네. 오직 시인만이, 위대한 시인만이 그런 꿈을 꿀 수 있네."

12월 13일에 프랑스 정부 공무원들과 미술사가들이 〈모나리자〉의 진품 여부를 확인하기 위해 피렌체로 왔다. 이탈리아 문화부장관 리치는 이런 멋진 말을 했다. "저는 프랑스인들이 그 그림을 모사품이라고 판정하기만을, 그래서 〈모나리자〉가 이탈리아에 남기를 바랐습니다." 그러나 프랑스인들도 그 그림을 진품으로 판정했다.

알프레도 제리는 루브르로부터 사례금을 받았고 프랑스 정부로부터 레종도뇌르 훈장을 받았다. 빈첸초 페루자는 징역 7개월을 선고받았다.

12월 14일에, 유일무이하게 사열식 복장의 프랑스 헌병과 이탈리아 경찰로 이루어진 국제적인 의장대의 경호를 받으면서 〈모나리자〉가 우피치 미술관에 걸렸다. 호두나무에 금박을 입힌 호화로운 액자에 든 채로 마치 행진하듯 복도들을 돌면서. 3만 명이 이 모습을 지켜보았다. 이탈리아는 아이들이 피렌체로 와서 이 민족의 성물을 볼 수 있도록 하루 동안 휴교령을 내렸다. 그리고 12월 20일에, 〈모나리자〉는 주빈들이 자리를 꽉 채운 특등실을 타고 로마에 있는 비토리오 에마누엘레 3세에게 갔다. 이튿날, 비토리오 에마누엘레 3세는 파르네제 궁에서 프랑스 대사관에 그 그림을 건넸다. 하나의 상징적인 행위였다. 크리스마스 연휴 동안 그 그림은 로마의 보르게세 빌라에서 전시되었다. 개관시간 동안 문화부장관 리치가 직접 그림 곁을 지켰다. 그는 단 1초도 그림에서 눈을 떼지 않겠다고 약속했다. 밤에는 경찰 열두 명이 그녀를 지켰다. 그런 다음 〈모나리자〉는 특등실을 타고 밀라노로 가서, 최고의 보안 속에 2일 동안 브레라 박물관에서 전시되었다. 〈모나리자〉의 이탈리아 전국 순회는 전무후무한 개선 행진이었다. 〈모나리자〉를 실은 기차가 지나가는 역마다 사람들이 환호하고 손을 흔들었다. 밀라노에서 밀라노-파리 특급열차를 탄 〈모나리자〉는 개인실을 얻었다. 그녀는 여왕 대우를 받았다. 12월 31일 늦은 저녁 〈모나리자〉는 프랑스 국경을 넘었다. 루브르를 떠날 때는 그저 하나의 그림이었지만 이제 하나의 신비로 돌아온 것이다.

◆

『노이에 룬트샤우』 12월호의 쪽 번호 없는 광고 면에, 토마스 만의 집을 방문했던 오스카 비*의 작은 토막기사가 실린다. 토마스 만이 『마법 제자』라는 제목의 새로운 노벨레를 집필하고 있다는 내용이었다. 비의 글씨는 너무 엉망이어서 그 자신도 무슨 글자인지 알아보지 못할 때가 많았다. 토마스 만은 12월 내내, 이 토막기사를 보고 편지를 보내온 친구들과 지인들에게 다음 사실을 알리느라 바빴다. "그 노벨레가 완성되었다고 생각지 마십시오. 그건 그렇고 그 제목은 『마의 산』입니다(비가 잘못 읽었나봅니다)."

---

* 독일의 음악사가, 예술사가이자 저널리스트.

◆

　12월 15일에, 위대한 시인이자 런던의 핵심적이고 가장 활동적인 문화 전달자 에즈라 파운드가 트리에스테에 있는 제임스 조이스에게 편지를 쓴다. 그는 영락한 영어교사로 살아가는 조이스에게 잡지 『에고이스트』에 실을 최신 시 몇 편을 보내줄 것을 부탁한다. 이 호의적인 편지는 "존경하는 선생님!"이라는 말로 시작한다. "예이츠에게 들은 이야기로 추측건대, 선생님께서는 싫어하는 것에 저랑 공통점이 한두 가지 있다고 생각됩니다." 이 편지를 시작으로 조이스는 죽음에서 깨어나게 된다. 곧 파운드가 보낸 두 번째 편지가 도착하는데, 예이츠로부터 「대군의 소리 들린다」*를 받았는데 시가 아주 마음에 든다는 내용이었다. 조이스는 그 말에 고무되어 바로 그날 자리에 앉아 두 원고를 수정한다. 조이스는 2주 뒤 『젊은 예술가의 초상』 제1장과 『더블린 사람들』을 완성하여 런던에 있는 에즈라 파운드에게 속달로 보낸다. 스타가 탄생한 것이다.

◆

　작가이자 신경과 의사로, 『슈투름』의 기고가인 알프레트 되블린은 여러 밤을, 쾨르너슈트라세에 있는 키르히너의 새 아틀리에에서 모델로 앉아 있다. 되블린은 남자와 여자에 대해, 남자와 여자가 함께 사는 것에 대해, 남녀의 싸움에 대해 계속 글을 쓴다. 애인이 자기 아들을 낳고 나서 되블린은

---

* 제임스 조이스의 시.

이런 글을 쓴다. "결혼은 성생활 전문점이 아니다. 마찬가지로, 모든 성관계가 결혼의 틀 안에서 이루어져야 한다는 것도 어리석은 요구다. 그것은 마치 식사시간에만, 그리고 특정 장소에서만 배고픔을 느껴야 한다는 요구와 같은 것이다." 키르히너는 이 말이 몹시 마음에 들었다. 여름에 키르히너는 되블린의 「수녀와 죽음」을 위해 목판화를 만들었는데, 이 작품이 1913년 11월에 빌머스도르프의 작은 출판사 마이어에서 펴내는 『서정적 전단』에 실린다. 1912년에 고트프리트 벤의 『시체 공시소』를 펴내고, 1913년에는 벤의 새로운 시집 『아들들』도 펴낸 출판사다.

12월에 키르히너는 되블린의 단막극 「미치 백작부인」을 위해 삽화를 그리기 시작한다. 이 작품은 매춘부들 이야기다. 키르히너가 프리드리히슈트라세와 포츠담 광장 주변에서 손님을 찾아 배회하는 모습을 화가의 눈으로 아주 탐욕스럽게 관찰하던 매춘부들 말이다. 되블린은 매춘부에 대해 이렇게 말한다. "생식기가 영업 수단이다." 이것은 바로 키르히너가 그리는 실제 이면의 이론이다. 키르히너는 12월에 끊임없이 포츠담 광장을, 이 광장의 매력과 냉정함을, 그 활기와 무관계성을 예술로 바꾸는 것에 끊임없이 도전한다. 매춘부들의 털 옷깃, 창백한 옷깃의 냉기에 파묻힌 분홍빛 얼굴들, 강렬한 초록빛의 깃털 목도리, 그리고 그 옆에는 얼굴 없는 분주한 남자들. 키르히너는 그리고 또 그린다. 그리고 심지어 스케치북에 이렇게 적기도 한다. "매춘부=시대 여성".

◆

베를린 클룹슈톡슈트라세에 있는 로비스 코린트의 집에서는 크리스마스

이브를 어떻게 보내고 있을까.

코린트의 전작은 다시 1년만큼 더 풍부해졌다. 특히 티롤에서 지낸 시간 동안 코린트의 그림은 더 다채로워졌고, 산의 색조를 발견했으며, 이 발견은 나중에 발헨제 호수 초상화들에서 뛰어난 솜씨로 발현된다. 그러나 코린트는 아직 기력을 완전히 회복하지는 못했다. 마침내 저녁식사가 끝나고 크리스마스 선물의 시간이 되었을 때, 코린트는 아이들에게 조금만 더 참아달라고 부탁한다. 코린트는 이젤, 캔버스 틀, 물감을 가져온다. 아내 샬로테는 아이들에게 산타클로스 할아버지가 오는지 살펴보겠다면서 잠깐 밖으로 나간다. 그러나 사실은 그녀 자신이 산타클로스로 변장하러 가는 것이다. 아이들 토마스와 빌헬미네는 마음을 졸이며 기다린다. 곧 산타클로스 할아버지가 온다. 사실은 산타클로스 아줌마다. 이제 드디어 크리스마스 선물을 풀 때가 되었다. 그러나 코린트는 아직 선물을 풀지 못하게 한다. 그는 캔버스만 쳐다보고 있다. 그는 힘 있게 붓질을 몇 번 하더니 붉은 양초가 따뜻하게 빛나는 크리스마스트리를 만들어낸다. 그 옆에는 토마스가 빨간 커튼이 달려 있는 새 인형극장을 아주 뚫어져라 바라보는 모습이 보인다. 하얀 원피스를 입은 어린 빌헬미네도 인형 선물을 꺼내들고는 벌써 다음 선물에 손을 뻗고 있다. 왼쪽에는 샬로테가 아직도 산타클로스 옷을 입고 있다. 그림 왼쪽에는 마르치판 토르테*가 아직 잘리지 않은 채로 있다. 코린트는 아주 멋진 갈색 톤으로 이 모든 것을 그리고 난 뒤에야 비로소 붓을 내려놓고 천 조각에 손가락을 문질러 닦고는 토르테 한 조각을 집어든다.

---

* 아몬드 가루, 설탕, 달걀을 버무린 반죽으로 만든 케이크.

◆

이오시프 스탈린은 시베리아 유형지에서 추위에 떨고 있다.

◆

마침내 에른스트 윙거는 아프리카에 다다랐다. 그는 신출내기 외인부대원으로서 동료들과 함께 북아프리카 시디벨아베스 근처의 먼지 나는 텐트에 앉아 있다. 엄청난 자유 대신 엄청난 훈련뿐이다. 날마다 타는 듯한 더위 속에서 계속되는 군사훈련, 기동 연습, 장거리 행군으로 녹초가 되어버린다. 어쩌다가 이곳에서 5년이나 보내겠다고 약속했을까? 윙거는 다시 도망치려고 한다. 이번에는 외인부대에서. 윙거는 모로코에 숨었다가 붙잡혀서 주둔지에서 일주일간 감옥에 갇힌다. 그가 상상했던 아프리카는 아주 다른 모습이었다. 그런데 12월 13일에 한 전령이 그에게 전보를 전해준다. "발신지 레부르크 시. 전송 시각 12시 6분. 프랑스 정부가 너의 제대를 지시했다. 네 사진을 찍어라, 윙거." 윙거의 아버지가 외교적인 개입으로 아들의 제대와 송환 명령을 얻어낸 것이다. 12월 20일에 윙거는 북아프리카 외인부대 막사를 떠난다. 그의 제대 명령서에 적혀 있는 제대 사유는 다음과 같다. "미성년이라는 이유로 부친이 이의 제기." 윙거는 새까맣게 탄 모습으로, 깊은 수치심과 혼란에 빠진 채 기차를 타고 마르세유를 거쳐 바트 레부르크까지 먼 길을 되돌아간다. 그리고 크리스마스에 맞춰 부모님 집에 도착한다. 그래서 그는 크리스마스이브에 별이 쏟아지는 아프리카의 밤하늘이 아니라, 며칠 전 레부르크 숲에서 잘라 온 크리스마스트리 아래 앉아 있다. 잉어 요리가 준비되어 있다. 융거는 아버지에게 이제부터 열심히 졸업 시험을 준비하겠다고 약속한다. 그리고 용서를 빌고는 일찍 잠자리에 든다. 이제 그는 잠자기 전에 『검은 대륙의 비밀』을 읽지 않는다.

◆

에밀 놀데는 드디어 꿈의 목적지에 이르렀다. 여행을 시작한 지 두 달 만인 12월 3일에, 탐사대는 북독일 해운회사의 증기선 '프린츠 발데마르'를 타고 팔라우 섬을 지난다. 캐롤라인 제도 서쪽에 위치한 작은 섬 얍에서 놀데는 원주민과 처음 마주친다. 원주민들이 배를 증기선 옆에 갖다대고 증기선 위로 올라왔다. 탐사대는 적도 방향으로 계속 여행한다. 아우구스트 엥겔하르트가 자기만의 제국을 세운 섬도 지나간다. 독일에서 온 이 생활 개혁가는 그사이 꽤 노쇠했는데, 바닷가에 있는 그의 오두막은 책으로 가득하고, 그가 세운 코코넛교의 추종자들이 주위에 모여 있다. 엥겔하르트는 코코넛이 신의 열매라고(아주 높은 곳에 달려 있기 때문에) 생각하고, 오로지 이 코코넛의 젖과 고기, 바로 코코넛 과즙과 과육만 먹으면 건강할 수밖에 없다고 설교한다. 그는 코코넛 열매가 쪼개질 때 나는 신비로운 소리와 그 느낌을 사랑한다.

놀데도 이즈음 코코넛을 아주 많이 먹지만, 그것으로 충분하지 않아서 꼭 갓 잡은 닭도 먹어야 성이 찬다. 12월 13일에 탐사대는 보호령 노이포메른의 수도인 라바울에 다다른다. 그곳에서 각자 토착민 '보이'를 곁에 두게 된다. 이때부터 에밀과 아다 놀데의 시중을 들게 될 두 소년의 이름은 툴리와 마탐이다. 이곳 풍토에 익숙해지기 위해서 탐사대원 모두 라바울 위쪽에 있는, 나마눌라라고 불리는 작은 언덕에서 4주 동안 지내게 된다. 그들은 아직 문을 열지 않은 새로 지은 식민병원에서 지낸다. 몇 주 동안의 기다림 속에서 엄청난 창작열이 놀데를 엄습한다. 놀데는 수채화 도화지를 집어들어, 물통에 강물을 채운 다음, 아침 일찍부터 저녁 늦게까지 그림을 그린다. 먼저 마탐과 툴리를, 그다음에는 원주민 오두막을, 그리고 여자들을, 아이들을, 야자수를, 평화를 그린다. 그는 두 소년의 목판화도 만든다. 까만 얼굴들에서 귀와 눈이 매우 섬세하게 두드러져 보이고, 툴리의 특이하게 생긴 코와, 마탐의 툭 튀어나온 윗입술도 보이고, 그 뒤로는 남태평양 식물이 우거져 있다.

그러나 에밀 놀데는 이곳에 매료되기만 한 것이 아니라 각성되기도 한다. 그가 이곳 팔라우에서 발견한 것은, 한때 폴 고갱이 그리고, 유럽 시인들이 시에서 찬미하던, 인간의 손이 닿지 않은 남태평양이 아니었다. 이곳 식민지 원주민들은 비극적으로 유럽화되어 있었고, 놀데의 표현대로 "그들의 고집은 꺾이고 그들의 머리는 짧게 깎여 있었다". 원주민들은 독일어나 영어를 배워 고향 마을로 돌아가 관광객들을 위한 통역사로 일하기 위해 모두 라바울로 보내졌다. 놀데는 좀더 원초적인 것을 기대하며 보트를 타고 가젤 반도로 간다. 놀데는 자신이 몰락의 순간에 있는 문화를 보고 있다는 것을 통찰하고는 자신의 수채화가 그 증거물이 될 수 있음을 간파한다. 놀데는 부겐빌레아와 히비스커스의 빛나는 분홍빛 꽃들에서도, 토착민의 벌거벗은 육체에서도 천국을 발견한다. 그러나 놀데는 원주민들의 얼굴에서 무서운 무감각을 발견한다. 놀데가 남태평양에서 그린 그림들은 원시적인 생의 기쁨이 아닌 모더니즘의 심각성을 이야기한다. 그는 머나먼 고향으로 이런 편지를 쓴다. "나는 그림을 그리고, 소묘하면서, 몇몇 원초성을

1913년

붙잡고자 하네. 몇 가지 성공한 것도 있지만, 내가 그린 원시인 그림들과 수채화들이 너무 솔직하고 거칠어서, 향수를 뿌린 살롱에 거는 건 불가능하다고 생각하네."

이 12월에 노이포메른에서 수십 장의 수채화가 탄생한다. 유럽의 억압에 붕괴된 문화의 단말마적 고통을 그린 멜랑콜리한 스케치들이다. 어머니들과 아이들은 가라앉는 배 위에 있는 것처럼 서로 달라붙어 있다. 이것이 몇 년 동안 꿈꾸었고, 60일간의 힘든 여행 끝에 도달한 천국이었다.

12월 23일에 놀데는 라바울에서 우편선 편에 소묘와 수채화 215점을 할레에 있는 자신의 친구이자 후원자인 한스 페어에게 보낸다. 12월 24일 에밀 놀데는 일기장에, 하얀 크리스마스가, 벽난로에서 타닥거리며 나무가 타는 소리와 예쁘게 장식된 크리스마스트리가 무척 그립다고 적는다. "이런 더위 속에 크리스마스 분위기를 느낀다는 것은 거의 불가능했다. 우리의 생각들은 여러 바다와 여러 대륙을 건너 독일의 고향에 있는 방으로, 촛불이 밝게 빛나는 방으로 날아갔다. 나는 항해하는 동안 주머니칼로 조각한 작은 조각상들을 크리스마스 식탁 위에 올려놓았다."

◆

12월 25일 자 『샤우뷔네』 52호에 쿠르트 투홀스키가 테오발트 티거라는 필명으로 쓴 시 「대도시의 크리스마스」가 실린다. 이 시는 인간들이 더이상 감정은 없이 오로지 맡은 역할만 수행할 뿐인 시민극이 되어버린 크리스마스를 이야기한다.

대도시의 크리스마스

아기 예수가 오네! 우리 어린이들은 고요하고 거룩한 축음기에 귀를 기울이네.
아기 예수가 와서 넥타이, 인형, 사전을 바꿔줄 준비가 되어 있네,

그리고 성실한 시민은 가족 곁에 앉아 있네,
잉어로 배가 부른 채, 9시 30분에 조용히 의자에 앉아,
자기 자신에 스스로 만족하여 자신 있게 외치네.
"아아, 이 정도면 아주 멋진 크리스마스 파티였어!"

그리고 그는 즐거운 기분으로 '크리스마스 날씨'에 대해 얘기하네,
비가 올지 아니면 눈이 올지,
그는 유쾌하게 담배를 피우면서 아침신문을 읽네,
기분좋은 만담이 실려 있는 신문을.

아기 예수는 자기가 날아온 이곳에서
이렇게 고작 덧없는 행복을 조우하는 것일까?
오, 세상에, 그들은 크리스마스 평화를 연기하네……
"우리는 모두 연기하네. 그것을 아는 이는 영리하네."

마지막 시구는 아르투어 슈니츨러의 말을 인용한 것이다. "우리는 모두 연기한다. 그걸 아는 사람은 영리하다." 이것은 1913년의 비밀암호 같다.

슈니츨러는 젊은 아방가르드 예술가가 자기 말을 인용하고, 누구나 그게 누구의 말인지 알 정도로 사람들이 자기를 그렇게 잘 이해하는 것을 자랑으로 여겨도 될 것이다.

◆

그러나 슈니츨러는 자랑스럽지 않다. 그는 12월에 일기장에다, 이제 누군가 자기를 진정으로 이해해줄 거라는 희망을 완전히 버렸다고 적는다. "로제우 박사가 나에 관해 쓴 소책자를 보내준다. 좋은 의도에서 그런 거지만, 근본적으로는 일반적으로 퍼져 있는 같은 이유에서다. 나는 현대비평으로부터 이해받을 수 있으리라는 기대를 접으련다."

◆

1913년 12월 18일에 뤼베크에서, 나중에 빌리 브란트라고 불리게 되는 헤르베르트 에른스트 카를 프람이 태어난다.

◆

1913년에 가장 인기 있는 여자아이 이름은 게르트루트, 마르타, 에르나, 이름가르트, 샬로테, 아나, 일제, 마르가레테, 마리아, 헤르타, 프리다, 엘제이다.

그리고 남자아이 이름은 카를, 한스, 발터, 빌헬름, 쿠르트, 헤르베르트,

에른스트, 헬무트, 오토, 헤르만, 베르너, 파울, 에리히, 빌리다.

◆

　오스카 코코슈카는 알마와, 그녀의 어머니와, 그녀의 딸과 함께 브라이텐슈타인의 새집에서 크리스마스를 보낸다. 아직 전기가 들어오지 않아서, 어둠이 깔리자 모두 벽난로 앞에 모여 앉아 있다. 벽난로에서 활활 타오르는 불길과 많은 양초들 때문에 축제 분위기가 물씬 풍긴다. 코코슈카는 알마에게 자기가 그림을 그린 커다란 부채들을 선물한다. 한가운데에 있는 한 남자가 알마를 커다란 물고기에게 빼앗기는 그림이다. 코코슈카는 이렇게 확신한다. "중세시대 이래로 이와 똑같은 것은 없었어. 그 어떤 연인도 서로의 몸 안에서 이렇게 격정적으로 숨 쉰 적은 없기 때문이야." (나중에 알마가 발터 그로피우스의 몸 안에서 숨 쉬게 되었을 때, 코코슈카는 알마와 같은 크기의, 그녀를 똑 닮은 인형을 주문한다. 코코슈카는 인형 제작자에게 주름 하나하나까지, 엉덩이의 피하지방까지 세세하게 묘사하여 그대로 만들어줄 것을 요구한다. 코코슈카는 진짜 알마와 함께 산 시간보다 이 인형과 함께 산 시간이 더 많다. 그러나 어디까지나 괄호 안의 얘기다. 지금 1913년에는 앞으로 일이 어떻게 전개될지 모두 알고 싶지는 않으니까.)

◆

　마침 영국에서 굉장한 성공을 거두고 있는 『아들과 연인』(이 책에 따르면 남자는 아들 아니면 연인일 수밖에 없는데, 이 역시 일종의 친부살해다)에서, D.

H. 로런스는 지성과 본능 사이의 갈등을 중요한 주제로 삼았다. 가을에 로런스는, 연인 프리다가 자신의 사랑을 믿도록, 스위스 전역을 휘젓고 돌아다녔다. 지금 두 사람은 지중해 항구의 술집에서 따뜻한 크리스마스를 보내고 있다. 이 크리스마스에 로런스는 아주 독특한 형식의 신앙 고백을 쓴다. "내 마음 깊은 곳의 종교는, 피와 육신이 이성보다 더 영리하다는 믿음이다. 우리는 우리의 정신 속에서는 헤맬 수도 있다. 그러나 우리의 피가 느끼고 믿고 말하는 것은 항상 진실하다."

◆

카프카의 말들은 듣는 이 없이 자신의 귓전에만 맴돌고 있다. 펠리체 바우어는 이제 답장을 보내지 않는다. 카프카가 등기를 보내고, 속달우편을 보내보고, 친구 에른스트 바이스를 린트슈트룀 사의 사무실로 보내 말을 전하게 하지만, 그녀는 여전히 답이 없다. 그러다가 카프카는 펠리체로부터 곧 편지하겠다는 전보를 받지만 그 편지는 오지 않는다. 짧은 전화 통화에서 펠리체는 크리스마스에 베를린에 오지 말아달라고 부탁한다. 자기가 곧 편지하겠다면서. 그러나 그녀는 답장하지 않는다. 12월 29일 정오에도 편지가 오지 않자, 카프카는 자리에 앉아 다시 편지를, 두번째 청혼 편지를 쓰기 시작한다. 그는 편지를 쓰다가, 골똘히 생각하다가, 쓰다가, 골똘히 생각하다가, 쓰다가, 골똘히 생각한다. 섣달그믐이 되자 편지는 22쪽에 다다른다. 그리고 결국에는 35쪽짜리 편지가 된다. 카프카는 편지에 이렇게 쓴다. "내게 인간적으로 좋은 점, 내게 살아 있는 사람들 사이에 돌아다닐 만한 가치가 있는 모든 것을 다 바쳐 그대를 사랑합니다, 펠리체." 12시에 흐라트차니 성으로부터 다시 종이 울려퍼지자, 카프카는 잠시 자리에서 일어나 창밖을 내다본다. 11월에 이사를 해서 이제 창밖으로 강과 다리와 공원 대신 구시가지의 원형 광장이 보인다. 소리 없이, 그리고 쉼 없이 내리는 눈이 성에서 쏘는 대포 소리를 삼켜버리고, 원형 광장에서는 사람들이 새해의 시작을 축하하고 있다. 카프카는 다시 자리에 앉아 편지를 이어간다. "심지어, 그대가 나에 대해 여러 가지를 못마땅하게 생각하고, 나를 바꾸고 싶어하는 것도, 그마저도 저는 사랑합니다. 다만 그대가 그것을 알아주기를 바랄 뿐입니다."

◆

남편과의 생활에 지치고, 자기 예술의 방향을 잡지 못하고 있는 케테 콜비츠는, 섣달그믐 밤에 이렇게 한 해를 결산한다. "어쨌든 1913년은 별 탈 없이 지나갔다. 죽지도 않고, 무기력하지도 않고, 상당히 내면적인 삶이었다."

◆

상당히 내면적인 삶이라, 꽤 맞는 말이다. 로베르트 무질은 깜깜한 12월 밤에 앉아 메모를 하고 있다. 한참 뒤에 장편소설 『특성 없는 남자』로 발전하게 될 메모들이다. 지금 그는 이런 멋진 문장을 쓰고 있다. "울리히는 운명을 예언하면서도 그것을 알지 못했다." 나쁘지 않다. 무질은 적포도주를 한 모금 더 마시고 담배에 불을 붙인다(어쨌든 사람들은 그렇게 상상한다). 그런 다음 울리히의 시점에서 쓰면서 여주인공 디오티마한테로 다가간다. 모든 이가 갈망하는 미인이자, 특성으로 가득한 여인에게. 무질은 그동안 계속 이 문장을 말하고 싶어 안달이 나 있었다. 그는 드디어 이렇게 쓴다. "그리고 뭔가 열려 있었다. 바로 미래였다. 그러나 어쨌든 그녀의 입술도 조금 열려 있었다."

◆

1913년 크리스마스를 행복하게 보내고 있는 사람들도 있다. 카를 크라우스와 시도니 나드헤르니도 그들 가운데 하나다. 그들에게는 모든 것이 열려 있다. 프란츠 베르펠과의 싸움의 위협은 아직 이곳 목가적 생활까지 도달하지 않았다. 아직 두 사람은 서로를 만끽하고 있다. 비밀스럽지만 충만한 사랑으로. 크라우스는 이곳 야노비츠에서, 석유램프 불빛만 있는 보루틴 성의 매력에, 안뜰에 500년 된 멋진 포플러가 있는 꿈에 그리던 공원에 매료되었다. 바로 그 영원한 매력으로 릴케를 매료했던 공원이다. 12월인데도, 커다란 포플러 꼭대기에는 이파리가 무성하다. 바람이 언덕 위로 지나갈 때면 쏴쏴 소리를 낸다. 크라우스는 이곳의 마법에 흠뻑 빠져 있다. 바로 자기의 연인 시도니가 이곳에 있는 말과, 개와, 돼지의 안주인이다. 크라우스에게 이곳은 천국이다. 이곳에서는 모든 것이 본래 모습 그대로 존재한다. 선하고, 자연스럽고, 진실하다. 시도니와 야노비츠는, 다시 말해서 빈과 빈의 지식인 굴레로부터의 해방은 카를 크라우스를 딴사람으로 바꿔놓는다. 시도니의 오빠는 누이가 신분에 걸맞은 결혼을 하길 바라지만, 밤이 오고 시도니의 오빠가 잠들자마자 카를이 어둡고 차가운 성의 복도를 날쌔게 가로질러 그의 시도니에게, 그녀의 따뜻한 침대에 오르면 두 사람은 더이상 그런 구닥다리 같은 오만한 신분 의식 같은 것은 생각하지 않는다. 카를 크라우스는 12월 23일에 야노비츠에 도착했다. 12월 24일에는 함께 크리스마스를 보내기 위해 그의 친구 아돌프 로스가 도착한다. 로스는 한 쌍의 새로운 연인을 너무 오래 방해하지 않으려고, 보루틴 성 바로 옆에 있는 코노피슈테의 황태자를 방문하려 한다. 아돌프 로스는 입장 허가를 청하는 편지를 보내지만 프란츠 페르디난트는 방해받고 싶어하지 않는다. 오스트리아-헝가리 제국의 양극이 멋지게 조우할 수 있는 기회였는데 안타깝다. 장식에 맞선 얼음처럼 차가운 투쟁가 로스와, 피처럼 뜨거운 지휘관 프란츠 페르디난트.

이때 파리에서 시도니에게 편지 한 통이 온다. 릴케가 보낸 편지다. "카를 크라우스가 곁에 있습니까?" 하고 릴케는 묻는다. 시도니는 릴케에게 비밀이 없는 것이다. 그런 다음 릴케는 하필 베르펠을 그렇게 혐오하는 시도니에게, 자신이 프란츠 베르펠에 대해 쓴 에세이를 카를 크라우스에게 전해줄 것을 부탁한다. 제목은 「젊은 시인에 대하여」다. 베르펠이 자기 애인에 대해, 황소처럼 미쳐 날 뛸 만큼 자신을 화나게 만들 소문을 퍼뜨렸다는 것을 알게 될 크라우스에게 이보다 더 부적절한 부탁은 없을 것이다.

그러나 릴케의 편지는 야노비츠의 사랑의 목가를 더 방해하지는 않는다. 시도니는 급할 거 없다면서 편지를 제쳐두고는 카를과 자기가 아끼는 개 보비와 함께 다시 공원으로 나간다. 그들은 하늘에서 살며시 내려오는 눈송이를 맞으며 춤을 춘다.

이제까지 이틀 넘게 책상에서 멀리 떨어져본 적이 없는 크라우스는 휴가를 새해까지 늦추고 시적인 정취가 넘치는 자연시들을 짓는다. 아주 자신감 넘치는 미인 시도니는, 나중에 환상적인 모습의 자기 사진을 크라우스에게 선물한다. 사진 뒷면에는 파란 잉크로 이렇게 적혀 있다. "카를 크라우스에게/함께 보낸 날들을 추억하며 시디 나드헤르니/야노비츠 1913~1914." 크라우스는 이 사진을 당장 책상 위에 걸고는 다시는 떼지 않는다. 그리고 언젠가, 먼 훗날 인생의 어느 순간에 크라우스는 장크트모리츠에서 시도니에게 이런 카드를 쓴다. "부디 오늘 저녁에 1913년의 크리스마스를 기억해주십시오." 정말 멋진 크리스마스였나보다.

◆

12월 27일에 빈 당국은, 신경쇠약에 걸린 로베르트 무질의 병가를 3개월 연장해준다. 그는 사무엘 피셔와 논의하기 위해 당장 독일로 떠난다. 그리고 얼마 뒤, 사무엘 피셔가 발행하는 잡지 『노이에 룬트샤우』의 편집자가 된다. 빈에서 베를린으로 기차여행을 하는 동안 무질은 당혹스러운 마음으로 이렇게 적는다. "독일에서 눈에 띄는 점: 굉장한 어두움."

◆

1913년 섣달그믐. 슈펭글러는 일기장에 이렇게 적는다. "내가 소년이었을 때, 섣달그믐 밤에 크리스마스트리가 약탈되어 치워지고 모든 것이 예전처럼 아주 무미건조해졌을 때 느꼈던 기분이 떠오른다. 나는 혼자 침대에 누워 밤새 울었고, 다음 크리스마스 때까지 그 한 해가 너무 길고 우울하게 느껴졌다. 오늘, 지금 세기에 존재한다는 것이 나를 우울하게 한다. 문화, 아름다움, 색채의 모든 것이 약탈되고 있다."

◆

1913년 연말에 놀라운 책이 출간된다. 제목은 바로『1913년』이다. 이 책은 현재를 결산하려는 시도로, 바로 "문화가치 과다"이면서 동시에 "대중의 둔감성과 피상성이 심화되는" 현재를 보여준다. 이 책의 정점은 마지막 논문, 바로 현재의 종교현상을 다룬 에른스트 트뢸치의 글이다. "이것은 우리 모두 알고 있는 오래된 이야기로, 사람들이 한동안 진보라고 불렀고, 그다음에는 퇴폐라고 불렀고, 오늘날에는 새로운 이상주의의 포석으로 보는 것이다. 사회 개혁가, 철학자, 신학자, 사업가, 신경과 의사, 역사학자가 이것을 암시하고 있다. 그러나 아직은 오지 않았다." 사람들이 한때 진보라고 불렀던 오래된 이야기라고, 1913년 12월에 이런 현명한 말을 했지만, 이 해의 소란 속에 이 말을 이해한 사람이 있었을까?

◆

바빌론에서 에테메난키 사원이 재발견된다. 바로 전설적인 '바벨탑'이다.

◆

공시적 역사 서술 창안자 베르너 슈타인도 1913년에, 바로 12월 14일에 태어난다. 슈타인은 1946년에 전 인류사를 횡적으로 분류하려는 시도가 담긴 『문화시간표』를 쓰게 된다.

◆

섣달그믐에 여자들은 무슨 옷을 입을까? 『가르텐라우베』의 별책부록 『여성세계』 52호에 '연말연시 패션'에 대한 조언이 실린다. "이번 시즌에 두드러졌던 다채로운 색감이 작은 축제 행사를 위한 치장에서도 눈에 띈다. 헐렁한 재단 덕분에, 대부분의 옷 스타일이 날씬한 여성에게 매력적인 우아한 인상을 풍긴다. 의도적으로 세세한 선을 없앤 지금의 유행 스타일은 몸집이 있는 여성들도 사랑스럽게 보이도록 만든다." 한 장 넘기면 마리 뮐러의 시가 한 편 실려 있다. 제목은 전혀 위험할 것 같지 않은 「섣달그믐」인데, 내용을 보면 당황스러운 시구가 들어 있다.

그리하여 우리에게 늦은 듯도, 이른 듯도 느껴지네,
올해 우리가 이룬 것이!
싸움과 노력 끝에 찾아온 승리와 평화가.
그리고 세계대전의 멜로디가 더는 위협적으로 울리지 않는 것이!
머지않아 그 멜로디도 종소리처럼 조화롭게 잦아들 것이.

◆

파리에서 릴케는 12월의 나날을 우울하게 보내고 있다. "사람 하나 안 보이고, 날은 덜덜 떨리게 춥고, 길은 얼어붙고, 비가 오고, 빗방울이 뚝뚝 떨어진다. 이것이 이곳의 겨울이다. 이런 날씨가 3일씩 반복된다. 나는 파리에 완전히 질려버렸다. 저주받은 곳이다." 그런 다음 이어지는 "1914년, 1915년, 1916년, 1917년 등등에 대한 소망의 요점"은 바로 휴식, 시골에서 누이 같은 이들과 함께 지내는 것이다. 릴케는 이 누이 같은 이들 가운데 한 사람, 이즈음 생각이 딴 데 가 있는 시도니 나드헤르니에게 이런 편지를 쓴다. "저는 지금, 얼굴이 없는 것처럼 몸을 둘둘 만 고슴도치이고 싶습니다. 저녁에만 길섶 도랑에 모습을 드러내 조심스레 땅 위로 올라와서는 별을 향해 잿빛 주둥이를 쳐드는."

◆

1913년에 처음으로 화살자리가 완전한 모습으로 관측된다. 여우자리의 남쪽, 독수리자리의 북쪽에 화살자리의 눈에 띄게 밝게 빛나는 화살이 모습을 드러낸다. 화살은 백조자리 쪽으로 날아가고 있다. 사람들은 넋을 잃고 하늘을 바라본다. 신화에 따르면, 화살자리는 헤라클레스가 쏜 위험한 화살에서 딴 이름이라고 한다. 그러나 백조는 또 운이 좋았다. 화살이 아주 아슬아슬하게 비켜 간 것이다.

◆

1913년 12월 31일. 슈니츨러는 일기에 몇 자 적는다. "오전에 광기의 노벨레*를 우선 끝까지 받아쓰게 하다." 오후에는 리카르다 후흐의 『독일에서의 대전』을 읽는다. 그것 말고는 "하루종일 아주 불안했다". 그러고 나서 저녁 모임이 있었다. "룰렛 게임을 했다." 자정이 되자 그들은 1914년을 위해 건배한다.

---

* 『어둠 속으로의 도피』라는 작품을 말함.

참고문헌

Altenberg, Peter: *Extrakte des Lebens. Gesammelte Skizzen 1898~1919.* Wien und Frankfurt a.M. 1987.

Bauschinger, Sigrid: *Else Lasker-Schüler. Eine Biographie.* Göttingen 2004.

Berenth-Corinth, Charlotte: *Lovis Corinth, Die Gemälde. Werkverzeichnis.* München 1992.

Berger, Hilde: *Ob es Hass ist, solche Liebe? Oskar Kokoschka und Alma Mahler.* Wien 2008.

Bernauer, Hermann: *Zeitungslektüre im "Mann ohne Eigenschaften" (Musil Studien).* München 2007.

Bourgoing, Jean de (Hrsg.): *Briefe Kaiser Franz Josephs an Frau Katharina Schratt.* Wien 1964.

Brandstätter, Christian (Hrsg.): *Wien 1900. Kunst und Kultur. Fokus der europäischen Moderne.* Wien 2005.

Bülow, Ulrich von (Hrsg.): *"Sicherheit ist nirgends". Das Tagebuch des Arthur Schnitzler, Marbacher Magazin 93.* Marbach 2001.

Decker, Kerstin: *Lou Andreas-Salomé. Der bittersüße Funke Ich.* Berlin 2010.

Dorrmann, Michael: *Eduard Arnhold (1849~1925).* Berlin 2002.

Dyck, Joachim: *Benn in Berlin.* Berlin 2010.

Ellmann, Richard: *James Joyce. Biographie.* Frankfurt a.M. 1994.

Feininger, Lyonel: *Gelmeroda. Ein Maler und sein Motiv.* Wuppertal/Halle 1995.

Fest, Joachim: *Hitler. Eine Biographie.* Frankfurt a.M./München 1973.

Franz, Erich (Hrsg.): *Franz Marc: Kräfte der Natur. Werke 1912~1915. Katalog zur Ausstellung in München und Münster.* Ostfildern 1993.

Freedman, Ralph: *Rainer Maria Rilke. Der Meister 1906~1926.* Frankfurt a.M. 2002.

Freud, Martin: *Glory Reflected. Sigmund Freud—Man and Father.* London 1957.

Freud, Sigmund/Jung, C. G.: *Briefwechsel.* Hrsg. von William McGuire. Frankfurt a.M. 1974.

Fühmann, Franz: *Vor Feuerschlünden—Erfahrung mit Georg Trakls Gedicht.* Rostock 2000.

Gay, Peter: *Sigmund Freud.* Frankfurt a.M. 1988.

——: *Das Zeitalter des Doktor Arthur Schnitzler.* Frankfurt a.M. 2002.

Gebhardt, Miriam: *Rudolf Steiner. Ein moderner Prophet.* Stuttgart 2011.

Grochowiak, Thomas: *Ludwig Meidner.* Recklinghausen 1966.

Grosz, George: *Ein kleines Ja und ein großes Nein.* Frankfurt a.M. 2009.

Güse, Ernst-Gerhard (Hrsg.): *August Macke. Gemälde, Aquarelle, Zeichnungen.* München 1986.

Gumbrecht, Hans Ulrich: *1926. Ein Jahr am Rande der Zeit,* Frankfurt a.M. 2001.

Henkel, Katharina/März, Roland (Hrsg.): *Der Potsdamer Platz. Ernst Ludwig*

Kirchner und der Untergang Preußens. Berlin 2001.

Hilmes, Oliver: Witwe im Wahn. Das Leben der Alma Mahler-Werfel. München 2004.

Hof, Holger: Gottfried Benn: Der Mann ohne Gedächtnis. Eine Biographie. Stuttgart 2011.

Hoffmeister, Barbara: S. Fischer. Der Verleger. Eine Lebensbeschreibung. Frankfurt a.M. 2009.

Husslein-Arco, Agnes/Kallir, Jane (Hrsg.): Egon Schiele. Selbstporträts und Porträts. München 2011.

Jasper, Willi: Der Bruder: Heinrich Mann. München 1992.

─── : Zauberberg Riva. Berlin 2011.

Jauß, Hans Robert: Die Epochenschwelle von 1912. Heidelberg 1986.

Joachimsthaler, Anton: Hitlers Weg begann in München. 1913~1923. München 2000.

Jünger, Ernst: Kriegstagebuch 1914~1918. Hrsg. von Helmuth Kiesel. Stuttgart 2010.

─── : Afrikanische Spiele. Stuttgart 1936.

Kafka, Franz: Briefe an Felice und andere Korrespondenzen aus der Verlobungszeit. Hrsg. von Erich Heller und Jürgen Born. Frankfurt a.M. 1967.

─── : Tagebücher, Kritische Ausgabe. Hrsg. von Hans-Gerd Koch, Michael Müller und Malcolm Pasley. Frankfurt a.M. 1990.

Karlauf, Thomas: Stefan George. Die Entdeckung des Charismas. München 2007.

Kerr, Alfred: Mit Schleuder und Harfe. Theaterkritiken aus drei Jahrzehnten.

Hrsg. von Hugo Fetting. Berlin (Ost) 1981.

—: *"Ich sage, was zu sagen ist". Theaterkritiken 1893~1919.* Hrsg. von Günther Rühle. Band VII. 1, Frankfurt a.M. 1998.

Kessler, Harry Graf: *Das Tagebuch 1880~1938, Band 4: 1906~1914.* Hrsg. von Jörg Schuster, Roland S. Kamzelak und Ulrich Ott. Stuttgart 2005.

Klingsöhr-Leroy, Cathrin/Schneider, Katja (Hrsg.): *Franz Marc—Paul Klee. Dialog in Bildern.* Wädenswil 2010.

Kokoschka, Oskar: "Briefe 1905~1919", in: ders.: *Briefe in 4 Bänden: 1905~1976, Band 1,* Hrsg. von Olda Kokoschka und Heinz Spielmann. Düsseldorf 1984.

Kraus, Karl: *Briefe an Sidonie Nádherný von Borutin 1913~1936.* Hrsg. von Friedrich Pfäfflin. Frankfurt a.M. 1973.

Küchmeister, Kornelia/Nicolaisen, Dörte et al. (Hrsg.): *"Alles möchte ich immer": Franziska von Reventlow (1871~1918).* Lübeck 2010.

Kühn, Heinrich: *Die vollkommene Fotografie.* Ostfildern 2010.

Kussmaul, Ingrid/Pfäfflin, Friedrich: *S. Fischer Verlag. Von der Gründung bis zur Rückkehr aus dem Exil. Eine Ausstellung des deutschen Literaturarchivs im Schiller–Nationalmuseum, Marbacher Kataloge Nr. 40.* Marbach 1985.

Kutscher Arthur: *Wedekind. Leben und Werk,* München 1964.

Mächler, Robert: *Robert Walser. Biographie.* Frankfurt a.M. 1992.

Mann, Golo: *Erinnerungen und Gedanken. Eine Jugend in Deutschland.* Frankfurt a.M. 1986.

Mann, Thomas: *Briefe 1889~1913.* Hrsg. von Thomas Sprecher, Hans R. Vaget und Cornelia Bernini. Große Kommentierte Frankfurter Ausgabe: Briefe und Tagebücher, Tl. 1. Frankfurt a.M. 2002.

Matisse, Henri: *Radical Invention 1913~1917.* Chicago 2010.

Matuschek, Oliver: *Stefan Zweig. Drei Leben. Eine Biographie*. Frankfurt a.M. 2006.

Mehring, Reinhard: *Carl Schmitt. Aufstieg und Fall. Eine Biographie*. München 2009.

Mendelssohn, Peter de: *Der Zauberer. Das Leben des deutschen Schriftstellers Thomas Mann. Erster Teil 1875~1918*. Frankfurt a.M. 1975.

Moeller, Magdalena M. (Hrsg.): *Karl Schmidt-Rottluff. Ostseebilder. Katalog zur Ausstellung in Lübeck, Kunsthalle St. Annen und Museum Behnhaus Drägerhaus–Galerie des 19. Jahrhunderts. Brücke-Museum Berlin, 2011.2.11~2011.7.17*. München 2010.

———: *Emil Nolde in der Südsee*. München 2002.

———: *Emil Nolde. Expedition in die Südsee. Brücke-Archiv 20/2002*. München 2002.

———: *Ernst Ludwig Kirchner in Berlin. Katalog zur Ausstellung im Brücke-Museum, Berlin 2008/2009*. München 2009.

Montefiore, Simon Sebag: *Der junge Stalin*. Frankfurt a.M. 2007.

Morton, Frederic: *Wetterleuchten 1913/1914*. Wien 1990.

Musil, Robert: *Tagebücher*. Hrsg. von Adolf Frisé, 2 Bände. Reinbek bei Hamburg 1976.

Nebehay, Christian M.: *Egon Schiele. Leben und Werk*. Wien 1980.

Ott, Ulrich/Pfäfflin, Friedrich (Hrsg.): *Karl Kraus. Eine Ausstellung des Deutschen Literaturarchivs im Schiller Nationalmuseum Marbach 8. Mai~31. Oktober 1999. Marbacher Kataloge Nr. 52*. Marbach 1999.

Pinsent, David H.: *Reise mit Wittgenstein in den Norden. Tagebuchauszüge,*

Briefe. Wien/Bozen 1994.

Rabaté, Jean-Michel: *1913. The Cradle of Modernism.* Oxford, 2007.

Richardson, John: *Picasso. Leben und Werk,* Band 2. 1907~1917. München 1997.

Rilke, Rainer Maria: *Briefe aus den Jahren 1907~1914.* Leipzig 1939.

Rilke, Rainer Maria/Cassirer, Eva: *Briefwechsel.* Hrsg. und kommentiert v. Sigrid Bauschinger. Göttingen 2009.

Röhl, John C.G: *Wilhelm II. Der Weg in den Abgrund. 1900~1941.* München 2008.

Roters, Eberhard/Schulz, Bernhard (Hrsg.): *Stationen der Moderne. Die bedeutendsten Kunstausstellungen des 20. Jahrhunderts in Deutschland.* Berlin 1988.

Rubin, William (Hrsg.): *Picasso und Braque. Die Geburt des Kubismus—Mit einer vergleichenden biographischen Chronologie von Judith Cousins.* München 1990.

Sarason, *David: Das Jahr 1913. Ein Gesamtbild der Kulturentwicklung.* Leipzig/Berlin 1913.

Savoy, Benedicte: *Nofretete. Eine deutsch-französische Affäre. 1912~1931.* Köln 2011.

Schmitt, Carl: *Tagebücher. Oktober 1912 bis Februar 1915.* Hrsg. von Ernst Hüsmert. Berlin 2005.

Schwilk, Heimo (Hrsg.): *Ernst, Jünger: Leben und Werk in Bildern und Texten.* Stuttgart 1988/2010.

Schnitzler, Arthur: *Tagebuch 1913~1916.* Wien 1983.

——: *Briefe 1913~1931,* Hrsg. von Peter Michael Braunwarth, Richard Miklin und Susanne Pertlik. Frankfurt a.M. 1984.

Schuster, Peter-Klaus/Vitali, Christoph et al.: *Lovis Corinth*. München 1996

Scotti, Rita: *Der Raub der Mona Lisa. Die wahre Geschichte des größten Kunstdiebstahls*. Köln 2009.

Simplicissimus, Jahrgang 1913, Müchen.

Sinkovicz, Wilhelm: *Mehr als zwölf Töne. Arnold Schönberg*. Wien 1998.

Spengler, Oswald: *Ich beneide jeden, der lebt*. Düsseldorf 2007.

Stach, Rainer: *Kafka. Die Jahre der Entscheidungen*. Frankfurt a.M. 2002.

Tomkins, Calvin: *Marcel Duchamp. Eine Biographie*. München 1999.

Tucholsky, Kurt: *Briefe. Auswahl 1913 bis 1935*. Berlin (Ost) 1983.

Wagenbach, Klaus: *Franz Kafka. Bilder aus seinem Leben*. Berlin 2008.

Wagenknecht, Christian/Willms, Eva (Hrsg.): *Karl Kraus—Franz Werfel. Eine Dokumentation*. Göttingen 2001.

Weidinger, Alfred: *Kokoschka und Alma Mahler. Dokumente einer leidenschaftlichen Begegnung*. München 1996.

Weinzierl, Ulrich: *Hofmannsthal. Skizzen zu einem Bild*. Wien 2005.

Welt der Frau, Jahrgang 1913, München.

Wolff, Kurt: *Briefwechsel eines Verlegers 1911~1963*. Hrsg. von Bernhard Zeller und Ellen Otten. Frankfurt a.M. 1966.

www.wikipedia.de

Zweig, Stefan: *Die Welt von gestern*. Stockholm 1944.

감사의 말

고프리트 벤에 관해 많은 것을 알게 해준 홀거 호프에게 감사하고, 프로이센 왕실에 관해서는 레온하르트 호로프스키에게, 프란츠 카프카에 관해서는 라이너 슈타흐에게, 하인리히 만에 관해서는 빌리 야스퍼에게 감사한다. 그리고 이 책을 비판적으로 읽어준 첫 독자인 박학다식한 에어하르트 슈츠에게 특별한 감사를 전한다.

옮긴이의 말

이 책은 지금으로부터 100년 전 유럽으로 시간여행을 떠나게 해줄 타임머신이다. 강대국들이 식민지 건설로 세력을 키워가던 제국주의의 정점, 서서히 민족주의가 확산되고 여기저기서 약소국가들이 독립을 외치고, 제1차 세계대전의 서곡이라고 할 발칸전쟁이 한창이고, 강대국들은 군비를 확장해가던 시대. 철도, 무선전신, 전기 등의 기술 발전은 사람들이 정신을 차릴 수 없을 정도로 가속화되고, 산업화 흐름에 떠밀려 도시로 밀려든 사람들은 피로에 찌든 얼굴로 무엇에 쫓기듯 거리를 내달린다. 끊임없는 전쟁의 위협과 각박한 도시생활에 지쳐 사람들이 자기소외에 갈팡질팡하는 불안의 시대이자, 신경과민의 시대이고, 이미 곳곳에서 번아웃burnout 신드롬이 나타난다.

저자는 이 시간여행의 안내자로서 1913년의 정치, 문학, 미술, 음악, 건축, 사진, 연극, 영화, 패션, 과학 등 모든 문화 영역을 총망라하면서, 무엇보다 이 시대 예술가들이 이 사회적, 정신적 위기를 예술을 통해 극복하면서 모더니즘 문화를 꽃피우는 모습을 보여준다. 이 책에는 이오시프 스탈린, 아돌프 히틀러, 프란츠 카프카, 라이너 마리아 릴케, 마르셀 프루스트, 제임스 조이스, 로베르트 무질, 토마스 만, 아르투어 슈니츨러, 지그문트 프로이트, 카를 구스타프 융, 파블로 피카소, 에른스트 루트비히 키르히너, 프란츠 마르크, 마르셀 뒤샹, 카지미르 말레비치, 아르놀트 쇤베르크, 아돌프 로스, 알베르트 아인슈타인, 알베르트 슈바이처, 루트비히 비트겐슈타인, 코코 샤넬 등 각 분야에서 발자취를 남긴 주요 인물들이 300명 넘게 등장한다. 미술사가이자 문화사가인 저자 플로리안 일리스는 3년에 걸쳐 이 인물들의 전기, 자서전, 편지, 일기, 사진, 그림, 문학작품, 미술작품, 당시 신문과 잡지 등 방대한 자료를 수집하고 재구성하여 1913년이라는 역동적인 한 해를 찬란하게 재현해냈다.

대표적인 모더니즘 소설로 꼽히는 마르셀 프루스트의 『잃어버린 시간을 찾아서』가 탄생하고, 현대미술의 빅뱅인 '아머리 쇼'와, 현대사회를 살아가는 개인의 심리적 내면을 드러내는 데 힘썼던 독일 표현주의 미술의 결정체를 보여준 '제1회 독일 가을 살롱전'이 열리고, 피카소와 브라크가 혁신에 혁신을 거듭하며 입체주의 미술을 발전시키고, 회화의 두 영점零點이라고 할 수 있는 마르셀 뒤샹의 기성품 예술 〈자전거 바퀴〉와 카지미르 말레비치의 〈검은 사각형〉이 탄생하고, 무조無調 음악의 창시자 쇤베르크가 전위적인 음악회로 청중을 분노하게 만들어 따귀를 얻어맞고, 아주 혁신적인 안무와 음악으로 스트라빈스키의 〈봄의 제전〉이 초연되고, 건축가 아돌프 로스가 "장식은 범죄"라고 외치며 기능주의에 입각한 현대적인 건축물을 선보이고, 프라다가 첫 가게 문을 여는 등 1913년은 헤아릴 수 없을 만큼 다채롭고 혁신적인 문화의 결실을 맺은 해였다.

이 책의 저자는 당대의 찬란한 문화적 성과물만 보여주는 것이 아니라, 그 주역들의 인간적인 면모를 내밀한 부분까지 드러내 보인다. 평론가의 혹평에 상처받고 좌절하는 토마스 만을 볼 수도 있고, 결혼생활과 사회생활에서 예술가로서의 정체성을 지켜나가는 것이 불가능함을 느끼며 괴로

위하는 헤세를 만나게 되고, 1년 내내 결혼할 것이냐 말 것이냐를 두고 고민하는 카프카의 우유부단함을 엿볼 수도 있고, 아꼈던 제자 융의 도전에 상처받고 우울해하면서 마치 그 복수라도 하듯 친부살해 이론을 세우는 프로이트의 모습도 보게 되고, 오스카 코코슈카가 광기와 같은 사랑의 열병에 고통스러워하면서 걸작 〈바람의 신부〉를 완성해가는 모습도 지켜볼 수 있다.

이렇듯 저자는 생동감 넘치는 소설 같은 획기적인 문화사를 선보인다. 어찌 보면 옴니버스영화를 보는 것 같은 기분이 들기도 한다. 인물의 내면이 드러나는 클로즈업 장면들이 많이 나오는 영화를. 게다가 책의 형식적인 면을 좀더 자세히 살펴보면 저자가 모더니즘 예술의 기법들을 이 책에 적용하고 있는 게 아닐까 하는 느낌이 들기도 한다. 이 책은 1913년 한 해를 1월부터 12월까지 월별로 기술하고 있지만, 각 꼭지들은 오롯이 시간 순서대로 배열되어 있지 않다. 또하나의 대표적인 모더니즘 소설인 제임스 조이스의 『율리시스』에 나오는 의식의 흐름 기법을 따르듯 단어, 구, 문장, 등을 매개로 꼭지들이 서로 이어지고는 한다. 어린 루이 암스트롱이 새해 인사를 위해 쏘아올린 총소리는 멀리 프라하에서 새해를 반기는 축포 소리로 이어지면서 프란츠 카프카의 이야기로 넘어가고, 비극적인 남극 탐험으로 끝이 난 테라노바 탐험선의 『세계 최악의 여정』은 프란츠 카프카의 "세계 최악의 청혼"으로 이어지는 식이다. 그러면서도 이 책은 서로 무관한 에피소드들의 몽타주이자, 일기, 편지, 사진, 그림, 소설, 시, 신문, 잡지 등이 마치 질감이 다른 물질들처럼 붙어 있으면서 다양한 시점들을 보여주는 입체주의적인 콜라주다.

이 책을 번역하면서 방대한 정보량에 많은 공부가 되기도 했지만 당대 예술가들의 소소하면서 은밀한 사생활과 내면을 엿보는 재미도 쏠쏠했다. 그리고 100년 전 과거이지만 지금의 현실과 너무 닮은 모습에 놀라기도 했다. 그 당시 사람들도 이미 산업화, 기계화, 도시화, 세계화를 겪으며 자기 소외와 정신적인 불안으로 충분히 고통받고 있었다. 그래서 오스발트 슈펭글러 같은 문화비관주의자는 『서구의 몰락』을 예감하는가 하면, 경제학자이자 저널리스트인 노먼 에인절 같은 이는 이미 세계화된 경제 시스템 때문에 세계대전 같은 것은 절대 일어날 수 없다며 낙관적인 장담을 했고, 많은 지식인들이 그의 말을 믿었다. 그리고 바로 그다음 해에 제1차 세계대전이 일어났다. 지금은 모든 것이 강도가 심해졌고, 세계는 그 어느 때보다 긴밀하게 연결되어 있으며 상호 의존적이다. 그렇지만 그때도 그랬듯이 또다시 세계대전이 일어나지 않으리라는 법이 없다. 인간이 언제 또 자기가 쌓아올린 공든 탑을 스스로 무너뜨릴지 알 수 없는 일이다. 저자는 1913년으로 떠나는 시간여행에 우리를 초대하여 까마득히 멀어 보이는 이 과거가 우리가 살고 있는 현재와 아주 가깝다는 것을 보여주고자 했다. 이 100년 전 과거가 지금 우리에게 어떤 의미가 있을지에 대한 고민은 독자의 몫일 것이다.

2013년 여름
한경희

인물 목록

ㄱ

가드너, 마셜(Marshall B. Gardner, ?~?) 『지구 내부로의 여행A Journey to the Earth's Interior』(1913)의 저자로 지구의 속이 비어 있다는 지구공동설을 주장했다.

게른하르트, 로베르트(Robert Gernhardt, 1937~2006) 독일의 작가, 화가.

게오르게, 슈테판(Stefan George, 1868~1933) 독일의 서정시인.

고갱, 폴(Paul Gauguin, 1848~1903) 프랑스의 후기인상주의 화가.

고리키, 막심(Maksim Gor'kii, 1868~1936) 러시아의 소설가, 극작가. 러시아 사회주의리얼리즘 문학의 창시자.

고트하인, 페르시(Percy Gothein, 1896~1944) 독일의 저술가, 르네상스 연구가. 게오르게 일파의 일원.

구엘, 에바(Eva Gouel, 1885~1915) 피카소의 두번째 연인.

그로스, 게오르게(George Grosz, 1893~1959) 전후 독일 미술을 대표하는 화가, 풍자화가. 표현주의, 다다이즘, 신즉물주의 운동에 가담했다.

그로스, 오토(Otto Gross, 1877~1920) 오스트리아의 정신분석학자.

그로피우스, 발터(Walter Gropius, 1883~1969) 독일의 건축가, 디자이너. 바우하우스(Bauhaus) 교장을 지냈다.

그리스, 후안(Juan Gris, 1887~1927) 스페인의 화가. 종합적 입체주의의 발전에 선구적인 역할을 했다.

글라저, 쿠르트(Curt Glaser, 1879~1943) 독일의 의사, 예술사가, 예술비평가.

ㄴ

나드헤르니, 시도니(Sidonie Nádherny von Borutín, 1885~1950) 보헤미아의 남작부인, 살롱 부인. 릴케의 후원자.

네페르티티(Nefertiti, ?~?) 고대 이집트 제18왕조 아크나톤 왕의 왕비.

노스티츠, 헬레네 폰(Helene von Nostitz, 1878~1944) 독일의 작가, 살롱 부인.

노이칠, 발리(Wally Neuzil, 1894~1917) 화가 에곤 실레의 모델이자 연인.

놀데, 에밀(Emil Nolde, 1867~1956) 독일의 화가. 다리파(Die Brücke) 회원.

니진스키, 바츨라프(Vaslav Fomich Nizhinskii, 1890~1950) 러시아 출신의 발레 무용수, 안무가.

니체, 프리드리히(Friedrich Wilhelm Nietzsche, 1844~1900) 독일의 철학자.

니콜라이 2세(Aleksandrovich Nikolai II, 1868~1918) 러시아의 마지막 황제.

닐센, 아스타(Asta Nielsen, 1881~1972) 덴마크의 영화배우.

ㄷ

단눈치오, 가브리엘레(Gabriele D'Annunzio, 1863~1938) 이탈리아의 시인, 소설가, 극작가.

댜길레프, 세르게이(Sergei Pavlovich Dyagilew, 1872~1929) 러시아 출신의 발레 제작자, 무대미술가. 발레단 발레 뤼스(Ballets Russes)를 창단하여 혁신적인 발레 공연들을 연출했다.

데멜, 리하르트(Richard Dehmel, 1863~1920) 독일의 시인. 표현주의의 선구자.

데이비드슨, 조(Jo Davidson, 1883~1952) 미국의 조각가.

데이비스, 아서(Arthur Bowen Davies, 1863~1928) 미국의 화가, 판화가.

되블린, 알프레트(Alfred Döblin, 1878~1957) 독일의 소설가, 의사. 대표작은 『베를린 알렉산더 광장Berlin Alexanderplatz』.

두리외, 틸라(Tilla Durieux, 1880~1971) 오스트리아 여배우.

뒤렌마트, 프리드리히(Friedrich Dürrenmatt, 1921~1990) 스위스의 극작가. 대표작은 『노부인의 방문Der Besuch der alten Dame』.

뒤샹, 마르셀(Marcel Duchamp, 1887~1968) 프랑스의 미술가. 기성품 예술의 선구자.

드뷔시, 클로드(Claude Achille Debussy, 1862~1918) 프랑스의 작곡가. 인상주의 음악의 창시자.

드퀴지, 막스(Max Decugis, 1882~1978) 프랑스의 테니스 선수.

들로네, 로베르(Robert Delaunay, 1885~1941) 프랑스의 화가. 색채를 특히 강조하는 오르르피즘(Orphism)이라는 새로운 입체주의 화풍의 창시자.

딕스, 오토(Otto Dix, 1891~1969) 독일의 화가.

ㄹ

라거뢰프, 셀마(Selma Lagerlöf, 1858~1940) 스웨덴의 소설가.

라스커슐러, 엘제(Else Lasker-Schüler, 1869~1945) 독일의 시인, 극작가.

라인하르트, 막스(Max Reinhardt, 1873~1943) 오스트리아의 연출가.

라테나우, 발터(Walther Rathenau, 1867~1922) 독일의 실업가, 정치가, 철학자.

랭커스터, 버트(Burt Lancaster, 1913~1994) 미국의 영화배우.

레닌, 블라디미르 일리치(Vladimir Il'ich Lenin, 1870~1924) 러시아의 혁명가, 정치가.

레들, 알프레트(Alfred Redl, 1864~1913) 오스트리아-헝가리 제국의 군인, 첩보원.

레벤틀로프, 프란치스카(Franziska zu Reventlow, 1871~1918) 독일의 작가, 번역가, 화가.

레제, 페르낭(Fernand Léger, 1881~1955) 프랑스의 입체주의 화가.

렘브루크, 빌헬름(Wilhelm Lehmbruck, 1881~1919) 독일의 조각가.

렘프케, 로베르트(Robert Lembke, 1913~1989) 독일의 저널리스트.

로댕, 오귀스트(François Auguste René Rodin, 1840~1917) 프랑스의 조각가.

로런스, 데이비드 허버트(David Herbert Lawrence, 1885~1930) 영국의 소설가, 시인.

로스, 아돌프(Adolf Loos, 1870~1933) 오스트리아의 건축가. 합리주의와 기능주의에 입각한 건축물을 설계했다.

로이터, 에른스트(Ernst Reuter, 1889~1953) 독일의 정치가, 공산주의자.

롤랑, 로맹(Ramain Rolland, 1866~1944) 프랑스의 소설가, 극작가, 평론가, 음악 연구가.

뢰크, 마리카(Marika Rökk, 1913~2004) 독일-오스트리아의 영화배우, 가수.

루스벨트, 프랭클린(Franklin D. Roosevelt, 1882~1945) 미국의 정치인, 미국 제32대 대통령.

루이제, 빅토리아(Viktoria Luise, 1892~1980) 프로이센의 공주. 황제 빌헬름 2세의 딸.

루츠, 알로이스(Alois Lutz, 1898~1918) 오스트리아의 피겨스케이팅 선수.

르동, 오딜롱(Odilon Redon, 1840~1916) 프랑스의 상징주의 화가.

리버만, 막스(Max Liebermann, 1847~1935) 독일의 인상주의 화가.

리히트바르크, 알프레트(Alfred Lichtwark, 1852~1914) 독일의 예술사가. 예술 교육 운동의 선구자.

릴리엔크론, 데틀레프 폰(Detlev von Liliencron(Friedrich Adolf Axel von Liliencron), 1844~1909) 독일의 서정시인, 산문가.

릴케, 라이너 마리아(Rainer Maria Rilke, 1875~1926) 독일의 시인, 소설가.

릴케, 클라라(Clara Westhoff-Rilke, 1878~1954) 독일의 조각가. 릴케의 아내.

ㅁ

마르크, 마리아(Maria Marc, 1876~1955) 독일의 화가. 프란츠 마르크의 아내.

마르크, 프란츠(Franz Marc, 1880~1916) 독일의 표현주의 화가.

마리네티, 토마소(Filippo Tommaso Marinetti, 1876~1944) 이탈리아의 시인, 소설가, 극작가. 미래주의 운동의 창시자.

마야콥스키, 블라디미르 블라디미로비치(Vladimir Vladimirovich Majakowski, 1893~1930) 러시아의 미래주의 시인, 극작가.

마욜, 아리스티드(Aristide Maillol, 1861~1944) 프랑스의 화가, 판화가.

마우트너, 프리츠(Fritz Mauthner, 1849~1923) 독일의 철학자, 저술가.

마이어그레페, 율리우스(Julius Meier-Graefe, 1867~1935) 독일의 미술사가, 미술평론가, 인상주의 연구가.

마이트너, 루트비히(Ludwig Meidner, 1884~1966) 독일의 표현주의 화가.

마케, 아우구스트(August Macke, 1887~1914) 독일의 화가. 표현주의 화가 집단 청기사파(Der Blaue Reiter)를 이끈 인물.

마티스, 앙리(Henri Matisse, 1869~1954) 프랑스의 야수주의 화가.

마흐, 에른스트(Ernst Mach, 1838~1916) 오스트리아의 물리학자, 철학자.

만, 골로(Golo Mann, 1909~1994) 독일의 역사학자. 토마스 만의 셋째 아들.

만, 토마스(Thomas Mann, 1875~1955) 독일의 소설가.

만, 하인리히(Heinrich Mann, 1871~1950) 독일의 소설가.

말러, 알마(Alma Mahler, 1879~1964) 오스트리아의 작곡가, 살롱 부인.

말레비치, 카지미르(Kazimir Severinovich Malevich, 1878~1935) 러시아의 추상주의 화가.

메르카데르, 라몬(Ramon Mercader, 1913~1978) 스페인의 공산주의자.

멘스도르프-포일리-디트리히슈타인, 알베르트 폰(Albert von Mensdorff-Pouilly-Dietrichstein, 1861~1945) 오스트리아-헝가리 제국의 외교관.

멘첼, 아돌프(Adolf Friedrich Erdmann von Menzel, 1815~1905) 독일의 인상주의 화가.

모건, 존 피어폰트(John Pierpont Morgan Jr., 1867~1943) 미국의 은행가, 금융 자본가.

모네, 클로드(Claude Monet, 1840~1926) 프랑스의 인상주의 화가.

모르겐슈테른, 크리스티안(Christian Morgenstern, 1871~1914) 독일의 작가, 번역가.

모이시, 알렉산더(Aleksandër Moisiu, 1879~1935) 알바니아 출신의 오스트리아 배우.

몬드리안, 피터르(Pieter Cornelis Mondriaan, 1872~1944) 네덜란드의 추상주의 화가.

몽퇴, 피에르(Pierre Monteux, 1875~1964) 프랑스의 지휘자.

무질, 로베르트(Robert Musil, 1880~1942) 오스트리아의 소설가. 그의 대표작『특성 없는 남자*Der Mann ohne Eigenschaften*』는 프루스트의『잃어버린 시간을 찾아서*À la recherche du temps perdu*』, 조이스의『율리시스*Ulysses*』와 더불어 20세기의 3대 모더니즘 소설로 일컬어진다.

무테지우스, 헤르만(Hermann Muthesius, 1861~1927) 독일의 건축가.

뭉크, 에드바르(Edvard Munch, 1863~1944) 노르웨이의 표현주의 화가, 판화가. 인간의 심리를 잘 드러내는 그의 화풍은 독일 표현주의 미술에 중요한 영향을 미쳤다.

뮌터, 가브리엘레(Gabriele Münter, 1877~1962) 독일의 화가. 칸딘스키의 연인.

뮐러, 오토(Otto Mueller, 1874~1930) 독일의 표현주의 화가. 다리파 회원.

미스 반데어로에, 루트비히(Ludwig Mies van der Rohe, 1886~1969) 독일계 미국의 건축가. 마천루 건축의 선구자.

ㅂ

바그너, 오토(Otto Wagner, 1841~1918) 오스트리아의 건축가. 실용적인 건축 양식을 추구했다.

바르, 헤르만(Hermann Bahr, 1863~1934) 오스트리아의 소설가, 극작가, 평론가.

바를라흐, 에른스트(Ernst Barlach, 1870~1938) 독일의 조각가, 저술가.

바서만, 야콥(Jakob Wassermann, 1873~1934) 독일의 소설가.

바우어, 펠리체(Felice Bauer, 1887~1960) 프란츠 카프카의 약혼녀.

바이츠, 베르톨트(Berthold Beitz, 1913~) 독일의 실업가.

바이츠만, 하임(Chaim Weizmann, 1874~1952) 시온주의 지도자. 이스라엘 건국의 아버지, 이스라엘 초대 대통령.

발덴, 헤르바르트(Herwarth Walden, 1878~1941) 독일의 출판업자, 화랑주, 작가. 잡지 『슈투름 Der Sturm』의 발행인. 20세기 독일 아방가르드 예술의 중요한 후원자였으며 엘제 라스커슐러의 남편이었다.

발렌틴, 카를(Karl Valentin, 1882~1948) 독일의 코미디언, 영화 제작자.

발린, 알베르트(Albert Ballin, 1857~1918) 독일 함부르크의 해운업자.

발저, 로베르트(Robert Walser, 1878~1956) 스위스의 시인, 소설가.

베데킨트, 프랑크(Frank Wedekind, 1864~1918) 독일의 소설가, 극작가, 배우. 독일 표현주의 문학의 선구자.

베렌스, 페터(Peter Behrens, 1868~1940) 독일의 건축가, 화가, 디자이너. 현대 산업디자인의 주창자.

베르그송, 앙리(Henri Bergson, 1859~1941) 프랑스의 생철학자.

베르크, 알반(Alban Berg, 1885~1935) 오스트리아의 작곡가. 쇤베르크와 함께 신빈 악파(Neue Wiener Schule)로 활동했다.

베르트람, 에른스트(Ernst Bertram, 1884~1957) 독일의 시인, 문학사가. 게오르게 일파의 일원.

베르펠, 프란츠(Franz Werfel, 1890~1945) 독일의 유대계 표현주의 시인, 소설가.

베버, 막스(Max Weber, 1864~1920) 독일의 사회학자. 대표 저서는 『프로테스탄티즘의 윤리와 자본주의 정신Die protestantische Ethik und der Geist des Kapitalismus』.

베베른, 안톤 폰(Anton von Webern, 1883~1945) 오스트리아의 작곡가.

베어호프만, 리하르트(Richard Beer-Hofmann, 1866~1945) 오스트리아의 시인, 소설가, 극작가.

베크만, 막스(Max Beckmann, 1884~1950) 독일 태생 미국의 표현주의 화가, 그래픽 예술가. 베를린 분리파(Sezession) 위원.

벤, 고트프리트(Gottfried Benn, 1886~1956) 독일의 표현주의 시인, 의사.

벤야민, 발터(Walter Benjamin, 1892~1940) 독일의 철학자, 문예비평가. 대표 논문은 「기술복제시대의 예술작품Das Kunstwerk im Zeitalter seiner technischen Reproduzierbarkeit」.

벨데, 앙리 반 데(Henry van de Velde, 1863~1957) 벨기에의 건축가, 디자이너.

보르자, 루크레치아(Lucrezia Borgia, 1480~1519) 이탈리아 르네상스 시대의 유명한 보르자 가문의 여인. 교황 알렉산데르 6세가 된 로드리고 보르자 추기경과 그의 정부 사이에 태어난 딸. 여러 그림, 소설, 영화 등에서 팜므 파탈로 그려졌다.

보르하르트, 루돌프(Rudolf Borchardt, 1877~1945) 독일의 신낭만주의 시인. 게오르게 일파의 일원.

보르하르트, 루트비히(Ludwig Borchardt, 1863~1938) 독일의 이집트학자.

보초니, 움베르토(Umberto Boccioni, 1882~1916) 이탈리아의 미래주의 화가, 이론가.

볼프, 쿠르트(Kurt Wolff, 1887~1963) 독일의 출판업자. 당대 표현주의 문학을 세상에 알리는 데 기여했다.

볼프스켈, 카를(Karl Wolfskehl, 1869~1948) 유대계 독일 작가.
뵈클린, 아르놀트(Böcklin, Arnold: 1827~1901) 스위스의 상징주의 화가.
뵐셰, 빌헬름(Wilhelm Bölsche, 1861~1939) 독일의 작가.
부를리우크, 다비트(David Davidovich Burliuk, 1882~1967) 러시아의 미래주의 화가, 시인.
부버, 마르틴(Martin Buber, 1878~1965) 오스트리아의 종교철학자.
부쉬베크, 에어하르트(Erhard Buschbeck, 1889~1960) 오스트리아의 작가, 연극평론가.
부하린, 니콜라이(Nikolai Ivanovich Bukharin, 1888~1938) 러시아의 공산주의자, 마르크스 경제이론가. 제3인터내셔널의 중심인물.
분트, 빌헬름(Wilhelm Wundt, 1832~1920) 독일의 생리학자, 심리학자, 철학자.
뷔히너, 게오르크(Georg Büchner, 1813~1837) 독일의 자연주의 극작가, 혁명가. 주요 작품은『당통의 죽음Dantons Tod』『보이체크Woyzeck』.
브라운, 에바(Eva Braun, 1912~1945) 히틀러의 오랜 연인으로 그와 함께 자살했다.
브라크, 조르주(Georges Braque, 1882~1963) 프랑스의 입체주의 화가.
브란트, 빌리(Willy Brandt, 1913~1992) 독일의 정치가. 1969~74년 서독 총리를 지내면서 적극적인 동방정책으로 독일의 통일에 기여한 공로로 1971년 노벨평화상을 수상했다.
브랑쿠시, 콩스탕탱(Constantin Brancu i, 1876~1957) 루마니아 태생 프랑스의 조각가. 현대 추상조각의 선구자.
브레히트, 베르톨트(Bertolt Brecht, 1898~1956) 독일의 시인, 극작가, 연출가.
브로넨, 아르놀트(Arnolt Bronnen, 1895~1959) 오스트리아의 극작가, 연출가.
브로트, 막스(Max Brod, 1884~1968) 체코 태생 이스라엘의 소설가, 수필가.
블라이, 프란츠(Franz Blei, 1871~1942) 오스트리아의 작가, 번역가, 평론가.
블라이흐, 한스 에리히(Hans Erich Blaich, 1873~1945) 독일의 의사, 작가. 필명은

아울글래스.

비, 오스카(Oscar Bie, 1864~1938) 독일의 음악사가, 예술사가, 저널리스트. 1894년부터 1922년까지 문학 잡지 『노이에 룬트샤우-Die Neue Rundschau』를 이끌었다.

비네켄, 구스타프(Gustav Wyneken, 1875~1964) 독일의 교육 개혁가. 비커스도르프 자유학교 공동 설립자이자 발터 벤야민의 스승.

비트겐슈타인, 루트비히(Ludwig Josef Johan Wittgenstein, 1889~1951) 오스트리아 태생 영국의 철학자. 독창적인 논리학 이론과 언어철학을 발전시켰다.

빌헬름 2세(Wilhelm II, 1859~1941) 프로이센 왕이자 독일 황제. 제1차 세계대전의 주역.

빙엄, 하이럼(Hiram Bingham, 1875~1956) 미국의 고고학자, 정치가.

ㅅ

새크빌웨스트, 비타(Vita Sackville-West, 1892~1962) 영국의 시인, 소설가. 버지니아 울프의 『올랜도Orlando』의 모델.

샤갈, 마르크(Marc Chagall, 1887~1985) 러시아 태생 프랑스의 화가, 판화가.

세베리니, 지노(Gino Severini, 1883~1966) 이탈리아의 미래주의 화가.

세잔, 폴(Paul Cézanne, 1839~1906) 프랑스의 후기인상주의 화가.

셰플러, 카를(Karl Scheffler, 1869~1951) 독일의 예술비평가이자 저널리스트.

쇤베르크, 아르놀트(Arnold Schönberg, 1874~1951) 오스트리아 태생 미국의 작곡가.

쇼, 조지 버나드(George Bernard Shaw, 1856~1950) 아일랜드 태생 영국의 극작가, 소설가, 평론가.

쉬켈레, 르네(René Schickele, 1883~1940) 독일의 작가, 번역가.

슈니츨러, 아르투어(Arthur Schnitzler, 1862~1931) 오스트리아의 소설가, 극작가, 의사.

슈뢰더, 루돌프 알렉산더(Rudolf Alexander Schröder, 1878~1962) 독일의 시인, 번역가.

슈미트, 카를(Carl Schmitt, 1888~1985) 독일의 법학자, 정치학자. 법과 정치 질서가 지도자의 '결단'에 의해 정당화될 수 있다는 주장으로 나치에 중요한 이론적 토대를 제공했다.

슈미트로틀루프, 카를(Karl Schmidt-Rottluff, 1884~1976) 독일의 표현주의 화가, 판화가. 다리파 회원.

슈바이처, 알베르트(Albert Schweitzer, 1875~1965) 독일의 의사, 신학자, 철학자.

슈타이너, 루돌프(Rudolf Steiner, 1861~1925) 독일의 사상가, 교육자, 인지학의 창시자. 발도르프(Waldorf) 교육의 주창자.

슈타인, 베르너(Werner Stein, 1913~1993) 독일의 정치인, 물리학자.

슈테른하임, 카를(Carl Sternheim, 1878~1942) 독일의 극작가.

슈트라우스, 리하르트(Richard Georg Strauss, 1864~1949) 독일의 작곡가.

슈트라우스, 오스카(Oscar Straus, 1870~1954) 오스트리아의 오페레타 작곡가.

슈티프터, 아달베르트(Adalbert Stifter, 1805~1868) 오스트리아의 소설가.

슈페히트, 리하르트(Richard Specht, 1870~1932) 오스트리아의 서정시인, 극작가, 음악평론가.

슈펭글러, 오스발트(Oswald Spengler, 1880~1936) 독일의 철학자.

스베보, 이탈로(Italo Svevo, 1861~1928) 이탈리아의 소설가. 이탈리아 심리소설의 선구자.

스콧, 로버트 팰컨(Robert Falcon Scott, 1868~1912) 영국의 해군 장교, 탐험가.

스타인, 거트루드(Gertrude Stein, 1874~1946) 미국의 전위 작가, 미술수집가.

스타인, 레오(Leo Stein, 1872~1947) 미국의 미술수집가, 미술비평가. 거트루드 스타인의 오빠.

스탈린, 이오시프(Iosif Vissarionovich Stalin, 1879~1953) 소련의 정치가.

스트라빈스키, 이고리 페도로비치(Igor Fedorovich Stravinsky, 1882~1971) 러시아 태생 미국의 작곡가.

스트린드베리, 요한 아우구스트(Johan August Strindberg, 1849~1912) 스웨덴의 극작가, 소설가.

스티글리츠, 앨프리드(Alfred Stieglitz, 1864~1946) 미국의 사진가. 미국 근대 사진의 개척자.

시몬, 제임스(James Simon, 1851~1932) 독일의 기업가, 예술 후원자.

시플러, 구스타프(Gustav Schiefler, 1857~1935) 함부르크의 판사, 예술 후원가, 예술비평가.

실레, 에곤(Egon Schiele, 1890~1918) 오스트리아의 표현주의 화가.

싱켈, 카를 프리드리히(Karl Friedrich Schinkel, 1781~1841) 독일의 건축가, 화가.

싱클레어, 업턴 벨(Upton Beall Sinclair, 1878~1968) 미국의 소설가, 사회비평가.

ㅇ

아도르노, 테오도어(Theodor W. Adorno, 1903~1969) 독일의 철학자. 대표 저서는 『계몽의 변증법Dialektik der Aufklärung』『미학이론Ästhetische Theorie』.

아르키펭코, 알렉산더(Alexander Archipenko, 1887~1964) 러시아 태생 미국의 조각가.

아른홀트, 에두아르트(Eduard Arnhold, 1849~1925) 독일의 기업가, 예술 후원가, 미술수집가.

아문센, 로알(Roald Amundsen, 1872~1928) 노르웨이의 탐험가.

아미에트, 쿠노(Cuno Amiet, 1868~1961) 스위스의 화가, 조각가. 다리파 회원.

아셔, 프리츠(Fritz Ascher, 1893~1970) 독일의 표현주의 화가.

아우구스트, 에른스트(Ernst August von Hannover, 1887~1953) 하노버의 왕자, 브라운슈바이크 공국의 마지막 왕.

아인슈타인, 알베르트(Albert Einstein, 1879~1955) 독일 태생 미국의 물리학자. 상대성이론의 창시자.

아폴리네르, 기욤(Guillaume Apollinaire, 1880~1918) 프랑스의 시인, 소설가. 피카소, 브라크 등과 함께 아방가르드 예술 운동을 펼쳤다.

안드레아스살로메, 루(Lou Andreas-Salome, 1861~1937) 러시아 태생 독일의 작가, 정신분석학자. 니체, 릴케, 프로이트 등 당대 지성들의 정신적 연인이었으며 그들의 삶에 커다란 영향을 끼쳤다.

안드리안, 레오폴트(Leopold (von) Andrian, 1875~1951) 오스트리아의 작가, 외교관. 슈테판 게오르게, 후고 폰 호프만슈탈과 같은 문학 동인이었으며 슈니츨러의 친구이기도 했다.

알텐베르크, 페터(Peter Altenberg, 1859~1919) 오스트리아의 작가.

암스트롱, 루이(Louis Armstrong, 1901~1971) 재즈 음악가, 트럼펫 연주자.

야블렌스키, 알렉세이 폰(Aleksei von Jawlensky, 1864~1941) 러시아 태생의 화가.

에렌슈타인, 알베르트(Albert Ehrenstein, 1886~1950) 독일의 서정시인, 소설가.

에르뱅, 오귀스트(Auguste Herbin, 1882~1960) 프랑스의 화가. 입체주의의 영향을 받았으나 후에 추상주의 미술로 전향했다.

에른스트, 막스(Max Ernst, 1891~1976) 독일의 화가, 그래픽 예술가.

에인절, 노먼(Norman Angell, 1873~1967) 영국의 경제학자.

엡슈타인, 발터(Walter Epstein, ?~?) 독일의 건축가.

예이츠, 윌리엄 버틀러(William Butler Yeats, 1865~1939) 아일랜드의 시인, 극작가. 아일랜드 민족주의 정치가로도 활동했다.

오일렌베르크, 헤르베르트(Herbert Eulenberg, 1876~1949) 독일의 작가이자 인본주의자.

오츠, 로런스(Lawrence Edward Grace Oates, 1880~1912) 영국의 남극 탐험가.

올리비에, 페르낭드(Fernande Olivier, 1881~1966) 피카소의 첫 연인이자 모델.

울프, 버지니아(Virginia Woolf, 1882~1941) 영국의 소설가, 평론가. 의식의 흐름을 좇는 내면 묘사가 뛰어난 작품들을 썼다.

윌슨, 토머스 우드로(Thomas Woodrow Wilson, 1856~1924) 미국의 정치가, 미국의 제28대 대통령. 미국이 제1차 세계대전에 참전하는 데 주도적인 역할을 했다.

융, 카를 구스타프(Carl Gustav Jung, 1875~1961) 스위스의 심리학자, 정신과 의사. 프로이트의 제자로서 프로이트의 정신분석에 큰 영향을 받았으나 결별하고 독자적인 길을 걸었으며 집단무의식 개념을 창안했다.

융, 프란츠(Franz Jung, 1888~1963) 독일의 작가, 경제학자, 정치인.

융거, 에른스트(Ernst Jünger, 1895~1998) 독일의 소설가, 비평가.

ㅈ

자코브, 막스(Max Jacob, 1876~1944) 프랑스의 시인. 20세기 초 현대시의 길을 열었고 입체주의 화가들과 친분이 두터웠다.

자크달크로즈, 에밀(Emile Jaques-Dalcroze, 1865~1950) 스위스의 음악 교육가이자 작곡가로 유리드믹스(eurhythmics)를 고안했다.

잘텐, 펠릭스(Felix Salten, 1869~1945) 헝가리 태생 오스트리아의 소설가, 저널리스트. 어린 사슴의 이야기 『밤비 *Bambi*』로 세계적으로 유명해졌다.

젤만, 아돌프(Adolf Sellmann, 1868~1947) 독일의 개신교 신학자.

조던, 데이비드 스타(David Starr Jordan, 1851~1931) 미국의 동물학자로 당대 가장 뛰어난 어류학자였다.

조이스, 제임스(James Augustine Aloysius Joyce, 1882~1941) 아일랜드의 시인, 소설가.

지드, 앙드레(André Paul Guillaume Gide, 1869~1951) 프랑스의 소설가, 비평가.

지멜, 게오르크(Georg Simmel, 1858~1918) 독일의 사회학자. 대표 저서는 『돈의 철학 *Philosophie des Geldes*』.

ㅊ

채플린, 찰리(Charlie Chaplin, 1889~1977) 영국 태생 미국의 영화배우.

처칠, 윈스턴(Winston Churchill, 1874~1965) 영국의 정치가, 웅변가.

체리개러드, 앱슬리(Apsley Cherry-Garrard, 1886~1959) 영국의 남극 탐험가. 테라 노바 탐험대원이었다.

체스터턴, 길버트 키스(Gilbert Keith Chesterton, 1874~1936) 영국의 소설가, 저널리스트.

체펠린, 페르디난트 폰(Ferdinand Graf von Zeppelin, 1838~1917) 독일의 장교이자 최초의 경식 비행선 발명자.

체히, 파울(Paul Zech, 1881~1946) 독일의 표현주의 시인.

츠바이크, 슈테판(Stefan Zweig, 1881~1942) 오스트리아의 유대계 작가. 프로이트 심리학의 영향을 받아 섬세한 심리묘사가 뛰어난 작품들을 썼다.

ㅋ

카네기, 앤드루(Andrew Carnegie, 1835~1919) 스코틀랜드 태생 미국의 실업가, 웅변가.

카네티, 엘리아스(Elias Canetti, 1905~1994) 불가리아 태생의 소설가, 극작가로 주로 독일어로 작품을 썼다. 군중심리를 탐구한 소설 『현혹*Die Blendung*』이 유명하다.

카라, 카를로(Carlo Carra, 1881~1966) 이탈리아의 화가, 평론가. 미래주의 운동 주도.

카를슈타트, 리즐(Liesl Karlstadt, 1892~1960) 독일의 배우, 카바레 연예인.

카뮈, 알베르(Albert Camus, 1913~1960) 알제리 태생 프랑스의 실존주의 철학자이자 작가.

카시러, 에바(Eva Cassirer, ?~?) 독일의 예술 후원가로 특히 릴케와 친분이 두터웠다.

카시러, 파울(Paul Cassirer, 1871~1926) 독일의 화상으로 베를린 분리파 화가들의 작품을 세상에 알리는 데 크게 기여했다.

카이저링, 에두아르트 폰(Eduard von Keyserling, 1855~1918) 독일의 인상주의 소설가, 극작가.

카프카, 프란츠(Franz Kafka, 1883~1924) 체코 태생 독일의 작가. 인간 운명의 부조리와 인간의 불안과 소외에 대한 통찰이 뛰어난 작품들을 썼으며 실존주의 문학의 선구자로 꼽힌다.

칸딘스키, 바실리(Wassily Kandinsky, 1866~1944) 러시아 태생의 추상주의 화가.

칸바일러, 다니엘헨리(Daniel-Henry Kahnweiler, 1884~1979) 독일 태생 프랑스의 화상, 출판업자. 입체주의를 지지하여 피카소, 브라크 등과 친하게 지냈다.

케슬러, 하리(Harry Graf von Kessler, 1868~1937) 독일의 미술수집가, 저널리스트, 작가이자 외교관.

케어, 알프레트(Alfred Kerr, 1867~1948) 독일의 작가, 연극비평가.

켈러만, 베른하르트(Bernhard Kellermann, 1879~1951) 독일의 소설가.

코로, 장-바티스트-카미유(Jean-Baptiste-Camille Corot, 1796~1875) 프랑스의 화가. 인상주의의 선구자.

코린트, 로비스(Lovis Corinth, 1858~1925) 독일의 인상주의 화가.

코코슈카, 오스카(Oskar Kokoschka, 1886~1980) 오스트리아의 표현주의 화가이자 시인. 알마 말러와의 사랑으로 유명하다.

코피, 피터(Peter Coffey, 1876~?) 아일랜드 메이누스 대학의 철학 교수.

콘티, 피에로 지노리(Piero Ginori Conti, 1865~1939) 이탈리아의 정치가이자 사업가.

콜비츠, 케테(Käthe Kollwitz, 1867~1945) 독일의 판화가, 조각가.

콜프, 아네테(Annette Kolb, 1870~1967) 독일의 작가, 평화주의자.

쿠프카, 프란티셰크(Frantisek Kupka, 1871~1957) 체코 태생 프랑스의 화가. 프랑스 추상화의 선구자.
쿤, 월트(Walt Kuhn, 1877~1949) 미국의 화가이자 아머리 쇼의 기획자.
퀸, 하인리히(Heinrich Kühn, 1866~1944) 독일의 사진가.
크라나흐, 루카스(Lucas Cranach, 1472~1553) 16세기 독일의 대표적 화가로 종교화를 많이 그렸다.
크라우스, 카를(Karl Kraus, 1874~1936) 오스트리아의 작가이자 평론가. 잡지 『파켈 Die Fackel』의 발행인.
클라게스, 루트비히(Ludwig Klages, 1872~1956) 독일의 생철학자, 심리학자.
클레, 파울(Paul Klee, 1879~1940) 스위스 태생 독일의 추상주의 화가.
클로델, 카미유(Camille Claudel, 1864~1943) 프랑스의 조각가. 로댕의 연인이자 그에게 영감을 준 이로 유명하다.
클로델, 폴(Paul Claudel, 1868~1955) 프랑스의 시인, 극작가로 카미유 클로델의 동생.
클로소프스키, 에리히(Erich Klossowski, 1875~1949) 독일 태생 프랑스의 화가, 미술사가.
클림트, 구스타프(Gustav Klimt, 1862~1918) 오스트리아의 화가로 빈 분리파의 창시자.
클링어, 막스(Max Klinger, 1857~1920) 독일의 상징주의 화가, 조각가.
키르히너, 에른스트 루트비히(Ernst Ludwig Kirchner, 1880~1938) 독일의 표현주의 화가, 판화가. 표현주의 화가 집단 다리파를 결성했다.
키리코, 조르조 데(Giorgio de Chirico, 1888~1978) 그리스 태생 이탈리아의 화가. 형이상학적인 화풍으로 초현실주의에 큰 영향을 주었다.
키쉬, 에곤 에르빈(Egon Erwin Kisch, 1885~1948) 체코 출신의 저널리스트, 작가.
키슬링, 모이스(Moïse Kisling, 1891~1953) 폴란드 태생 프랑스의 화가.

키펜베르크, 안톤(Anton Kippenberg, 1874~1950) 독일의 출판업자. 1905~1950년 인젤 출판사를 이끌었다.

E

타페르트, 게오르크(Georg Tappert, 1880~1957) 독일의 표현주의 화가.

테세노프, 하인리히(Heinrich Tessenow, 1876~1950) 독일의 건축가.

토클러스, 앨리스(Alice B. Toklas, 1877~1967) 거트루드 스타인의 연인, 비서, 편집자, 비평가.

투른 운트 탁시스, 마리 폰(Marie von Thurn und Taxis, ?~?) 예술 후원가. 특히 릴케의 후견인이었다.

투홀스키, 쿠르트(Kurt Tucholsky, 1890~1935) 독일의 시인, 수필가, 비평가.

트라클, 게오르크(Georg Trakl, 1887~1914) 오스트리아의 표현주의 시인.

트로야노프스키, 알렉산더 안토노비치(Alexander Antonowitsch Trojanowski, 1882~1955) 러시아의 외교관.

트로츠키, 레온(Leon Trotskii, 1879~1940) 러시아의 공산주의자, 혁명가.

트뢸치, 에른스트(Ernst Troeltsch, 1865~1923) 독일의 신학자, 문화철학자.

티토, 요시프 브로즈(Josip Broz Tito, 1892~1980) 유고슬라비아의 정치인. 1953년 초대 대통령으로 선출되어 죽는 날까지 대통령으로 지냈다.

ㅍ

파브리, 샤를(Charles Fabry, 1867~1945) 프랑스의 물리학자.

파운드, 에즈라(Ezra Loomis Pound, 1885~1972) 미국의 시인, 평론가. 엘리엇, 조이스, 프루스트 등 당대 위대한 작가들을 발굴하는 데 기여했다.

파이닝어, 라이오넬(Lyonel Feininger, 1871~1956) 독일계 미국의 화가. 알렉세이 폰 야블렌스키, 칸딘스키, 파울 클레와 함께 '청색 4인조'였다.

패치, 월터(Walter Pach, 1883~1958) 미국의 화가, 미술사가, 비평가. 아머리 쇼 기획자.

페렌치, 샨도르(Sándor Ferenczi, 1873~1933) 헝가리의 정신분석학자. 프로이트의 수요심리학회 일원.

페쉬카, 안톤(Anton Peschka, 1885~1940) 오스트리아의 화가.

페히슈타인, 막스(Max Pechstein, 1881~1955) 독일의 표현주의 화가. 다리파 회원.

펨퍼르트, 프란츠(Franz Pfemfert, 1879~1954) 독일의 저널리스트, 문학비평가. 잡지 『악치온-Die Aktion』의 발행인.

프란츠 요제프 1세(Franz Joseph I, 1830~1916) 오스트리아의 황제. 오스트리아의 경제적, 문화적 발전에 기여했으나 발칸 문제로 제1차 세계대전을 시작하게 되고 전쟁중 사망했다.

프란츠 페르디난트(Franz Ferdinand, 1863~1914) 오스트리아-헝가리 제국의 왕위 계승자였으나 1914년 사라예보에서 암살되었다.

프랑스, 아나톨(Anatole France, 1844~1924) 프랑스의 소설가, 평론가.

프랑켄펠트, 페터(Peter Frankenfeld, 1913~1979) 독일의 배우, 가수, 연예인.

프랑크, 브루노(Bruno Frank, 1887~1945) 독일의 작가.

프로이트, 아나(Anna Freud, 1895~1982) 오스트리아의 정신분석학자. 지그문트 프로이트의 딸.

프로이트, 지그문트(Sigmund Freud, 1856~1939) 정신분석의 창안자. 무의식의 발견으로 20세기에 지대한 영향을 미쳤다.

프뢰베, 게르트(Gert Fröbe, 1913~1988) 독일의 배우. 20세기의 가장 중요한 성격배우로 꼽힌다.

프루스트, 마르셀(Marcel Proust, 1871~1922) 프랑스의 소설가.

프리델, 에곤(Egon Friedell, 1878~1938) 오스트리아의 작가, 문화철학자, 역사학자, 카바레 연예인, 저널리스트.

프리드리히, 카스파 다비트(Caspar David Friedrich, 1774~1840) 독일의 낭만주의 화가. 신비롭고 낭만적인 풍경화로 유명하다.

프리트랜더, 살로모(Salomo Friedlaender, 1871~1946) 독일의 철학자, 작가.

플라마리옹, 카미유(Camille Flammarion, 1842~1925) 프랑스의 천문학자.

플레히트하임, 알프레트(Alfred Flechtheim, 1878~1937) 독일의 화상, 미술수집가, 출판업자.

플뢰게, 에밀리에(Emilie Flöge, 1874~1952) 오스트리아의 디자이너, 사업가. 구스타프 클림트의 연인.

피셔, 사무엘(Samuel Fischer, 1859~1934) 독일의 출판업자. 피셔 출판사를 설립했다.

피초트, 라몬(Ramon Pichot, 1871~1925) 스페인의 화가.

피카비아, 프랑시스(Francis Picabia, 1879~1953) 프랑스의 화가. 인상주의에서 출발해, 입체주의, 다다이즘, 초현실주의로 발전해갔다.

피카소, 파블로(Pablo Picasso, 1881~1973) 스페인 태생 프랑스의 화가. 입체주의의 창시자.

피커, 루트비히 폰(Ludwig von Ficker, 1880~1967) 독일의 작가, 출판업자. 잡지 『브레너 Der Brenner』의 발행인.

핀투스, 쿠르트(Kurt Pinthus, 1886~1975) 독일의 작가, 저널리스트.

필빙어, 한스(Hans Filbinger, 1913~2007) 독일의 정치인.

ㅎ

하르덴, 막시밀리안(Maximilian Harden, 1861~1927) 독일의 배우, 저널리스트. 잡지 『추쿤프트 Die Zukunft』 발행인.

하우스만, 라울(Raoul Hausmann, 1886~1971) 오스트리아 태생의 다다이즘 화가, 작가.

하우프트만, 게르하르트(Gerhart Hauptmann, 1862~1946) 독일의 자연주의 극작가, 소설가.

하이제, 파울(Paul Heyse, 1830~1914) 독일의 작가. 1910년에 독일 작가로서 최초로 노벨문학상을 수상했다.

함순, 크누트(Knut Hamsun, 1859~1952) 노르웨이의 시인, 극작가, 소설가. 1920년에 노벨문학상을 수상했다. 대표작은 『대지의 성장*Markens grøde*』.

헤르만나이세, 막스(Max Hermann-Neiße, 1886~1941) 독일의 작가.

헤세, 헤르만(Hermann Hesse, 1877~1962) 독일의 시인, 소설가.

헤켈, 에리히(Erich Heckel, 1883~1970) 독일의 표현주의 화가, 판화가, 다리파 창립 회원.

호디스, 야콥 판(Jakob van Hoddis, 1887~1942) 독일의 표현주의 시인.

호이스, 테오도어(Theodor Heuss, 1884~1963) 서독의 초대 대통령.

호프만슈탈, 후고 폰(Hugo von Hofmannsthal, 1874~1929) 오스트리아의 시인, 극작가.

회첸도르프, 콘라트 폰(Conrad von Hötzendorf, 1852~1925) 오스트리아-헝가리 제국의 참모총장으로 제1차 세계대전에서 주도적인 역할을 했다.

후흐, 리카르다(Ricarda Huch, 1864~1947) 독일의 여류 시인, 작가, 역사학자.

히틀러, 아돌프(Adolf Hitler, 1889~1945) 오스트리아 태생 독일의 독재자, 인종주의자, 반유대주의자. 제2차 세계대전을 일으킨 주범이다.

도판 목록

1월: 두어라허 슈트라세 14번지 아틀리에에서 에른스트 루트비히 키르히너와 에르나 실링(부분), 다보스 키르히너 박물관 소장.
2월: 프란츠 마르크, 〈푸른 말들의 탑〉(1913), 소장처 미상.
3월: 루트비히 마이트너, 〈지옥의 묵시록 같은 풍경〉(1913), 프랑크푸르트 유대 박물관 루트비히 마이트너 실 소장.
4월: 마르셀로 두도비치, 〈패션 속에 숨은 위험〉(『짐플리치시무스』 1913년 5월 5일 자 표지).
5월: 코코 샤넬과 보이 카펠, 에드몽드 샤를루 소장.
6월: 에곤 실레, 〈투사〉(1913), 개인 소장.
7월: 하인리히 퀸, 〈퀸의 네 자녀〉(1912/1913), 오스트리아 국립도서관 사진 보관실 소장.
8월: 베네치아 리도 해변의 게오르크 트라클, 인스브루크 대학 브레너아키브 연구소 소장.
9월: 지그문트 프로이트와 그의 딸 아나.
10월: 아우구스트 마케, 〈거리에서 산책하는 사람들〉(1913), 개인 소장.
11월: 빈의 크니체 양복점.
12월: 마르셀 뒤샹, 〈자전거 바퀴〉(1913), 조르주 퐁피두 예술 문화 센터 소장.

옮긴이 한경희
서울대학교 독어교육과를 졸업하고 동 대학원에서 박사 과정을 수료했다. 옮긴 책으로 『그들이 한자리에 모이면 어떤 말을 할까』 『처음부터』 『파란 문 뒤의 야콥』 『헤르만』 『불안, 그 두 얼굴의 심리학』 『벌거벗은 원숭이에서 슈퍼맨으로』 『유럽 문화사』 등이 있다.

1913년 세기의 여름

1판 1쇄 2013년 10월 19일
1판 13쇄 2025년 6월 5일

지은이 플로리안 일리스 | 옮긴이 한경희

책임편집 오경철 | 독자 모니터 강명규
디자인 윤종윤 이주영 | 저작권 박지영 형소진 오서영 조경은
마케팅 정민호 서지화 한민아 이민경 왕지경 정유진 정경주 김수인 김혜원 김예진 나현후 이서진
브랜딩 함유지 박민재 이송이 김희숙 박다솔 조다현 김하연 이준희
제작 강신은 김동욱 이순호 | 제작처 더블비

펴낸곳 (주)문학동네 | 펴낸이 김소영
출판등록 1993년 10월 22일 제2003-000045호
주소 10881 경기도 파주시 회동길 210
전자우편 editor@munhak.com
대표전화 031) 955-8888 | 팩스 031) 955-8855
문학동네카페 http://cafe.naver.com/mhdn
인스타그램 @munhakdongne | 트위터 @munhakdongne
북클럽문학동네 http://bookclubmunhak.com

ISBN 978-89-546-2260-8 03920

잘못된 책은 구입하신 서점에서 교환해드립니다.
기타 교환 문의 031)955-2661, 3580

www.munhak.com